漢文大綱

한문대강

復刊版

漢文大綱
한문대강

愛汕 權重求 著

보고사

복간사 復刊辭

올해는 1971년 『漢文大綱』이 처음 간행된 지 꼭 40년이 되는 해이다. 비록 世紀가 바뀌고 40년이란 長久한 세월이 흘렀지만 이 책의 가치와 의미는 예나 지금이나 여전히 유효하다. 40년이란 긴 시간이 지났음에도 소중한 가치가 조금도 퇴색하지 않은 이유는 저자 愛汕 權重求 선생님의 熱情과 功力 때문이다.

2010년 4월경 동문모임에서 우연히 權重求 선생님의 큰 자제분인 權泰錠 대표(前 (주)중앙일보 에이프린팅 대표이사)를 만나게 되었다. 이 분은 필자의 고등학교 6년 선배이다. 필자의 전공이 漢文이다 보니 자연스레 화제가 漢文 쪽으로 흘러갔는데, 이야기 도중 권태정 선배가 『漢文大綱』의 저자인 愛汕 선생을 아느냐고 물었다. 필자는 대학 시절 이 책으로 漢文 공부의 걸음마를 시작하였던 터라, 희한한 인연에 놀랍기도 했고 한편으로 생각지도 않게 자제분을 뵌 것만으로도 기뻤다. 지금도 漢文 공부를 시작하는 初學者를 위해 추천할 만한 기본 서적이 없는 현실이 늘 안타까워, 언젠가 이 책을 다시 출간했으면 좋겠다고 생각하고 있었던 터라, 더 따져볼 것도 없이 그 자리에서 대뜸 『漢文大綱』을 새롭게 復刊하고 싶다는 뜻을 전했다.

필자가 나온 中東高等學校는 당시 주·야간이 있었다. 漢文 선생님으로는 주간부에 書藝家로 유명한 夏村 柳寅植 선생님이, 야간부에 愛汕 權重求 선생님이 계셨다. 장안에서 내로라하는 고명한 두 분의 학자가 漢文 교사로 계셨으니 학생들에게는 더할 수 없는 큰 행운이었다. 그러나 필자는 주간에 재학 중이어서 학창시절 愛汕 선생을 뵌 적도, 수업을 들은 적도 없었다. 대학에 진학하고 나서야 이 책으로 공부를 시작했으니, 이른바 愛汕 선생을 私淑한 셈이다.

막상 책을 復刊하기로 결정하고 집에 돌아와 손때가 잔뜩 묻은 책을 다시 꺼내 보니 작은 활자에 세로쓰기인 데다 漢文 문장이 수도 없이 많아 예상했던 것보다 간단할 것 같지 않았다. 게다가 이 책을 선뜻 출간해 주겠다는 출판사를 만나는 것도 쉬울 것 같지 않았다. 다행히 평소 알고 지내던 寶庫社 金興國 사장께 이 책을 복간해야 하는 취지를 설명하고 청을 하니 두말없이 흔쾌히 응해주었다. 고마운 일이다. 일단 한 시름 놓았으나 500쪽에 이르는 방대한 내용을 새로 입력해 줄 사람을 찾는 것이 더 시급한 문제였다. 깨알 같은 작은 활자는 조금만 보아도 눈이 시려올 정도였다. 일반 서적처럼 한글로 되어 있다면 마땅한 사람을 쉽게 찾을 수도 있겠지만, 이 책은 온통 漢文 문장이어서 漢文 전공자가 아니면 애당초부터 불가능한 일이었다. 다행히 제자인 慶北大學校 漢文學科 姜旼求 교수가 소개한 博士과정에 재학 중인 金鮮花 선생이 이 어려운 일을 맡아주었다. 필자는 교정본을 받으면 다시 꼼꼼히 살펴볼 요량이었는데 김 선생은 시킨 것도 아닌데 자진하여 이 책에 실린 수백 개의 漢文 문장의 出典을 찾아 일일이 原文과 대조하는 고생을 마다하지 않았다. 그 정성에 무어라 감사해야 좋을지 모르겠다. 더구나 놀랍게도 誤·脫字를 거의 찾아볼 수 없었다. 권태정 선배는 출간 당시 愛汕 선생이 다섯 차례에 걸쳐 직접 校正을 보며 한 글자라도 誤·脫字가 있을까 勞心焦思하시던 모습이 지금도 눈에 선하다고 하니, 이 책에 渾身의 노력과 心血을 기울인 愛汕 선생이 畏敬스럽기까지 했다.

다음 문제는 책의 문투가 지금 우리가 읽기에 조금은 어색하고 난해한 부분이 있다는 것이었다. 할 수 없이 필자가 읽기 좋도록 문맥을 다듬어 보았는데 이 작업 역시 대단히 조심스러웠다. 너무 현대식으로 고치면 愛汕 선생께 외람된 일이기도 하거니와, 선생님이 의도한 本旨에서 어긋날까 걱정이 되었다. 그렇다고 그대로 두자니 이해하기 어려운 것들이 있어 아주 어색한 것만 조금 손을 보고 나머지는 선생님의 글을 가급적 그대로 두었다.

漢文을 처음 배우고자 하는 이들을 위한 '初學者用 入門書'가 全無하다시피 했던 1970년대 상황으로 보면, 이 책은 가히 先驅的인 역할을 했다고 할 수 있다. 이 책의 가장 큰 장점은 우선 漢文文法에 관한 기본 사항을 자세히 설명하고, 수백여 개의 漢文 문장을 實例로 들면서 하나하나 친절하게 풀이하여 初學者라도 쉽게 접할 수 있게 한 것이다. 또한 英語 문장과 대비하여 漢文 문장의 구조를 설명하거나, 英詩를 통해 漢詩를 친근하게 이해하도록 한 것은 지금 보아도 놀랍고 이채롭다. 누구도 이러한 어려운 작업을 감히 엄두도 내지 못할 당시에 그야말로 初學者들을 위해 엄청난 양의 東洋 古典 속에서 좋은 문장을 가려낸 후 체계를 세워 漢文 入門書를 집필한 것도 대단한 일이지만, 어려운 형편 속에서 自費로 출간한 愛汕 선생의 使命 意識과 熱情은 後學들에게 길이길이 칭송받아 마땅한 일이다. 책머리에 실린 당대 우리 학계의 巨擘인 李崇寧・李相殷 그리고 車相轅 선생님의 글을 다시 한 번 읽으면서 새삼 愛汕 선생께 고개가 숙여진다.

40년이 흘러 우연한 기회에 마음속에 품고 있던『漢文大綱』復刊을 추진하게 된 것은 더할 수 없는 행운이다. 바라건대 漢文 공부에 뜻을 둔 이들이 이 책을 통해 愛汕 선생의 熱情과 功力을 마음 깊이 느끼면서 커다란 성과를 거두기를 진심으로 기대해 본다.

2011년 5월

李明學(成均館大學校 漢文教育科 教授) 謹識

서문 序文

한자교육이 거의 무시되어 온 지 20여 년에 그 결과가 이모저모로 나타나기 시작했다. 아동이나 학생들의 사고력의 저하나, 한글로 된 이론서를 읽으려 하지 않는 경향이 두드러지게 나타났다. 50% 이상의 한자 어휘를 지닌 우리 국어에서 어휘의 철학성·문학성·과학성이 없어져, 어느 미개어의 기능에 가까워져 가고 있고, 漢字의 반성을 통해 길러온 개념의 정확한 인식과 상호 융통되는 어휘간의 의미론적 관련도 끊어져 가고 있다. 이대로 가면 문화의 창조력은 급격히 감퇴되므로 우리 문화의 장래는 크게 우려되는 바이다. 그래서 요사이 다시 학교에서 한자교육의 부활론이 머리를 들게 된 셈이다.

여기 權重求 씨가 이러한 한자폐지에서 오는 문화적 쇠퇴를 우려하고 한자교육을 자극하고 한자의 구조·構文, 또는 이에 따른 한자 그 자체에 대한 지식을 알리자는 뜻에서 本著를 엮어 세상에 내어 놓게 된 것이다. 이 내용은 수년 전부터 구상하고 필자에게도 보인 것으로 독자의 흥미를 돋우고, 아울러 실제의 학습을 위한 것인데, 한자를 중심으로 한 일반적 지식이 담뿍 실려 있다. 예문도 고전에서 추린 것으로 그대로 우리의 處世訓이 된 것이고, 외어두어 실제 생활에 사용될 것이라고 하겠다. 또 비교언어의 방법으로 英文과 비교한 것도 한·영·중국어의 세 언어의 차이의 인식에서 이해를 더 정확히 할 것이다. 이제 한자·한문교육도 옛날 서당식 양식으로는 그 효과가 적을 것으로, 흥미를 돋우고 과학적인 방법이 필요한 것은 더 말할 나위 없는데, 본저는 편찬에서 이러한 방법을 크게 고려한 것이다.

본저의 출판은 저자 권중구 씨 자신의 희생적 出費의 간행이고, 이것이 氏의 순수한 우리 문화의 장래를 걱정하는 애국의 뜻에서 이룩된 것이다. 필자는 氏의 취지에 감격하여 이 글을 쓰는데, 권중구 씨의 노고에 深謝하며, 아울러 독자제위에게 이 고매한 저자의 애국의 뜻을 알리고자 하는 바이다.

1971년 8월 28일

李崇寧 識

(경성제국대학 법문학부 조선어문학과 출신.
문학박사. 현 서울대학교 대학원장)

감수사 監修辭

본서의 저자 권중구 군은 家傳之學으로서 한문의 소양이 본래 두터웠다. 해방 전 전문학교를 마친 뒤 20여 년간 중고등학교에서 교편을 잡아 왔다. 한문은 자기 전공과목이 아니면서도 많은 학생들을 가르치는 교습과정을 통해서 학생들의 학습능력과 이해력의 우열이 한자해득여부와 크게 관계있다는 것을 절실히 느끼어 왔고 또는 대학생들의 독서능력의 低劣, 지식수준의 일반적 저하도 그 주요원인이 한자·한문지식의 부족에 있다는 것을 깨닫게 되어 그는 오래 전부터 일반 자습용 한문교재를 편찬·간행하여 오늘날 부실한 한문 교육에서 오는 문화적 손실을 조금이라도 경감하는 데 힘쓰고자 결심하였다 하니 그 뜻이 갸륵하다. 邇來 5~6년간 課餘의 틈을 타서 꾸준히 노력해 온 결과로서 이 『漢文大綱』의 출판을 보게 된 것이다. 우선 그 열성과 노고에 감사하여 마지않는다.

한문은 우리가 옛적부터 배워 왔지만 배움의 방법이 비과학적이었기 때문에 많은 시일과 노력을 소모하는 공부로만 인정되어 왔다. 그러나 문법지식이 발달한 오늘날에 있어서 한문학습도 구태의연하게 「讀書千遍其義自見」식을 그대로 답습할 수 없다. 저자는 이 점에 착안하여 본 저서에서는 문법을 經으로 하고 단어·자구·단문·문장·장문의 배열을 緯로 하여 편찬체재를 세웠다. 특히 한문구성에 있어서 기본이 되는 법칙들을 일일이 골라내어 용례를 들어서 설명한 것은 독자로 하여금 한문의 기본구조를 이해하게 하는 효과적인 방법이라 하겠다.

대체로 보아서 기초편은 중고등학생들에게, 해석편·연습편은 대학생 및 일반인들에게 적합하도록 학습상 難易의 순서에 따라서 교재배치를 조절하였고 인용

원전의 해설을 부치어 독자의 고전상식을 넓히게 한 것은 본서의 가치를 더욱 높여 준다.

부록편의 문체론은 한문을 전공할 사람을 위해서는 필요할지 모르나, 일반인이나 학생들에게는 필요이상의 것으로서 생략해도 좋을 것 같다. 전서를 통해 볼 때 간혹 玉中의 티 같은 곳도 없지 않으나, 우리나라에서는 아직까지 이만한 정도의 창의적인 한문자습서를 보기 힘들다. 다시금 권군의 업적에 대하여 감사한다.

1971년 9월 10일

李相殷 識

(함남 출생. 북경대학 철학과 졸업. 철학박사.
고려대학교 문리대학장. 아세아문화연구소장 역임)

추천사 推薦辭

최근 美·中共의 접근으로 중공연구가 가중되었고 정부당국에서는 지금까지 한글전용의 차질을 인식하고 한자교육부활이 거론되어가고 서울대학교에서도 여러 교수 간에 漢文硏究院(가칭) 신설운동이 추진되어가는 이 무렵에 애산 권중구 선생이 『한문대강』의 역작을 출판한 것은 時機를 통찰한 쾌사라 아니할 수 없다. 저자는 소시부터 漢學을 학습하였고 근자에는 한글전용정책에 의한 민족문화의 쇠퇴를 좌시할 수 없어서 한자 및 한문교육의 절대필요성을 강조한 학자이다. 한자·한문에 대한 풍부한 지식을 활용하여 한문학습자에 적절한 『한문대강』 저술에 성공한 것이다.

본서 총설편에서는 한문의 특질·구조·품사 등 각 분야에 걸쳐 세밀한 분석과 상세한 설명을 붙였고 특히 영문과 比論하여 독자로 하여금 한·영의 異同을 파악시킨 것을 우리 독서층의 현실에 적합한 탁견이라 하겠다. 해석편에서는 經學類·子學類·歷史類 등으로 분류하여 四書·諸子書·八家文 등 중국전적 전반에 걸쳐 그 원전을 해제하였고 다시 적절한 예문을 망라하고 상세한 해설을 가하여 한문해득에 신국면을 개척한 것이다. 후반 한시편에서는 한시의 작법을 논술하고 유명한 시를 예시, 한시감상력을 啓發하여 중국문학입문에 참고되는바 不少할 것이다.

따라서 본서는 한문초보자의 필수서임은 물론이고 일반사회의 교양서로서 널리 추천하는 바이다.

1971년 9월 10일

淵坡 車相轅 記

(경성제국대학 중국문학부 출신. 문학박사. 현 서울대학교 문리과대학 중국문학부 주임교수)

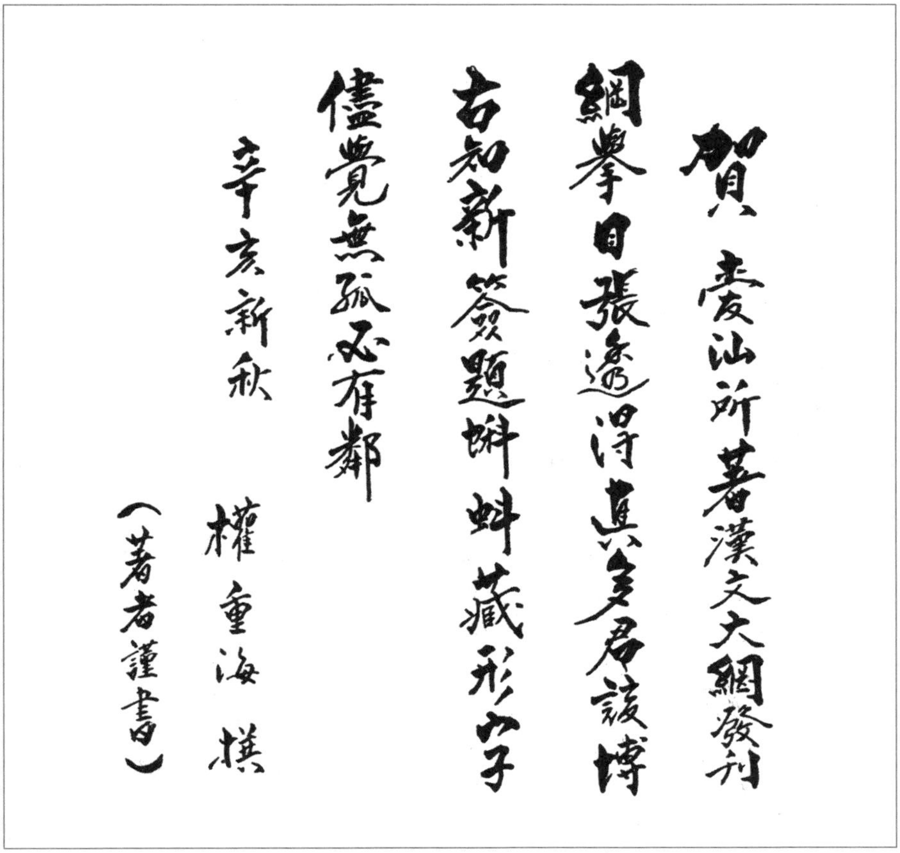

- 賀詩 略譯 – 綱領들어 條目 펴서 진리를 얻었으니, 예[故]와 新을 함께 통해 이리도 해박하다. 그 眞諦 다 간직했음이 이름[大綱]에도 보이니, 보는 이 아는 바 있으면 뜻을 같이 하리라.
- 참고 : 韻은 저자가 쓴 운을 그대로 썼다. 이것을 和韻이라 한다.
- 權重海 : 경북 예천 출생. 보성전문학교 졸업. 儒道會長, 성균관장 역임.

[追記] 영문감수 金珖燮 교수의 약력은 다음과 같다.
함북출생. 와세다[早稲田]대학 영문학부 졸업. 시인. 경희대학 교수. 自由文協위원장. 자유문학사 편집인. 세계일보사 사장 역임.

권두사 卷頭辭

한자의 기원은 중국 상고 黃帝의 사관 蒼詰이 鳥跡을 보고 창안한 상형문자라 하나, 신빙할 만한 것은 역시 殷墟文字(1899년 하남성 안양현 서북의 소둔촌에서 발굴된 甲骨文字(龜甲·獸骨). 기원전 1401년 商의 盤庚이 亳에 환도 후 국호를 殷이라 칭했다.)가 그 기원이라고 볼 수 있다. 동양문화의 발상지가 중국이요, 중국문화, 특히 문학과 철학의 발달은 서구의 그것을 능가하고 있음은 자타가 공인하는 바가 아닌가?

대저 한 나라의 문화의 족적을 탐지하려면 먼저 그 나라의 문자를 알아야 하듯 동양문화의 진면목을 구명하려면 먼저 한문을 알지 않을 수 없다고 본다. 물론 우리는 동양문화의 연구에 앞서 우리 문화의 연구에 착수하는 것이 순서일 줄 안다. 그러나 우리는 먼저 이 중대한 역사적 사실을 빠뜨려서는 안 될 줄 안다. 즉 한문은 단순히 중국의 글에 그치는 것이 아니요, 곧 우리의 글이었다는 것을! 왜냐하면 훈민정음이 반포된 것은 세종 28년(1446년)인데, 우리 선조들이 한문을 사용한 것은 벌써 1550여 년 전의 衛滿朝鮮時代(중국 한 무제 사군 설치 당시-기원전 108년)라고 한다. 그렇다면 우리 고유의 정치·경제·문화를 연구하는 데 있어서도 한문을 알아야 할 것이요, 동양문화의 일익을 담당한 우리로서 전체와의 연관성을 추구하기 위하여서도 의당 한문을 알아야 할 줄 안다. 혹자 왈 "번역물을 이용하면 될 것이지, 하필 복잡한 글을 직접 습득할 필요가 奈邊에 있는가?"고 하지마는, 그 논법을 따른다면 첫째 번역물과 원문과의 거리가 얼만큼 멀다는 중요한 사실을 망각한 발언이요, 둘째 모두가 남의 손에 의한 번역만을 기다린다면 그 번역을 담당할 사람은 과연 누구인가가 의심스럽다. 輓近 한자폐지론이 지배적인 듯한 느낌을 주는 차제에 한자의 필요성을 강조한다는 것은 일견 시대에 역행하는 것 같지마는 한자폐지론자들의 주장의 골자를 개괄하면,

첫째, 우리글이 엄연히 있는데 남의 것을 쓸 필요가 어디 있는가?

둘째, 배우기 어렵고, 능률적이 아니다.

셋째, 사대사상이 계속된다. 등등인 것 같다.

이에 대하여 간단히 답하려 한다. 첫째, 물론 저자도 한문을 우리글로 환원시키자는 것도 아니요, 또 拜華主義者의 한 사람도 절대 아니다. 그러나 전술한 바와 같이 이미 우리글 化해서 표현된 우리의 문화를 알기 위해서는 우선 한문을 알아야 할 것이 아닌가? 또 설사 남의 것이라고 하더라도 그것을 전적으로 배격한다는 것은 좀 고루한 생각이라고 아니할 수 없다. 둘째, 한문이 한글에 비하면 어려운 것은 사실이다. 그러나 좀 어렵다고 해서 착수조차 하지 말자는 것은 너무나 용기가 부족한 태도가 아닌가 한다. 금의 채굴이 鐵에 비하여 수백 내지 수천 배 더 어려울 줄 안다. 그러나 금의 이용가치가 철에 비하여 월등할 때는 또 금의 필요성이 절실할 때는 고난을 무릅쓰고라도 채취해야 할 것이 아닌가? 금이 微少한 분량으로 多大한 가치를 포함하고 있는 것과 같이 한문의 한 글자 한 구절이 포함하고 있는 풍부한 뜻과 묘미도 결코 얕게 평가할 수는 없다고 본다. 예컨대「龍雨龍雨龍雨龍龍龍不雨龍龍龍雨龍雨.」는 훌륭한 祈雨祭文의 하나인데, 이 문장을 음미해 보면 그 구조는 매우 간단하고 또 매우 평이하지만 그것이 표현하는 뜻은 실로 풍부하고도 기묘하다 아니 할 수 없다. 즉「龍아 雨하라, 龍아 雨하라, 龍이 雨라야, 龍이 龍이지, 龍이 不雨면, 龍이 龍인가, 龍아 雨하라, 龍아 雨하라 = 용아 비를 내리게 하라! 용아 제발 비를 내리게 하라! 용이 비를 내리게 하여야 용이 참다운 용이지, 용이 비를 내리게 할 수 없다면 어찌 참다운 용이 되겠느냐? 용아 비를 내리게 하라! 용아 제발 비를 배리게 하라!」이 말을 들은 용은 자기의 위신을 생각해서라도 비를 내리게 하지 않고서

는 그냥 있을 수 없었던 것이다. 따라서 이 기우제문을 읽기를 마치자마자 순식간에 큰 비가 쏟아져 만물의 갈증을 풀어 주었다고 한다. 이처럼 근소한 문자로 이처럼 풍부한 의사를 표시할 수 있는 글은 세계의 어느 나라에서도 그 유례를 찾아 볼 수가 없다고 생각한다. 한문의 기발성을 소개하기 위하여 더 하나의 예를 들겠다. 古詩에 「胡地, 無花草, 春來不似春.」(오랑캐 땅에 꽃과 풀이 없으니 봄이 와도 봄 같지 않다.)이란 詩句가 있다. 옛날 어떤 서당에서 훈장이 詩題로 「胡地無花草」를 내주었다. 여러 학동들은 제 각기 이 시제 하에 열심히 새로운 시를 지었는데 그 중 한 학동은 시제인 「胡地無花草」만 넉 줄을 반복하여 오언절구를 만들어서 제출했다.

이를 본 훈장은 크게 노하여 그의 게으름을 꾸짖고 이를 벌하려 했다. 그때 그 학동이 말하기를 「이 시는 제가 지은 시올시다.」 한대, 훈장이 그 연유를 물으니, 학동이 대답하기를 「胡地에 無花草라 하니 胡地에 無花草오 胡地에 無花草리오마는 胡地라 無花草라」 하고 토를 달아 주었다고 한다. 그러나 그 훈장은 쉽사리 납득이 가지 않아 좀 더 평이한 설명을 요구했다. 이에 그 학동은 다시 설명하기를 「오랑캐(胡=오랑캐 호)땅에 꽃과 풀이 없다고 하니 어찌(胡=어찌 호) 땅에 꽃과 풀이 없는가? 어찌 땅에 꽃과 풀이 없을 리가 있겠는가마는 오랑캐 땅인 불모지이기 때문에 꽃과 풀이 없는 것이다.」라고 했다. 이제야 비로소 詩意를 깨달은 훈장은 지금까지의 경솔한 처사를 부끄럽게 생각하고 또 자기의 실력이 오히려 그 학동만 못함을 알게 되어 自進하여 좀 더 훌륭한 스승에게 추천했다고 한다. 요컨대 한자는 영어와 같이 한 개의 단어 속에 몇 가지의 뜻을 포함하고 있기 때문에 여러 가지 재주를 부릴 수가 있다. 영어가 세계어로 군림한 것도 한 개의 단어 속에 여러 가지의 뜻이 포함되어 있는 까닭이며 허다한 고난을 무릅쓰고라도 이를 정복하려는 이유도 여기에 있다고 본다. 특히 한시에 있어서는 형식과 음운이 최고도로 발달되어 타의 추종을 불허한다고 해도 결코 지나친 찬사가 아닐 줄 안다.

더욱이 우리말의 대부분은 「校舍·教師」 「長官·壯觀」과 같이 그 근저에 한자가 매복되어 있고, 또 동음이의로 인하여 국어생활에 있어서도 상당한 혼란을 가져오고 있으며, 특히 「經費·警備」 「丹粧·短杖」과 같은 단어에 있어서는 음의 장단에 따라 전연 그 뜻이 달라지는 예도 적지 않다. 어원을 모르고서는 정확히 그 뜻을 구별할 수 없는 경우도 적지 않다. 또 초학자들이 단어를 기억하는 능률면에 있어서도 어원인 한자를 알고 난 뒤에 기억하는 것과 단순히 한글로 표현된 것만으로 기억하는 것과의 차이도 전자가 오히려 후자에 비하여 더 높다고 할 수 있다. 즉 人情, 人心, 人類, 詩人, 行人, 故人과 因果, 因緣, 因習, 原因, 要因, 遠因-近因 등에 있어서 「人·因」자의 뜻을 알고 난 뒤에 이들의 글자가 포함된 단어를 추리 혹은 연관 기억하는 것과 단지 어원을 도외시하고 하나하나의 낱말의 뜻을 따로따로 기억하는 것과의 차이는 후자가 오히려 전자에 비해 비능률적이라고 본다. 표의문자의 편의성을 인정하는 동시에 표의문자의 특징도 무시해서는 안 될 줄 안다.

이 기회에 최근 우리나라의 교육에 있어서 영어가 차지하고 있는 비중과 그 수확에 대하여 한번 고찰해 보고 싶다. 중고등학교로부터 대학, 대학원에 이르기까지 십수 년간에 걸쳐 매주 영어습득에 배정된 시간은 평균 5~6시간, 강습소, 가정에서까지 이에 충당한 시간을 합친다면 무려 하루 평균 5~6시간에 달할 것이며, 일일 총 습득시간을 10시간으로 가정(가장 열심히 공부하는 학생 표준)하더라도 그것의 50% 이상을 이에 충당한다고 해도 과언이 아닐 줄 안다. 그럼에도 불구하고, 그 결과 영어원서를 능히 읽을 수 있고, 또 자기 의사를 능히 영어로 발표할 수 있는 사람이 과연 몇 사람이나 되겠는가? 실로 손가락으로 꼽을 수 있을 정도에 불과할 줄 안다. 이만한 노력을 한문습득에 투하했을 때의 효과와 비교해 본다면 아마 후자가 전자보다 못지않을 것이라고 믿는다. 그러나 영어폐지론자는 거의 없는 데 반에서 한문폐지론자는 더욱 기세를 올리는 이유는 奈邊에 있는가? 쉽사리 이해가 가지 않는다. 셋째, 事大思想은 한문습득에서 온 것이 아니요, 민족정신의 박약에서 온 것이라고 본다. 일어를 쓰면 일본인을 가장하려 하고, 영·불·독어를 쓰면 英·美·佛·獨人을 사칭하려는 일부 몰지각한 무리의 그릇된 언동으로 본다. 이것을 우려한 폐지론이라면 소위「矯角殺牛」의 비방을 면치 못할 것이요, 그야말로 기우에 불과할 줄 안다. 결과적으로 한문폐지론은 좀 더 신중을 기해야 할 줄 안다.

참고로 가까운 일본의 사정을 한번 살펴보기로 하자. 그들도 오랫동안 한자를 자국의 문자로 사용해 왔기 때문에 [백제(285년) 때 한국으로부터 전래, 平安朝 830년경에 일본문자인 假名 출현, 약 900여 년간 사용] 그들의 말을 한자로 표현하기도 했고(古事記- 712년 야스마로[太安麻呂] 作) 한문을 硏鑽 이용하기도 했다. 따라서 그들과 한문도 역시 불가분의 관계에 놓여 있었다. 그러나 그들은 만주사변(1931년 개시)을 승리로 이끌고 계속 태평양전쟁(1941년 개전)을 일으키는 동안 약 10년간에 걸쳐 그들의 담은 커질 대로 커져서 마치 傍若無人격이 되자 이제는 일본어를 세계어로 등장 시키겠다는 야욕까지 일으키고, 드디어는 한문 및 영어 말살론이 대두되었다. 한문폐지의 제1단계로 일단 신문을 가나[假名]문자로만 발간해 보았다고 한다. 그러나 천박한 그들의 예상과는 달리 한 장의 기사를 종일 읽어도 충분히 이해가 가지 않았다는 것이 아닌가? 이해타산에 지극히 밝은 그들은 여기에서 다시 깨달았다.

「뼈에 박히고 살에 스며든 한문을 단순히 남의 글로만 알고 헌 신같이 버리려 했던 어리석고 경솔한 처사를!!」 그 뒤부터는 지금까지 한문폐지론을 적극 주장하는 사람은 거의 없어졌다고 한다. 한문사용기간이 우리보다 훨씬 짧은 일본도 버리려야 버릴 수 없는 이 엄연한 사실을 우리도 마땅히 타산지석으로 삼아야 할 줄 안다. 한문의 실력이 한때(신라, 고구려 시대) 중국을 능가했던 우리나라에 있어서 현재에도 한학의 대가가 실로 枚擧키 어려울 정도인 줄 안다. 그럼에도 불구하고 菲才薄學인 저자가 감히 한문의 지침서를 내보겠다는 생각 자체가 벌써 너무도 분을 망각한 어리석은 태도인 줄 모르는 바도 아니다. 그러나 돌이켜 생각해 볼 때 지금까지 한문을 습득하는 요령을 좀 더 평이하게, 좀 더 과학적으로 지도하는 이가 적고 또 이에 대한 참고 서적도 별로 볼 수가 없었다. 이것이 輓近 한문폐지론의 하나의 동기가 아닌가도 싶다. 한문에 비교적 취미를 가진 저자가 한문의 독특한 맛에 도취하면서도 항상 이것의 습득에 있어서의 어려움을 느꼈고 또 이것의 습득에의 지름길을 갈망한 나머지 그 무능과 부족을 스스로 인정하면서 감히 붓을 들게 되었고 또 이의 上梓를 단행한 것이다. 이 졸작이 천리마를 구하는 데 있어서 하나의 死馬骨의 구실을 한다면 일단 저자의 목적은 달성된 셈이요, 나아가서 초학자들의 지침이 된다면 생각외의 수확이 될 줄 안다. 허다한 杜撰에 대하여서는 同學諸賢의 많은 叱正을 바라마지 않는다.

끝으로 본서 간행에 즈음하여 고귀한 서문을 주신 李崇寧 박사님과 신병을 무릅쓰시고 감수를 맡아주신 두 분 은사 李相殷 박사님(한문감수)과 金珖燮 교수님(영문감수), 과분한 찬사로 추천해주신 車相轅 박사님들께 삼가 감사의 뜻을 표하오며 특히 노익장이라고는 하지만 팔순 고령의 부자유스러운 몸으로 賀詩를 주신 權重海 선생께 대해서는 송구스럽고 고마운 마음을 함께 느끼는 바이다. 아울러 본서출판에 이르기까지 자초지종 지도, 편달, 협력을 아끼지 않으신 국문학자 金炳光 선생님과 영문학자 李同壽 선생님들께도 滿腔의 사의를 표하오며, 名揷畵로 졸저를 빛내 주신 화백 李林 선생께도 감사한다. 어수선한 亂筆의 원고를 선명한 활자로 바꾸고, 까다로운 부호를 新造하여 가면서 희생적으로 출판을 맡아주신 서울대학교 출판부 柳時溥 지배인님과 咸榮煥 국장님, 기타 관계 직원님들의 헌신적 노고에 深謝하는 바이다. 또 항시 직접 간접으로 간행에 협력해주신 서울대학교 교수 沈相煌 박사께도 공식적인 辭詞를 뺄 수 없으며, 이 밖에도 음으로 양으로 협조해주신 동지 제위께는 지면관계로 몰아서 사의를 표한다. 乞海諒! 마지막으로 칠언절구 한 수를 읊어 撰後 소감의 일단을 피력한다.

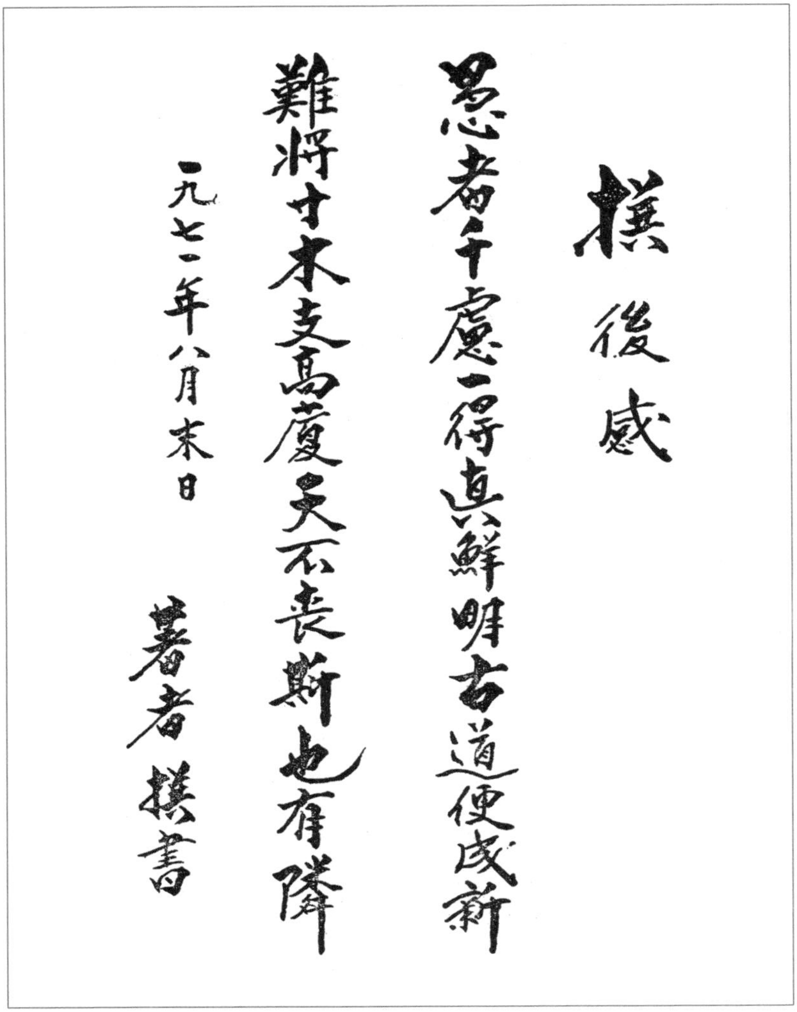

(漢詩 略譯)　어린 머리 즈믄 번 헤면 眞을 얻으리.
옛 길 찾노라 녜다 새 것 하나 이루었네.
치 나무 겨운 힘이 큰 집 어이 버티랴만,
하늘 뜻 이 길 도와서 이웃 하마 있겠지.

범례 凡例

一. 본서는 주로 초학자(중 · 고 · 대학생)를 대상으로 엮은 것이나 일반인의 한문지식 총정리용으로 쓰일 수도 있게 했다. 따라서 초학자로서 이해하기 어려운 부분은 당분간 뒤로 돌렸다가 다음 기회에 이해하는 것이 좋겠다.

一. 기초편, 해석편, 연습편으로 나누어 하학이상달(下學而上達)식으로 배려했다.

一. 본서는 경학류(經學類) · 자학류(子學類) · 역사류(歷史類) · 문장류(文章類) · 어록류(語錄類) · 교훈류(敎訓類)의 다방면의 문장을 소개하고, 원전의 해제를 비교적 상세히 하여 중국문학사의 편린을 엿보게 했다.

一. 예문에는 반드시 출처를 밝혀서 독자로 하여금 신뢰감과 정확한 지식을 갖게 했다.

一. 소개문은 가급적 문학적 가치와 교양의 자료가 될 수 있는 것을 골라 입문서와 교양서를 겸하게 했다.

一. 문장 구성법이 비슷한 영문과 비교 연구하여 한문학습의 편의와 동서 문화 비교를 시도했다.

一. 한시(漢詩)에 대해서는 비교적 상세히 서술하여 감상에 그칠 뿐 아니라 작시(作詩)도 할 수 있도록 시도했다.

一. 권말에 부록으로 문장의 체재를 논하고 각 류(類)의 예문의 일부를 소개했다.

一. 부록으로 한자로 된 우리말 음의 장단고(長短考)를 붙여 국어정화를 도모했다.

一. 부록으로 중요 고사성어를 소개했다.

一. 부록으로 잘못 읽기(쓰기) 쉬운 한자를 소개했다.

◉ 본서 편찬에 이용된 주요 전적을 들면 다음과 같다.

강희자전(康熙字典). 격몽요결(擊蒙要訣). 고문진보(古文眞寶). 고사숙어대사전(故事熟語大辭典 : 池田四次郎). 고사성어대사전(故事成語大辭典 : 簡野道明). 공자가어(孔子家語). 관자(管子). 국어(國語). 국조시별(國朝詩別). 귀우시초(歸愚詩抄). 균지(均志). 김립시집(金笠詩集). 근사록(近思錄). 남초신문(南草新聞). 노자(老子). 논어(論語). 당송팔대가문독본(唐宋八大家文讀本). 당시선(唐詩選). 당지(唐志). 대대례(大戴禮). 대학(大學). 대한한사전(大漢韓辭典 : 張三植). 대한화사전(大漢和辭典 : 諸橋). 대자전(大字典 : 啓成社). 동래박의(東萊博議). 동몽선습(童蒙先習). 동문선(東文選). 맹자(孟子). 명신언행록(名臣言行錄). 명심보감(明心寶鑑). 몽구(蒙求). 문선(文選). 문장궤범(文章軌範). 문장체법(文章體法 : 李鐘麟). 북사(北史). 북제서(北齊書). 사기(史記). 사기본기(史記本紀). 사기세가(史記世家). 사기열전(史記列傳). 사례편람(四禮便覽). 삼국지(三國志). 삼국지연의(三國志演義). 삼우당실기(三憂堂實記). 상소잡기(緗素雜記). 서경(書經). 서유기(西遊記). 설문(說文). 성어고(成語考). 성학집요(聖學輯要). 세계 문예사전(世界文藝辭典 : 東洋編). 세설신어(世說新語). 설원(說苑). 세종실록(世宗實錄). 소단팔략(騷壇八略). 소학(小學). 속문장궤범(續文章軌範). 속시화(續詩話). 손자(孫子). 송사(宋史). 수당지연의(隋唐志演義). 수서(隋書). 수원시화(隨園詩話). 순자(荀子). 습유기(拾遺記). 시경(詩經). 시운합벽(詩韻合璧). 신찬한화사전(新撰漢和辭典 : 三省堂). 십팔사략(十八史略). 양서(梁書). 언어대사전(諺語大辭典 : 有朋堂). 언지사록(言志四錄). 여씨춘추(呂氏春秋). 역경(易經). 역계사(易繫辭). 역림(易林). 영시작법(英詩作法) 및 감상(鑑賞). 영역논어(英譯論語 : 卞榮泰). 열녀전(列女傳). 열선전(列仙傳). 열자(列子). 예기(禮記). 예문지(藝文志). 예원치언(藝苑巵言). 왕양명전서(王陽明全書). 오지(吳志). 요사(遼史). 요재지이(聊齋志異). 운부군옥(韻府群玉). 의례(儀禮). 이성학문식(李性學文式). 이언대사전(俚言大辭典 : 東方書院). 이퇴계문집(李退溪文集). 입시문경(入詩門徑). 자원(字源 : 簡野). 자치통감(資治通鑑). 장자(莊子). 재집(裁集). 전국책(戰國策). 전등신화(剪燈新話). 전론(典論).

전습록(傳習錄). 좌씨춘추(左氏春秋). 주례(周禮). 주서(周書). 중국문학사(中國文學史). 중국소설사략(中國小說史略). 중용(中庸). 중화대자전(中華大字典). 증보시법입문(增補詩法入門). 증운(增韻). 지봉유설(芝峰類說). 지나문법(支那文法 : 廣池). 진서(晋書). 집고록(集古錄). 창랑시화(滄浪詩話). 채근담(菜根譚). 척독대방(尺牘大方). 천자문(千字文). 초국선현전(楚國先賢傳). 촉지(蜀志). 충의수호전(忠義水滸傳). 태현경(太玄經). 패문운부(佩文韻府). 한국명시(韓國名詩). 한국역대명시선(韓國歷代名詩選). 한문요설(漢文要說). 한문전(漢文典 : 兒島) 한문종합연구(漢文綜合研究). 한비자(韓非子). 한서(漢書). 한서예문지(漢書藝文志). 한시외전(韓詩外傳). 한화대자전(漢和大字典 : 三省堂). 항우본기(項羽本紀). 해동시선(海東詩選). 홍루몽(紅樓夢). 홍설루(紅雪樓). 화영대조사서(華英對照四書 : 文源書局). 화한명시평석(華漢名詩評釋). 회남자(淮南子). 효경(孝經). 후수호전(後水滸傳). 후산시화(後山詩話). 후한서(後漢書). 훈민정음(訓民正音).

차 례

제1부 총설편 總說編

제2부 해석편 解釋篇 -敎養 漢文 選集-

제3부 한시편 漢詩篇

부록附錄

제1부

총설편 總說編

한문습득(習得)의 근저(根柢)

대개 한 나라의 글은 반드시 그 자체만이 가지고 있는 독특한 성격이 있다. 중국의 글인 한문에도 역시 한문만이 가지고 있는 독특한 구조와 법이 있다. 따라서 한문습득의 첫걸음은 먼저 그 성격을 따져 보는 데 있다고 본다. 종래의 '讀書百遍而義自見.(많이 읽으면 뜻이 저절로 통하게 된다)'식의 습득방법은 과학을 하는 현대의 학생들에게는 용납될 수 없는 진부한 지도방식이다. 다음에 한문습득의 근저에 대하여 설명하려 한다.

제1장 한문의 특질(特質)

한문은 중국의 글이다. 따라서 우리에게는 일종의 외국어라고 볼 수 있다. 그러나 타 외국어(영어, 프랑스어, 독일어)와 같은 순수한 외국어와는 사정이 크게 다르다.

권두사(卷頭辭)에서도 언급한 바와 같이 한문은 오랫동안 우리글 화 되어 있었다는 점이 다른 외국어와 달리 특이한 점의 하나이다. 이처럼 친한 관계에 있으면서도 우리글과 그 구조가 다른 것이 또한 특질의 하나라고 할 수 있다. 즉 우리글은 우리말을 순서대로 나열(글을 읽는다)하면 족한 데 반하여 한문은 그 순서가 바뀌는 점이다.(讀書=읽는다 글을) 이것이 한문학습에 있어서 그의 특질을 깊이 연구할 필요를 절실히 느끼는 까닭이다.

제1절 한자의 구조

한자는 중국 상고 황제(黃帝) 때 창힐이 창작한 것이라고 하는데 그 후 차츰 수가 늘어 강희자전(康熙字典: 淸代 張玉書 等編)에는 47,210여 자나 수록되어 있다. 그것은 어느 것이나, 혹은 사물의 형상을 본뜨고, 혹은 부호를 써서 나타내고, 혹은 그것을 결합하여 만드는 등 여섯 가지 원칙에 의해 조직되어 있다. 이것을 육서(六書) 혹은 육의(六義)라고 말한다. 따라서 이것은 한자의 기원과 의의를 연구하는 데 매우 필요하다. 이것을 연구하는 학문을 자학(字學), 문자학(文字學)이라고 말한다. 이제 육서의 원칙을 들면 다음과 같다.

1. 상형(象形)

'(日), (月), (山), (川)' 등과 같이 눈에 보이는 물체의 형상을 본떠서 만든 문자를 상형문자라 하며 이것은 일종의 회화(繪畵)로 그 수는 608자가 있다고 한다.

2. 지사(指事)

'一, 二, 三, 上, 中, 下' 등과 같이 형상을 기초로 해서 이것에 점 혹은 획을 가감하여 사물의 성질을 지시하는 것을 지사문자라 하며, 그 수는 107자가 있다고 한다.

3. 회의(會意)

'旦'(지평선 위에 해가 떴다는 뜻), '東'(해가 나무 위에 걸렸다는 뜻), '林'(나무의 집합의 뜻)등과 같이 이미 뜻을 갖춘 문자를 둘 또는 셋 이상을 결합하여 다른 새 뜻을 나타내는 것을 회의문자라 하며 그 수는 740자가 있다고 한다.

4. 해성(諧聲)

'沐'·'問'·'鳩' 등과 같이 두 개 이상의 문자가 합쳐서 한 글자가 되고, 반쪽은 뜻을 나타내고, 반쪽은 음을 나타내는 것을 해성문자 또는 형성문자라 한다. 그 수는 21,810자가 있다고 한다.

5. 전주(轉注)

'音樂'의 樂(악)자가 바뀌어서 '快樂'의 樂(락), '風雨'의 風자가 바뀌어서 '風教'의 風 등과 같이 문자의 뜻을 전용(轉用)하여 다른 비슷한 뜻으로 유용(流用)한 것을 전주(轉注, 回轉流注)문자라 하며 그 수는 372자가 있다고 한다.

6. 가차(假借)

'燕'을 '宴'으로, '又'를 '有'로, '英吉利', '華盛頓' 등과 같이 문자를 아무 뜻 없이 빌려서 다른 것의 소리를 대표하게 하는 것을 가차문자라 하며, 그 수는 598자가 있다고 한다.(이상의 글자 수는 송의 정초(鄭樵)의 통계에 의함)

제2절 한문의 구성

한문은 한자의 배열로 되어 있다. 한자는 한글이나 로마자나 일본 가나[假名]와 달라서 그 자체가 하나하나의 말을 나타내고 있다. 한글에는 '고'와 '양'과 '이'가 합하여 '고양이'가 되고, 로마자에는 'c'와 'a'와 't'가 합하여 'Cat'가 되고, 가나[假名]에는 'ネ'와 'コ'가 합하여 'ネコ(네꼬)'가 되는데, 한자는 '猫'의 글자 자체가 '야옹, 야옹' 하는 '묘 = 고양이'이다. 그리고 주격, 목적격, 영격(領格-소유격) 등의 구별에 따라서 한글과 영어와 일본어에서는 각각 '나는 · 그는' '나를 · 그를' '나의 · 그의'와 'I, he' 'me, him' 'my, his'와 '私は · 彼は' '私に · 彼に' '私の · 彼の'로 되지만, 한문은 그의 모든 경우를 통하여 '我 · 彼'로 된다. 그리고 그의 구별은 항상 문장 가운데서 단어의 위치에 따라 밝혀지고 있다. 즉 '我愛彼'라고 하면 '我'는 주격이 되고, '彼'는 목적격이 되며, '彼愛我'라고 하면 '彼'가 주격이 되고 '我'는 목적격이 된다. 그리고 또 '我愛彼女'(그의 딸)라고 하면 '彼'는 영격(領格 : 소유격)이 된다. 따라서 한문에서 단어의 위치는 문장의 뜻을 알아내는 중요한 열쇠라고 볼 수 있다. 초학자는 특히 이 점에 유의하기 바란다. 물론 '不我愛'(나를 사랑하지 않는다)와 같은 도치구(倒置句)도 있지만 그러나 이것은 정상적인 배열법이 아니다.

1. 구성(構成)의 근본적 지식

한문도 일종의 문(文)인 이상 그 길고, 짧음을 막론하고 국문과 같이 세 가지의 기본적 구성형을 가지고 있다. 즉

1. 무엇이(은) 어찌한다. 　주어 + 술어(동사) = 花開.
   ※ 술어(述語)를 설명어(說明語)라고도 한다.
2. 무엇이(은) 어떠하다. 　주어 + 술어(형용사) = 月明.
3. 무엇이(은) 무엇이다. 　주어 + 술어(명사) = 農者, 天下之大本.

과 같이 된다. 그리고 거기에 다시 글 뜻을 완전하게 하기 위하여 객어(客語)·보어(補語 : 補足語라고도 하고 영어의 Complement와는 조금 다르다)가 붙고, 다시 필요에 따라 형용사적 수식어·부사적 수식어가 붙고, 또 이들을 포함한 구(句)가 붙어서 차츰 복잡한 문장을 구성하게 되는 것이다. 그러나 그 형식을 파악하는 것은 국문처럼 명료하지는 않다. 따라서 이 구성의 파악이야말로 끝까지 한문 습득자에게 하나의 커다란 두통거리라고 아니할 수 없다. 초학자는 마땅히 늘 이 점에 대하여 착상(着想)과 노력을 게을리 하지 말아야 할 줄 안다.

2. 성분(成分)의 위치

문(文)을 그 직책상으로 보아 몇 조각으로 나눈 것을 성분(成分)이라고 하는데 한문의 성분은 위에 서술한 바와 같이 주어(主語)·술어(述語)·객어(客語)·보어(補語)·수식어(修飾語: 形容詞的·副詞的) 등 다섯 가지로 크게 구별할 수 있다. 그리고 그 중 주어·술어를 주요성분이라 하고 객어·보어를 보충성분이라 하고 양 수식어를 수식성분이라고 한다. 이제 그것이 각각 문장에서 차지하는

관계위치를 살펴보기로 하자.

한문에서 단어의 배열은 대체로 영어와 비슷하므로 이를 비교연구하면 크게 도움이 될 줄 안다.

(1) 주요성분(主要成分)

'무엇이'라는 주어와 그것에 대하여 설명한 술어이다. 이것은 가장 근본적인 것으로 사상을 뭉뚱그리는 데 있어서 최소한 필요한 것이다. 이 주요성분의 배열은 국어나 영어와 다름이 없다.

[주어 + 술어]

예 ① 鳥啼.(動) = 새가 운다. = Birds sing.
② 水淸.(形) = 물이 맑다. = The water is clear.
③ 鄭夢周, 忠臣也.(名) = 정몽주는 충신이었다.
= Chung Mong Ju was loyalist.

※ 시문(時文-중국 현대문)으로는 鄭夢周是個忠臣.
(이때 '是'는 영어의 'be 동사'와 같은 용법.) 예 這是書. = 이것은 책이다.

(2) 보충성분(補充成分)

주어와 술어와의 관계를 보충하여 서술을 명료하게 하는 것인데, 타동사가 술어가 되었을 때는 그 목적이 되는 말을 객어(客語), 그 밖에 문장의 뜻을 완전하게 하는 데 필요한 말을 보어(補語, 補足語)라고 한다. (여기서 보어라 함은 국문법과 영문법에 있어서의 보어는 물론이요, 주어, 술어, 객어 이외의 모든 보충어를 지칭함) 이들의 구성은 다음과 같다.

① **주어 + 술어 + 객어**(語의 배열이 국문과는 다르고 영어와는 같다.)

예 我讀書. = 나는 글(책)을 읽는다. = I read a book.

보통 객어와 보어는 술어의 밑에 오지만 객어가 의문대명사일 때, 혹은 의문부사가 올 때는 '牛何之'(孟子)(소는 어디를 가느냐? = Where is the cow going?), '士何事.'(孟子)(선비는 무엇을 일삼는가? = What does the unemployed scholar do?) 등과 같이 술어의 위에 놓여진다.

② **주어 + 술어 + (於 = 于 · 乎) + 보어**

예 白頭山聳雲表. = 백두산은 구름 밖에 솟아 있다.
= Mt. Back-du soars above the clouds.

보어의 위치는 술어의 밑에 있는 것이 보통이지만 이 때 술어와 보어 사이에 '於=于 · 乎'를 두어서 '芳草勝於花 = 꽃다운 풀이 꽃보다 더 낫다. = Fragrant grass is better than flowers.'와 같이 할 수도 있다.

類例 '霜葉紅於二月花'(杜牧) = 단풍진 잎은 2월(봄)의 꽃보다 더 붉다.

③ **주어 + 술어 + 객어 + (於 = 于 · 乎) + 보어**

예 世人謂我紳士. = 세상 사람들은 나를 신사라고 말한다.
= They say that I am a gentleman. 이것은 (ㄱ)(ㄴ)형이 합쳐진 것이다.

이 때 객어와 보어 사이에 전치사(혹은 개사(介詞))를 두어서 '彼與一書于我 = 그는 책 한 권을 내게 주었다. = He gave a book to me'로 되는 수가 많다. 이때 그 어순은 영어와 서로 같다.

類例 '臣不求聞達於諸候.'(出師表)(신은 명문(名聞)과 영달을 제후에 구하지 않았다. 즉 벼슬을 해서 영달을 얻겠다고 하지 않았다는 뜻.)
'我觀花于昌慶苑.'(나는 꽃을 창경원에서 보았다. 즉 나는 창경원에서 꽃구경을 했다는 뜻.)

類例 浴乎沂, 風乎舞雩.(論語)(주어 생략)

④ 주어 + 술어 + 보어 + 객어

예 彼與我一書 = 그는 내게 책 한권을 주었다. = He gave me a book.

이 예와 같이 보어가 객어 앞에 오는 경우도 있기 때문에 문장의 뜻에 따라 보어와 객어를 판단할 필요가 있다. 단, 이때 전치사가 쓰이는 일은 거의 없다. 그 어순은 영어와 같다.

(3) 수식성분(修飾成分)

위에 서술된 성분 외에 이들을 수식하고 그 의미를 한정하기도 하는 성분이 있다. 이것을 수식어(修飾語)라고 한다. 수식어에는 형용사적 수식어와 부사적 수식어가 있는데 그 위치는 일반적으로 수식된 말의 위에 있다.

그리고 전자를 연체수식어(連體修飾語), 후자를 연용수식어(連用修飾語)라고도 한다. 이것을 좀 더 상세하게 설명하면 다음과 같다.

① 형용사적 수식어

이것은 주어・객어・보어의 위에서 그 의미를 한정 혹은 형용하는 것이다.

예 古之聖人惜寸陰. = 옛날 성인은 일분, 일초(寸陰)를 아꼈다.
Ancient sages did not waste even a single moment.

예 高峰載千年之雪. = 높은 산봉우리는 천년의 눈을 이고 있다.
High mountain tops are capped with thousand-year-old snow.

예 父救子炎炎火中. = 아버지는 자식을 훨훨 타는 불꽃 가운데서 구출했다.
The father saved his son out of the flame.

② 부사적 수식어

이것은 술어의 위에서 그 의미를 수식 한정하는 것이다.

예 黑雲忽起. = 검은 구름이 갑자기 일어난다.
Dark clouds appeared suddenly.

예 嘗從事於斯矣.(論語) = 그는 일찍이 이 일에 종사한 일이 있다.
He has been once engaged in this work.

수식어는 앞에 서술한 바와 같이 꾸며지는 말의 바로 위에 있는 것이 원칙이지만, 부사(副詞)는 간격을 두고 '少焉, 月出於東山之上.(조금 있다가 달이 동산위에 떠올랐다.-赤壁賦, 蘇軾)'와 같이 수식하는 수도 있다. 또 다른 수식어를 수식해서 '夫子循循然善誘人.(선생님(孔子)은 순서 있게 사람을 잘 가르치신다.-論語)'와 같이 표현하는 수도 있다. 이렇게 해서 문장은 차츰차츰 복잡한 形을 취하게 되는 것이다.

3. 문(文)의 구조상의 종류

(1) 단문(單文)

주어와 술어와의 관계가 단 한번만 성립하고 있는 문장.

예 鳥啼. -1주어, 1서술형.

禹聞善言則拜.(孟子) – 1주어(禹), 2술어(聞, 拜)형.
物與我皆無盡也.(赤壁賦) – 2주어(物, 我), 1술어(無盡)형.

(2) 복문(複文)

주어와 술어의 관계를 두 번 이상 가지고 있는 문장.

① 포유문(包有文) = 종속절(從屬節)을 가지고 있는 것

예 我欲行禮.(孟子)

【註】 '我欲我行禮.'의 준 글로서 '我行禮.'가 종속절.

예 長者問, 不辭讓而對.(禮記)

【註】 '長者問, 則我不辭讓而對.'의 준 글로서 '長者問'이 종속절.

② 연합문(連合文) = 대립절(對立節)을 가지고 있는 것

예 月明, 星稀.(前赤壁賦). 山高, 月小.(後赤壁賦)

③ 혼합문(混合文) = 포유문과 연합문이 뒤섞여있는 것

예 爲政以德, 譬如北辰居其所而衆星共之.(論語)

【註】 • 北辰(북신) = 北斗七星. • 居其所 = 일정한 위치에 자리 잡고 있다.
• 共 = 拱과 같은 뜻으로서 향하다. 즉, 북두칠성을 중심으로 돌고 있다.

【문법】 '政'은 타동사 '爲'의 목적어. '德'은 전치사 '以'의 목적어. '爲政' '以德'은 각각 句로서 합해서 주어구(主語句)가 된다. 그리고 '北辰居' '衆星共'은 대립절로서 어울려서 '如'를 수식하는 수식절(부사절)이다.

4. 성분의 생략

어느 나라 글에서도 큰 특색의 하나지만, 간결을 숭상하고 번욕(煩褥)을 기피하는 한문에 있어서는 특히 성분이 생략될 때가 많다. 따라서 한문을 독해할 때는 먼저 생략의 유무를 음미하고, 생략된 어구를 보충해서 검토하는 것이 필요하다. 이제 그것을 각각의 경우에 대하여 고찰해 보기로 한다.

(1) 주어의 생략

주어는 한 문장의 주제가 될 만한 것을 표시하는 말이기 때문에 문장에는 반드시 주어가 있어야 하겠지만, 이것이 당연히 독자에게 이해가 될 것으로 보일 때는 생략되는 수가 있다.

① 대화(對話)·문답(問答)의 경우

예 (子)曰學詩乎. (鯉)對曰, 未(學詩)也.(論語) = (孔子가) 말씀하시기를 '시를 배웠느냐?' 하신데, (鯉=공자의 아들) 대답하기를, '아직 (시를 배우지) 못했습니다.'라고 했다.

② 사리(事理)를 말하고 도덕을 논할 경우

예 夫道若大路然, (人)豈難知哉.(孟子) = 대저 사람이 지켜야 할 도리는 마치 한길과 같은데 (사람들이) 어찌 알기 어렵겠는가?

③ 동일 주어를 반복할 경우

예 其言有所激則(人)不服(其言), (其言) 有所强則(人)不服. (其言)(言志錄) = 그 말이 과격한 바 있으면, (사람들이) (그 말에) 복종하지 않고, (그 말이) 강한 바 있으면, (사람들이) (그 말에) 복종하지 않는다.

④ 도장(倒裝: 倒置)의 경우

예 往者不追, 來者不拒.(吾不追往者, 吾不拒來者)(孟子) = 지나간 것(과실)을

추궁하지 않고, (前非를 깨닫고 배우러 찾아)오는 사람은 거절하지 않는다.

⑤ 명령·계칙(戒飭)의 경우

예 彼亦人子也, (汝)可善遇之.(小學) = 그도 사람의 자식이니 (너는) 잘 대우해야 한다.

(2) 술어의 생략

주어의 생략 못지않게 술어의 생략도 자주 눈에 뜨인다. 그러나 다른 품사가 술어의 위치에 있으면서 그의 구실을 겸하고 있기 때문에 술어 전체가 생략되는 일은 없다.

① 동사를 줄이고, 조동사만으로 술어를 만드는 경우

예 夫子欲寡其過而未能(寡)也.(論語)
= 공자는 그 허물을 적게 하고자 했으나 아직 (적게 하지) 못했다.

② 부사만으로 술어를 만드는 경우

예 人一能之, 己百(能)之.(中庸) = 남이 한번 해서 잘 할 수 있으면, 나는 백번 해서 잘 하도록 한다.(즉, 남보다 백배 더 노력할 각오를 한다는 뜻)

③ 전치사를 동사와 같이 읽는 경우

예 生事之以禮(事), 死葬之以禮(葬).(孟子) = 부모가 살아 계실 때는 섬기는 데 예로써 하고(섬기고), 돌아가셨을 때는 장사지내는 데 예로써 한다.

④ 억양형(抑揚形 : 況·矧·況乎)에 있어서의 하구(下句)의 술어

예 死馬且買之, 況(不買)生者乎.(十八史略) = 죽은 말도 또한 사는데 하물며

산 것이랴.(산 것을 사지 않겠는가? = 틀림없이 살 것이다.)

(3) 객어·보어의 생략

객어·보어도 문장을 애매하게 하지 아니하는 경우에는 생략되는 수가 있으나 앞에 서술한 경우처럼 많지는 않다.

① 사역형(使役形)의 보어(補語)

예 爲死者, 滅罪資福, 使(死者)生天堂, 受諸快樂.(小學, 嘉言)
= 죽은 사람을 위하여 죄를 없애주고 복을 도와주어서, (죽은 이로) 하여금 천당에서 다시 살게 하여 모든 즐거움을 받게 된다.

② 부정형(否定形)의 객어(客語)

예 人不知(我)而不慍(人).(論語)
= 남이 (나를) 알아주지 않아도 (남을) 원망하지 않는다.

③ 도장형(倒裝形: 倒置形)의 대용명사(代用名詞)

예 非義之義, 大人弗爲(之).(孟子)
= 의리가 아닌 의리를 대인은 (이것을) 하지 않는다.

④ 보어(補語)·객어(客語)에 전치사(以·爲·與)를 덮어 씌워서, 그것이 있어야 할 위치를 바꾼 경우

이때, 보어·객어를 생략하고 전치사만을 두는 일이 있다.

예 其娣戴嬀生桓公, 莊姜以(桓公)爲己子.(左傳) = 그의 아우 대규(戴嬀)가 환공(桓公)을 낳으니, 장강(莊姜)이 (환공으로)써 자기 아들을 삼다.

위와 같은 성분의 생략 외에 전치사 '自・由・從・與' '以' '乎・于・於' 및 접속사 '而・然・則', 조동사 '使・令・敎' 등이 생략되는 경우도 있으니 주의해야 한다.

예 殺人以梃與(以)刃, 有以異乎.(孟子)(전치사 생략)
不憤(則)不啓.(論語)(접속사 생략)

제3절 구(句) 배열의 육법식(六法式)

한문 독해에 있어서 먼저 구(句)와 문(文)의 구성을 음미해서 착수하지 않으면 안 된다. 따라서 한문의 논술에 있어서 구의 양식을 생각해서 문맥을 정리할 필요가 있다. 물론 문장에 따라서는 다기다양(多岐多樣)한 사상을 담고 있기 때문에 그 양식은 천태만상이겠지만 그 배열상의 근본적 양식은 그리 많은 것은 아니다. 결국 그 주요한 것은 다음과 같은 '육법식(六法式)'이라고 본다.

1. 사자구법(四字句法) 및 그의 식별법

한문의 구(句)는 한 자, 두 자의 짧은 것과 열 자에서 수십 자의 긴 것 등 장단(長短), 대소(大小) 등 여러 가지가 있으나 가장 근본적인 것은 사자구(四字句)요, 그 다음은 육자구(六字句)이다.

중국 문장은 본래는 장단부동(長短不同)의 구를 가지고 사상 감정을 나타낸 것이었지만, 육조(六朝 : 吳-三國의 吳, 東晋, 宋, 齊, 梁, 陳)에 이르러서 사륙변려(四六騈儷)체의 문장이 유행하여 사자구(四字句)・육자구(六字句)를 많이 쓰게 되었다. 그러면서 고래(古來)의 평범한 의사전달만의 글을 '古文'이라고 해서 배척하게 되어 한때 고문(古文)은 쇠미해졌으나 당대(唐代)에 이르러 한퇴지(韓退之)가 고문(古文)의 부흥을 제창하고, 유자후(柳子厚) 등이 이에 동조하여 그 회복에 노력한 결과 세력을 만회하게 되었다. 송대(宋代)에 이르러서는 구양수(歐陽脩)를 비롯해서 소식(蘇軾)·소철(蘇轍)·왕안석(王安石)·증공(曾鞏) 등이 일어나서 고문(古文)을 발달시켰기 때문에 소위 당송팔대가(唐宋八大家)라고 일컫는 찬란한 시대를 초래했다.

우리나라의 교재용 한문 문장도 대개 고문체(古文體)가 많다. 그러나 한문의 구법(句法)으로서는 사자구(四字句)가 의연히 기반을 이루고 있고, 오자구(五字句) 이상의 것도 이것을 검토해 보면 부사·조동사·전치사·후치사·접속사 등을 빼버리면 역시 사자구(四字句)로 된 것이 많다.

다음에 예를 들어서 그 관계를 지적해 보려 한다.

言之于口. 不若行之于身. 行之于身, 不若盡之于心. 無愧于口, 不若無愧于身. 無愧于身, 不若無愧于心. 無口過易, 無身過難, 無身過易, 無心過難. 旣無心過, 何難之有.(邵康節)

(착한 일을 입 밖에 내서 말하는 것은 이것을 실제로 몸에 행하는 것만 같지 못하고, 착한 일을 몸에 행하는 것은 이것을 자기 마음속에 충분히 이해하는 것만 같지 못하다. 또 입으로 나쁜 말을 하지 않아서 부끄러움이 없는 것이 몸에 나쁜 행동이 없어서 부끄러움이 없는 것만 같지 못하고, 몸에 나쁜 행동이 없어서 부끄러움이 없는 것이 마음속에 악의를 품지 않아서 부끄러움이 없는 것만 같지 못하다. 입으로 하는 말에 과실이 없게 하는 것은 쉽지만, 몸으로 행하는 행동에 과실이 없게 하는 것은 어렵고, 또 몸으로 행하는 행동에 과실이 없게 하는 것은 쉽지만, 마음속으로 생각하는 데 과실이 없게 하는 것은 어렵다. 이미 가장 어렵게 생각되는 마음의 과실이 없어졌는데 또 무슨 곤란이 이밖에 있겠는가?)

【註】 • 之는 지시대명사로서 善事를 가리킴.
• 何難之有= '何有難乎'(어찌 어려움이 있겠는가)의 도치(倒置).

이를 보건대, 4개의 육자구(六字句)와 대부분의 사자구(四字句)로 되어 있다. 그러나 육자구(六字句)의 '不若盡之于心'도 근본적으로 '盡之于心'의 4자로 표현된 것에 '不若'의 조자(助字)가 덧붙어 있는 데 불과하다고 볼 수 있다. 이 관계를 이해하면 처음 보는 문장을 대하여 읽기 어려운 부분도 이 사자구법(四字句法)·육자구법(六字句法)을 이용해서 의외의 효과를 거두는 일이 적지 않다.

2. 대우법(對偶法) 및 그의 식별법

한문에 있어서 가장 현저한 수사법은 대어(對語)·대구(對句)이다. 대어(對語)라는 것은 같은 성질의 어(語) 혹은 다른 성질의 어(語)가 대립해 있는 것을 말하고, 대구(對句)라는 것은 같은 성질의 구(句)나 다른 성질의 구(句)가 대립해 있는 것을 말한다. 대구와 같이 동일 표현형식의 구법에 의하여 서로서로 대(對)가 되어 있는 것을 '대우법(對偶法)'이라고 한다. 대구(對句)에는 반드시 몇 개의 대어(對語)가 있기 마련이므로 먼저 이 대어(對語)에 착안해서, 그 대립관계를 고찰하고 다음에 대구(對句)에 주의해서 문맥을 정리하고 문의(文意)를 확실히 파악하는 것이 중요하다. 한문은 대부분 이 대립관계로 성립되어 있다고 해도 좋을 정도이므로 독해할 때는 대구(對句)를 발견하여 구상·문맥의 조직을 검토하면 저절로 전문의 취의(趣意)가 파악될 뿐만 아니라 대구(對句)의 한 쪽의 어구해득(語句解得)의 여세로써 다른 한 쪽의 어구도 연쇄적으로 추리할 수 있게 된다. 이런 요령으로 해나가면 이해하기 어려운 문장도 그 실마리를 찾아내어 완전히 이해할 수 있게 된다.

예를 들면,

道之不明，異端害之也．昔之害，近而易知．今之害，深而難辨．昔之惑人也，乘其迷暗．今之入人也，因其高明．(小學，嘉言)
(성인의 大道가 밝지 못함은 邪道가 이를 해친 까닭이다. 옛날의 邪道의 해는 卑近해서 알기 쉬웠지만, 지금의 그것은 심각해서 알기 어렵다. 옛날의 邪道가 사람을 미혹한 것은 사람들이 미혹해서 마음이 도리에 어둡고, 어리석은 틈을 타서 들어왔지만은, 지금의 邪道가 사람에 파고드는 것은, 그 사람들이 高明한 점을 이용하고 있다.)

에 있어서 '昔' '今', '近' '深', '易' '難', '知' '辯', '惑' '入', '乘' '因', '迷惑' '高明' 등의 대어(對語)에 착안해서, 대구(對句)를 기초로 하여 문맥을 정리하여 보면,

道之不明，異端害之也． { 昔之害，近而易知． / 今之害，深而難辨． } { 昔之惑人也，乘其迷暗． / 今之入人也，因其高明． }

과 같이 된다. 이와 같은 굵다란 두 개의 맥을 확실히 파악하면 정연한 해석을 할 수 있게 된다.

類例 君子之事上也．進思盡忠，退思補過，將順其美，匡救其惡．故上下能相親．(孝經)
= 군자가 임금을 섬기는 데 있어서, 벼슬에 나아갔을 때는 충성을 다할 것을 생각하고, 관위를 물러났을 때는 임금의 허물을 諫해서 바로잡도록 애써서, 그 아름다운 점을 받들어 순종하고 그 잘못된 점은 바로잡아서 악에서 구출한다. 따라서 위와 아래가 서로 잘 친할 수 있게 된다.

君子之事上也 { 進思盡忠 / 退思補過 } { 將順其美 / 匡救其惡 } 故上下能相親．

과 같이 된다.

3. 쌍관법(雙關法) 및 그의 식별법

한 쌍의 구(句)를 세워 놓고 이것을 근본으로 하여 이하의 대구(對句)는 전부, 왼 편의 구는 항상 왼편의 구, 바른편의 구는 항상 바른편의 구 사이에, 뜻의 연락이 있도록 나열하여 전개하여 나가고 마지막 구에 의하여 전체를 결속하는 것인데, 그것이 마치 문짝을 닫는 빗장과 같은 모양을 나타내고 있기 때문에 이것을 '쌍관법(雙關法)'이라고 한다.

이것을 그림으로 나타내면,

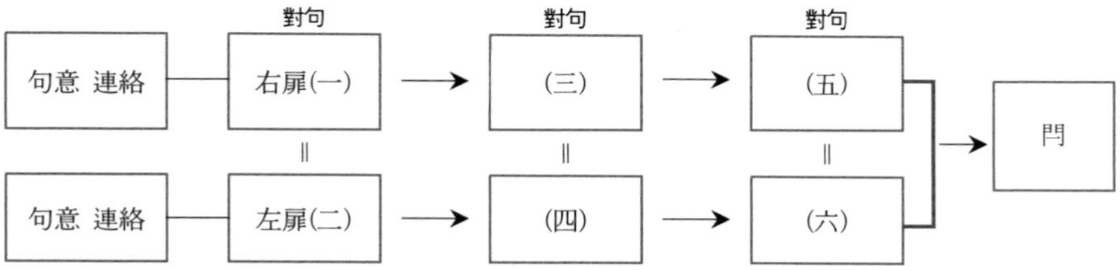

【註】 • 좌우의 표시는 문(門)자체를 표준 함. • 閂=빗장 산.

과 같이 된다. 이것이 글로 쓰면,

右扉(一) → 左扉(二) → 右(三) → 左(四) → 右(五) → 左(六) → 閂

과 같은 순서로 되므로, 句意의 연락은 좌우, 각각 한 구를 사이에 두고 관계하게 되는 셈이다. 이 점에 착안하지 않으면, 이와 같은 법식의 글은 손을 대기가 어렵지만 반대로 한번 이 요령을 기억해 두면 左右扉의 어느 한 쪽 구의 전체의 뜻을 이해함에 따라 다른 한 쪽의 구 전체의 뜻도 저절로 해득하게 되므로 확실히 이 법식을 체득하여 둠이 좋을 줄로 생각된다. 단, 문장에 따라서 최후의 閂에 해당 되는 부분의 글이 없는 수가 있으니 주의를 요한다. 예를 들면,

人或毁己，當退而求之於身．若已有可毁之行，則彼言當矣．若已無可毁之行，則彼言妄矣．當則無怨於彼，妄則無害於身．又何反報焉．(資治通鑑)

= 사람들이 만일 자기를 비방하면, 마땅히 물러가서 조용히 자기를 반성해야 한다. 그리하여 만일 자기에게 비난 받을 행동이 있다면, 그의 말이 적중한 셈이고, 만일 자기에게 비난 받을 행동이 없다면, 그의 말은 망평(妄評)이라고 할 수 있다. 그의 평이 적중했다면 조금도 그를 원망할 필요가 없고, 망평(妄評)이라면 그가 나쁜 것이요, 나의 덕행을 해치는 일은 없는 것이니 또 뭐 앙갚음할 필요가 있겠는가?

의 문장을 해석하는 데 있어서 쌍관법(雙關法)을 적용해서 해부하면,

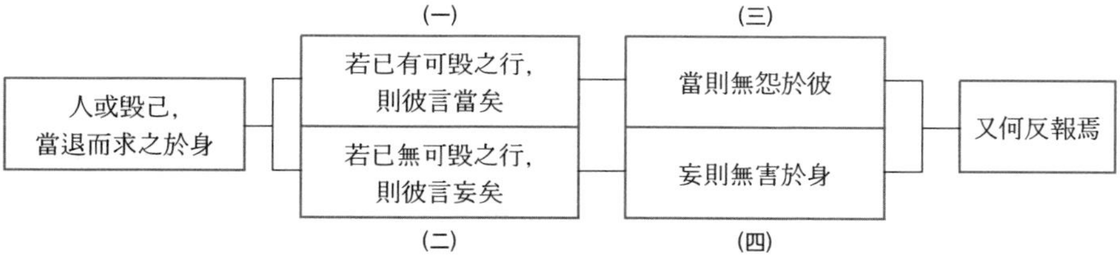

과 같이 되어, 우비(右扉), 좌비(左扉)를 각각 새로 통석(通釋)하면 문맥이 정연하게 된다.

類例 善爲臣者，不厚於身，而厚於君．不潤于室，而潤于國．厚於君忠也．潤于國公也．旣忠且公，君其薄之哉．民其怨之哉．祿位其去之哉．雖不厚於身，而身自厚矣．雖不潤于室，而室自潤矣．此君子之爲也．(馮用之，機論)

이것을 쌍관법으로 정리하면,

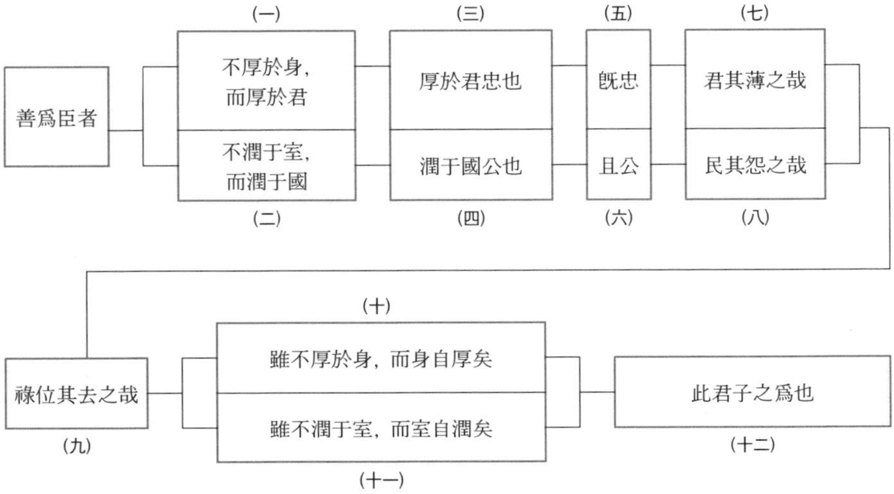

와 같이 되어 문맥을 파악하는 데 매우 정연하게 된다.

右扉의 뜻 = 잘 임금을 섬기는 신하는 임금의 이익을 꾀하고, 자기 개인의 이익을 돌아보지 않는다. 이것은 소위 忠이다. 임금은 반드시 이런 사람에게 녹위(祿位)를 줄 것이다. 따라서 자연 자기의 이익을 꾀하게 되는 셈이다. 이것은 有德者의 소행이다.

左扉의 뜻 = 잘 임금을 섬기는 신하는 나라의 이익을 꾀하고 자기가정의 이익을 돌아보지 않는다. 이것은 소위 公이다. 국민은 반드시 그의 덕을 흠모하고 또 임금은 그 녹위(祿位)를 떠나지 못 하게 할 것이다. 따라서 저절로 자기 집을 부유하게 만들게 된다. 이것이 有德者의 소행이다.

4. 층루법(層樓法) 및 그의 식별법

대우법이 한 쌍의 구가 대립해 있는 데 반해서 3구 이상의 같은 종류의 구가 대체로 같은 형식을 가지고 점점 겹쳐나가는 법식을 '층루법(層樓法: 重疊法 · 累語 · 類句)'이라 한다. 이 법은 대우법 다음으로 상당히 광범하게 쓰이는 한문의 한 특색이므로 이에 대해서도 충분히 습득해 두기 바란다. 독해상 이 법식을 찾아내는 방법과 다루는 방법은 대우법과 같다. 예를 들면,

> 君子素其位, 而行不願乎其外. 素富貴, 行乎富貴. 素貧賤, 行乎貧賤. 素夷狄, 行乎夷狄. 素患難, 行乎患難. 君子無入而不自得焉.(中庸)
>
> =군자는 어떤 경우를 당하더라도 자기가 처하고 있는 지위에 대하여 만족하고, 처음부터 그런 것처럼 조금도 마음을 동요하지 않으며 자기의 分外의 것을 원하지 않는다. 따라서 부귀에 처해 있을 때는 처음부터 부귀한 것처럼 생각해서 조금도 교만한 태도를 취하지 않고 중용의 길을 행하며, 빈천에 처해 있을 때는 처음부터 빈천한 것처럼 생각해서 조금도 비겁하고 아첨한 태도를 취하지 않고 중용의 길을 행하며, 또 몸이 오랑캐 속에 있을 때라도, 처음부터 오랑캐로 태어난 것처럼 생각해서 오랑캐로서의 중용을 지키고, 또 환난 속에 빠져 있을 때라도 처음부터 환난에 익은 것처럼 생각해서 조금도 걱정하고 슬퍼하지 아니하며 환난한 그대로 중용의 길을 행하게 된다. 따라서 군자는 어떠한 경우에 처해 있더라도 만족하지 아니함이 없고, 언제나 명랑하게 살아간다.

이 문장을 보건대 마지막 구 이외에는 각 句 모두 '素'와 '行'의 語를 반드시 포함하고 있다. 그뿐 아니라 그것은 어느 것이든지 다 '素'가 구두(句頭)에 놓여 있고, '行'이 중앙에 끼어 있어서 동일형식인 점으로 미루어 대구(對句)인 것을 알 수 있다. 또 대립의 구가 3개 이상 있기 때문에 소위 층루법(層樓法)인 것도 알게 된다. 이제 그 문맥을 해부해 보면,

(頭) 君子素其位, 而行不願乎其外

(腹)
素富貴, 行乎富貴.
素貧賤, 行乎貧賤.
素夷狄, 行乎夷狄.
素患難, 行乎患難.

(尾) 君子無入而不自得焉.

과 같이 된다. 층루법으로 된 四句(腹)는 '君子素其位'(頭)를 주제로 한 서술이요, '素其位'가 추상적인 논술임을 한층 명료하게 하기 위하여 낱낱의 구체적인 경우를 들어서 '行不願乎其外'라는 군자의 태도를 설명한 것이다.

類例 齊景公問政於孔子. 孔子對日君君, 臣臣, 父父, 子子. 公日善哉, 信如君不君, 臣不臣, 父不父, 子不子. 雖有粟, 吾得而食諸. (論語)

위의 문장을 문맥을 찾아서 정리하면 다음과 같이 된다.

齊景公 問政於孔子. 孔子對日 {君君 / 臣臣 / 父父 / 子子} 公日善哉, 信如 {君不君 / 臣不臣 / 父不父 / 子不子} 雖有粟. 吾得而食諸.

【註】 • 君君 = 아래의 君은 동사로서 임금이 임금 노릇한다. • 君不君 = 임금이 임금 노릇 못한다. • 信若 = 진실로 만일~한다면. • 雖有粟吾得而食諸 = 비록 곡식이 있다 하더라도 내가 홀로 그것을 먹을 수 있겠나? • 諸는 의문조사로서 '之乎'의 合字.

5. 승체법(承遞法) 및 그의 식별법

전구(前句)의 끝에 있는 어구를 이어 받아서 후구(後句)의 처음에 두면서 점차 서술을 진행시켜 나가는 법식을 '승체법(承遞法·連鎖法·聯句)'이라고 한다. 이것도 한문에 있어서 상당히 많이 쓰이는 구법이기에 한 번쯤은 이해해 둘 필요가 있다. 이를테면,

예 伊川先生曰, 爲學之道, 在於誠心, 誠之之道, 在乎信道篤, 信道篤, 則行之果, 行之果, 則守之固. 仁義忠信, 不離乎心.(近思錄)
= 이천선생〈宋 大儒, 程顥〉이 말하기를 '학문을 닦는 방법은 먼저 마음을 진실하게 하는 데 있고, 마음을 진실하게 하는 방법은 도를 믿기를 독실하게 하는 데 있다. 도를 믿는 것이 독실하면 도를 실천하는 데 있어서 과감하게 되고 도를 실천하는 것이 과감하면 도를 수호함이 견고해져서 仁·義·忠·信의 미덕이 언제나 마음에서 떠나지 않는다'고 했다.

에 있어서 연접한 동어구(同語句)가 나타나게 되는데 이 점에 착안해서 해부하여 보면, 전단(前段)은 '爲學之道, 在於誠心'(論點)을 이어 받아서 '誠之(心)之道在乎信道篤'으로 서술하고 또 이것을 받아서 '行之果, 則守之固'(결론)로 서술하여, 한 句마다 근본에 소급해서 추론해 나가는 구심적 논법(求心的論法)이다. 이 논맥(論脈)을 바르게 찾아 가면 독해의 절반은 이미 완성한 것이라고 말할 수 있다.

類例 知之必好之, 好之必求之, 求之必得之.(近思錄)
【註】 • 之=지시대명사로서 道를 지칭. 이 장은 爲學之道를 서술함이다.

類例 夫用兵之要, 在崇禮而重祿, 禮崇則智士至, 祿重則義士輕死.(三略)
【註】 • 崇禮而祿 = 정중히 갖추어서 대우하고, 보수(報酬)를 후히 하여 쓴다.

類例 古之欲明明德於天下者, 先治其國, 欲治其國者, 先齊其家, 欲齊其家者, 先修其身, 欲修其身者, 先正其心, 欲正其心者, 先誠其意, 欲誠其意者, 先致其知, 致知在格物.(大學)

6. 점층법(漸層法) 및 그의 식별법

문장 중의 어구의 배열을 弱으로부터 强으로, 淺으로부터 深으로, 小로부터 大로, 輕으로부터 重으로 점차 논조를 끌어 올려서, 마지막에 독자로 하여금 감격이 절정에 이르게 하는 법식을 '점층법(漸層法)'이라고 한다. 이 법식도 문장가들이 즐겨 쓰는 것이므로 잘 이해해 두었다가 이런 종류의 문장을 대했을 때는 곧 이 법식을 이용해서 해석하지 않으면 정확하게 문장을 표현할 수 없다. 예를 들면,

心不在焉, 視而不見, 聽而不聞, 食而不知其味. 此謂修身在正其心.(大學)
= 마음이 없으면, 봐도 보이지 않고, 들어도 들리지 않고, 먹어도 그 맛을 알지 못한다. 이것을 일러서 몸을 닦는 데는 그 마음을 바르게 하는 데 있다고 하는 것이다.

【註】 • 焉 = 지시대명사. • 在焉 = 여기에 있다.

과 같은 문장인데 이것은 '心不在焉'의 결과를 '視而不見', '聽而不聞', '食而不知其味'와 같이 점차 弱으로부터 强으로 논보(論步)를 옮겨서 그 결론을 독자에게 강력히 제시하는 것이다.

類例 孔子曰, 君子無不敬也, 敬身爲大. 身也者, 親之枝也, 敢不敬與. 不能敬其身, 是傷其親. 傷其親, 是傷其本. 傷其本, 枝從而亡.(小學, 敬身)

【註】 • 身也者의 '也'는 강조하는 조사. • 爲大 = 큰 것이 된다. • 親之枝也 = 어버이로부터 뻗어난 가지다. • 敢不敬與 = 敢不…은 반어(反語). '與'는 의

문조사. 어찌 감히 공경하지 아니할 수가 있겠는가? • 傷 = 해치다.

類例 一家非之，力行而不惑者寡矣．至於一國一州非之，力行而不惑者，蓋天下一人而已矣． 若至於擧世非之， 力行而不惑者， 則千百年乃一人而已耳．(伯夷頌)

【註】 • 首句는 '一家 → 一國 一州 → 擧世'요, 末句는 '寡 → 天下一人 → 千百年乃一人'과 같이 점층적으로 강조했다.

제4절 구(句)의 성질상 열한 가지 형식(표현형식)

구(句)와 구(句)의 관계의 특색은 이상과 같으나, 이번에는 구(句)의 내용・성질의 특색을 살펴보기로 하자. 이것을 이해하면 더욱 사상의 세부적 표현을 확실히 파악할 수 있게 된다. 내용・성질이라는 것은 가령 여기에 '글을 읽는다'라는 근본적 사상의 요소가 있다고 할 때, 이것은 작자에 따라서 '글을 읽지 않는다'라고도, '글을 읽으면'이라고도, '글이 읽혀진다'라고도 표현할 수 있게 될 것이다. 이들의 서술을 제한하는 구법(句法)에는 각각 형식상 특색이 있고 또 이것을 이해하는 것은 문장을 독해하는 데 매우 유리하다. 인간의 감정은 무한하고 사상의 발표어도 무수하겠지만 그것이 글을 통하여 나타날 때는 자연 제한이 있다. 한문의 경우 이 주요한 것을 유별(類別)하면 다음과 같은 열한 가지 형식이 된다.

1. 피동형(被動形)

다른 동작에 의하여 동작을 하게 되는 뜻을 표하는 어법을 '피동(被動, 受動)형'이라고 한다.

(1) 피동의 조동사에 의한 것

① 被

예 弱者被俘略, 壯者死平原.(十八史略) = 약한 자는 포로가 되고 장정들은 들판에서 죽었다.

② 見

예 百姓之不見保, 爲不用恩焉.(孟子) = 백성들이 안전하게 보호되지 못함은 (왕의 은혜가 없는 것이 아니라, 다만) 은혜를 잘 이용하지 못한 까닭이다.

類例 信而見疑, 忠而見謗.(史記, 屈原傳) = 신용 있게 했는데도 불구하고 의심을 받는 수가 있고, 진실하게 했는데도 불구하고 비난 받는 수가 있다.

③ 爲

예 多多益善, 何以爲我禽.(十八史略) = 얼마든지 좋다고 한다면 어째서 나에게 잡혔느냐.

類例 父母宗族, 皆爲戮沒.(史記) = 부모 친척이 다 살육(殺戮)되었다.

④ 所

예 凡說之難, 在知所說之心, 可以吾說當之.(韓非子) = 무릇 말하기 어려운 것은 말을 듣는 사람의 마음을 알아서, 자기의 말을 가지고 그것(마음)에 맞도록 하는 데 있다.

類例 滉洋自肆, 無所拘束.(支那通史) = 바닷물처럼 넓고 넓어서 자유자재로 조금도 구속됨이 없다.

【註】 • 滉洋(황양) = 물이 깊고 넓은 모양. 이 글은 한유(韓愈)의 글재주를 칭찬한 일부분.

(2) 爲~所를 병용(併用)하는 것

예 善泳者, 爲水所溺.(俚諺) = 헤엄 잘 치는 사람은 물에 빠져 죽는다.(물에 빠지게 된다.)

類例 後漢陳寔, 字仲弓, 潁川許人. 在鄕閭, 平心率物, 有爭訟, 輒求判正, 曉譬曲直, 退無怨者. 至乃歎曰 '寧爲刑罰所加, 不爲陳君所短. (蒙求) = 후한(後漢)의 진식(陳寔)은 자는 중궁(仲弓), 영천군(潁川郡) 허현(許縣) 사람이다. 향리에 있어서 마음을 공평히 하고 사람들을 거느리어, 소송 사건이 있으면 곧 (이 사람에게) 심판을 구했다. (그러면 그가) 그름과 옳음을 깨우쳐 주면 물러가서 원망하는 사람이 없었다. 이에 (마을 사람들이) 감탄해서 '차라리 형벌이 (우리에게) 돌아오게 할지언정 陳君에게 비난 받지 않게 하겠다'고 함에 이르렀다.

【註】 • 曉諭 = 깨우쳐주다. • 短 = 결점을 지적하다. 비난하다.

(3) 전치사 '於'·'于'·'乎'를 쓰는 것

① 通者常制人, 窮者常制於人.(荀子)

= 통달한 사람은 늘 남을 지배하고, 궁한 사람은 늘 남에게 지배를 당한다.

② 恥一夫不得其所, 若撻于市.(近思錄)

= 한 사람이라도 그 살길을 얻지 못함을 부끄러워하는 것을 마치 시가(市街)에서 매 맞는 것처럼 (창피하게 생각)한다.

③ 不信乎朋友, 不獲乎上.(中庸)

= 친구한테 신용을 받지 못하면, 윗사람에게도 신임을 받지 못한다.

(4) 피동조동사와 전치사를 병용하는 것

① 見~於

예 今西面而事之, 見臣於秦.(史記) = 지금 서쪽을 향하여 그를 섬긴다면 진(秦)나라에 신하 노릇하게 될 것이다.

類例 夫破人之與見破於人也, 臣人之與見臣於人也, 豈可同日而論哉.(史記) = 대저 남을 격파하는 것과 남에게 격파 당하는 것과, 남을 신하로 삼는 것과 남에게 신하 노릇하는 것이 어찌 같은 일이라고 생각할 수 있겠는가?

② 爲~於

예 彼伍胥父兄爲戮於楚.(史記, 伍子胥列傳) = 저 오자서(伍子胥)의 부형은 초나라에 살육 당했다.

(5) 문의(文意)상 피동을 표하는 것

예 仁則榮, 不仁則辱.(孟子) = 어질면 번영하게 되고 어질지 못하면 욕되게 된다.(욕을 받게 된다.)

예 桀怒, 召湯囚夏臺. 而已得釋.(十八史略) = 걸(桀)이 화가 나서 탕(湯)을 불러 옥에 가두었다. 조금 있다가 (湯은) 석방되었다.(풀려졌다.)

【註】 • 夏臺 = 하(夏)시대의 옥명(獄名). 주(周)에서는 환토(圜土), 은(殷)에서는 유리(羑里), 하(夏)에서는 균대(鈞臺), 진(秦)에서는 영어(囹圄)라고 불렀다.

2. 사역형(使役形)

남으로 하여금 어떤 동작을 하게하는 뜻을 표하는 어법을 '사역형'(使役形)이라고 한다.

(1) 사역(使役)의 조동사를 쓰는 것

영어에서 let을 써서 사역형을 만드는 것과 같다.

예 I let him read a book. = 我使彼讀書.

① 使

예 新制二十八字. 欲使人人易習, 便於日用耳.(訓民正音) = 새로 스물여덟 글자를 만드니 모든 사람으로 하여금 쉽게 익혀서 날로 씀에 편리하게 할 따름이다.

② 令

예 今者有小人之言, 令將軍與臣有隙.(十八史略) = 이제 간사한 사람들이 말을 퍼뜨려서 장군과 신으로 하여금 틈이 나게 한다.

【註】 • 今者 = 이제. • 隙 = 틈 극. 사이가 벌어지다.

③ 遣

예 遣從者懷璧間行先歸.(十八史略) = 부하로 하여금 구슬을 품속에 감추고 사이 길로 살짝 먼저 가게 하다.

【註】 • 從者 = 부하(部下), 수행원. • 間行 = 사이 길로 살짝 가는 것.

④ 教

예 打起黃鶯兒, 莫教枝上啼.(金昌緖 春怨詩中) =자는 꾀꼬리를 두드려 깨워 가지 위에서 울게 하지 마라.

【註】 • 黃鶯兒 = 꾀꼬리의 애칭.

⑤ 俾

예 俾余從教以治.(書 大禹謨) = 나로 하여금 가르침에 따라 다스리게 했다.

(2) 사역(使役)의 뜻을 암시하는 문자를 쓰는 것

① 命

예 初命齊大夫田和, 爲諸侯.(通鑑) = 처음으로 齊大夫 田和를 명령하여 제후로 삼다.(…제후가 되게 했다.)

② 遣

예 今遣此力, 助汝薪水之勞.(小學) = 이제 이 종놈을 보내니 너의 허드렛일을 돕게 하라.

【註】 • 力 = 종, 허드레 일꾼. • 薪水之勞 = 땔 나무나 하고 물이나 긷는 수고.

③ 勸

예 孫權將呂蒙, 初不學, 權勸蒙讀書.(十八史略) = 손권(孫權)의 장수 여몽(呂蒙)이 처음에 배우지 않았다(무식했다.). (그래서) 손권이 여몽에게 권해서 글을 읽게 했다.

이외에 '召'·'戒'의 語도 이렇게 쓰인다.

이것은 문장 중에 사역의 조동사는 없지만, 문장 위에 '命'·'遣'·'勸' 등과 같은 말이 있어서 '~하게 하는' 뜻이 포함되어 있기 때문에 따로 사역의 말이 없더라도 사역형이 된다.

(2) 문의상(文意上) 사역이 되는 것

예 管仲相桓公, 覇諸侯.(十八史略) = 관중은 환공을 도와서 제후에 으뜸가게 했다.

예 幽武置大窖中, 絕不飮食.(十八史略) = 소무(蘇武)를 큰 움 속에 가둬놓고 절대로 음식을 먹지 못하게 했다.

【註】 • 幽 = 가두다. • 大窖(대교) = 큰 움, 지장(地藏).

이 경우는 사역의 뜻을 갖는 말은 전혀 없지만, 다만 문의상(文意上) 사역의 뜻이 있기 때문에 사역의 뜻을 나타내는 것이다. 이런 문장은 전후관계를 보고 잘 판단해야 한다.

3. 부정형(否定形)

동작·상태 혹은 사물을 부정하는 뜻을 나타내는 어법을 '부정형'이라 한다. 이 어법은 복잡다단하고 한문 독해상 매우 중요한 형식이다. 특히 주의할 점은 (a) 부정되는 관제(管制)의 범위 (b) 이중의 부정이 되어 있는 경우 (c) 부사(副詞)를 동반한 부정의 경우인데, 이것을 충분히 고찰하지 않으면 왕왕 독해를 그르치기가 쉬우니 평소의 정독을 요망한다.

(1) 한 개의 부정조동사를 쓰는 것(一重 否定)

- ① 不(弗도 같음)
- ② 非(匪도 같음)
- ③ 未(아직~아니다.)
- ④ 無[勿·毋·莫·无(이상은 부정명령사로도 쓰임) 亡·末·靡·罔·蔑도 같음]

① 不·弗

밑에 오는 말(주로 用言)을 부정한다. '弗'은 '不'보다 강력한 뜻이 있다.

예 富不儉用, 貧時悔.(寇萊公) = 돈이 많이 있을 때에 아껴 쓰지 않으면 가난해졌을 때 뉘우치게 된다.

예 曠安宅而弗居.(孟子) = 안전한 집을 비워두고 살지 않는다.

② 非·匪

밑에 오는 말(주로 體言)을 부정한다.

예 無惻隱之心, 非人也.(孟子) = 측은한 마음이 없는 것은 사람이 아니다.

예 王臣蹇蹇匪躬之故.(易經) = 신하가 온갖 고생을 다하여 일하는 것은 자기 일신의 이해관계 때문이 아니다.

【註】 • 王臣 = 임금의 신하란 뜻으로 신하를 말함.
• 蹇蹇(건건) = 매우 고생한다는 뜻.

③ 未 : 아직 ~이 아니다

아래 말을 미연적(未然的)으로 부정한다. 영어의 'not yet'과 같다.

예 未辨東西過一生.(白居易) = 아직 동서남북도 구별 못할 정도인데 벌써 일생이 지나갔도다.(허무하게 늙었다는 것을 탄식한 시)

예 至誠而不動者, 未之有也.(孟子) = 성심성의껏 대하는데 감동하지 아니하는 사람은 아직 없었다.

【註】 • 未之有也 = 未有之也의 도치형(倒置形). 단 '未之有'는 풍문을 나타내는 것으로 뜻이 가볍고, '未有之'는 확실한 사실을 나타내는 것으로서 뜻이 절긴(切緊)하다.

예 漢以前, 五言律詩, 尙未有之.(玉屑十)

④ 無(勿·毋·莫) : 없다. ~말라

예 人無遠慮, 必有近憂.(論語) = 먼 장래까지 생각해 나가는 심적 준비가 없으면 반드시 눈앞의 화를 면치 못한다.

예 子無敢食我也.(戰國策) = 너는 감히 나를 잡아먹지 말라.(명령 부정사)

【註】 • 子=2인칭.

예 過則勿憚改.(論語) = 잘못하거든 곧 고치기를 꺼리지 마라.(명령적 부정)

예 世有毋望之福, 又有毋望之禍.(史記, 春申君傳) = 세상에는 뜻하지 않는 복이 있고 또 뜻하지 않은 화도 있다.

예 客有見周公者, 曰, 入乎, 將毋, 公曰請入.(韓詩外傳) = 손님이 주공을 만나자고 와 말하기를 '들어갈까요? 혹은 말까요?'라고 하니 주공이 말하기를 '청컨대 들어오라' 하더라.

예 毋貽盲者鏡.(淮南子, 說林訓) = 소경에게 거울을 주지 말라.(쓸데없는 일을 하지 말라.)(명령적 부정)

예 四人相視而笑, 莫逆於心, 遂相與爲友.(莊子) = 네 사람이 서로 보고 웃었는데, (모두) 마음에 거리낌이 없었다. 그래서 마침내 서로 친구가 되었다.
【註】 • 매우 친한 사이를 '莫逆之間'이라고 한다.

(2) 두 개의 부정조동사를 중용(重用)하는 것(二重否定)

- ① 不~不
  - ㄱ. 不~不~
  - ㄴ. 不 □ 不
  - ㄷ. 不~不~ = 不~則不~
- ② 莫~不(莫不~)
- ③ 不~無(不 □ 無)
- ④ 無~不
  - ㄱ. 無不~
  - ㄴ. 無~不~
- ⑤ 無~無(無~無 □)
- ⑥ 未~不(無)
  - ㄱ. 未~不~
  - ㄴ. 未(副詞)不~ ㄷ. 未(副詞)無~
- ⑦
  - ㄱ. 非不~
  - ㄴ. 無非~
  - ㄷ. 莫非~

이것은 소위 이중부정(二重否定)으로서 강력한 긍정을 나타낸다.

① 不～不

ㄱ. 不～不～

예 良農不爲水旱不耕.(荀子) = 농사 잘 짓는 사람은 장마와 가뭄 때문에 농사를 잘못 짓지는 않는다.(농사를 망치는 일은 없다.)

예 士不可以不弘毅.(論語) = 선비 된 자는 마땅히 마음이 넓고 의지가 굳세지 않아서는 안 된다.

ㄴ. 不不～

예 所見所期, 不可不遠且大.(近思錄) = 앞을 내다보는 바와 장래를 기대하는 바는 멀고 또 크게 하지 않아서는 안 된다.(멀고 크게 보고 또 멀고 크게 기대해야 한다.)

예 萬取千焉, 千取百焉, 不爲不多矣.(孟子) = 萬에서 千을 얻고, 千에서 百을 얻는 것이 적은 것이 아니지만은.(많지 아니함이 아니지만은.)

ㄷ. 不～ 不～ : '不～則不～'와 同義

※ 단 이 형식은 이중부정(二重否定)은 아니다. '不'은 바로 아래의 語를 부정할 뿐이다. 주의를 요한다.

예 不憤不啓.(論語) = 알려고 애를 쓰지 않으면 그 뜻을 열어서 가르쳐 주지 않는다.(공자의 교육방법) '不憤則不啓.'와 같은 뜻이다.

예 君子不重則不威.(論語) = 군자는 무게 있게 처신하지 않으면 위엄이 없게 된다.

【註】 이때의 군자(君子)는 관직에 있는 사람을 말함. 그 반대어는 야인(野人)이다.

② 莫～不(莫不～)

예 南面而治天下, 莫不以敎化爲大務.(董仲舒) = 천자의 자리에서 천하를 다스리는 데는 교화로써 큰 임무로 삼지 않으면 안 된다. (넓은 영토를 다스리는 데 있어서는 선정(善政)을 베풀어서 백성들이 저절로 복종하도록 해야 한다)

【註】 • 南面 = 天子(君主의 敬稱)의 자리는 남쪽을 향해 있기 때문에 천자의 지위를 南面이라고 한다. 北面(신하는 북쪽을 향함)의 對.

③ 不～無(不□無～)

예 人不可以無恥.(孟子) = 사람은 부끄러움이 없을 수 없다.

④ 無～不

ㄱ. 無不～

예 昏暮, 叩人之門戶, 求水火, 無弗與者, 至足矣.(孟子) = 저녁에 남의 문을 두드리고 물과 불을 청할 때 (이것을) 주지 않는 사람이 없는 것은 (水火가) 너무 흔하기 때문이다.

類例 孩提之童, 無不知愛其親.(孟子) = 어린 아이도 그의 어버이를 사랑할 줄 모르는 이가 없다.

ㄴ. 無～不～

예 小人閒居爲不善, 無所不至.(大學) = 덕이 없는 보잘것없는 인간은 아무 하는 일 없이 혼자 있을 때는 좋지 못한 일을 하게 되며, 심지어는 못할 일이 없을 정도까지 이르게 된다.

類例 人無有不善, 水無有不下.(孟子) = 사람의 본성은 不善함이 없고, 물의 본성은 아래로 아니 내려가는 것이 없다.

⑤ 無～無～ (無～도, 無～도)

예 無貴, 無賤, 無長, 無少, 道之所存, 師之所存也.(韓退之, 師說) = 貴도 없고, 賤도 없고, 어른도 없고, 아이도 없고, 도(道)가 있는 곳에 스승이 있는 것이다.(즉 인간의 올바른 길을 찾기 위하여 공부할 때는 스승의 지위의 고하와 연령의 長幼를 따질 필요가 없다는 뜻.)

⑥ 未～不(無)

ㄱ. 未～不～

예 今夫天下之人牧, 未有不嗜殺人者也.(孟子) = 이제 세상의 人君들을 보건대 (형벌을 엄하게 하고, 조세를 과중히 징수하여) 한 사람도 사람을 죽이기를 싫어하는 사람이 없다.

【註】 人牧 = 백성을 길러 다스리는 사람의 뜻으로 人君을 말함.

ㄴ. 未(副詞)不～

예 未嘗不廢書而歎也.(史記) = 언제나 책을 걷어치우고 탄식하지 아니한 적이 없다.

ㄷ. 未(副詞)無～

예 子曰, 自行束脩以上, 吾未嘗無誨焉.(論語) = 공자가 말씀하시기를 '마른 포 열 마리 혹은 그 이상의 예물을 가지고 와서 배움을 청한 자에게는 내 아직 안 가르쳐 준 일이 없다'고 하셨다.

【註】 • 一束은 十脡. 脩는 乾肉(마른 고기).

類例 此二人者, 未始不相須也.(韓愈, 放膽文) = 이 두 사람은 처음부터 서로 도와주지 않으면 안 되었던 것이다.

⑦ ㄱ. 非不~

예 石非不大, 數非不衆也.(韓非子) = 돌이 크지 않은 것이 아니고, 수가 많지 않은 것이 아니다.

類例 城非不高, 池非不深也.(孟子) = 성이 높지 아니한 것이 아니요, 못이 깊지 아니한 것이 아니다.

是不爲也, 非不能也.(孟子) = 이것은 하지 않는 것이요, 할 수 없는 것이 아니다.

ㄴ. 無非~

예 無非事者. 春省耕而補不足.(孟子) = 일이 아닌 것이 없다. 봄에는 논밭갈이를 잘 살펴서 부족한 것을 도와준다.

ㄷ. 莫非~

예 普天之下, 莫非王土, 率土之濱, 莫非王臣.(孟子) = 넓은 하늘이 덮고 있는 밑은 촌토(寸土)라도 왕의 토지 아닌 것이 없고, 육지가 계속하는 한 방방곡곡에 살고 있는 백성은 왕의 신하가 아닌 것이 없다.

(3) 부사(副詞)가 덧붙은 것

① 全部否定

ㄱ. 必不~	ㅂ. 多不~
ㄴ. 常不~	ㅅ. 全不~
ㄷ. 甚不~	ㅇ. 久不~
ㄹ. 皆不~	ㅈ. 復不~
ㅁ. 俱不~	

② 一部否定	ㄱ. 不必～	ㅂ. 不多～
	ㄴ. 不常～	ㅅ. 不全～
	ㄷ. 不甚～	ㅇ. 不久～
	ㄹ. 不皆～	ㅈ. 不復～
	ㅁ. 不俱～	

① **전부부정**(全部否定)

부사가 不(非·無)의 위에 덧붙었을 때 그 부사는 '不～'의 전부를 수식하고, 전부를 부정한다.

② **일부부정**(一部否定)

부사가 不(未·非·無)의 아래에 올 때는 일부를 수식 부정한다. 즉 '꼭 그렇다고는 할 수 없다. 그렇지 않을 수도 있다.'의 뜻이 된다.

예 此其人必不以闇昧廢禮.(小學) = 이것은 그 사람이 반드시 어두운 밤이라고 해서 예의를 무시하지 않을 것이기 때문이다.(전부부정)

예 仁者必有勇, 勇者不必有仁.(論語) = 어진 사람은 반드시 용기가 있지만 용기 있는 사람은 반드시 어질다고는 할 수 없다.(어질 수도 있고, 어질지 않을 수도 있다.)(일부부정)

예 千里馬常有, 而伯樂不常有.(韓退之, 雜說) = 하루 동안에 천리를 가는 준마(駿馬)는 늘 있지만, 말을 잘 알아보는 백락(伯樂)같은 사람은 늘 있지는 않다.(있을 때도 있고 없을 때도 있다.)(일부부정)

【註】 • 伯樂 = 말을 잘 알아보는 사람. 옛날 손양(孫陽)이란 사람이 명마(名馬)를 잘 알아보았기 때문에 이 명칭을 받게 되었다. 원래는 천마(天馬)를 맡은 별 이름.

이 형식은 영어의 'not always'와 비슷하다. 이를 비교하면 There has been always a thousand mile running steed but not always its rider.와 같이 된다.

※ 常不有 = 언제나 있지 않다. = 늘 없다.(전부부정)

예 兩虎相鬪, 其勢不俱生.(十八史略) = 두 마리의 호랑이가 서로 싸우는데 그 형세가 다 함께는 살 수 없다.(그 중 한 마리는 죽는다는 뜻)(일부부정)

【註】 • 俱不生 = (두 마리)다 못 산다. 다 죽게 된다. = 한 마리도 못 산다는 뜻.(전부부정)

【例外】 부정의 助字에 부사가 덧붙은 것은 대체로 이상과 같으나 또 다음과 같은 예외가 있다.

ㄱ. 語의 위치에 관계없는 것

素不~.	=	不素~.
能不~.	=	不能~.
曾不~.	=	不曾~.
自不~.	=	不自~.

이것은 부사가 不(未・非・無)의 上下 어느 쪽에 있더라도 의미상 차이가 없다.

예 人之行莫大於孝, 先王能存此心, 故, 父母之容色自不忘乎目.(小學, 明倫集解) = 사람의 행실은 효도보다 더 큰 것이 없다. 옛날 착한 임금들은 이런 마음을 잘 간직하고 있기 때문에 어버이의 얼굴이 저절로 눈에 잊혀지지 않는다.

예 爲所當爲, 而不計其功, 則德日積而不自知矣.(論語, 顔淵・樊遲, 註) = 마땅히 해야 할 바를 하고, 그 공을 따지지 않으면 덕이 날로 쌓여서 스스로 알지 못하게 된다.(자기도 모르는 동안에 인격이 쌓인다.)

ㄴ. '敢'의 특수용법

a. 不敢~

예 不敢請而固所願.(孟子) = 감히 스스로 청할 수는 없지만은 처음부터 원하던 바입니다.

b. 敢不~(乎)

예 行父母之遺體, 敢不敬乎.(小學) = 어버이로부터 받은 몸을 가지고 행동하는데 감히 공손히 하지 아니할 수 있겠느냐?

【註】 • 이 형식은 일종의 반어형(反語形)으로 강한 긍정을 나타낸다.

예 觀百獸之見我而敢不走乎.(戰國策) = 모든 짐승이 나를 보고 (겁에 질려서) 감히 달아나지 못하는 것을 볼진저.

【註】 • 여기서 '乎'는 감탄을 표시하는 조사.

ㄷ. '亦'의 특수용법

a. 不亦~乎

예 學而時習之, 不亦說乎.(論語) = 배워서 때때로 그것을 복습하면 다시 한번 그 참뜻을 생각해 보는 것도 또한 기쁜 일이 아니겠는가?

【註】 일종의 반어형으로 감동을 띤 강한 긍정을 표시한다. 說=悅. '豈不~哉'로 보기도 한다.

b. 亦不~

예 知者不失人, 亦不失言.(論語) = 지혜 있는 사람은 (좋은) 사람을 놓치지도 않고 또 (좋은) 말을 놓치지도 않는다.(잘 기억하여 이용한다.)

【註】 • '亦'은 단순한 접속사.

ㄹ. 한정부사(限定副詞)가 덧붙은 것

a. 不唯～(=非獨～)

예 非獨賢者有是心也，人皆有之.(孟子) = 다만 어진 사람만이 이 마음이 있는 것이 아니라 누구든지 다 이것이 있다.

이 형식은 마치 영어의 'not only but (also)'와 비슷하다.

Not only the good hearted have such a heart, but also every ordinary man does.

b. 豈徒～

예 今之君子，豈徒順之，又從而爲之辭.(孟子) = 지금의 위정자(爲政者)는 그것(자기의 잘못)을 안 고칠 뿐만 아니라 또 이어서 그것을 위하여 변명을 한다.

【註】 • 君子 = 위정자(爲政者), 야인(野人)의 對.
• 之 = 지시대명사, 자기의 과오를 지칭.

비교 a형은 '不' '非'의 아래 한정사가 오고, b형은 의문부사 아래 한정사가 오게 되어 그 표현 방법은 다르지만 결국 그 뜻은 같은 것이다.

【註】 • 한정사(限定詞)에는 '唯·獨·徒' 외에 '惟·啻·但·只·直·止·第·特·適·翅' 등이 있다.

예 奚翅食重.(孟子) = 어찌 다만 먹는 것이 무거울 뿐이겠는가?(그 무거운 정도의 차가 너무나 현격하다.)

예 陛下第出，僞游雲夢.(十八史略) = 임금께서는 다만 궁을 나오시어 거짓 운몽에 놀러가시는 척 하십시오.

【註】 • 雲夢 = 초나라 칠택(七澤)의 하나, 사방 900리나 되는 큰 못. 동정호(洞庭湖).

예 止可以一宿, 而不可久處.(莊子, 天運) = 다만 하룻밤 잘 만한 곳이요, 오래 머무를 곳은 못된다.

예 飮食之人, 無有失也, 則口腹豈適爲尺寸之膚哉.(孟子) = 소위 취식객(取食客)도 실수만 하지 아니한다면 (먹는 데만 팔리지 아니하고 仁義의 마음을 기를 것 같으면) 구복(口腹)을 기르는 것이 어찌 다만 작은 육체를 위한 일에 불과하다고 멸시하겠는가?

(4) 부정조동사(否定助動詞)가 독립하는 것

ㄱ. 否

예 如此則動心否乎. 孟子曰, 否, 我四十不動心.(孟子) = 이와 같이 되면 마음이 동요되겠습니까? 그렇지 않겠습니까? 맹자가 말씀하시기를 '아니다. 나는 나이가 40이다. (그러므로) 마음이 동요되지 않는다.'라고 하셨다.

예 其本亂而末治者否矣.(大學) = 근본(身)이 어지럽고 끝(家·國·天下)이 다스려지는 것은 있을 수 없는 일이다.

ㄴ. 否則(否然則)·不則·否者(不者)

예 格則承之, 庸之, 否則威之.(書傳, 虞書, 益稷第五) = 백성들이 올바른 길로 따라 오면 이것을 받아들여서 등용을 하고 그렇지 않으면 형벌로써 이들을 위협한다.

【註】 • 格 = 至, 이르다. 따라오다. • 承 = 받아들이다. • 庸 = 登庸한다.
• 則 = 면. • 威 = 위협, 처벌하다.

예 擊沛公於坐殺之, 不者若屬皆且爲所虜.(史記) = 패공(沛公)을 앉은 자리에서 잡아 죽여라. 그렇지 아니하면 너희들은 다 장차 포로가 될 것이다.

【註】 • 若屬 = 汝等. • 且 = 장차(將次). • 爲所 = 피동형.

(5) 반어(反語)가 부정의 뜻을 나타내는 경우

ㄱ. 豈徒(惟)~(哉)

예 豈徒齊民安, 天下之民擧安.(孟子) = 어찌 다만 제나라 국민뿐이리요 온 세상 민중이 다 편안할 것이다.(제나라 국민이 편안할 뿐만 아니라~)

예 豈惟民哉(孟子) = 어찌 다만 백성뿐이리오(백성뿐만 아니라)

4. 가정형(假定形)

어떤 조건을 전제로 가정해서 그 결과를 예상하는 표현형식을 '가정형'이라 한다. 즉 미정의 일이나 사실이 아닌 일을 가상해서 그것으로부터 결론을 끌어내는 것인데 순접(順接)과 역접(逆接)의 두 가지가 있다.

(1) 순접가정(順接假定)

이것은 '만일 ~ 같으면, 그 경우에는~이 되겠지'의 뜻이 되는 가정법인데, 가설에 호응해서 아래 문장도 가정으로 끝마치는 형식, 즉 순하게 이어주는 형식이다.

① 가설형(假設形) '使'를 쓰는 것

ㄱ. 使

예 使人之所欲, 莫甚於生.(孟子) = 만일 사람의 욕망이 사는 것보다 더 심한 것이 없다고 할 것 같으면.

ㄴ. 設使(假令)

예 假令晏子而在, 余雖爲之執鞭, 所忻慕焉.(史記) = 만일 안자(晏子)가 지금

살아있다고 할 것 같으면, 내가 비록 그를 위하여 말고삐를 잡는다고 하더라도 기쁘게 생각하는 바이다.

【註】 執鞭 = 채찍을 잡다. = 말을 몰다.

이 形은 '設使' 외에 '假使·假令·假如·假若·借使·借令·縱令·藉使·藉令' 등이 있다.

예 設使退之爲御史中丞大夫, 其褒貶成敗人, 愈益顯.(文章軌範, 柳柳州) = 만일 한퇴지(韓退之)로 하여금 어사(御使)나 중승(中丞)이나 또는 대부(大夫)가 되게 하였더라면 (당시의)사람들을 (좀 더) 상주고 벌주고 살리고 죽이는 일이 더더욱 현저해졌을 것이다.

【註】 • 大夫 = 장관(長官). • 中丞 = 대부의 부관(副官), 지금의 재판관 같은 것. • 成敗 = 生殺.

(ㄱ)(ㄴ)형 모두 '則'의 語를 다음의 句頭에 붙여서 호응하게 하는 수가 있다.

예 假使所非實是, 則固應悛改.(光武)

② '苟'字를 쓰는 것

예 苟能充之, 足以保四海.(孟子) = 만일 잘 이것(四端)을 확충할 것 같으면 온 세상을 보전하는 데 충분할 것이다.

【註】 • 四端 = 仁義禮智. • 四海 = 天下 = 전 세계.

예 苟無恒心, 放辟邪侈, 無不爲已.(孟子) = 적어도 항심(恒心)이 없을 것 같으면 방사(放肆), 편벽(偏僻), 사곡(邪曲), 사치(奢侈)한 일을 하지 않음이 없을 것이다.

【註】 • 恒心 = 언제나 지니고 있는 떳떳한 마음.

③ '若'의 類를 쓰는 것(若·如·假·設·儻·或·卽)

어느 것이든지 '만일'의 뜻으로 쓰인다. 다음 句頭에 '則'(=면)의 語가 오는 경우가 많다.

예 若藥不瞑眩, 厥疾不瘳.(孟子) = 만일 약이 독해서 어찔할 정도가 아니면 그 병이 낫지 않는다.

【註】 • 瘳 = 병 나을 추(혹 요).

예 如有不嗜殺人者.(孟子) = 만일 사람을 죽이는 것을 좋아하지 않는 사람이 있다면.

예 蒙曰, 貧賤難可居. 設有功, 富貴可致, 但不探虎穴, 安得虎子.(三國志) = 여몽(呂蒙)이 말하기를 '가난하고 천한 속에서 사는 것은 어려운 일이나, 만일 공로가 있다고 할 것 같으면 부귀도 얻을 수가 있다. 그리고 또 호랑이의 굴을 찾아 들지 않으면 호랑이의 새끼를 얻을 수가 없다.'고 했다.

예 或生而知之, 或學而知之.(中庸) = 혹 나자마자 알기도 하고 혹 배워서 알기도 한다.

④ '微'자를 쓰는 것

이 가정법은 과거의 사실을 없다고 가정하고 그 결과를 예상하는 것인데 '아니었다고 하면'의 뜻으로서 앞서 기술한 3종의 가정과는 다른 특수한 가정형이다.

예 微禹吾其魚乎.(左傳) = 하우씨(夏禹氏)가 아니었더라면 나는 물고기가 되었으리라.(禹王의 治水의 공이 아니었더라면 인류는 물속에 들어갔었을 것이라는 뜻)

【註】 • 乎=감탄사.

(2) 역접가정(逆接假定)

'가령 ~잘 하더라도', '그럼에도 불구하고 ~할 것이다.'라는 뜻을 나타내는 형식으로서 가설을 받는 아래 문장이 가설의 뜻을 거스르는 뜻을 나타내는 소위 역접법(逆接法)이다.

① '雖'자를 쓰는 것

이 형식은 '가령~라고 하더라도'의 뜻이 된다. 그러나 이것은 가정을 표시하는 '~라 하더라도'의 뜻도 된다.

예 心誠求之, 雖不中不遠.(大學) = 마음속으로 정성껏 이것(어린애가 생각하는 것)을 찾을 것 같으면 비록 적중하지는 않는다 하더라도 크게 벗어나지 않을 것이다.

예 富而可求也, 雖執鞭之士, 吾亦爲之.(論語) = 부(富)를 인력으로 구할 수 있다고 하면 비록 집편의 사와 같은 천업(賤業)이라도 나도 이것을 했을 것이다.

【註】 • 執鞭之士 = 王侯의 출입 시 막대기를 들고 도로의 통행인을 정리하는 하급 일꾼.

② '縱'자의 類를 쓰는 것

ⓐ 縱~ ⓑ 饒~ ⓒ 就~ ⓓ 設~ ⓔ 藉~ ⓕ 縱使~ ⓖ 縱令~ ⓗ 饒令~ ⓘ 設使~ ⓙ 饒使~ ⓚ 假使~ ⓛ 借使~ ⓜ 就令~ ⓝ 就使~ ⓞ 設令~ ⓟ 藉使~ ⓠ 藉令~ ⓡ 假如~

이것들은 '가령~더라도'로 번역 되며 '현재 사실로서 아직 나타나지 않고 있으나 있다고 가정하면'의 뜻이다.

예 項羽曰, 縱江東父兄憐而王我, 我何面目復見之乎.(十八史略) = 항우가 말하기를 '가령 江東(양자강의 東岸이란 뜻, 항우가 군사를 일으킨 곳)의 부형들이 가련하게 생각해서 나를 왕 노릇하게 하더라도, 내가 무슨 낯으로 다시 그들을 만나 보겠는가? 만날 면목이 없다.'라고 하였다.

예 借使因婦財以致富. …… 苟有丈夫之志氣者, 能無愧乎.(小學) = 설사 아내의 재물로써 부자가 된다 하더라도, …… 적어도 대장부의 기개가 있는 자라면 어찌 부끄러움이 없을 수 있겠는가?

예 縱令然諾暫相許, 終是悠悠行路心.(張謂 詩) = 비록 잠깐 동안 그러하겠다고 승낙하더라도 마침내는 길가는 사람처럼 모르는 척 한다.

5. 한정형(限定形)

사물의 정도 또는 분량을 한정하는 뜻을 나타내는 어법을 '한정형'이라고 한다.

① 종사(終詞)(歇詞·歇尾詞)를 쓰는 것

ⓐ ~耳 ⓑ ~耳矣 ⓒ ~爾 ⓓ ~而已 ⓔ ~已 ⓕ ~已矣 ⓖ ~而已矣
ⓗ ~而已耳 ⓘ ~也已 ⓙ ~也已矣

어느 것이든지 '뿐' '따름' '이 밖에는 없다' '~에 불과하다'의 뜻이 있다. 한정형 가운데는 가장 강한 단정(斷定)으로 쓰이는 것도 있으니 세심한 주의를 가지고 구별할 필요가 있다.

예 便於日用耳.(訓民正音) = 날로 씀에 편안하게 할 따름이니라.(한정)

예 人之易其言也, 無責耳矣.(孟子) = 사람이 그 말을 쉽게 하는 것은 책임이 없을 뿐이기 때문이다.(한정)

예 鬱陶思君爾.(孟子) = 마음이 답답할 정도로 그대를 생각할 뿐이었다.(한정)

예 夫子之道, 忠恕而已矣.(論語) = 공자의 도는 충(忠)과 서(恕) 이외에는 아무 것도 없다.(한정)

예 四十五十而無聞焉, 斯亦不足畏也已.(論語) = 나이가 사 오십 세가 되어도 학식과 인격이 세상에 알려지지 않으면 이 사람도 (평범한 사람으로서) 두려워할만한 사람은 못 될 뿐이다.(한정)

예 有本者如是, 是之取爾.(孟子) = 근본이 있는 것은 이와 같이 (오래가고 커지게) 된다. (공자가 물을 찬미한 것은) 이 뜻을 취한 것이다.(강한 단정)

② 부사(副詞)를 쓰는 것

ⓐ 唯~ ⓑ 惟~ ⓒ 只~ ⓓ 但~ ⓔ 徒~ ⓕ 第~ ⓖ 止~ ⓗ 特~ ⓘ 直~ ⓙ 獨~

예 無恒産而有恒心者, 惟士爲能.(孟子) = 일정한 재산이 없이 일정한 마음을 갖는다는 것은 오직 선비만이 할 수 있다.

예 只在此山中, 雲深不知處.(賈島 詩) = 다만 이 산 속에 있기는 하지만 구름이 깊어서 그 있는 곳을 알지 못하겠다.

예 空山不見人, 但聞人語響.(王維 詩) =고요한 빈산에 사람은 보이지 않고, 다만 사람들의 중얼거리는 소리만 들린다.

6. 비교형(比較形)

사물의 우열을 비교하거나 두 개의 사물 중에서 그 하나를 선택하는 뜻을 나타내는 어법을 '비교형'이라 한다.

(1) 단순한 비교

① 전치사(前置詞)를 쓰는 것

a. (형용사)於(于·乎) (명사)보다
b. 莫(형용사)於(于·乎) (명사)보다
c. 有(형용사)於(于·乎) (명사)者보다

모두 비교의 뜻을 가진 '於'전치사를 쓰는 것으로 위아래에 오는 두 개의 사물을 비교하는 것인데, 그 우열을 표시하는 평어(評語)는 '於'의 위에 오는 형용사다. 이때의 '於'는 영어의 'than'의 용법과 같다.

예a 青取之於藍而青於藍.(荀子, 勸學) = 푸른 빛깔은 (이것을) 쪽으로부터 만들어 내지만 (쪽에서 나오지만은) 쪽보다 더 푸르다. 이와 같은 뜻의 문장을 '青出於藍而青於藍.'이라고도 한다.

【註】 • '出於'의 '於'는 '으로부터' '…에서'의 뜻이고, '青於'의 '於'는 '보다'의 뜻이다.

예b 莫見乎隱, 莫顯乎微.(中庸) = 어두컴컴한 곳에 숨어 있는 것 보다 더 들어나기 쉬운 것이 없으며, 세미한 일보다 더 들어나기 쉬운 것이 없다.(홀로 있을 때 특히 주의해야 한다는 것을 경고한 말이다.)

b의 형식은 영어의 'no+비교급+than'의 형식과 같다.

No complaint is *more* common *than* that of scarce money.
= 돈이 없다고 불평하는 것처럼 더 평범한 불평은 없다.

예 五刑之屬三千, 而罪莫大於不孝.(書傳, 呂刑) = 다섯 가지 형벌을 주는 죄의 종목이 삼천 가지나 되지만 불효의 죄보다 더 큰 것이 없다.
But *no* sin is *greater than* that of disobeying one's parents.

類例 養心莫善於寡欲.(孟子) = 양심을 기르는 방법은 욕심을 적게 하는 것보다 더 좋은 것이 없다. There is *no better* way to keep conscience intact *than* to suppress desire.

예c 所欲有甚於生者, 故不爲苟得也.(孟子) = 하고자 하는 것이 삶보다 더 큰 것이 있기 때문에 구차스럽게 (삶을) 얻으려고 하지 않는다.

② 전치사(前置詞)를 생략하는 것

a. 莫(형용사)焉
b. 有(형용사)焉

전치사를 쓰지 않고 다만 '莫~焉'의 형식으로 그의 비교를 나타내는 것이다.

예a 反身而誠, 樂莫大焉.(孟子) = 자기 몸에 돌이켜 생각해 봐서 진실할 것 같으면 즐거움이 이보다 더 큰 것이 없다.

예b 禹聞善言則拜, 大舜有大焉.(孟子) = 하우씨(夏禹氏)는 남이 일러주는 착한 말을 들으면 고맙게 생각하여 감사의 절을 드리고, 순임금은 이보다도 더 큰 선행을 한다.

【註】 • 焉 = 지시대명사, 이것.

③ '不如' '莫如'를 쓰는 것

a. 不如(若)~
b. 莫(無)如(若)~

예a 豈愛身不若桐梓哉.(孟子) = 어찌 몸을 사랑함이 오동나무나 가래나무만도 못한가?(생각이 너무도 부족하다.)

예b 知子莫若父.(管子) = 자식의 현명하고 어리석음을 앎은 그 아버지만한 이가 없다. (그의 아버지가 그의 자식을 제일 잘 안다.)

(2) 선택적 비교(選擇的比較)

양자를 비교해서 甲보다 乙을 선택하든지 또는 乙보다 甲을 선택하는 뜻을 나타내는 경우다.

① '寧'자를 쓰는 것

a. 寧爲(甲), 不(勿)(乙).
b. 與其(甲), 寧(乙).
c. 與其(甲), 不如(乙).
d. 與其~, 無寧~乎.

(a)는 '차라리 (甲)이 될지(할지)언정 (乙)되지(하지) 말라'의 뜻으로서, 후자(乙)를 버리고 전자(甲)를 택하는 形이다.

※ 이 형식은 영어의 'would rather than'과 같다.

예 I *would rather* starve *than* steal. = 나는 차라리 굶어 죽을지언정 도적질은 않겠다.

예 I *would rather* die *than* disgrace myself. = 나는 차라리 죽을지언정 치욕을 당하지는 않겠다.)

예 寧爲鷄口, 無爲牛後.(十八史略) = 차라리 닭의 부리가 될지언정 소의 궁둥이는 되지 말라.(大國의 신하 노릇 하는 것보다는 小國의 영주가 되는 것이 낫다는 비유.)(I *would* be a hen's mouth *rather than* a cow's tail.)

예 寧爲刑罰所加, 不爲陳君所短.(蒙求) = 차라리 형벌을 받을지언정 진군(陳君)에게서 비난을 받지 않겠다.

(b)는 '~하기 보다는, 차라리 ~이 되라'의 뜻으로서 이것은 전자 (甲)보다는 후자(乙)가 낫다는 뜻이다. 즉 전자를 버리고 후자를 택하는 것이다.

(a)(b)모두 명령의 뜻을 포함한 점에 있어서는 공통된다고 볼 수 있다.

예 禮與其奢也, 寧儉.(論語) = 예절은 사치하게 외면을 꾸미는 것보다는 차라리 검소하면서도 경건한 마음을 갖도록 하는 것이 낫다.

(c) 이것은 직역하면 '(甲)하는 것보다는 (차라리) (乙)하는 것만 같지 못하다'가 되나 결국은 '(甲)하는 것보다는 (차라리) (乙)하는 편이 낫다.'의 뜻이 되며, 역시 전자(甲)보다는 후자(乙)가 낫다는 뜻이다.

예 吾與其富而畏人, 不若貧而無屈.(孔子家語) = 내가 부자가 되어서 남을 두려워하는 것보다 가난하더라도 비굴함이 없이 사는 것만 같지 못하다. (즉 가난하더라도 비굴함이 없이 사는 것이 낫다는 뜻.)

예 與其生而無義, 固不如烹.(史記) = 살아서 의리가 없는 것보다 진실로 (차라리 애당초부터) 끓는 물에 삶겨서 죽는 것이 낫다.

(d)는 '~보다는 차라리 ~이 낫지 않겠느냐'의 뜻이나 '~보다는 차라리 ~하겠다'의 뜻이 된다.

예 且予與其死於臣之手也, 無寧死於二三子之手乎.(論語) = 또 내가 가신(家臣)의 손에 죽느니보다는 차라리 제자의 손에 죽겠다.

【註】 • 無寧 = 寧. • 二三子 = 스승이 門弟子를 가리켜 부르는 말. • 家臣 = 卿, 大夫에게 벼슬하는 사람.

② '孰'字를 쓰는 것

- a. 孰~.
- b. 與其(甲), 孰若(乙).
- c. (甲), 孰若(乙).
- d. (甲), 孰與(乙).

(a)는 '어느 것'의 뜻으로서, 전자 중에서 하나의 사물을 끌어내고, 다시 이것을 뒤에 들어서 그 후자가 제일 낫다는 뜻을 나타내는 형식이다.

예 事孰爲大, 事親爲大.(孟子) = 섬기는 것 중에 어느 것이 큰 것이 되느냐? 어버이를 섬기는 것이 큰 것이 된다.(모든 섬기는 것 중에 부모를 섬기는 것이 제일 크다는 뜻.)

예 不素餐兮, 孰大於是.(孟子) = 공밥 먹지 않는 이가 누가 이 사람보다 더 크겠는가?(군자가 제일 일을 많이 한다는 뜻.)

(b)는 '(甲)보다는 (乙)하는 것이 어느 쪽이 더 나으냐(물론 (乙)이 낫다.)'의 뜻을 나타내는 형식이다.

예 與其有譽於前, 孰若無毁於其後.(唐宋八大家, 韓愈) = 앞에서 기림이 있는 것보다는 뒤에서 허물함이 없는 것이 어느 쪽이 더 낫겠느냐?(물론 뒤에서 허물함이 없는 것이 더 낫다.)

(c), (d)는 '(甲)은 (乙)과 비교해서, 어느 편이 나은가?(물론 후자(乙)가 낫다)'의 뜻이다.

예 坐而待亡, 孰與伐之.(姚祖義, 三國分土) = 앉아서 망하기를 기다리는 것과 그를 공격하는 것이 어느 편이 나은가?(물론 공격하는 것이 낫다.)

③ 접속사(將·抑)를 쓰는 경우

'將'·'抑'은 '그렇지 않고 또는'의 뜻이다.

예 寧誅鋤草茅以力耕之乎, 將從大人以成名乎.(屈原, 卜居) = 차라리 잡초를 베어 가면서 힘써 농사를 지을까? 그렇지 않으면 또 세도(勢道)집을 찾아서 관계(官界)에서 이름을 떨쳐 볼까?

예 求之與, 抑與之與.(論語) = 이것을 (본인이) 요구했는가? 그렇지 않고 또는 (저편에서) 이것을 주었는가?

【註】 • 문장 끝의 '與'는 '歟'와 같은 의문조사.

7. 반어형(反語形)

마음속에 이미 확실한 사실로 인정하고 있음에도 불구하고, 독자의 주의를 환기하기 위하여 어세(語勢)를 강하게 하여 평서체(平敍體)를 버리고 의문체(疑問體)로 표기하는 형식을 '반어형'이라 한다. 따라서 이런 형식의 문장을 독해할 때는 이것을 평서체로 환원하는 일이 필요하다.

(1) 반어(反語)의 부사(혹은 의문대명사)만을 쓰는 것

a. 何(奚·庸·詎·曷·胡·那)~
b. 安(焉·惡·烏·寧)~
c. 豈~
d. 誰·孰(何)~

예a 齊國雖褊小, 吾何愛一牛.(孟子) = 齊나라가 아무리 국토가 작다 하더라도 내 어찌 소 한 마리를 아끼겠는가.

王何必曰利, 亦有仁義而已矣.(孟子) = 왕은 어찌 다만 경제적인 이익만을 말씀하십니까? 또한 인(仁)과 의(義)의 길이 있을 뿐입니다.

【註】 • 亦 = 옛 성왕(聖王)과 같이의 뜻. • 而已 = 한정사(限定詞).
• 矣 = 단정사(斷定詞).

南面而征, 北狄怨曰, 奚爲後我.(書) = 남쪽을 향하여 치니 북쪽 오랑캐가 원망해 가로되 '왜 우리들을 뒤로 돌리느냐…'고 했다.

예b 割鷄焉用牛刀.(論語) = 닭 잡는 데 어찌 소 잡는 칼을 쓰겠는가?(적은 일을 처리하는 데는 큰 인물이 필요하지 않다는 뜻.)

君子去仁, 惡乎成名.(論語) = 군자가 인(仁)을 버리고 어떻게 이름을 날릴 수가 있겠는가?

無父烏生, 無君烏以爲生.(歐陽脩) = 부모가 없이 어떻게 날 수가 있으며, 임금이 없이 어찌 생을 영위할 수 있겠는가?

예c 今之君子, 豈徒順之, 又從而爲之辭.(孟子) = 지금의 위정자(爲政者)는 어찌 다만 허물을 안 고칠 뿐이겠는가? 또 이어서 자기 잘못을 위하여 변명을 하느니라.

【註】 • 君子 = 위정자(爲政者), 반대어는 야인(野人).
• 順之 = 허물을 덮어두고 고치려고 애쓰지 않는다.

예d 不素餐兮, 孰大於是.(孟子) = 공밥 안 먹는 것이 어느 것이 이보다 더 큰 것이 있겠는가?(자기의 보수에 비하여 제일 많이 일하는 사람이 군자라는 뜻.)

孰不爲守. 守身守之本也.(孟子) = 어느 것이 지키는 것이 아니 되리오마는 몸을 지키는 것이 지키는 것 중에 근본이 된다.(모든 지키는 것 중에 몸을 지키는 것이 제일 중요하다는 뜻.)

內省不疚, 夫何憂何懼.(論語) = 내 마음에 반성해 봐서 거리낌이 없으면 무엇을 걱정하며 무엇을 겁낼 것인가.

具曰予聖, 誰知烏之雌雄.(詩經, 小雅) = 저마다 '내가 성인이다' 하니, 누가 까마귀의 암컷과 수컷을 알겠는가.(옥석을 구별할 수 없다는 뜻.)

(2) 종사(終詞: 歇詞)만을 쓰는 것

① ~哉.　④ ~耶.(邪)
② ~乎.　⑤ ~與.(歟)
③ ~也.　⑥ ~焉.

예 不仁者, 可與言哉.(孟子) = 어질지 못한 사람은 어찌 같이 상대해서 말할 수 있겠는가?(상대가 되지 않는다. 즉 人君은 仁者의 충언을 받아 들여야 한다는 뜻.)

예 學而時習之, 不亦說乎.(論語) = 배워서 때때로 이것을 복습해 보면 또한 마음이 기쁘지 않겠는가?

【註】 • 說 = 悅.

예 自反而不縮, 雖褐寬博, 吾不惴焉.(孟子) = 스스로 반성해봐서 바르지 못할 것 같으면 비록 상대방이 거지라도 내가 겁내지 않겠는가?

【註】 • 縮 = 正. • 褐寬博 = '褐'은 거친 모포(毛布). '寬博'은 몸에 맞지 않는 큰 옷. 따라서 '褐寬博'은 천민, 거지의 뜻.

(3) 반어(또는 의문대명사)를 병용(倂用)하는 것

① 豈~	⑩ 孰~		焉
② 焉~	⑪ 誰~		哉
③ 惡~	⑫ 烏~		耶(邪)
④ 安~	⑬ 奈何~		歟(與)
⑤ 寧~	⑭ 如之何~	+	也
⑥ 何~	⑮ 何爲~		矣
⑦ 奚~	⑯ 其~		諸(之乎)
⑧ 曷~	⑰ 何以~		
⑨ 庸~			

예① 豈不誠大丈夫哉.(孟子) = 어찌 진실로 대장부가 아니겠는가?(정말 대장부임이 틀림없다.)

豈非士之願與.(歟)(史記) = 어찌 선비의 소원이 아니겠는가?

豈謂是與.(孟子) = 어찌 이것을 말한 것이겠는가?

예② 視其所以, 觀其所由, 察其所安, 人焉廋哉.(論語) = 그 하는 바를 보고, 그 행동이 어떤 뜻에서 나왔는가를 보고, 또 그 행동에 대해서 어떻게 즐기는가를 봐서 판단하면 사람이 어찌 감히 속일 수가 있겠는가?

焉有仁人在位, 罔民而可爲也.(孟子) = 어찌 어진 사람이 임금의 자리에 있으면서 (그물을 치고 새를 잡듯이) 무지한 백성을 법망(法網)에 몰아넣는 일을 차마 할 수 있겠는가?

【註】 • 罔 = 網의 古字, 그물(名), 그물질한다(動).

예③ 惡得有其一以慢其二哉.(孟子) = 어찌 그 하나를 가지고, 그 둘을 업신여길 수 있겠는가?(작위 하나만을 가진 齊大夫 景丑氏가 어찌 연령과 도덕의 둘을 겸한 맹자를 업신여길 수가 있겠는가의 뜻.)

【註】 • 景丑 : 音 경추.

예④ 使民衣食有餘, 自不爲盜, 安用重法耶.(十八史略) = 백성들로 하여금 입고 먹는 것이 넉넉하게 할 것 같으면 저절로 도둑질을 하지 않을 것이니 어찌 법을 무겁게 할 필요가 있겠는가?

燕雀安知鴻鵠之志哉.(十八史略) = 제비나 참새 같은 작은 새가 어찌 기러기나 고니 같은 큰 새의 생각을 알 수 있겠는가?(小人이 大人의 뜻을 헤아릴 수가 없다는 뜻.)

예⑤ 寧可以馬上治之乎.(史記) = 어찌 말 위에서 천하를 다스릴 수가 있겠는가?(전쟁이 이미 끝났으니 지금부터는 문화정치를 해야 한다는 뜻.)

예⑥ 何患乎無兄弟也.(論語) = 어찌 형제 없는 것을 걱정하겠는가?

於禽獸又何難焉.(孟子) = 새와 짐승에 대하여 또 뭐(그 무례, 횡포한 것을) 비방할 것이 있겠는가?

예⑦ 如此則與禽獸奚擇哉.(孟子) = 이와 같으면 새와 짐승으로 더불어 무엇이 다르냐?

【註】 • 奚擇 = 무엇을 가리겠느냐? = 다를 것이 없다. = 何異 = 무엇이 다르냐?

예⑧ 增曷爲以此去哉.(蘇軾, 范增論) = 범증(范增)이 어찌하여 이 때문에 가겠는가?(갈 것이 아니다.)

예⑨ 夫庸知其年之先後生於吾乎.(韓愈, 師說) = 어찌 그 나이가 나보다 많고 적은 것을 알겠는가?(나이가 나보다 많고 적은 것을 알 필요가 없다.)

【註】 • 夫 = 발어사(發語辭). 대저.

• 先後生於吾 = 나보다 먼저 나고, 나중에 남. 즉 나이가 나보다 많고 적음.

예⑩ 孰謂鄹人之子知禮乎.(論語) = 누가 추인(鄒人)의 아들이 예절을 안다고 하겠는가?(공자를 깔보고 하는 말.)

【註】 • 鄹(추) = 鄒 = 魯의 읍 명(邑名). 공자의 출생지.

예⑪ 出門同人, 又誰咎也.(易經) = 문 밖에 나가면 똑같은 사람인데 또 누구를 책망하겠는가?

예⑫ 烏有此事哉.(史記) = 어찌 이런 일이 있겠는가?

예⑬ 陛下內多欲, 而外施仁義, 柰何欲效唐虞之治乎.(漢書, 十八史略汲黯直言) = 임금께서는 마음속에는 욕심이 우글거리고 겉으로만 인의를 베풀려고 하는데 어찌 요순성대(堯舜聖代)의 치적(治積)을 본뜰 수 있겠습니까?(결코 본뜰 수가 없다.)

【註】 • 唐虞 = 堯舜을 가리킴. 帝堯를 陶唐氏, 帝舜을 有虞氏라고 부른 데서 나온 말.

예⑭ 如之何其可也.(孟子) = 어째서 그것이 옳겠는가?

예⑮ 吾何爲不豫哉.(孟子) = 내 어찌 기뻐하지 않겠는가?

【註】 • 豫 = 悅 = 기뻐한다.

예⑯ 其眞無馬邪, 其眞不識馬邪.(韓愈, 雜說) = 정말 말이 없는 것일까? 정말 말을 알아보지 못하는 것일까?(말이 없는 것이 아니라 말을 알아보지 못하는 것이다.)

擧爾所知, 爾所不知, 人其舍諸.(論語) = 네가 아는 사람을 (네가 먼저) 등

용하면 네가 알지 못하는 사람은 딴 사람들이 어찌 버려두겠는가?(반드시 추천해 줄 것이다. 사람 쓰는 방법을 말할 것.)

예⑰ 何以異於人哉.(孟子) = 어째서 딴 사람과 다름이 있겠는가?

(4) 의문부사와 다른 부사를 쓰는 것

ㄱ. 豈(何)
- a. 豈能～
- b. 何必～
- c. 豈敢～
- d. 豈(奚)唯 (獨·徒·惟·只·啻 翅·止·特·第·適)

→ + (乎·哉·耶·邪·也)

ㄴ. 安(焉)
- a. 安能～
- b. 安敢～ (惡敢)

→ + (乎·哉·耶·邪)

예ㄱ.a 雖有臺池鳥獸, 豈能獨樂哉.(孟子) = 비록 훌륭한 대지(臺池)와 진기한 동물이 있다 하더라도 어찌 혼자 즐길 수가 있겠는가?

【註】 • 臺 =높이 쌓은 곳, 여기서는 영대(靈臺)를 말함.(天子의 望臺).

예ㄱ.b 王何必曰利, 亦有仁義而已矣.(孟子) = 어찌 반드시 경제적 이익만 말씀하십니까?(옛 聖王과 같이) 또한 인(仁)과 의(義)가 있을 뿐입니다.

君子亦仁而已矣, 何必同.(孟子) = 군자의 행실도 또한 仁에 맞도록 할 뿐이나, 어찌 반드시 거취가 하나하나 꼭 같아야 할 필요가 있겠는가?(그때 그 때 仁에 맞는 행동을 하면 된다는 뜻.)

예ㄱ.c 以士之招招庶人, 庶人豈敢往哉.(孟子) = 士를 초대하는 방법으로 서인을 초대하면 서인이 어찌 감히 가겠는가?(응분의 예절로 초대하지 않으면 실례이지 때문에 상대방은 불쾌해서 오지 않을 것이다.)

【註】 • 士 = 이미 관직에 있는 사람. • 庶人 = 아직 관직을 얻지 못한 사람.

子君也, 我臣也, 何敢與君友也.(孟子) = 당신은 임금이요, 나는 신하인데 어찌 감히 임금과 같이 친구가 될 수 있겠는가?

예ㄱ.d 今之君子, 豈徒順之, 又從而爲之辭.(孟子)

豈止夸一時, 榮一鄕哉.(歐陽脩, 晝錦堂記) = 어찌 다만 일시적 자랑거리에 그치고, 一鄕의 영광에 지나지 않을 뿐이겠는가?

豈惟民哉.(孟子) = 어찌 다만 백성뿐이겠느냐?(다만 凡民이 공자에 따라 오지 못하는 데 그칠 뿐만 아니라, 일반 짐승이 기린을 따라오지 못하는 것도 이와 같은 例라는 뜻의 한 부분.)

飮食之人, 無有失也, 則口腹豈適爲尺寸之膚哉.(孟子)

예ㄴ.a 大丈夫當以馬革裹屍, 安能死兒女手.(十八史略) = 대장부 마땅히 말가죽으로 시체를 싸야 할 것이요.(국가를 위하여 싸움터에서 죽어야 할 것이요) 어찌 집안에서 연약한 아녀자의 손에 간호를 받아가면서 죽겠는가?

安能以皓皓之白, 而蒙世俗之塵埃乎.(屈原, 漁父辭) = 어찌 이 깨끗하고 깨끗한 몸으로써 (추잡스러운) 세속의 티끌을 덮어쓰겠는가?

예ㄴ.b 彼惡敢當我哉.(孟子) = 저 사람이 어찌 감히 나를 이겨내겠는가?

(5) 특수형에 의한 것

a. 敢不～.

b. 不亦～乎. ('豈不～哉'의 형식과 같이 보기도 한다.)

c. 其～諸.

d. 不其～乎.

예 a 臣敢不竭股肱之力, 効忠貞之節, 繼之以死.(十八史略) = 신이 어찌 감히 있는 힘을 다하여 忠誠 貞正의 節操를 힘쓰고, 황제의 건국을 계승하는 데 죽음으로써 다짐하지 않겠습니까?

【註】 • 股肱(고굉) = 다리와 팔. 몸을 지탱하는 데 가장 중요한 부분.

예 b 有朋自遠方來, 不亦樂乎.(論語) = 뜻이 같은 벗이 (자기의 명성을 듣고) 멀리서 찾아오면 또한 겉에 드러날 정도로 즐겁지 아니하겠는가?

人而無禮, 雖能言, 不亦禽獸之心乎.(禮記) = 사람으로서 예의가 없으면, 비록 능히 말을 할 줄 안다 하더라도 또한 새나 짐승의 마음이 아니겠는가?(所謂人面獸心).

예 c 爾所不知, 人其舍諸.(論語) = 네가 알지 못하는 바를 남들이 어찌 버려두겠는가?(좋은 사람을 애써 구하면 자기가 알지 못하는 사람을 남들이 알고 추천을 할 것이다.)

예 d 孔子曰, 才難, 不其然乎.(論語) = 공자 말씀하시기를 '옛말에 인재를 얻는 것이 어렵다고 하였는데, 과연 그렇지 않은가?' 하시더라.

【注意】 ① 반어형 중에는 일종의 영탄형(詠歎形)으로 되는 것이 있다.
② 반어형은 그 형식이 의문형과 같으므로 확연히 구별하는 것이 매우 중요하다.

8. 의문형(疑問形)

심중(心中)에 의혹의 뜻을 품고 있을 경우 또는 질문을 할 경우에 쓰는 표현 형식을 '의문형'이라 한다. 이때 주의해야 할 것은 형식은 의문형이지만, 내용은 반어(反語) 혹은 영탄(詠歎)의 뜻이 있다. 문맥상 고찰해서 분명히 이것을 변별할 필요가 있다.

(1) 의문의 부사(혹은 의문대명사)만을 쓰는 것

① 誰(孰·疇)(사람에 쓰는 것)~
② 孰(何) (사물에 쓰는 것)~

③ 何(奚) ~
④ 何・安(惡・焉) ~
⑤ 幾(幾何) ~
⑥ 何(胡・奚・曷・庸・那・詎)~
⑦ 盍(蓋) ~
⑧ 如何(奈何・奈)・如(若) ~
⑨ ~如何(若何)

①은 '누구인가', '누가 ~ 하는가'의 질문의 뜻을 나타냄.

예 公問夫人曰, 知此爲誰, 夫人曰, 此蘧伯玉也.(小學) = 위령공(衛靈公)이 그 부인에게 묻기를 '이 사람이 누구인줄 아느냐' 하니 부인이 대답하기를 '이 사람은 蘧伯玉이올시다'라고 말했다.

예 孰能一之.(孟子) = 누가 통일을 할 수 있는가?

②는 '어느 편이~가'의 뜻으로 둘 중에서 하나를 선택하는 데 쓰인다.

예 子謂子貢曰, 女與回也, 孰愈.(論語) = 공자가 자공(子貢)에게 말씀하기를 '너와 안회(顔回) 둘 중에서 누가 더 나으냐.' 하셨다.

【註】 • 女 = 汝. • 回 = 顔回 (顔淵, 顔子)

③은 '무엇을~라고 하는가', '어찌~하겠는가'의 뜻이다.

예 公孫丑問曰, 何謂浩然之氣.(孟子) = 공손추가 묻기를 '무엇을 호연의 氣라고 합니까'라고 말했다.

예 子貢問曰, 孔文子何以謂之文也.(論語) = 자공이 여쭙기를 '孔文子를 왜 '文'이라고 불렀습니까?'라고 말했다.(왜 '文'이란 훌륭한 시호를 붙여 주었습니까? 하고 물었다.)

④는 '어디에서~가', '어떻게~가'의 뜻.

예 君子去仁, 惡乎成名.(論語) = 군자가 인을 버리고, 어디에서 (어떻게) (군자라는) 이름을 이룰 수가 있겠는가?

【註】 • 惡乎成名 = '惡成名乎'의 倒置.

예 天下惡乎定.(孟子) = 천하는 어디에서 落着이 되겠는가? = 천하는 장차 어디에서 落着이 되겠는가?

예 牛何之.(孟子) = 소는 어디로 가는가?

예 而今安在哉.(蘇軾, 前赤壁賦) = 그런데 지금은 어디에 있느냐?

예 安見方六七十, 如五六十, 而非邦也者.(論語) = 어찌 사방 6~70리 혹은 5~60리의 영토를 가지고 있으면서 나라가 아닌 것을 보았느냐?(이 정도의 국토를 가지고 있으면서 나라가 아닌 것은 없다.)

【註】 • 如 = 或. • 方은 사방(四方)의 뜻.

⑤는 '얼마나~냐'의 뜻.

예 浮生若夢, 爲歡幾何.(李白) = 인생은 꿈과 같다. (그 동안) 즐거운 일이 얼마나 되겠느냐?

예 如我能將幾何.(十八史略) = 나 같은 사람은 얼마[幾何]를 거느릴 수 있겠느냐?(자신의 통솔능력을 물었음.)

예 子來幾日矣.(孟子) = 너 (여기에) 온지 며칠이나 되느냐?

【註】 • 矣 = 여러 가지로 쓰이나, 여기서는 반문사(反問辭)로서 '乎'와 같다.

⑥은 '어찌~않겠느냐'의 뜻.

예 田園將蕪, 胡不歸.(陶淵明, 歸去來辭) = 장차 전원에 잡초가 우거질 터이니 어찌 (전원으로) 돌아가지 않겠는가?

예 楚王怒叱曰, 胡不下.(十八史略) = 楚王이 성내 꾸짖기를 '어째서 내려가지 않느냐?'라고 하더라.

⑦은 '왜(어찌)~하지 않느냐'의 뜻. [盍(蓋)='何不'의 合字. 音은 '합'.]

예 王欲行之, 盍反其本矣.(孟子) = 왕이 만일 이것을 실행하고자 할진대 어찌 그 근본으로 돌아가지 않겠는가?(근본 문제를 먼저 해결해야 한다.)

예 或曰, 寇至, 盍去諸.(孟子) = 어떤 사람이 말하기를 '적병이 내습(來襲)하니 어찌 이것을 버리고 가지 않겠는가' 하더라.

⑧은 '~을 어떻게 할까'의 뜻.

예 願比死者, 一洒之, 如之何則可.(孟子) = 원컨대, 전사자를 위하여 한번 설욕하고자 하는데, 어떻게 하면 좋겠습니까?

【註】 • 比 = 爲也. • 洒(세) = 설욕하다. '灑'의 약자로 쓰일 때는 音이 '쇄'.

예 子曰天生德於予, 桓魋其如予何.(論語) = 공자가 말씀 하시기를 '하늘이 나에게 덕을 주셨는데 환퇴(桓魋)[宋大夫 向魋의 一名. 난폭한 사람.]가 나를 어떻게 하겠는가?'하시더라.

예 虞兮虞兮奈若何.(十八史略) = 虞야! 虞야! 너를 어떻게 하나?

【註】 • 항우가 垓下의 싸움에서 패하고 애첩 虞美人에게 대하여 탄식한 말.
• 若 = 汝.

예 子曰, 不曰如之何 如之何者, 吾末如之何也已矣.(論語, 衛靈公) = 공자가 말씀하시기를 '어떻게 하나? 어떻게 하나?(이러면 좋을까? 저러면 좋을까? 하고 심사숙고 하는 것) 하고 말하지 않는 사람은 나도 이것을 어떻게 할 도리가 없다'고 하셨다.

【註】 • 末 = 無, '末如之何'= 無如之何 = 어떻게 할 수 없다.

예 若之何不弔.(左傳) = 어째서 조상하지 않느냐?

⑨ '어떠냐', '어떤 것이냐'의 뜻.

예 子貢曰, 貧而無諂, 富而無驕, 何如.(論語) = 자공이 여쭙기를 '가난하더라도 남에게 아첨하지 않고, 부자이면서도 교만함이 없는 행동이 어떻습니까?' 하고 물었다.

예 顔淵之爲人也, 何若.(說苑) = 안연의 사람됨이 어떠한가?

예 今交九尺四寸以長, 食粟而已, 如何則可.(孟子) = 이제 조교(曹交)는 신장이 9척 4촌이나 되지만 밥 먹는 것밖에 모르니 어찌하면 좋겠습니까?(사람되는 방법을 좀 가르쳐 주십시오의 뜻.)

예 知其不可奈何.(莊子) = 그 어찌할 수 없음을 알았다.

예 棄之若何.(史記) = 그것을 버리는 것이 어떠한가?

【參考】 '如何(奈何)'와 '何如(何若)'와의 구별.

'如何～' : 아래 何에 중점을 두고, 그의 방법·처치를 묻는 데 쓰이는 것인데, 대개 용언(用言)을 수식하며 그 용법은 광범하다. '如之何' '奈之何'와 같이 두 글자 사이에 다른 말을 끼어 넣어서 쓴다.

'何如～' : 아래 如에 중점을 두고 이유·형상을 묻는 데 쓰는 것인데, 체언(體言)과 관계를 갖는다. '如何'와 같이 둘로 나누어서 쓰이는 일은 없다.

(2) 의문종사(疑問終詞)만 쓰는 것

① ～乎.
② ～哉.
③ ～耶.(邪)
④ ～與.(歟)
⑤ ～有諸.(특수)

예 1 客亦知夫水與月乎.(蘇軾, 前赤壁賦) = 客도 또한 그 물과 달을 아는가? (물과 달에 대해서 그 순환, 변화하는 사실을 알고 있는가?)

예 2 今閑之於草書, 有旭之心哉.(韓愈, 送高閑上人序) = 이제 高閑上人의 초서에 장욱(張旭)과 같은 마음이 있었는가?(高閑上人이 초서를 쓸 때 장욱과 같은 명필의 정신을 가지고 썼느냐? 아니냐?가 의문이다.)

【註】 • 張旭 = 당(唐)의 초서의 명인.

예 3 夫差志復讎, 朝夕臥薪中, 出入使人呼曰, '夫差, 而忘越人之殺而父耶.' (十八史略) = 夫差는 원수를 갚겠다는 결심을 하고, 아침저녁으로 땔나무 속에 누워서, 드나드는 사람으로 하여금 부르게 하여 가로되, '夫差야! 너는 越나라 사람이 네 아비를 죽인 것을 잊었느냐?' 하더라.

【註】 • 夫差 = 吳王의 이름. • 而 = 汝.

예 4 君子人與, 君子人也.(論語) = 군자라는 덕을 이룬 사람이냐? 군자라는 덕을 이룬 사람이다.

【註】 • 자문자답(自問自答)식 표현방법.

然則, 彼皆非歟.(孟子) = 그러면 저것들은 모두 틀리는 것입니까.

예 5 曰'何可廢也, 以羊易之.' 不識, 有諸.(孟子) = 말씀하기를 '어찌 걷어치울 수 있겠느냐? 羊으로써 바꾸어 쓰라.' 하셨다 하니 확실히 모르겠사오나 과연 이런 일이 있습니까?

【註】 • 諸 = 之乎 = 之於의 合字. • 有諸 = 有之乎 = 이것이 있는가?

(3) 의문부사(의문대명사)와 종사(終詞)를 병용하는 것

① 誰(孰)	+	乎
② 何		哉
③ 何(孰)		也
④ 何(奚)爲		邪(耶)
⑤ 安(焉・何)		與(歟)
⑥ 豈		矣

예① 龜玉毁於櫝中, 是誰之過與.(論語) = 龜甲과 옥이 궤 속에서 깨졌다면 이것이 누구의 잘못이냐?

噫, 微斯人吾誰與歸.(范仲淹, 岳陽樓記) = 아! 이 사람이 아니었다면, 누구와 같이 상종하겠는가.

예② 恩足以及禽獸, 而功不至於百姓者, 獨何與.(孟子) = 은혜가 새와 짐승들에게까지 미치기에 충분한데 백성들에게는 이르지 못하는 이유는 오로지 무엇인가?

寡人之囿方四十里, 民猶以爲大, 何也.(孟子) = 과인(齊 宣王 자신을 말함)의 동산은 다만 사방 40 리에 지나지 않는데, 백성들이 오히려 크다고 하는 것은 무슨 까닭입니까?

예③ 是進亦憂, 退亦憂, 然則何時而樂耶.(范仲淹, 岳陽樓記) = 이것은 나아가서도(관계에 나아가서 국정을 맡아 볼 때도) 걱정을 하고 (政界를) 물러가서도 걱정을 하는 것이니, 그렇다면 언제나 즐겁게 지낼 수 있겠는가?

天下何處無月耶.(蘇軾) = 세상 어느 곳에 달이 없겠는가?

예④ 今以燕, 伐燕, 何爲勸之哉.(孟子) = 이제 연(燕)나라로써 연나라를 치는데 (똑같은 것끼리 전쟁을 하는데) 어째서 이것을 권했겠습니까?

東面而征, 西夷怨曰, 奚爲後我.(孟子) = 동쪽을 향해 치는데 서쪽 오랑캐가 원망하여 말하기를 '어째서 우리를 뒤로 돌리느냐'고 하더라.

예⑤ 夫當今生民之患, 果安在哉.(蘇軾, 續文章軌範) = 이제 백성들의 근심은 과연 어디에 있는가?

【註】 • 夫 = 발어사, 대저.

一旦驟失所依, 將何所恃乎.(東萊博議) = 일단 갑자기 의뢰했던 것을 잃어버릴 것 같으면 대관절 또 무엇을 믿을 수 있겠는가?

【註】 • 將 = 일설(一說)을 중지하고 이와 병립한 타설(他說)을 말할 때 쓰이는 부사.

예⑥ 周公豈欺我哉.(孟子) = 주공이 어찌 나를 속이겠는가?

豈上之人, 無可援, 下之人, 無可推歟.(韓愈, 文章軌範) = 어찌 위에 있는 사람 중에 좋은 사람을 쓸 줄 아는 이가 없겠으며, 아래 있는 사람 중에 추천할 만한 인물이 없었겠느냐?

吾哀王孫而進食, 豈望報乎.(十八史略) = 내가 왕족을 가련하게 생각하여 먹을 것을 드린 것이지, 어찌 보답을 바랐겠느냐?

9. 억양형(抑揚形)

발표하려고 생각한 것을 일단 눌러 놓았다가 뒤에 다시 어조를 높여서 문의(文意)를 강하게 하는 표현형식을 '억양형'이라 한다. 이 형식도 한문에 특유한 것이며 상당히 많이 쓰이고 또 비교적 해득하기 어려운 것이므로 충분히 이해해 둘 필요가 있다. 형식은 영어의 'much (still) more'(긍정문)과 'much (still) less'(부정문)와 비슷하다.

예 He is afraid of a cat, *still more* of a tiger. = 그는 고양이도 겁내는데 하물며 호랑이야 더 말할 나위도 없다.

The Eskimoes rarely cheat, *much less* rob, each other. = 에스키모인들은 서로 남을 속이는 일이 없는데 하물며 도둑질이야 하겠는가?

(1) '況(矧)~乎'를 쓰는 것

① 況~
② 矧~
③ 況~乎
④ 況於~乎
⑤ 而況~乎

①, ②는 아래에 乎(耶·邪·歟·哉) 등의 호응을 생략한 형식이다. '矧'은 옛날에 많이 쓰이던 것이며, '況'에 비하여 어세가 급하기 때문에, 호응의 '乎' '耶' 등을 쓰지 않는 것이 정칙(定則)이다.

예① 況陽春召我以煙景, 大塊假我以文章.(李白) = 하물며 따뜻한 봄은 나를 아름다운 풍경으로 유인하고, 하늘과 땅은 나에게 天文[日月]과 地章[桃李]을 베풀어 주었음에 있어서일까?(이런 환경 속에서 도저히 이 밤을 그냥 보낼 수가 없다.)

예② 發禁躁妄, 內斯靜專, 矧是樞機.(程頤, 言箴) = 말을 할 때 조급하고, 망탄(妄誕)함을 금했을 때는 마음이 안정하고, 전일(專一)하여 잡념이 없게 된다. 하물며 이 말이 모든 일의 가장 중요한 기관인 점에 있어서야 더 말할 나위도 없이 조심해야 한다.

【註】 • 樞는 戶樞, 機는 弓의 發矢機. 扉의 개폐와 射의 中不中(맞고, 안 맞는 것)은 다 이에 의하므로 사물의 중요한 부분. '言行君子之樞機.(易)'을 인용했음.

神之格思, 不可度思, 矧可射思.(詩經·抑篇·中庸) = 신의 출현은 범인의 생각으로는 알아낼 수 없기 때문에 언제나 경외하지 않으면 안 된다. 하물며 신을 싫어하고, 미워할 수 있겠는가?

【註】 • '思'는 모두 조사(助詞). • 射 = 厭. 싫어하다.

예③ 而王子若彼者, 其居使之然也. 況居天下之廣居者乎.(孟子) = 그러나 王子가 저처럼 고상하게 보이는 것은 왕이라는 지위가 그렇게 만든 것이니, 하물며 천하의 광거(廣居)인 仁에 처하고 있는 군자의 위엄이야 더 말할 나위도 없겠지?

【註】 • 廣居 = 仁者의 마음은 一毫의 私意도 없고, 그것이 곧 천지와 그 量을 같이 하고 있기 때문에, 仁을 이 세상의 어느 高臺, 廣室보다도 제일 크고 넓은 거처라는 뜻으로 '仁'을 廣居라고 한다.

況乎以不賢人之招, 招賢人乎.(孟子) = 하물며 어질지 못한 사람을 초대하는 방법으로 어진 사람을 초대하는 것이겠는가?

예④ 徒取諸彼以與此, 然且仁者不爲, 況於殺人以求之乎.(孟子) = 다만 맨손으로 (싸우지 않고) 이것(南陽땅)을 저쪽(齊나라)으로부터 얻어서 이쪽(魯나라)에 주는 것일지라도 오히려 또 仁者는 하지 않는데 하물며 (전쟁을 해서) 사람을 죽여서까지 이것을 구하겠는가?

예⑤ 天子不召師, 而況諸侯乎.(孟子) = 天子도 오히려 함부로 스승을 부르지 못하는데 하물며 제후 따위가 할 수 있겠는가?

仁智周公未之盡也, 而況於王乎.(孟子) = 仁과 智는 周公 같은 聖王도 오히려 이것을 완전히 다 겸비할 수 없는데 하물며 齊王 같은 분이야 (仁과 智를 겸비하지 못했다고 해서) 뭐 부끄러워할 것이 있겠는가?

【註】 • 終詞 '乎'대신에 '與'를 쓰기도 한다.

예 千乘之君, 求與之友而不可得也, 而況可召與.(孟子) = 제후국의 임금도 더불어 벗을 삼고자 하다가 얻지 못하였는데 하물며 함부로 불러 볼 수가 있겠는가?

【註】 • 千乘之國 = 兵車 千乘을 낼 수 있는 나라. 즉 제후국(諸侯國).

(2) '以~猶(且)'와 '而況~乎'를 병용하는 것

① 以~且. 而況~乎.
② 以~猶. 而況~乎.
③ ~猶(且). 而況~乎.
④ ~且猶. 而況~乎.

① ② ③ ④ 모두 뜻에 있어서 차이가 없고 형식에 있어서도 '以'의 有無와 '猶且'의 單復의 차이가 있을 뿐이다.

예 死馬且買之, 況生者乎.(文章軌範) = 죽은 말도 (이것을)사 들이는데, 하물며 산 말이겠는가?(산 말이야 더 말할 나위가 없다)

【註】 • 之 = 지시대명사로서 死馬를 가리킴.

예 陶以寡, 且不可以爲國, 況無君子乎.(孟子) = 陶工이 부족한 것만으로도 오히려 또한 나라를 세워 나갈 수가 없는데 하물며 나라를 다스리는 관리가 없어서 되겠느냐?

【註】 • 陶 = 옹기를 만드는 것. 또 만드는 사람.
• 爲國 = 立國 = 나라를 다스리는 것.

예 見且由不得亟, 而況得而臣之乎.(孟子) = 賢士를 접견하는 것도 자주 하기는 오히려 어려운데, 하물며 그를 얻어서 신하로 삼는 것이겠는가?(신하로 삼는 일은 더욱 어렵다.)

예 管仲且猶不可召, 而況不爲管仲者乎.(孟子) = 관중(管仲과 같은 覇道를 행하는 정치가)도 오히려 함부로 불러 오지 못하는데 하물며 관중의 방법을 쓰지 않는 사람(즉 왕도를 행하는 진정한 정치가)에 있어서겠는가?

【註】 • 王道 : 三王, 즉 夏, 殷, 周의 道인 仁義의 덕을 가지고 나라를 다스리는 길.
• 覇道 : 仁義를 경시하고, 권모술수와 무력을 숭상하는 정치방법.

(3) 猶(且)와 '安~(哉)'를 병용하는 것

① ~猶. 安~(哉).
② ~且~. 安~(哉).

예 樊噲曰, 臣死且不避, 巵酒安足辭.(十八史略) = 번쾌(樊噲) 말하기를 '신은 죽음까지도 피하지 아니하는데 하물며 한 잔 술을 어찌 사양하겠습니까?' 하더라.

10. 도치형(倒置形)

문장 중에서 가장 중요한 사항 또는 文意를 강조할 필요가 있을 때 어구와 문장의 성분 위치를 바꾸어 표현하는 형식을 '도치형'이라 한다.

(1) 주부(主部)와 술부(述部)와의 전환

① 술어(述語)가 감탄을 표하는 말일 때는 主部의 위에 제기하는 수가 있다.

예 巧言令色, 鮮矣仁.(論語) = 교묘한 말을 꾸며대고, 아첨하는 얼굴빛을 해서 사람을 즐겁게 하는 것은 착한 일은 드물다.

【註】 정상적 배열은 '仁鮮矣'

예 甚矣, 吾衰也. 久矣, 吾不復夢見周公.(論語) = 심하구나! 나의 늙고, 쇠약함이여! 오래 되었구나! 내가 다시 꿈에도 주공을 만나 보지 못한 것이여!

【註】 정상적 배열은 '吾衰也, 甚矣. 吾不復夢見周公, 久矣'

예 難乎, 免於今之世矣.(論語) = 어렵겠구나, 지금과 같은 세상을 무사히 지나가는 것은! (말과 얼굴빛을 꾸며서 아첨하지 아니하면 지금과 같은 난세를 무사히 지나갈 수가 없다는 뜻.)

【註】 정상적 배열은 '免於今之世矣, 難乎'

예 賢哉, 回也.(論語) = 정말로 어질구나, 안회(顏回)는!

【註】 • 回 = 顏回 = 공자의 수제자. 정상적 배열은 '顏回 賢哉.(回也 賢哉)'

② 술어(述語)가 의문대명사인 경우에는 이를 문장 앞에 둔다.

예 何哉, 君所謂踰者.(孟子) = 무엇이냐? 君이 이른바 지나친다는 것은.

【註】 정상적 배열은 '君所謂踰者, 何哉'

③ 뜻을 강하게 하기 위하여 속문(屬文)의 주어를 술어 위에 제기한다.

예 賞不欲僭, 刑不欲濫.(左傳) = 상을 공(功)에 지나치게 주고 싶지 않고, 형벌을 함부로 주고 싶지 않다.

【註】 정상적 배열은 '(吾)不欲賞僭, (吾)不欲刑濫.'

④ '有' '無'는 주어와 위치를 전환한다.(有無의 실제적 용법은 이것이 오히려 정상적이다.)

예 無恒産而有恒心者, 惟士爲能.(孟子) = 일정한 재산이 없이 일정한 마음을 갖는 것은 오직 선비만이 할 수 있다.

예 先王有不忍人之心, 斯有不忍人之政矣.(孟子) = 옛날 착한 임금은 사람들에게 차마 하지 못하는 마음(즉 애정과 동정)이 있기 때문에, 여기에 사람들에게 차마 하지 못하는 (仁의) 정치가 있다.

예 君子有三樂, 而王天下不與存焉.(孟子) = 군자 세 가지 즐거움이 있으나, 천하에 왕 노릇하는 것은 (정치상 지위는) 여기에 참여하지 못한다.(세 가지 樂 속에 끼지 못한다.)

⑤ '有'를 술어로 할 때는 주부(主部)를 제기(提起)할 수 있다. 이 때 '之'를 보충하는 수가 있다.

예 子弑其父者, 有之.(孟子) = 자식이 그 아버지를 죽이는 자가 있다.

【註】 일반적 배열은 '有子弑其父者'

예 不仁而可與言, 何亡國敗家之有.(孟子) = 어질지 못하고서 더불어 상의할 수 있다면 어찌 나라를 망치고, 집안을 망치는 일이 있겠는가?(있을 수가 없다.)

【註】 정상적 배열은 '豈有亡國敗家哉'

예 夫子焉不學, 而亦何常師之有.(論語) = 공자께서 어찌 배우지 않으셨겠으며, 또 어찌 늘 남을 스승으로 삼은 일이 있겠느냐?

【註】 • 때로는 '之'를 쓰지 않는 수도 있다.

예 千里馬常有, 而伯樂不常有.(韓愈, 雜說) = 하루에 천리 가는 말은 언제나 있지만 (말을 잘 알아보는) 伯樂이란 사람은 언제나 있지는 않다.

【註】 정상적 배열은 '常有千里馬, 不常有伯樂'

예 苗而不秀者, 有矣夫.(論語) = 싹만 트고 이삭이 패지 않는 것이 있다.

【註】 정상적 배열은 '有苗而不秀者矣夫'

(2) 술어와 객어(客語) 및 보어와의 전도(轉倒)

① 보어 또는 객어가 의문대명사의 경우에는 술어와 전환된다.

예 仲尼焉學.(論語) = 공자는 어디서 배웠는가?

【註】 정상적 배열은 '仲尼學於何處'

예 士何事.(孟子) = 선비는 무슨 일을 하는가?

【註】 정상적 배열은 '士事何事'

예 天下惡乎定.(孟子) = 천하는 어느 곳에서 안정되겠는가?

【註】 정상적 배열은 '天下定于何處'

예 王見之曰, 牛何之.(孟子) = 양혜왕(梁惠王)이 이것을 보고 말하기를 '소는 어디로 가느냐?' 하더라.

【註】 정상적 배열은 '牛之何處.'

예 吾誰欺, 欺天乎.(論語) = 내가 누구를 속일까? 하늘을 속일까?(사람들은 사실을 다 알고 있으니 속일 수 없고 하늘은 전지전능하니 역시 속일 수 없고 결국은 속인 곳이 없다는 뜻.)

【註】 정상적 배열은 '吾欺誰, ~' ※실제로는 이렇게 쓰지 않음.

예 內省不疚, 夫何憂何懼.(論語) = 마음에 돌이켜 생각해보아 조금도 거리낌이 없으니 대관절 무엇을 걱정하며, 무엇을 겁내겠는가?

【註】 정상적 배열은 '夫憂何懼何'가 될 것이다. ※그러나 실제로 이렇게 쓰이지는 않는다. 의문사가 포함되어 있기 때문에.

예 衛君待子而爲政, 子將奚先.(論語) = 위군(衛君)이 선생님을 초빙하여 정치를 맡아 모시게 하면, 선생님께서는 장차 어떤 일을 먼저 하시겠습니까?

【註】 정상적 배열은 '子將先何(事)' ※실제로 이렇게 쓰지는 않는다.

예 是可忍也, 孰不可忍也.(論語) = 이런 일도 참아서 한다면 어떤 일을 참아서 못하겠는가?

【註】 정상적 배열은 '可忍是也, 不可忍孰事' ※ 실제로 '~不可忍孰事'라고 쓰지 않음.

② 술어와 보어 또는 객어와의 전환. 이때는 '之' 또는 '是'를 兩者 사이에 보충한다.

예 敢不惟命是聽.(左傳) = 감히 명령대로 좇지 않겠느냐?

【註】 정상적 배열은 '敢不惟聽命'

類例 余惟利是視.(左傳) = 유리한 것만 찾아보았다.

예 論篤是與, 君子者乎, 色莊者乎.(論語) = 언론만으로 독실한 자를 인정해 준다면 군자인지 점잖은 척하는 사람인지 알 수 없다.(말하는 것만 보고 그 인간성의 선악을 판단할 수 없다는 뜻.)

【註】 • 與 = 허용하다. 인정하다. • 色莊者 = 안색이 장엄하게 보이는 사람. = 겉으로 점잖은 척하는 사람. = 似而非君子 • 論篤是與 = '與論篤'의 전환.

예 孟武伯 問孝, 子曰, 父母惟其疾之憂.(論語) = 맹무백이 효도를 물으니 공자 말하기를 '부모님은 다만 그 (자식)의 병을 (늘) 걱정하신다.' 하시더라.

【註】 '父母惟憂其疾'의 轉倒.

【參考】 이 章은 자고로 異說이 많다. 이 (예)의 풀이는 '朱子의 註'에 따른 것이요, '劉氏의 正義'에는 '부모에게는 다만 그 (자식)의 병만을 걱정하게 하라. (즉 효자는 다른 일에 대해서는 늘 조심하기 때문에 부모에게 걱정을 끼치지 않으나, 병만은 불가항력이기 때문에 부득이 부모께 걱정을 끼치게 된다. 따라서 늘 병에 걸리지 않도록 조심해야 한다는 뜻)'

예 博愛之謂仁.(韓愈, 原道) = 넓게 사람을 사랑하는 것을 인(仁)이라고 한다.

【註】 정상적 배열은 '謂博愛仁'

예 此之謂大丈夫.(孟子) = 이것을 대장부라고 한다.(술어와 보어와의 전환)

【註】 정상적 배열은 '謂此大丈夫' ※ '之' '是'를 생략할 때도 있다.

예 天之亡我, 我何渡爲.(史記) = 하늘이 나를 망하게 하는데 내 어찌 건너가겠는가?(절대로 건너가지 않겠다.)

【註】 '我何渡爲'는 '我何爲渡'의 轉倒.

③ 술어가 부정조동사를 동반한 동사일 때는 보어 또는 객어인 대명사(인칭, 지시)는 동사와 전환된다.

예 子曰, 未之思也夫. 何遠之有.(論語) = 공자께서 말씀하시기를 '깊이 생각하지 못했구나! 뭐 멀다고 할 수 있겠는가?' 하시더라.

【註】 '未之思也夫'는 '未思之也夫'의 轉倒. • '何遠之有'는 '有何遠'이 될 것이나, 의문사를 포함한 문장이기 때문에 실제로 이렇게 쓰이지는 않는다.

예 不患人之不己知, 患不知人.(論語) = 남이 나를 알아주지 아니함을 걱정하지 않고, (내 실력이) 남을 잘 알아 내지 못함을 걱정한다.

【註】 '不己知'는 '不知己'의 倒置.

예 子曰, 莫我知也夫.(論語) = 공자께서 말씀하시기를 '나를 알아주는 이가 없구나!' 하시더라.

【註】 '莫我知也夫'는 '莫知我也夫'의 轉倒.

예 失其身, 而能事其親者, 吾未之聞也.(孟子) = 제 몸을 제대로 간직하지 못하고, 그 부모를 잘 섬길 수 있는 사람은 내 아직 본 적이 없다.

【註】 '吾未之聞也'는 '吾未聞之也'의 倒置.

④ 보어 또는 객어를 술어의 위에 제기하는 수가 있다.

a. $\frac{\text{客語 主語 述語}}{\text{主語 客語 述語}}$ 之 (客語를 앞으로 끌어내고, 끝에 대명사 '之'를 보충한다.)

예 項羽不然, 有功者害之, 賢者疑之.(十八史略, 三傑) = 항우는 그렇지 않아 전공(戰功)이 있는 사람을 해치고 현명한 사람을 의심했다.

【註】'害有功者, 疑賢者.'의 倒置.

예 巨室之所慕, 一國慕之.(孟子) = 巨室이 우러러 사모하는 바는 一國이 모두 그것을 우러러 바란다.('正其身, 而天下歸之'의 뜻, 즉 임금 된 이는 먼저 자기 몸을 반듯하게 하면 온 세상 인민들이 다 찾아오게 된다는 의미)

【註】• 巨室 = 世臣, 大家. 이 문장은 '一國慕巨室之所慕'의 전환.

예 五十而慕者, 予於大舜見之矣.(孟子) = 나이가 쉰 살이 되어도 여전히 부모를 생각하는 사람은, 나는 舜임금에 있어서 그것을 보았다.

【註】• '之'는 지시대명사로서 '五十而慕者'를 지칭. 정상적 배열은 '予於大舜見五十而慕者'

예 身體髮膚, 受之父母, 不敢毁傷, 孝之始也.(孝經) = 육체와 모발과 피부는 이것을 부모로부터 받은 것이니 감히 다치지 아니 함이 효도의 시작이다.

【註】'受身體髮膚父母~'로 될 것이다. '之'는 지시대명사로 '身體髮膚'를 지칭.

b. (客語) (主語) (述語). (부정조동사가 있을 때는 '之'를 보충하지 않는다.)

예 巫醫樂師百工之人, 君子不齒.(韓愈, 師說) = 무당, 의사, 악사와 여러 수공업자들을 군자는 상대를 하지 않는다.

【註】이것은 '君子不齒~'의 倒置

【主意】주어가 생략되어 보어 또는 객어를 주어로 오인하기 쉬우니 주의해야 한다.

예 父母之年, 不可不知也. 一則以喜, 一則以懼.(論語) = 부모의 나이는 알지 않을 수가 없으나, 한편은 기쁘고 (오래 살아 계셨기 때문에), 한편은 두렵다.(돌아가실 날짜가 멀지 않기 때문에)

【註】정상적 배열은 '子不可不知父母之年. ~'

예 菽麥不辨.(俚諺) = 콩과 보리를 구분할 줄 모를 정도의 바보.

【註】정상적 배열은 '不辨菽麥之人'

예 瓜田不納履, 李下不整冠.(古樂府) = 참외 밭에서 신을 신지 말고, 자두나무 밑에서 갓을 고쳐 쓰지 말아야 한다.(의심 받을 일을 해서는 안 된다는 뜻.)

【註】정상적 배열은 '不納履於瓜田, 不整冠於李下'

예 道聽而塗說, 德之棄也.(論語) = 길거리에서 얻어 듣고 곧 길거리에서 남에게 전달하는 것은 덕을 버리는 것이다.(좋은 말을 듣고, 충분히 음미하여 실천에 옮기기 전에 경솔하게 남에게 전달하는 것은 모처럼 얻은 덕행을 버리는 것이다.)

⑤ '曰' 혹은 '爲'를 쓸 때는 객어를 술어 위에 둔다.

예 簡子長子曰伯魯, 幼曰無恤.(十八史略) = 趙簡子의 맏아들을 백로(伯魯)라 하고, 막내 아들을 무휼(無恤)이라고 한다.

예 亞伯卒, 子發立, 是爲武王.(十八史略) = 아백(亞伯)이 죽고 아들 발(發)이 임금이 되니 이 분을 무왕(武王)이라고 한다,

⑥ 보어가 전치사와 합하여 부사연어(副詞連語)가 되어서 술어와 전환된다.

예 子於是日哭, 則不歌.(論語) = 공자는 조상을 하시는 날에는 노래를 부르시지 아니하신다.

【註】 이것은 '子哭於是日則不歌'의 轉倒.

예 今王必欲致士, 先從隗始.(十八史略) = 이제 왕께서 반드시 선비를 초빙하고 싶으시면 먼저 隗로부터 시작하십시오.(賢者를 구하는 방법은 먼저 가까운 데서부터 시작해야 한다는 뜻)

【註】 • 王 = 燕 照王. • 隗(외) = 郭隗. 燕人. • '先始從(自)隗'의 倒置.

예 予於大舜見之矣.(孟子) = 나는 순임금에 있어서 이것을 보았다.

【註】 이것은 '予見之於大舜矣'의 轉倒.

⑦ 객어와 술어를 전환하고 객어에 전치사 '以'를 붙여서 부사연어로 한다.

예 天將以夫子爲木鐸.(論語) = 하늘이 장차 선생님(공자)으로 하여금 목탁을 삼으실 것이다.

【註】 • 木鐸(목탁) = 나무 혀가 붙어 있는 큰 방울, 옛날 중국에서 법령을 선포할

때 울리던 것. 학자가 세상을 인도하고 敎를 펴는 것을 비유해 가리킴. 정상적 배열은 '天將爲夫子木鐸.'

예 孔子以其兄之子妻之.(論語) = 공자는 그의 질녀로 하여금 그의 처로 삼게 하셨다.

【註】 예문은 '孔子妻其兄之子於南容'(人名)'(공자는 南容에게 그의 질녀를 처로 삼게 했다.)의 倒置, '之'는 南容을 지칭.

【主意】 이 경우에 '以'를 생략하는 수가 있다.

예 禮之用, 和爲貴, 先王之道斯爲美.(論語) = 예의 활용은 和로써 귀하게 여긴다. 그래서 옛 聖王의 도는 이것을 美로 삼고 있다.

【註】 '禮之用, 和爲貴' '禮之用和爲貴'에 대해서는 자고로 두 가지 설이 있으나 여기에서는 이를 생략한다. '用'은 '禮'의 對語. '斯'는 '禮之用, 和爲貴'를 지칭함. '和爲貴'는 '以和爲貴'의 略形. '斯爲美'는 '以斯爲美'의 略形.

예 事半古之人, 功必倍之, 惟此時爲然.(孟子) = 일은 옛 사람의 절반밖에 안 되는데 공은 반듯이 그것에 갑절이나 된다. (이 사실은) 다만 이때야말로 그렇다고 하겠다.

【註】 '惟此時爲然'은 '惟以此時爲然'의 略形.

⑧ 피동의 조동사를 동반한 술어는 보어와 전환할 수 있다.

예 生孩六月, 慈父見背.(李密, 陳情表) = 생후 6개월 된 젖먹이 때 아버지에게 버림을 받았다.(난 지 여섯 달 만에 아버지를 여의었다.)

【註】 '生孩六月, 見背於慈父.'의 전환.

⑨ 술어와 보어와의 특수한 전환

예 日居月諸東方自出.(詩經, 國風, 邶) = 해와 달은 동쪽으로부터 뜬다.

【註】 • '居' · '諸'는 助詞. • 東方自出 = '出自東方.'의 倒置.

예 衣食於奔走.(韓愈) = 먹고 입는 데 바쁘다.(가난해서 糊口에 바쁘다.)

【註】 이것은 '奔走於衣食.'의 倒置.

예 室於怒, 市於色.(戰國策) = 방 안에서 성을 내고 그 성낸 얼굴빛을 저자 사람들에게까지 보인다.(怒甲移乙=갑에 대해서 성낸 것을 을에게까지 옮긴다와 같은 뜻.)

【註】 본문은 '怒於室, 色於市.'의 전환.

⑩ 객어와 보어를 전환하는 경우. 이때는 兩者사이에 전치사를 두지 않는다.

예 趙括母問奢其故.(十八史略) = 조괄(趙括)의 어머니는 조사(趙奢: 括의 父)에게 그 까닭을 물었다.

【註】 '趙括母問其故於奢'로 할 수 있다.

예 頗之仇郭開, 多與使者金, 令毁之.(十八史略) = 염파(廉頗)의 원수 곽개(郭開)가 使者에게 뇌물의 금을 많이 줘서 그(염파)를 헐뜯게 했다.

【註】 '多與金於使者'로 할 수 있다.

예 所謂藉寇兵, 而齎盜糧者也.(史記) = 이른바 적에게 무기를 빌려주고, 도둑에게 양식을 나르게 하는 것과 같다.(즉 적에게 편리를 주고 자기에게 해를 가져 오게 한다는 뜻)

【註】 '藉兵於寇, 而齎糧於盜.'로 할 수 있다.

예 項羽不然, 戰勝而不① 與人功, 得地而不② 與人利.(十八史略) = 항우는 그렇지 않아 싸움에 이겨도 그 공을 사람들에게 돌려주지 않고, 토지를 전취(戰取)해도 그 이익을 사람들에게 나누어 주지 않고 독차지했다.

【註】 ① '不與功於人' ② '不與利於人'으로도 할 수 있다.

【참고】 이 형식은 영어의 수여동사의 경우와 같다. 비교해 보기 바란다.

1. I ask him a question. (나는 그에게 질문했다.)
   I ask a question to him. (나는 질문을 그에게 했다.)

2. I lend him a knife. (나는 그에게 칼을 빌려주었다.)
   I lend a knife to him. (나는 칼을 그에게 빌려주었다.)

3. I gave him a book. (나는 그에게 책을 주었다.)
   I gave a book to him. (나는 책을 그에게 주었다.)

⑪ 전치사와 합해서 부사연어(副詞連語)로 된 말이 의문대명사인 경우에는 兩者의 위치를 전환하고, 전치사는 후치사 혹은 동사로 된다.

예 子路宿於石門, 晨門曰 奚自.(論語) = 자로가 석문(門名)에 투숙하였는데 문지기가 말하기를 '어디로부터 왔느냐?' 하더라.

【註】'自奚'가 정상적인 순서이지만, 의문사와 함께 있어 실제로 이렇게 쓰이지 않음.

예 非夫人之爲慟, 而誰爲.(論語) = 저 사람(顔淵을 가리킴)을 위하여 통곡하지 않고, 누구를 위하여 통곡하겠는가?(顔淵의 죽음 이외에 더 슬퍼할 죽음이 없다는 뜻.)

【註】'爲誰'로 될 것이나 실제로 이렇게 쓰이지 않음.

예 夫人曰, 此蘧伯玉也. 靈公曰, 何以知之.(小學) = 부인이 말하기를 '이이는 蘧伯玉이 올시다.' 하니, 衛靈公이 말하기를 '어떻게 그것을 아느냐?' 하더라.

【註】정상적 순서로 봐서는 '以何知之'로 될 것이나, 실제로 이렇게 쓰이지 않음.

예 於此之時, 孔子何由見周公於髣髴.(歐陽脩, 憎蒼蠅賦) = 이 때 孔子인들 어찌 (꿈속에서) 방불하게 주공(周公)을 만나 볼 수가 있겠는가?(파리 때문에 잠을 충분히 이룰 수가 없어서 꿈속에서 주공을 만나 볼 수가 없다.)

【註】정상적 순서로는 '由何'로 될 것이나, 실제로 이렇게 쓰이지 않음.

⑫ 접속사가 주어와 위치를 전환하는 경우.

예 伯夷・叔齊不念舊惡, 怨是用希.(論語) = 백이와 숙제는 (남의) 옛 잘못을 생각하고 있지 않기 때문에 그를 원망하는 이가 극히 드물다.

【註】 • 是用 = 是以. 是用怨希. • 希 = 稀.

예 知伯國士遇我, 我故國士報之.(十八史略) = 知伯이 국사(國士)로 나를 대우하였다. 그 때문에 나도 국사로서 그에게 보답했다.

【註】 • 知伯 = 춘추시대 晋의 大夫 知瑤를 말함.
• 정상적 배열은 '知伯以國士遇我, 故我以國士報之.'이다.

11. 비유형(比喻形, 譬喻形)

어떤 사물을 다른 사물이 비유하여 나타내는 형식이다.

(1) 비유의 뜻을 나타내는 문자를 써서 표현하는 것

① 若~

예 人生天地之間, 若白駒之過隙.(莊子) = 사람이 하늘과 땅 사이에 살고 있음은 (사람의 일생은) 마치 흰 망아지가 빨리 달려가는 것을 틈 사이로 보는 것처럼 빠르다.

② 如~

예 愚人貪財, 如蛾赴火.(事文類聚) = 어리석은 사람이 재물을 탐내는 것은 마치 나비가 불에 덤벼드는 것 같다.

③ 似~

예 怡然不動, 俶爾遠近, 往來翕忽, 似與遊者相樂.(唐宋八大家) = 기쁜 모습으로 가만히 있다가 언뜻 멀리 가 버리고, 또 갑자기 갔다가 갑자기 오는 모습이 마치 (못 가에) 노는 사람과 같이 즐거워하는 것 같다.(물고기가 노는 모양을 그린 것)

④ 猶~

예 夫子之在此也, 猶燕之巢于幕上.(左傳) = 선생님이 여기 계시는 것은 (위험하기가) 마치 제비가 천막 위에 집을 짓는 것과 같다.

【註】 • 燕 = 鷰 = 제비.

예 孤之有孔明, 猶魚之水.(十八史略) = 나에게 (劉備 自稱) 공명(孔明)이 있는 것은 마치 물고기에게 물이 있는 것과 같다.

⑤ 如～然

예 人之視己如見其肺肝然.(大學) = 남이 자기를 보기를 마치 (뱃속에 들어 있는) 폐와 간을 들여다보는 것 같다.(그처럼 투철하게 안다.)

⑥ 譬猶～

예 經亂之民, 愁苦, 愁苦則易化. 譬猶飢者易爲食, 渴者易爲飮也.(唐鑑) = 난리를 겪은 백성은 걱정과 고생을 하게 되고, 고생을 하면 다스려지기가 쉽다. 비유하면 마치 주린 사람이 먹을 것을 가리지 않고, 목마른 사람이 마실 것을 가리지 않는 것과 같다.

⑦ 譬若～然

예 夷狄不可以中國之治治也. 譬若禽獸然.(蘇軾, 文章軌範) = 오랑캐는 중국을 다스리는 방법으로 다스릴 수가 없다. 비유하면, (오랑캐는) 마치 새와 짐승과 같다.

이 밖에도 이 형식에 속하는 것으로 '由～'·'譬如～'·'猶～然' 등이 있다.

(2) 문의(文意)상 비유가 되는 것

예 徐庶, 謂劉備曰, 孔明臥龍也.(十八史略) = 徐庶가 劉備에게 말하기를 '諸葛孔明은 잠자는 용과 같다' 고 했다.

이상 11형식은 주요한 것을 든 데 불과하고, 이 밖에도 희망형(希望形) : '請'·'願'·'欲' 등을 쓰기도 하고 또는 문의상(文意上)으로 희망의 뜻을 나타내는 것.

예 王好戰, 請以戰喩.(孟子) = 왕(양혜왕)은 전쟁을 좋아하시니 청컨대 전쟁으로써 비유하겠습니다.

예 願留而受業於門.(孟子) = 원컨대 여기에 머물러서 선생님의 문하에서 학업을 받고자 하나이다.

예 欲訥於言而敏於行.(論語) = 말에는 더디더라도 일을 행함에는 빠르고자 한다.

① 명령형(命令形)

'毋'·'勿' 등의 금지어(禁止語)에 의해서 또는 문의상(文意上)으로 명령을 나타내는 것.

예 毋不敬.(禮記) = 不敬하지 말라.

예 己所不欲, 勿施於人.(論語) = 자기가 하고 싶지 않은 것을 남에게 베풀지 말라.

② 영탄형(咏嘆形)

'嗚呼'·'噫'와 같은 영탄사(詠歎詞), '哉'·'夫'와 같은 종사(終詞) 또는 의문사 등에 의한 영탄을 나타내는 것.

예 嗚呼老矣, 是誰之愆.(朱子, 勸學文) = 아! 늙었구나! 하면 이것이 누구의 허물이냐?

예 噫, 言遊過矣.(論語) = 아! 자유(子游)의 말이 지나치구나!

【註】 •'言遊'의 言은 姓. 공자 제자 子游를 말함.

③ 이유형(理由形)

'以'·'所以'·'因' 등을 쓰거나 문의상(文意上)으로 상술한 문장을 해명하는 것.

④ 추량형(推量形)

'蓋'·'或' 등을 쓰거나 또는 문의상(文意上)으로 추측의 뜻을 나타내는 것.

예 蓋上世嘗有不葬其親者.(孟子) = 아마 상고에는 일찍이 그 어버이를 장사 지내지 않는 자가 있었을는지 모른다.

예 或生而知之, 或學而知之, 或困而知之.(中庸) = 혹은 태어나자말자 알기도 하고, 혹은 쉽사리 배워서 알기도 하고, 혹은 고생을 해서 비로소 알기도 한다.

등이 있으나, 이것들은 조자(助字)의 의의, 용법과 문의(文意)의 참작으로 쉽사리 식별할 수 있는 것이요 또 형식적으로도 일정한 정형을 갖춘 것이 적기 때문에 여기서는 중요형식으로 열거하지 않았다.

제2장 중요 단어의 지식

> **[참고]** 중요 단어의 지식 중 '동자이훈(同字異訓)' 란은 지면 관계로 예문의 풀이를 상세하게 하지 못하였다. 따라서 초학자(初學者)로서는 좀 이해하기 어려운 것 같다. 무리하게 이해하기 위하여 많은 시간을 소비하는 것보다는 좀 실력이 붙은 다음에 다시 읽도록 하는 것이 효과적일 것 같다. 독자제위(讀者諸位)는 이 점 유의하기 바란다.

1. 동훈이자(同訓異字)의 고찰

표제어	단어
~가?(~냐?)	乎 – ~가? 耶 – ~른지? 邪 – 耶의 俗字. 歟 – 의문영탄(疑問詠嘆)에 쓴다. 與 – 歟와 같다.

가깝다	近 – 때와 장소가 가깝다. [遠의 對] 邇(이) – 장소가 가깝다. 殆 – 그 무렵이 되다. 조금만 있으면. 庶 – 幾와 같다. 幾 – 쉬이 가까이 가려고 한다. 親 – 자기의 몸과 가깝다.
가다	行 – 걸어가다. [止의 對] 往 – 저쪽으로 가다. [歸의 對] 征 – 行에 가깝다. [대부분 여행에 쓰인다.] 適 – 한 길로 향하여 가다. 如 – 갈수 있는 데까지 가고 다시 장소를 바꾸어서 가다. 之 – 목적지를 향하여 가다. 逝 – 한 번 가서 다시 돌아오지 않는다. 徂(조) – 앞으로 멀리 가다. 于 – 볼 일이 있어 가다. 邁(매) – 멀리 지나가다. 通 – 지나가다.
가령	縱 – 비록 假 – 그렇다고 가정하면. 假令 – 假와 같다. 假使 – 假와 같다. 假如 – 假와 같다. 假若 – 假와 같다. 藉使 – 假와 같다.
가르치다	教 – 위에서 아래에 가르치다. 가르쳐서 깨닫게 한다. 誨 – 말로 사람을 깨우쳐 주다. 訓 – 예부터 정해진 법칙에 따라서 가르치다.
가리다	撰 – 골라서 만들다. 擇 – 善惡을 분별해서 가려내다. 選 – 많은 속에서 좋은 것을 골라내다. 簡 – 擇보다 더 강하다. 差 – 각각 골라서 구분하다.

가만히	私 – 속으로 가만 가만히 [公의 對] 陰 – 그늘에서 남모르게 가만히. 密 – 깊숙하여 엿보기 어려울 정도로. 竊 – 사람의 눈을 피하여 살짝. 潛 – 물속에 숨은 듯이 살짝. 間 – 틈을 봐서 가만히. 窃 – 竊과 같다.
가엾이(불쌍히) 여기다	憐 – 가엾이 여기다. 哀 – 울며 슬퍼하다. [樂의 對] 愍 – 마음 아프게 슬퍼하다. 憫 – 마음속으로 불편하게 여기다. 恤 – 불쌍히 여겨서 도와주다. 矜 – 憫과 거의 같다.
가장	最 – 다수 중에서 제일. 尤 – 뛰어나서 매우.
갑자기 (별안간)	俄 – 얼마 안 있다가. 遽 – 황급히 驟 – 급히 덮쳐 오다. 暴(폭) – 뜻밖에 닥쳐오다. 頓 – 暴과 비슷하다. 卒 – 어둔 밤중에 홍두깨 내밀 듯이. 猝 – 卒과 같다.
갖추다	具 – 사물이 완전하여 부족함이 없다. 備 – 사물이 충분이 갖추어지다.
같다	如 – ~와 같다. 若 – 如와 같다. 猶 – 꼭 그것과 같다. 由 – 猶와 같다.
갚다	報 – 怨·德·恩 등에 대하여 보답하다. 酬 – 술잔을 돌려주다.

거의	殆(태) − 매우 가깝다. 8−90%까지 그것이 되어서 위험한 경우의 뜻. 幾 − 조금만 있으면 [殆와 거의 같다]. 將 − 幾에 가깝다.
걱정하다	愁 − 쓸쓸해서 마음이 개운하지 않다. 憂 − 마음속으로 걱정하고 괴로워한다. 患 − 애타다. 恤(휼) − 가련하게 생각하다. 戚 − 걱정스러워서 번민하다.
건너다	渡 − 물을 건너다가. 세상을 살아가다. 涉 − 얕은 물을 건너가다. 濟 − 渡와 거의 같다. 徑 − 일직선으로 건너가다. 絕 − 똑바로 물을 건너가다.
겁내다	恐 − 미래를 겁내다. 마음속으로 애태우다. 懼 − 겁내서 떨다. 惧 − 懼의 약자(略字). 畏 − 매우 겁내다. 존경해서 두렵게 생각하다. 惕(척) − 위세에 질려서 겁내다. 怖 − 까닭도 모르게 질려서 떤다. 惶 − 겁이 나서 어찌할 줄 모른다. 怯 − 기가 약해서 지레 겁내다. 慄(율) − 몹시 무서워서 몸이 오싹하다. 怕(파) − 겁이 나서 싫증이 나다. 懾(섭) − 겁이 나서 몸이 움츠러지다.
게으르다	怠 − 마음이 해이해지다. 懈(解) − 노력을 하지 않는다. [動의 반대] 惰 − 懈와 거의 같다. 마음에 긴장이 없다. 慢 − 마음이 풀려서 게으르다.
겨우	纔(재) − 깊이 들어가지 않는다. 僅 − 조그만

겹치다	重 – 몇 겹으로 겹치다. 申 – 겹쳐서 덧붙이다. 累 – 자주 잇달아 겹치다. 襲 – 처음과 같이 다시 한 번 더 한다.
고치다	改 – 묵은 것은 없애고 새로 다시 한다. 悛(전,준) – 마음을 고치다. 革 – 빨리 근본적으로 바꾸다. 更(경) – 본바탕을 바꾸다. 改와 거의 같다.
곧	卽 – 그대로 곧, 즉시.(예 : 栗谷先生卽李珥.) 則(즉) – 원인과 결과를 말한다. 또 물건을 차별해서 말한다. 乃 – 이에, 그리고서. 輒(輙) –언제든지. 그때마다. 조속히. 便(변) – 그대로. 쉽게. [卽보다 좀 가볍다.] 迺(내) – 乃와 같다. 載 – 위의 것을 받아주는 말. 운문에 많이 쓰인다.[載欣載奔.(歸去來辭)] 直 – 딴 생각 없이 곧. 徑(경) – 샛길로 들어가지 않고 똑바로 곧.
관여하다	與 – 어떤 일에 덤벼들어 관계하다. 于 – 자진하여 일에 참여하다. 關 – 관계하다. 관심을 갖다.
교만하다	驕 – 마음이 부풀어서 교만하다. 傲(敖) – 남에게 으스대다. 남을 얕본다. 倨(거) – 난체한다. [恭의 반대]
구제하다	救 – 도와서 잘 보호해 주다. 拯(증) – 도와서 끌어 올리다. 援 – 끌어 올려서 도와주다. 濟 – 건널 수 없는 곳을 건네주다. 賑(振) – 빈곤한 자를 도와주다.
권하다	勸 – 남에게 권하여 노력하게 하다.

권하다	薦 − 신에 물건을 바쳐서 권하다. 사람을 천거하다. 奬 − 칭찬해서 장려하다.
그(것)	其 − 물건을 가리키는 대명사. 어기(語氣)를 강하게 하고, 어조(語調)를 고르게 하는 데 쓰임. 厥(궐) − 其와 같이 쓰인다.(주로 옛날에) 夫 − 그(발어사(發語辭)), 반드시 문장 머리[文首]에 쓰인다.
그런데	然 − 而와 같은데 뜻이 더 강하다. 而 − 그런데. 그렇지마는. 爾 − 如是의 뜻. 然과 같다. (단, 然보다는 뜻이 가볍다.)
그렇지 않다	不 − 不然과 같다. 否 − 不然과 같다. 不然 − 그렇지 않다.
그르치다	誤 − 자칫 잘못하여 일을 그르치다. 謬 − 제 갈 길을 그르치다. (원래 직물의 올이 서로 틀리는 것.) 繆(무) − 謬와 같다. 訛(와) − 잠깐 실수로 약간 틀리는 것. 錯 − 서로 엇갈려서 틀리는 것. 愆(건) − 마음에 잘못을 일으키다. 착각하다. 跌(질) − 잘못 디뎌서 실수하는 것. 過 − 본의가 아닌 과실을 범하는 것.
그치다	止 − 가는 것을 멈추다. 일을 걷어치우다. 已 − 완전히 끝내다. 罷 − 일을 중지하다. 輟 − 중도에서 그치다.
기다리다	待 − 오는 것을 기다리다. 대접하다. 俟(竢사) − 서두르지 않고 저절로 오기를 기다리다. 遲 − 마음을 졸이면서 애타게 기다리다. 徯(혜) − 기대하다. 須 − 없어서는 안 되는 것을 서로 찾아 기다리다. 候 − 마음을 졸이며 그 쪽을 향하여 바라보며 기다리다.

기르다	養 – 먹는 것을 공급해 주며 기르다. 食(사) – 곡식, 나물, 고기 등의 식물을 가지고 몸을 기르다. 畜(휵, 축) – 닭, 돼지들 가축을 기르다. 培 – 토양에 심어서 비료를 주어 가꾸다. 育 – 먹을 것을 주어 성장하게 하다.
기뻐하다	喜 – 마음속으로부터 기뻐하다. 說(열) – 悅과 같다. 悅 – 마음에 맞아서 기뻐하다. 歡 – 기뻐서 못 견디다. 懽·驩(환) – 歡과 같다. 欣 – 기뻐서 어쩔 줄 모른다. 歡과 비슷하다. 忻·訢(흔) – 欣과 같음. 慶 – 경사스러운 일을 축하하며 기뻐하다. 懌(역) – 마음속에 스며드는 것처럼 기쁘다. 豫 – 편안히 즐기며 기뻐하다. 怡(이) – 싱글 벙글 기뻐하다. 愉 – 즐거움이 얼굴에 나타나다.
길다	長 – 물건 또는 시간이 길다. [短의 對] 永 – 시간이 끝없이 길다. 脩(수) – 훌쭉하게 키가 크다.
깔보다 (업신여기다)	侮 – 사람을 경멸하다. 慢 – 잘난 체하여 사람을 사람으로 생각하지 않는다. 易(이) – 아무렇게나 대접하다. 嫚 – 얕보다.
깨닫다	覺 – 모르는 것을 확실히 깨닫다. 悟 – 어찌할 줄 모르다가 비로소 깨닫게 되다. 喻 – 납득하다. 曉 – 의혹이 풀리다. 了 – 분명하게 속속들이 알게 되다.
꾸미다	文 – 여러 가지 빛깔로 곱게 꾸미다. 飾(飭식) – 표면을 좋게 꾸미다.

꾸짖다	責 – 죄악을 꾸짖어서 바루다. 譴 – 노하여 잘못을 꾸짖다. 叱(질) – 소리쳐 꾸짖다. 謫(適 적) – 성내 꾸짖다. 讓 – 말로 물어 따지다. 數 – 죄과(罪過)를 하나하나 들어가면서 꾸짖다. 誚(초) – 성내서 꾸짖어 나무람. 誅 – 죄과(罪過)를 들어서 치다.
끌다	引 – 이쪽으로 끌어당기다.(넓게 쓰인다.) 援 – 끌어 당겨서 도와주다. 曳 – 물건을 끌어당기다. 延 – 끌어당기다. 挽 – 힘을 줘서 잡아당기다. 牽 – 밧줄을 달아서 잡아당기다. 惹(야) – 끌어 일으키다. 마음을 끌다. 彈 – 손가락으로 잡아당기다. 掣(체, 철) – 자유롭게 할 수 없도록 잡아당기다.
끊다	斬 – 사람을 베 죽이다. 넓게 물건을 끊어 버리는 데 쓰임. 斷 – 물건을 둘로 끊다. 斫 – 도끼로 단숨에 끊어버리다. 斬과 거의 같다. 剪 – 물건을 가위로 끊다. 截 – 싹둑 싹둑 썰다. 끊어 나누다. 切 – 칼로 썰다. 鑽 – 송곳을 비벼 뚫다. 伐 – 베어 넘어뜨리다. 絕 – 물건이 끊겨져 자취가 없다. 裁 – 옷감을 잘라 마르다. 殄 – 베어 없애 버리다.
나	我 – 상대방에 대하여 넓게 이쪽을 말하고, 복수로 쓰인다. [彼의 對] 吾 – 자기를 주로 하여 말하고 단수로 쓰인다. 予 – 吾에 가깝다. 余 – 予보다 좀 뜻이 부드럽다.

나	朕 − 진(秦)이후의 천자(天子) 자칭(自稱).
나아가다	進 − 차츰차츰 앞으로 나아가다. [退의 對] 晋 − 해가 떠오르다. [進의 古字] 前 − 앞으로 나아가다.
나타내다	形 − 숨어있던 것이 나타나서 얼굴이 보이다. 呈 − 있는 그래도 보이다. 見(현) − 숨었던 것이 나오다. 暴(폭) − 볕을 쐬다. 露 − 덮인 것을 벗겨서 드러내다. 顯 − 확실히 보이다. 表 − 표면에 드러내다. 現 − 見과 거의 같다. 著(저) − 분명히 보이다. 旌(정) − 남의 잘못을 드러내다.
낫다	癒 − 병이 완전히 낫다. 愈 −癒와 같이 쓰인다. 已 − 병이 진정되다. 差 − 병이 조금 낫다. 優 − 무슨 일이든지 넉넉하고 뛰어남. [劣의 對] 勝 − 남보다 떨어지지 않고 뛰어남. 愈 − 차츰차츰 나아져서 다른 것보다 낫다. 賢 −勝과 같다.
낮다	卑 − 주로 지위·신분이 낮은 데 쓰인다. [高·尊·崇의 對] 低 − 낮다. [高의 對, 넓게 쓰인다]
넉넉하다	豐 − 재산이 많고, 덕(德)이 높다. 饒 − 물건이 많고 풍족하다. 裕 − 여유가 있고 절박하지 않다. 寬 − 너그럽고 크다. 胖 − 천연스럽고 침착하다.
넓다	廣 − 한 없이 넓다. [狹의 對] 博 − 폭이 넓다.

넓다	闊 – 물건 사이의 폭이 넓다. 弘 – 덕이나 마음이 크게 넓다. 汎 – 활짝 퍼져서 넓다. 泛 – 汎과 같다. 寬 – 여유가 있고 넓다.
넘다	越 – 이쪽을 떠나서 저쪽으로 넘어가다. 逾(踰) – 단번에 훌쩍 뛰어 넘는다. 超 – 뛰어 올라서 넘다.
넘어지다	倒 – 거꾸로 넘어지다. 踣(부) – 잘못 디뎌서 넘어지다. 仆(부) – 옆으로 넘어지다. 斃 – 죽어 넘어지다. 殪(에) – 죽여 거꾸러뜨리다. 蹶(궐) – 잘못 디뎌서 넘어지다.
높다	高 – 유형, 무형을 막론하고 넓고 높다. 危 – 높아서 위험하다. 崇 – 산이 험하고 높다. 품위가 존귀하다. 卓 – 뛰어나게 높다. 높고 뛰어나다. 尊 – 존경할 만큼 높다. 峻 – 산 같은 것이 높고 험하다. 隆 – 한복판이 높다. 喬 – 홀쭉하게 높다. 貴 – 지위나 값이 높다. 昂(앙) – 의기(意氣)가 높다. 屹(흘) – 산이 높다. 邵(소) – 덕행이 높다.
누구	誰 – 사람에 관하여 의문의 범위가 넓다. 孰 – 誰보다 범위가 좁다. 疇 – 誰와 같다.
~다!(~구나!)	哉 – 감동이 포함된 영탄(咏嘆). 夫 – 어떤 일을 지적한 영탄.

~다!(~구나!)	歟(與) – 의문형을 빌린 영탄.
다	皆 – 일동(一同)이 다. [넓게 쓰인다] 咸 – 모든 사람이 모조리 다. 僉(첨) – 많은 사람이 다. 擧 – 전부 통틀어서. 盡 – 남김없이. 모두. 悉 – 하나도 남기지 않고 전부. [盡보다 강하다] 畢 – 일제히 끝마치다.
다르다	異 – 사물이 이것과 저것이 틀리다. [同의 對] 殊 – 물건이 끊겨 나가서 서로 틀리다. [異보다 강하다]
다만	惟(唯) – 그것뿐. 只 – 惟와 비슷한데 뜻이 좀 가볍다. 第 – 대개 사람을 천거할 때 쓰인다. 但 – 다른 것을 버리고 이것 하나만 취한다. 特 – 특별히. 徒 – 아무것도 없이 다만 그것뿐. 直 – 但과 비슷하다. 祗(지) – 한 길로만. 止 – 결국은 이것에 그치다. 啻(시) – 그것뿐일까 아니 그것뿐이 아니다. 翅(시) – 啻로 통용.
다스리다	治 – 안정시켜서 다스리다. [亂의 對] 修 – 나쁜 부분을 고치다. 爲 – 다스리다.(治의 뜻) 행하다. 이루다. 攻 – 주로 그 일을 닦다. 학문을 닦다. 理 – 조리 있게 다스리다.
다하다	盡 – 남김없이 다하다. 竭 – 충분히 다하다. 勦(초) – 섬멸해 버리다. 殲(섬) – 사람을 몰살해 버리다. 悉 – 하나하나 남김없이.

다하다	殫 – 짐승류를 전부 죽여 버리다의 뜻에서 모든 것을 다해 버리는 것을 말함. 索 – 물건이 다 없어져서 쓸쓸하게 되다.
다행히	幸 – 모든 점에 있어서 흉을 면하는 것. 福 – 하늘로부터 받은 행복. [幸보다 강하다] 倖 – 요행.
달아나다 (달리다)	走 – 목표를 정하고 달려가다. 趨 – 빨리 동동걸음으로 달리다. 趁 – 여기 저기 쫓아다니다. 馳 – 말이 똑바로 달리다. 駛 – 말이 빨리 가다. 奔 – 세차게 달리다. 騁 – 馳에 가깝다.
대개	率(솔) – 다 거느리고. 大率 – 거의 率과 같다. 大抵, 大槪. 類·大都 – 大率과 같다. 槪 – 대체로. 일반적으로.
대답하다	答 – 널리 상대방의 물음에 대해 답하다. 對 – 장상(長上)의 물음에 대해 답하다. [答보다 무겁다.] 應 – 상대방의 일을 받아서 반응하다. 諾 – '예' 하고 동의하다.
더럽다	汚 – 고인 물. 사람의 행위가 흐려서 맑지 않음에 전용(轉用). 汙·洿(오) – 汚와 같다. 穢(예) – 더럽다. [汚보다 강하다.] 瀆(독) – 흐려서 더럽히다. 黷(독) – 때가 묻어서 더럽다. 褻(설) – 속옷. 속옷 바람으로 난잡스럽게 노는 것이 전용.
더하라	尙 – 어떤 물건 위에 꾸밈을 더하다. 加 – 겹쳐서 더하다. 添 – 붙구어서 더하다. 副 – 從으로서 덧붙어 가다.

덮다	蓋 – 위로부터 덮어씌우다. 蔽 – 싸서 덮어씌우다. 覆(부) – 덮어씌워서 가리다. 掩(엄) – 아래로부터 위의 물건을 덮다.
도리어	反 – 물건이 뒤집혀서 겉이 속이 되다. 却(卻각) – 그렇지 않을 것이 도리어 그렇게 되다. 復(복) – 反과 같으나 뜻이 좀 가볍다. 飜(번) – 이쪽저쪽 뒤집다. 還 – 그것에 반하여. 그런데.
도망치다	逃 – 도망쳐서 그곳을 떠나다. 遁(돈,둔) – 도망쳐서 피하다. 遯 – 遁과 같다. 北(배) – 줄행랑치다. 竄(찬) – 살금살금 피해 달아나다. 亡 – 피해 달아나서 그곳에 있지 않다.
돌다	廻 – '소용돌이치다'의 뜻에서 '빙글빙글 돌다'로 전용. 回 – 廻와 같다. 巡 – 둘러 보다. 周 – 뺑 한 바퀴 돌다. 運 – 돌아서 가다. 旋 – 빙글빙글 몇 바퀴고 돌다. 週 – 周와 같다. 遶(繞요) – 주위를 떠나지 않고 감돌다. 環 – 둥그러미가 되어 돌다. 둘러싸다. 繚(요) – 둥그렇게 동여매다. [纏(전)과 비슷]
돌아보다	省(성) – 마음속에 살펴 보다. 정신을 차려서 보다. 傾 – 뒤를 돌아보다. 眷 – 뒤돌아보다. 알뜰히 보살피다. 反 – 省과 같다.
돕다	佐 – 아래로부터 도와 드리다.

돕다	弼 – 잘못이 없도록 도와주다. 翼 – 곁에서 부축하다. 輔 – 서로 힘을 보태서 도와주다. 贊 – 말을 덧 붙여서 도와주다. 남의 잘 함을 칭찬하다. 相 – 도와서 이끌어 주다. 援 – 끌어당겨서 구조하다. 助 – 힘을 보태서 도와주다. 資 – 자본을 대줘서 돕다. 扶 – 손을 끌어당겨서 넘어지지 않도록 도와주다. 救 – 곤란한 위험을 도와서 보호하다.
되다	見(견) – 그에게 보여진다는 뜻으로서의 피동(被動). 爲 – 被와 같다. 所 – 어떠어떠한 바가 된다는 뜻으로서의 피동. 被 – 덮어쓰는 뜻으로서의 피동.
두다	置 – 본의는 죄를 용서하는 것으로부터 넓게 버려두다의 뜻으로 전용. 舍(捨) – 중지하고 그대로 내버려 두다. 措(조) – 버려두다. 釋 – 죄를 용서하여 버려두다. 寘(치) – 집에 물건을 감추어 두다.
두텁다	厚 – 뜻 또는 물건의 두께. [薄의 對] 篤 – 정중하게 마음을 쓰다. 또 병이 위중하다. 敦 – 도탑다. [덕행·성질에만 쓴다.] 惇 – 친절하다. 敦과 통한다. 淳 – 풍속·성질이 厚하고 깨끗하다. 渥 – 은택이 골고루 퍼지다. 젖어 퍼지다.
드물다	罕 – 극히 적다. 稀 – 드문드문하다. [넓게 쓰인다.] 希 – 稀와 통한다.
듣다	聞 – 저절로 귀에 들어오다. 聽 – 주의해서 듣다.

들어서	可 - 들어주어서 許可하다. 肯 - 수긍해서 마음속으로 들어주다. [귀로 듣는 것은 아님.] 勝 - 남김없이 전부 들어서, '不違農時, 穀不可勝食.(孟子)' 擧 - 남김없이 전부. '擧世皆濁, 我獨淸.(古文眞寶)'
들이다	入 - 바깥으로부터 안으로 들어오다. [出의 對] 容 - 그릇에 물건을 담아 넣다. 소원을 받아들이다. 內(납) - 納과 같다. 納(납) - 물건을 받아들이다.
따르다	從 - 온순하게 따르다. 어긋남이 없다. [違의 對] 順 - 순종하고 거역하지 않는다. [逆의 對] 隨 - 상대방 의사에 맡겨서 그대로 따라가다. 循 - 순서에 따라서 물건에 덧붙어 가다. 率(솔) - 질서를 지키면서 따라가다. 殉 - 몸을 버리고 그 일에 추종하다. 遜(孫) - 겸손하게 따라가다. 공손히 따라가다. 扈(호) - 군주(귀인)의 뒤를 좇아가다.
떠들다	騷(搔소) - 와글와글 떠들다. 擾 - 난잡스럽게 엉키다. 긁어서 헝클어지게 하다. 噪(조) - 새들이 떼를 지어 울다. 譟(조) - 사람들이 와글와글 떠들다. 躁(조) - 초조하다. [靜의 對]
또	又 - 어떤 일 위에 또 다른 일을 더하다. 亦 - ~도 또. '有功亦誅, 無亦誅.(史記)'와 같이 쓰임. 復(부) - 앞에 있는 것을 거듭 되풀이하다. 還 - 돌아와서 두 번째. 有 - 又에 가깝다. '十有五而志于學.(論語)' 也 - 亦과 비슷한데 그 뜻이 좀 가볍다. [發語辭. 속어(俗語) 또는 시에 많이 쓴다.]
마음대로	縱 - 놓아주어 자유로 하게 하다. 橫 - 무리하게 제 맘대로 하다. 放 - 제멋대로 하다. 내버려 두다.

마음대로	淫 - 음탕하게 하고 싶은 대로 하다. 肆 - 힘껏 하고 싶은 대로 하다. 恣 - 거리낌 없이 제 맘대로 하다. 擅 - 혼자서 제 멋대로 하다.
마치다	終 - 갈 데까지 가 버리다. 竟 - 최후까지 해 치우다. 畢 - 전부 끝마치다. 了 - 걷어 치워 버리다. 訖(글, 흘) - 그 곳까지 도달해서 그치다. 卒 - 일을 끝마치다.
마침	適 - 꼭 알맞게. 會 - 뜻밖에 우연히. 遇 - 偶와 서로 통한다. 偶 - 뜻밖에.
막다	防 - 미리 주의해서 막다. 禦 - 우선 막아서 멈추게 하다. 扞(한) - 외부의 害를 막아 자기를 보호하다. 손으로 막아 못 들어오게 하다. 捍(한) - 扞과 서로 통한다. 拒 - 버티고 못 들어오게 하다.
만나다	會 - 한 곳에 모이다. 전부 모이다. 遇 - 우연히 서로 만나다. 値(치) - 꼭 들어맞게 만나다. 合 - 두 개가 한 개로 꼭 들어맞다. 부합하다. 逢 - 양쪽으로부터 서로 모여 만나다. 遭 - 양쪽에서 서로 마주치다. 逢과 비슷함. 邂 - 우연히 만나다. 逅 - 邂와 같은 뜻.
만들다	造 - 유형의 물건을 만들어서 완성하다. 作 - 물건을 만들어내다.

만들다	爲 – 作과 거의 같다. 製 – 의복을 만드는 것으로부터 마음속으로 생각해서 잘 만들다.
만일	如 – 이와 같은 것이 만일 있다면. 若 – 如와 같다. 苟 – 만일 [실제로 있을 수 있는 가정.] 假 – 실제로는 없지만 가정하여 말할 것 같으면. 儻(倘당) – 만일. 뜻밖에 그렇게 되면. 卽 – 若과 거의 같다. 設 – 가정을 하여 말하면. 만일. 設若 – 設과 거의 같다. 設使 – 設若과 같다. 藉 – 假와 같다.
말하다	言 – 심중에 생각한 것을 입으로 말하다. 云 – 曰보다 약간 가볍고 文末에 써서 과거를 표한다. 曰 – 남의 말을 직접 옮길 때에 쓴다. 謂 – 사람에 대해서 말한다. 또 사람을 評하여 말할 때에도 쓰인다. 道 – 맘먹은 것을 다 말하고, 또 말을 가지고 唱導하는 뜻에 쓰인다. 거의 言과 같다.
망하다	亡 – 물건이 없어지다. [有의 對] 滅 – 자취가 없어지다. 喪 – 잃어버리다. [得의 對] 泯(민) – 전부가 없어져 보이지 않는다.
맞다	當 – 사리가 꼭 들어맞다. 方 – 바로 그때를 당해서. 丁 – 바로 그곳에 이르렀을 때. 中 – 화살이 과녁에 맞다. 膺 – 그 임무를 받아들이다. 抵 – 저것과 이것이 서로 맞다. 直(치) – 값에 해당하다. 맞서 바라보다. 亭 – 丁과 같다.
맡아보다	主 – 중심이 되어서 맡아보다.

맡아보다	典 − 바르게 지키며 맡아보다. 宰 − 長이 되어서 맡아보다. 司 − 신하가 바깥에 있어서 일을 맡아보다. 掌 − 한 손에 받아 쥐고 처리하다.
많다	多 − 물건의 수가 많다. [少의 對] 衆 − 모인 물건이 많다. [寡의 對] 庶 − 원래 사람이 많은 것을 말함. 또 넓게 물건이 많은 데도 쓰인다. 夥 − 물건이 풍성하게 많다. 稠(주,조) − 밀집해서 많다. 饒 − 물건이 풍부하다.
매우	甚 − 혹독하게. 孔 − 甚과 같은 뜻인데 옛날에 많이 썼다. 太 − 이 이상 없이. 已(이) − 太와 같다. 酷(혹) − 지극히 혹독하게. [甚과 비슷하나 그것보다 좁고 깊다.] 泰 − 太와 같다. 劇(극) − 때때로 오다.
맹세하다	誓(서) − 말로 틀림없도록 단단히 약속하다. 盟 − 명백히 신에 맹세하다. [誓보다 강하다.] 矢 − 화살이 똑바로 날아가는 것처럼 마음에 맹세하여 언제까지 변함이 없다.
머금다(물다)	含 − 입 속에 물건을 넣다. 넓게 '싸서 넣다'의 뜻으로 쓰임. 銜 − 입에 물다.
머무르다	止 − 하던 일을 그만 두다. 留 − 그곳에 머무르고 있다. 駐 − 빨리 가는 것을 끌어 멈추다. 停 − 잠깐 머무르다. 遏 − 가로 질러 막아 저쪽으로 못 가게 하다. 逗 − 도중에 체류하다. 稽 − 오랫동안 우리를 열지 않고 머무르다. 住 − 그곳에 정착해서 머무르다.

머무르다	泊 – 배를 매고 머무르다. 淹 – 오랫동안 머무르다.
먹다	食 – 모든 먹는 것의 총칭. 喫 – 현재 입에 넣고 먹고 있다. 마시다. 茹 – 야채류를 먹다. 啖 – 많이 먹다.
모두	仝 – 일이 완전히 갖추어져서. 總 – 많은 물건을 한데로 모아서. 凡 – 합쳐서. 총계해서. 都 – 남김없이 모조리 주워 모아서. 渾(혼, 훈) – 뒤섞어서 한 뭉치로 만들어서.
모이다(모으다)	聚 – 한군데 몰리다. 集 – 흩어져 있는 것을 한군데로 끌어 모으다. 輯(집, 즙) – 주워 모아서 하나로 만들다. 萃 – 聚와 같다. 醵(갹, 거) – 돈을 서로 내 모아서 음식을 사서 먹는 것. 鍾 – 한 곳에 남김없이 모으다. 屯 – 한 곳에 뭉쳐서 모이다. 輳 – 수레의 살이 바퀴통에 몰리듯 물건이 여러 곳으로부터 한 곳에 몰리는 것. 攢 – 떼를 지어 모이다. 대개는 길고 뾰족한 것들이 모이는 데 쓰임.
몸소	自 – 자기 자신으로. 親 – 남을 시키지 않고 자신이 친근하게 하다. [疎의 對] 躬 – 몸소 하다. 身 – 자기 자신이 직접 하다.
묵다	古 – 시간을 경과하는 것이 오래다. 故 – 舊에 가깝다. 舊 – 오래되어 있다. 陳 – 물건이 오래되어 있다.
묻다	問 – 의심나는 일을 묻다. 訪 – 사람을 방문하다.

묻다	訊 – 말로 묻다. 음미해서 따져서 묻다. 詢 – 조심해서 물어보다. 諮(咨) – 문의하다.
물리치다	退 – 후퇴하다. [進의 對] 屛 – 그곳에서 내쫓다. 卻(却) – 물리치다. 斥 – 사람을 밀어 내쫓다. 털어버리다. 黜 – 관위(官位)를 삭탈하다. 擯 – 바깥으로 내쫓아 버리다. 貶 – 떨어뜨려서 내쫓다.
미리	豫 – 사건이 나기 전에 빨리 계획을 세우다. 預 – 미리 통하다. 逆 – 사전에 미리 자진하여 헤아리다. 예측하다.
미워하다	惡(오) – 지나치게 미워하다. [好의 對] 憎 – 얼굴을 보기만하여도 밉다. [愛의 對] 疾(嫉) – 질투하다.
미치다	及 – 그쪽에 이르다. 逮 – 뒤로부터 따라 붙이다. 迨 – 逮와 거의 같다. 曁(기) – 겨우 따라 붙이다. 比 – 及과 같다.
믿다(의뢰하다)	賴 – 남에게 기대다. 怙(호) – 단단히 될 것으로 믿는다. 恃 – 자기 자신을 믿다. 마음속에 뭔가 의지할 만한 것을 가지고 있다. 負 – 배후에 믿고 의지할만한 것이 있다. 憑 – 상대방에 매달리다.
바꾸다(바뀌다)	變 – 변천하다. 易(역) – 딴 것으로 바꾸다. 替 – 이것저것이 서로 바뀌다. 代 – 같은 물건이 서로 바뀌다. 更(경) – 새 것으로 바꾸다.

바꾸다(바뀌다)	渝 - 차츰 차츰 바뀌다. 換 - 딴 물건과 바꾸다. 交 - 물건을 서로 바꾸다. 교대 교대로. 遞 - 양쪽이 다 서로 바뀌다. 化 - 완전히 바뀌어 버리다.
바라다	希 - 희귀한 것이 되어 지도록 바라다. 尙 - 귀하게 여겨서 그렇게 되도록 바라다. 庶 - 아무쪼록 그렇게 되었으면 하고 바라다. 幾 - 冀와 같다. 冀 - 어떻게 하던지 이렇게 했으면 하고 기다리다. 알고 싶다. 庶幾 - 庶와 幾 한 자씩 쓰는 것과 같다. 幸 - 신분에 맞지 않는 것을 바라다.
받다	受 - 물건을 취득하다. 享(饗) - 天 또는 神이 인간으로부터 받으시다.(歆饗) / 享壽, 享福의 경우에는 인간이 하늘로부터 받다. 承 - 아래로부터 위의 물건을 받다. 稟 - 天 또는 神으로부터 생명적, 성격적인 것을 받다.
밝다	明 - 넓게 쓰인다. [昏·闇·晦·昧·暝의 對] 昭 - 明보다 뜻이 좁다. 灼(작) - 불이 타오르는 것처럼 밝다. 皎(교) - 희고 밝다. 晣(晢 절) - 빛이 선명하다. ※ 晳(석)은 별자(別字), 分晳. 炳 - 광채가 눈이 부실 정도로 밝다.
밟다	履 - 밟고 가다. 踐 - 꽉 밟아 누르다. 蹈 - 발을 움직여서 밟고 가다. 踏 - 발을 높이 들어서 꽉꽉 밟아 누르다. 躡 - 앞서 간 사람의 발자취를 밟다. 蹂 - 함부로 짓밟다. 유린.
배반하다	叛 - 배반해서 떨어져 나가다.

배반하다	畔 – 叛과 통용. 逆 – 뒤틀려서 서로 맞지 않고 반대 방향으로 나가다. [順의 반대] 背 – 뒤집히다. 倍 – 背와 같다. 負 – 은혜를 배반하고 공덕을 망각하다. 反 – 뒤집어엎어서 서로 틀리다. 乖(괴) – 마음에 생각한 것과 틀리다.
버리다	捨 – 버려서 쓰지 않다. 舍 – 捨와 통한다. 棄 – 필요 없어서 내 버리다. 弃 – 棄의 古字. 捐 – 쓸모가 없는 것이라고 해서 바깥에 내버리다. 釋 – 손에 잡았던 것들을 아래에다 놓다. 遺 – 잊어버리고 내버려 두다. 보고 내버려 두다. 委 – 일을 방치하다.
번창(왕성)하다	昌 – 차츰 차츰 밝아지다. 번영해지다. 盛 – 한창 성하다. 隆 – 풍부하고 크게 번창하다. 熾 – 불이 타오르는 것처럼 힘이 왕성하다. 壯 – 기력이 강하고 왕성하다. 殷 – 음성이 강하다.
보내다	送 – 사람이 길 떠나는 것을 환송하다. 물건을 보내주다. 贈 – 남에게 선물을 주다. 遺 – 남에게 물건을 보내서 그곳에 남겨두다. 貽(이) – 물건을 보내서 그 쪽에 남겨두다. [作師說而貽之.(韓退之)] 饋 – 음식물을 보내주다. 餽(궤) – 饋와 같으나 넓게 물품에도 쓰인다. 贐(責신) – 여행하는 사람에게 여비 또는 선물을 부다.
보다	見 – 슬쩍 눈에 보이다. 看 – 손을 눈썹 언저리에 대고 보다. 주의해서 지켜보다. 監 – 내려다 보다, 잘 관찰하다.

보다	視 – 주의해서 보다. 觀 – 視보다 더 한층 잘 보다. 覽 – 대충 살펴보다. 瞻 – 우러러보다. 瞰 – 내려다보다. 相 – 높은 데에서 자세하게 보다. 覩(睹) – 見과 거의 같다. [見보다 강하다] 覲 – 신하가 군주를 뵙다. 覯 – 뜻 밖에 서로 보다. 覿(적) – 見과 같다.
부끄러워하다	恥 – 마음속으로 부끄럽게 생각하다. 愧 – 자기의 보기 흉한 것을 남에게 대하여 부끄러워하다. 媿 – 愧와 같다. 慙(慚) – 면목 없이 생각한다. 怍(작) – 부끄러운 생각을 일으켜서 얼굴빛을 변하다. 羞 – 수줍어하다. 忸(뉵,육) – 수줍어하는 얼굴. 부끄러워하는 모양. 怩(니) – 忸과 같다. 恧(뉵, 육) – 忸과 같다. 赧(난) – 부끄러워서 얼굴이 빨갛게 되다. 詬(후, 구) – 나쁜 말을 들어서 부끄러워하다.
부터	自 – 부터. 동작의 기점을 표시함. 從 – 自와 거의 같다. [自보다 뜻이 강하다.] 由 – 경과의뜻을 나타내며 從과 거의 같다. 于 – 自・從과 같다. 於 – 自・從과 같다.
붇구다(더하다)	增 – 겹겹이 쌓인 것처럼 많아지다. 益 – 있는 위에 다시 덧붙어서 더하다. 倍 – 한 배 이상 더하다. 滋 – 차츰 차츰 불어가다.
붙다	添 – 덧붙다.

붙다	付 - 부쳐주다. 就 - 붙어 따라가다. 卽 - 곧 그것에 붙다. 참석하다.
붉다	赤 - 빨강의 正色으로서 농염의 정도가 중용을 얻은 색. 丹 - 빨강의 가장 짙은 색. 주사(朱砂)의 빛깔. 殷 - 검붉은 빛깔. 紅 - 분홍색. 도색(桃色). 赭(자) - 본뜻은 적토(赤土). 緋(비) - 불이 타오르는 듯한 적색. 심홍색(深紅色)
비교하다	比 - 늘어놓고 비교하다. 較 - 경쟁적으로 비교하다. 校 - 두 가지를 비교해서 바르게 하다. 視 - 간주하다의 뜻으로부터 비교하다로 전용.
빨리	速 - 빨리 가다. 亟(극) - 시간이 빠르다. 迅 - 빨리 가다. 駿 - 멀리 빨리 달아나다. 捷 - 생각했던 것보다 빠르게 보이다. 疾 - 급병(急病)의 뜻에서, 빠르다로 전용. 遽 - 속력이 빠르다.
빼앗다	奪 - 무리하게 빼앗다. 簒 - 옆에서 빼앗다. 임금의 자리를 빼앗다. 褫(치) - 옷을 벗겨 빼앗다. 관직을 삭탈하다.
뿐	耳 - 이것뿐이다. 이것 외에는 없다. 已 - 이것뿐이다. [耳보다 뜻이 강하다.] 而已 - 耳와 같다. [뜻은 강하다.] 爾 - 耳와 같다. 已矣 - 已보다 더 뜻이 강하다.
사다	買 - 값을 내고 물건을 사다. [대량으로 사다.] 沽(고) - 소량을 사다. 市 - 점포에서 파는 물건을 사다.

사다	賈(고) – 買와 거의 같다. 貿 – 물물교환. 糴(적) – 쌀을 사들이다. 購 – 돈을 내고 사다. 贖 – 물물교환. 돈을 내고 죄를 사하여 받다.
사치하다	奢 – 의식주를 사치스럽게 하다. 侈 – 흥청흥청 호화롭게 살다. [約의 對] 驕 – 오만불손하다. 倨 – 거만하다. [恭의 對] 泰 – 흥청흥청 분에 지나치게 하다. 傲(敖) – 교만을 떨다. 남을 깔보다.
살다(거처하다)	栖(棲) – 그 곳에 머물러서 자다. 원래는 조류가 깃들이다의 뜻. 住 – 거처를 정해서 머물러 있다.
삼가다	謹 – 한 결 같이 조심해서 삼가다. 치밀해서 빈틈이 없다. 愼 – 조심하여 삼가다. 敬 – 공경하고 조심하다. 恭 – 예의바르게 조심하다. 虔 – 엄숙하게 조심하다. 肅 – 엄숙하게 조심하고 긴장하다. 欽 – 겁을 내며 조심하다. 祇 – 자기의 경의(敬意)를 상대방에게 보여주다. 矜 – 공경하고 조심하다.
생각건대	以爲 – 마음속으로 생각해보건대. 謂 – 以爲와 같다. 以 – 以爲와 같다.
생각하다	顧 – 마음에 돌이켜서 생각하다. 意 – 추측하여 생각하다. 思 – 마음속으로 생각해보다. 사람을 사모하다. 想 – 형상을 마음에 비추어서 생각하다(想像). 추측하다. 以 – 마음속으로 생각해 보건대. 謂 – 以와 같다.

생각하다	爲 - 以와 같다. 念 - 항상 마음에 두고 잊어버리지 않다. [思보다 가볍다] 懷 - 마음속에 꼭 간직하고 생각하다. 惟 - 다만 외줄기로 생각하다. 考 - 따져 물으면서 생각하다. 憶 - 상기하다. 기억하고 있다. 攷 - 考의 古字. 稽 - 오랫동안 주의해서 생각하다. 校 - 대조해가며 생각하다. 勘 - 비교 음미하여 생각해서 결정하다. 按 - 침착하게 정중히 생각하다.
성내다	怒 - 성을 내다. [喜의 對] 恚(에) - 분하게 생각하고 성내다. 慍 - 노여움을 품고, 불끈 화를 내다. [怒보다 가볍다] 忿 - 화를 내고 분하게 여기다. 속으로 화를 내다. 瞋(진) - 눈을 부릅뜨고 성내다. 嗔(讀진) - 恚·怒와 비슷함. 艴(불) - 얼굴빛을 변하여 발끈 성내다.
세우다	建 - 기초를 닦아서 그 위에 건설하다. 立 - 견고하게 세우다. 植 - 나무를 심는 것처럼 세우다. 樹 - 植과 같다. 起·作·興 - 일어나다.
속이다	欺 - 일을 꾸며서 속이다. 깔보고 속이다. 謾 - 거짓으로 속이다. 瞞(만) - 그것으로 가장하여 잘못 알게 하다. 紿(태) - 그것으로 생각이 돌도록 꾸며서 말하다. 誑(誆, 註) - 속여서 현혹하게 하다. 詐 - 남이 알아차리지 못하도록 얼버무리다. 誕 - 허풍을 쳐서 남을 속이다.
숨다	隱 - 숨어서 보이지 않다.

숨다	潛 – 잠겨서 보이지 않다. 匿 – 피해서 숨다. 藏 – 걷어치워서 두다. 재주를 나타내지 않다. 蟄 – 땅 속에 들어가는 것처럼 속여서 숨다. 秘 – 남모르게 가만히 감추다. 廋 – 싸서 감추다.
숭상(존경)하다	尙 – 소중히 여기다. 貴 – 지위·신분 등을 존경하다. [賤의 對] 崇 – 우러러보고 존경하다. 尊 – 마음속으로 중하게 여겨서 존경하다. 宗 – 종가(宗家)로서 높여 받들다.
쉬다	歇 – 전부 쉬다. 休 – 歇에 가깝다. [俗語·詩語에 많이 쓴다] 寢 – 그쳐서 끊어지다. 息 – 그쳐서 끊어지다. 熄 – 불이 꺼지다. 弭(미) – 그쳐서 끊어지다. 舍 – 숙소를 정하고 쉬다.
싫다	厭 – 싫어지다. 飫(어) – 음식에 물리다. 饜 – 酒食에 물리다. 싫을 정도로 포식했다. 飽 – 양껏 먹어서 더 먹기 싫다.
써	以 – ~을 가지고. ~에 의하여. 將 – 以와 같다. [시에 많이 쓰인다] 用 – 以와 같다. [以보다 뜻이 좁다] 庸 – 用과 같다.
아!	嗚呼 – 선악을 막론하고 쓰지만 후세에는 哀傷의 탄성. 嗟 – 자기의 뜻을 다 이루지 못할 때의 탄성. 噫 – 애통·원한·불평등의 탄성. 呼 – 선악 어느 쪽에나 쓰는 감탄의 말. 唉(애) – 한탄하여 큰 소리로 떠드는 탄성.

아!	吁 – 善悲 어느 쪽에나 쓰는 경이의 탄성. 嘻 – 탄사(嘆辭) 또는 화락(和樂)의 탄성. 於(오) – 탄식 또는 감탄의 탄성. 於戱(오희) – 선악 어느 쪽에나 쓰이고, 후세에는 찬미의 탄성. 咨 – 선악 어느 쪽에나 쓰이는 단순한 탄성. 惡(오) – 경탄에 노기(怒氣)를 띤 詠嘆. 嗟于 – 嗟와 같다.
아끼다	吝(悋) – 인색하다. 惜 – 마음속으로 아깝게 생각하다. 인색하다. 愛 – 가지고 있는 것을 주기가 아깝다고 생각하는 것. 마음속에 두고 아까워하다.
아니다	非 – 서로 틀리다. 匪 – 非와 같다.
아첨하다	諂 – 아첨하여 마음에 들도록 하려고 애쓰다. 諛 – 안색을 부드럽게 하여 남의 비위에 들도록 하다. 阿 – 상대방의 의사에 맞도록 마음을 굽혀서 아첨하다. 佞 – 말재주를 부려가며 아첨하다.
아파하다	悼 – 죽음을 슬퍼하다. 傷 – 매우 비통하다. 痛 – 육체가 괴롭고 아프다. 隱(懚) – 마음속으로 볼 수 없을 정도로 아파한다. 怛 – 가엾이 여겨서 마음 아프게 생각하다. 慘 – 참혹한 일을 보고 애통하게 생각하다. 戚 – 걱정하고 슬퍼하다. 悵 – 애석하게 생각하고 탄식하고 슬퍼하다. 疼 – 육체가 지끈지끈 아프다.
않는다	不 – 부정인데 가볍고 약하다. 弗 – 부정인데 무겁고 강하다. 未 – 아직 ~않는다. 아직 그렇게 되지는 않는다. [已의 對]
알다	知 – 마음속으로 확실히 알다. 識 – 대강만 알다. [知보다 가볍다.]

앞서(일찍이)	先 – 앞서서 나아가다. 前 – 시간적으로 앞서. 일찍이. 嚮 – 과거를 향해서의 앞서. 鄕·向 – 嚮과 통한다. 往 – 往日. 지나간 날.
어느 것	何 – 어느 쪽. 孰 – 양자택일(兩者擇一)의 경우에 쓴다. 孰與 – 두 가지 중 어느 쪽이 나으냐의 뜻. 孰若 – 孰與와 같다.
어떠냐?	如何 – 이 일은 어떠냐? 何如 – 이것은 무엇과 같으냐? 何若 – 如何와 같다. 奈 – 如何와 같다. 奈何 – 如何와 같다. 如 – 如何의 略形. 何 – 如何의 略形.
어둡다	暗 – 햇빛이 없어 어둡다. 眊(모) – 눈이 어둡다. 昧 – 해뜨기 전에 아직 어둑어둑하다. 昏 – 해가 떨어져서 어둡다. 瞑 – 눈이 흐려서 어둡다. 晦 – 캄캄하게 어둡다.
어찌	安 – 어디든지 물을 때 쓴다. 寧 – 부정의 뜻을 나타내는 반어(反語). 어찌 ~하겠는가? 焉 – 安과 같다. 惡(오) – '어째서' 하고 잘못을 따질 때 쓰인다. 烏 – 惡과 같다. 胡·曷·庸·那 – 何와 같다. 何 – 힐문(詰問)할 때 쓴다. 詎(渠·巨) – 어찌 ~하겠는가? 반문사(反問辭). 盍 – 어찌 그렇게 하지 않는가? [何不의 合字]

얻다	得 – 없던 것을 얻었다. 되다. [失·喪의 對] 獲 – 금수를 잡아 얻다. [得보다 뜻이 강하다.]
엎드리다(눕다)	臥 – 옆으로 눕다. [坐의 對] 偃 – 쓰러져서 눕다. 俯 – 머리를 숙이다. [仰의 對] 仆 – 쓰러져 눕다. 伏 – 엎드리다. [起의 對] 俛 – 俯와 같다.
열다	開 – 열어서 넓게 되다. [閉의 對] 拓 – 토지를 개척하다. 披 – 양쪽으로 갈라 열다. 排 – 밀어서 열다. 또 물리치다. 啓 – 문호(門戶)를 열다. 사람을 교도(敎導)하다. 發 – 급히 열다. 闢 – 開와 같다. 闡 – 모르는 것을 공개하여 밝히다.
오르다	升 – 올라가다. 昇 – 해가 뜨다. 陞 – 계단을 오르다. 승진하다. 登 – 물건 위에 올라가다. 上 – 아래의 것이 위에 올라가다. 騰 – 뛰어 올라가다. 躋 – 기운을 내서 오르다. 끌어올리다. [升에 가깝다.] 陟 – 관위(官位)가 올라가다. 登과 비슷하다.
오히려	尙 – 그 위에. 仍(잉) – 역시. 변함없이 의연히. 猶 – 역시. 由 – 猶와 같다.
왕성하다	盛 – 사물의 형세가 한창 좋을 때. 隆 – 풍부하고, 크고, 성하다. 壯 – 기력이 강하고 늠름하다.

왕성하다	熾 – 불이 타오르듯 형세가 왕성하다. 昌 – 차츰차츰 명백하게 번창해지다. 번영하다. 殷 – 음성이 힘차고 크다.
요즘	頃 – 접근한 때. 그에 가까울 무렵. 間 – 상당한 시일이 경과한 때. 比 – 날이 가까운 때.
용서	許 – 그대로 좋다고 허용한다. 允 – 정말로 믿어주다. 原 – 죄인의 실정을 참작해서 용서하다. 免 – 용서해서 자유롭게 하다. 宥 – 벌을 완화해서 용서하다. 聽 – 상대방의 희망을 들어주다. 赦 – 죄를 용서하다. 釋 – 석방하다. 容 – 노여움을 참고 용서하다. 與 – 동의해서 허용하다. [許와 비슷] 可 – 좋다고 보고 승낙하다.
울다	鳴 – 조수(鳥獸)들이 울다. 啼 – 소리를 높여 울다. 泣 – 소리를 내지 않고 눈물을 흘리면서 울다. 哭 – 눈물을 흘리며 큰 소리쳐서 슬피 울다. 唳(려) – 학·기러기 같은 것들이 한 마디 한 마디씩 끊어 가면서 울다. 歔(허) – 흐느껴 울다. 涕 – 눈물을 흘리면서 울다.
웃다	笑 – 기뻐서 입을 열고 이를 보이다. 嗤(치) – 비웃다. 哂(신) – 미소 짓다. 咲(소) – 笑의 古字.
위태롭다	危 – 위험해서 진정되지 않다. 殆 – 위험한 생각이 들어 안심이 되지 않는다. 依 – 가까이 다가들어서 떠나지 않다. [違의 對]

의지(의뢰)하다	賴 – 의지할 만한 것이라고 해서 그것에 기대다. 緣 – 그것에 따라서 의지하다. 由 – 그 취지에 따르다. 그대로 하다. 因 – 그 원인에 의하여 이 결과가 생기다. 仍 – 因과 거의 같다. 단 因은 밑바탕을 주로하고, 仍은 겹치는 데 중점을 둠. 據 – 물건의 의거한 곳. 寄 – 의지하여 붙다. 憑 – 기대다. 凭(빙) – 憑과 같다. 仗 – 사물에 매어 달리다. 倚 – 물건에 다가들어 기대다. 藉 – 의지하여 힘으로 삼다. [몸을 의지할 곳을 말함]
이것(의)	此 – 자기에 가까운 것을 가리킴. 또 때와 장소를 좁게 가리킨다. [彼의 對] 是 – 마음속으로 시비(是非)를 판단해서 말하다. [非의 對] 之 – 是·此에 가까우나 뜻이 가볍다. 諸 – '之於' 또는 '之乎'의 合字. 句末에 있을 때는 의문의 종사(終詞). 旃(전) – '之焉'의 合字. 之와 거의 같다. 斯 – 此에 가까우나, 彼와 對가 되지 않는다. 維 – 是와 거의 같으나, 非와 對가 되지 않는다. 伊 – 발어사(發語辭)로서 제문(祭文) 등에 많이 쓰인다. 焉 – 是에 가깝다. 또 '이것을'의 뜻으로 쓰인다. 惟 – 是와 거의 같으나, 非와 對가 되지는 않는다. 這(저) – 此와 같다. 箇 – 此의 속용(俗用).
이기다	勝 – 세력이 뛰어나다. 克 – 이기기 어려운 것을 이기다. 剋 – 克과 같다. 捷 – 재빠르게 싸움에 이기다.
이끌다	引 – 이쪽으로 끌어당기다.

이끌다	援 – 끌어 당겨서 도와주다. 曳 – 물건을 땅에 닿도록 질질 끌다. 延 – 가까이 끌어당기다. 挽 – 힘을 줘서 끌다. 牽 – 밧줄을 달아서 끌어당기다. 惹 – 끌어 당겨서 얽어매다. 마음을 끌다. 彈 – 손으로 끌어 퉁기다. 掣 – 자유롭지 못하게 잡아끌어 멈추다.(만류하다)
이루다	致 – 그 곳까지 송치(送致)하다. 힘을 다하여 하다. 効(效) – 궁극까지 다해치우다. 輸 – 운반해 보내주다.
이르다	至 – 그곳까지 이르다. 到 – 한 쪽으로부터 다른 쪽에 이르다. 造 – 차츰차츰 깊이 들어가다. 詣 – 도착하다. 뵈러 가다. 抵 – 도착하다. 臻 – 몰려들다. 格 – 도착해야 할 바른 곳에 도착하다. 踵 – 잇달아 이르다. 届 – 극단까지 도달하다.
이미	已 – 일이 끝날까 말까 하는 사이를 말함. [과거로부터 현재에 이름.] 旣 – 현재에 있어서 일이 완전히 끝났다는 뜻을 표함. [將의 對] 業 – 과거로부터 미래까지에도 걸쳐서 말함. 業已·已業·旣已 – 앞에 서술한 已·旣·業보다 뜻이 좀 완만하다.
익히다	習 – 같은 일을 몇 번이나 익히다. 效 – 본떠서 익히다. 倣 – 본떠서 배우다. 閑 – 잘 익혀서 본과 같이 되다. 慣 – 익숙하게 익히다.
일어나다	起 – 저절로 힘차게 일어나다. 일을 시작해 일으키다. 興 – 사물이 왕성하게 일어나다.

일어나다	作 – 분발하다. 發 – 사물이 처음 일어나다.
일찍이	嘗 – 이전에. 미리미리. 曾 – 언젠가 한번. 단 한번도(전혀).(부정을 동반할 때) 常 – 嘗과 같이 쓰인다. 夙(숙) – 일찍부터 조심해서 늦지 않도록 하다. 早 – 해 뜰 무렵의 이른 아침에. 蚤 – 벼룩이 뛰는 것이 빠르다는 뜻에서 전용하여 早와 통용.
잃다	失 – 얻지 못하고 잃어버리다. [得의 對] 亡 – 멸망해서 없어지다. 喪 – 없어져서 다시 되찾기 어렵다. 沒 – 물건이 안 보이게 되다. 다하여 없어지다.
잇다	續 – 계속하다. [斷의 對] 繼 – 끊어진 것을 잇다. 嗣 – 집 [家督]을 이어가다. 襲 – 바탕이 있는 위에 겹쳐서 이어가다. 세습 따위. 次 – 차츰차츰. 차례차례로. 接 – 續과 거의 같다. 尋 – 따라 붙어서 잇달다. 紹 – 家·德·業을 계승하는 데 한하여 쓰인다. 亞 – 次와 같다.
있다	有 – 사물이 있다. [無의 對] 或 – 만일 있다면. 在 – 사물이 존재하다. 存 – 물건이 현재 있다. [亡의 對]
자다	寢 – 침대를 만들어서 자다. 寐 – 잠자리에 들다. 臥 – 누어서 쉬다. 眠 – 눈을 감고 자다. 睡 – 앉아서 졸다.

자랑	誇 – 큰 소리 치다. 뽐내다. 夸 – 誇로 통한다. 矜 – 자기가 현명하다고 자만하다. 伐 – 공치사를 하다. 慢 – 남을 업신여겨서 잘난 체하다. 驕 – 교만하다.
자주	頻 – 몇 번이고. 連 – 계속해서 끊이지 않는다. 荐(천) – 계속해서. 累 – 겹치고 겹쳐서 간단없이. 切 – 몸에 스며들 정도로 절실하게.
자주자주	數(삭) – 자주자주. 屢 – 여러 번 여러 번. [數보다 뜻이 좀 완만하다.] 亟 – 잠시도 쉴 새 없이 바쁘다.
잠그다	浸(寖) – 물이 차츰차츰 적시다. 漬(지) – 물에 적셔지다. 물에 잠기다. 涵 – 듬뿍 잠기다. 淫 – 차츰차츰 적셔가다. 漸 – 언젠지 모르게 물이 스며들다. 漚 – 물에 집어넣어서 부드럽게 하다. 蘸(잠) – 포백(布帛)을 물속에 집어넣어 적시다. 涔(잠) – 물에 적시다. 漬와 같다. 潛 – 물 밑바닥에 잠기다.
잠깐	須臾 – 잠깐 새. 斯臾 – 須臾와 같다. 姑 – 우선. 어떻든. 暫 – 잠깐 동안. 且 – 姑와 비슷하다. 間 – 사이를 두고. 少 – 조금 동안. 少時 – 少와 같다.

잠깐	少焉 – 少와 같다.(焉은 어조사) 頃 – 조금 있다가. 頃之・頃刻 – 頃과 거의 같다.
잡다	捕 – 쫓아가서 붙잡다. 執 – 물건을 단단히 잡다. 把 – 잡아 쥐다. 秉 – 떠나지 않게 잡다. 操 – 반듯하게 잡다. 取 – 잡아서 자기의 물건으로 삼다. [捨의 對] 採 – 주워서 쓸 수 있게 하다. 采 – 採와 같다. 資 – 가져다가 자본으로 삼다. 攝 – 손끝으로 집다. 攬 – 손으로 모아 쥐다.(擥・擥과 같음) 提 – 달아나지 못하게 붙잡다.
장차	將 – 곧 그렇게 되려고 한다. 且 – 장차 ~하려고 한다. [將과 거의 같다]
재화(재앙)	災 – 천지가 이루는 재화. 禍 – 뜻밖의 불행. [福의 對] 殃 – 신의 벌책(罰責)으로 이루어지는 재화. 凶 – 땅이 함몰되는 것으로부터 전용되어, 재화의 뜻. 害 – 사람이 저지른 불행. 妖 – 사람에게 해를 끼치는 요사. 祆 – 妖와 같다. 孽 – 상도(常道)를 벗어난 괴이한 재앙. 菑(재) – 災와 같다.(한 해된 밭 치)
저것	彼 – 저것 [我・此의 對] 渠 – 그놈. 저놈. 夫 – 남자의 뜻으로부터 전용되어, 저 남자. 伊 – 彼와 같다.
적다	少 – 수가 적다. [多의 對]

적다	鮮 - 수량이 지극히 적고 부족하다. 寡 - 인기척이 적다. [衆의 對] 尠 - 매우 적다. [鮮·尟과 서로 통한다]
적합하다	適 - 잘 맞다. 協 - 여러 사람이 일치화합하다. 叶(협) - 協과 같다. 諧 - 가락이 잘 맞다. 稱 - 잘 어울리다.
제사지내다	祭 - 수시로 제물을 갖추어서 제사지내다. 祀 - 일정한 시일에 지내는 제사. 祠 - 소원이 성취되었다는 사례로 지내다.
존경(숭상)하다	尊 - 마음으로부터 소중히 여기고 존경하다. [卑의 對] 貴 - 지위·신분 등을 존경하다. [賤의 對] 尙 - 소중히 여기다. 崇(숭) - 우러러보고 존중히 여기다.
좋다	好 - 바람직하고 기분이 좋다. 能 - 아름답다. 善 - 사물의 좋은 것의 총칭. [惡의 對] 良 - 알맞게 정리되어 좋다. 淑 - 선량하다. 온순하고 착하다. 俶 - 잘 정돈되어 좋다. 臧 - 조리가 잘 맞다. [否(비)의 對] 令 - 광채가 나는 것처럼 아름답다. 佳 - 됨됨이 좋다. 아름답다. 기분이 좋다. 可 - 옳다고 수긍하다. 克 - 주로 가문의 좋음에 쓰인다. 吉 - 경사스럽고 좋다. 嘉 - 아름답고 즐겁다. 宜 - 바람직하다. 착하고 아름답다. 美 - 얼굴이 아름답다. 芳 - 향기가 좋다. 명성이 좋다.

주리다	餒 – 배가 고파서 느른하다. 飢 – 먹을 것이 없어서 굶주리다. 餓 – 매우 시장하다. [飢보다 강하다.] 饑 – 오곡이 익지 않다. 饉 – 곡물이 결핍되다.
죽이다	殺 – 목숨을 빼앗다. 戮 – 본보기로 죽이다. 弑 – 손위 사람을 죽이다. 戕 – 실수하여 죽이다. 誅 – 죄 있는 자를 죽이다. 殛 – 형에 처하여 죽이다.
지내다	經 – 사물을 대충 거쳐서 지나다. 歷 – 사물을 하나하나 거쳐서 지나다.
진실로	誠 – 있는 그대로 정당하게. [僞의 對] 眞 – 천진난만하여 조금도 꾸밈이 없다. 固 – 말할 것도 없이. 처음부터. 實 – 충만하여 이지러짐이 없다. [虛의 對] 寔(식) – 實과 서로 통한다. 信 – 틀림이 없고 언행이 일치하다. [實보다 좀 가볍다.] 允 – 정말로. 아무리 생각하여도. 良 – 참으로. 실로. 孚 – 시종일관 진실하다. 亮·諒 – 나와 저 사람의 마음이 서로 통하다. [良과 거의 같다.] 苟 – 誠과 같다. 洵(순) – 되풀이해도 마찬가지로.
쪼개다	割 – 칼로 쪼개다. 剖 – 한복판에서 두 쪽으로 쪼개다. 裂 – 잡아 찢다. 析 – 도끼로 나무를 쪼개다. 끊는 것과 명백하게 하는 것을 겸하고 있다. 柝 – 손으로 찢어 펴다. 劈 – 칼로 두 쪽으로 찢다.

쫓다	追 – 달아나는 것을 뒤쫓다. 逐 – 쫓아 버리다. 趁(진) – 여기 저기 쫓아다니다.
찌르다	突 – 갑자기 부딪치다. 衝 – 정면으로 부딪치다. 撞 – 때려 맞추다. 손으로 찔러 맞추다.
찾다	尋 – 길을 따라서 찾아내다. 討 – 더듬어서 찾아내다. 음미하다. 訪 – 사람을 방문하다. 探 – 이리 저리 찾아보다. 溫 – 찾아서 익히다. 繹 – 실마리를 끌어내서 찾아내다. 訊 – 따져서 묻다. 原 – 사물의 근원을 찾다. 索 – 이리 저리 찾아보다. [探과 비슷하다] 要 – 대기하다가 꼭 찾아내다. 干 – 무리하게 찾다. 覓 – 이리 저리 찾아 보다. [探과 비슷하다] 徼 – 要와 같다. 需 – 필요해서 찾다.
처음	初 – 최초. [後의 對] 始 – 사물의 기점을 말함. [終의 對] 肇(조) – 처음 열어 제치다. 創 – 창시의 뜻으로서, 새로 시작하다. 首 – 솔선. 甫 – 크게 되는 시초. 근근이. 孟 – 사물의 시초.
천하다(낮다)	賤 – 지위가 낮다. 또 값이 싸다. [貴의 對] 卑 – 연령 또는 신분이 낮음을 말함. [尊의 對] 陋 – 마음이 좁고 野하다. 또 품위가 없다. 鄙 – 촌스럽고 천하다. [都의 對]

천하다(낮다)	野 – 鄙와 거의 같다. [朝의 對] 俚 – 鄙와 거의 같다. [雅의 對] 固 – 딱딱하고 천하다.
청하다	請 – 정성껏 청원하다. 乞(걸) – 달라고 졸라대다.
치다	擊 – 손 또는 물건으로 강하게 치다. 打 – 擊과 같다. 넓게 쓰인다. 撲 – 툭툭 치다. 擣 – (빨래 같은 것을)손으로 두드리다. 拍 – 손바닥이나 판자조각 따위를 치다. 搏 – 약간 힘 있게 치다. 拍과 같이 쓰이기도 한다. 拊 – 가볍게 물건에 손을 대고 두드리다. 毆 – 막대기로 치다. 討 – 죄를 따져서 치다. 伐 – 잘못을 드러내어 견책(譴責)하다. 성토하다. 征 – 위로부터 아래의 죄를 견책하다.
침범하다	侵 – 언젠지 모르게 살짝 침범하다. 犯 – 짐승이 전답을 황폐하게 하는 것과 같이 함부로 남의 영토를 침입하다. 죄를 범하다. 干 – 이쪽으로부터 거리낌 없이 침범하다. 冒 – 머리에 물건을 덮어 쓰고 덤벼들 듯이 침범하다.
탄식하다	嘆(歎) – 한숨을 쉬면서 탄식하다. 嗟 – 마음속에 깊이 느껴서 '아' 하고 탄식하다. 諮(咨) – 嗟와 같다. 慷 – 감격하거나 또는 걱정하여 탄식하다. 慨 – 통분하여 탄식하다. 慟 – 지나치게 슬퍼하고 탄식하다.
털다(쓸다)	拂 – (먼지를 떨 듯이)탁탁 조금씩 털다. 掃 – 비로 쓸다. 모든 것을 한숨에 쓸어버리는 것을 뜻함. 祓(불) – 죄나 때 같은 것을 털어서 깨끗하게 하다. 禊(계) – 목욕재계(齋戒)하여 재앙을 털어 버리다.

털다(쓸다)	攘 – 털어 버리다. 밀어 버리다. 禳 – 신불(神佛)에 빌어서 재앙을 털어 버리다. 除 – 더러운 물건을 밖에 내다 버리고 깨끗하게 하다. 撥 – 튀게 하여 털어 버리다.
팔다	賣 – 일반적으로 물건을 팔다. 沽 – 소매(小賣).(조금씩 사다의 뜻도 됨) 售 – 매도(賣渡)하다. 賈(고) – 앉아서 팔다. 상품을 늘어놓고 팔다. 糶(조) – 쌀을 팔다.
펴다	伸 – 굽은 물건을 펴다. 申 – 伸과 같다. 의사를 진술하다. 舒 – 침착하고 안온(安穩)하다. 展 – 펴서 늘이다. 宣 – 전체에 골고루 들어내서 펴다. 陳 – 말을 늘어놓다. 述 – 진술하다. 信 – 伸과 같다. 暢 – 쭉쭉 뻗다. 延 – 늘여서 펴다.
편안하다	安 – 위태롭지 않고 편안하다. [危의 對] 寧 – 안정(安靜)되고 편안하다. [安定의 뜻] 康 – 즐겁고 편안하다. [安樂의 뜻] 泰 – 편안하고 마음이 느긋하다. 綏(수) – 마음을 놓고 편안하게 지내다. 易(이) – 하기 쉽다. [難의 對]
품다	懷 – 품속에 넣어두다. 抱 – 손으로 끌어 들다. 擁 – 두 손으로 껴안다.
피하다	避 – 이리 저리 피하다. 辟 – 避와 같다.

핍박하다	迫 – 逼과 같으나 그보다 더 바쁘고 급하다. 逼(핍) – 임박했다. 薄 – 迫에 가까우나 급한 뜻이 없다. 促 – 가까이 다가오다.
하여금	使 – 남을 시켜서 그대로 하게 하다. [넓게 쓰이고 뜻은 가볍다.] 令 – 使보다 더욱 명령적이고 뜻이 강하다. 遣 – 使와 비슷하나, 뜻이 가볍다. 俾 – 상대방을 구속하지 않고 자의에 맡겨서 하게 하다. 教 – 가르쳐서 하게 하다.
하물며	況 – 더구나 말할 것도 없이. 矧(신) – 況과 같다. [옛날에 쓰였다] 況乎 – '況–乎'와 같다. 하물며 ~.
해야 한다	可 – 무엇 무엇이 되다. [가능] 當 – 그렇게 될 것이다. [당연] 應 – 되겠지. 그럴 것이다. [推量] 容 – 可와 거의 같다. 須 – 무엇 무엇을 하는 것이 필요하다. 꼭 무엇 무엇을 해야 한다고 요구하다. 宜 – 무엇 무엇을 하는 것이 좋다. 合 – 當에 가깝다.
함께	與 – 한패가 되다. 共 – 한데 모여서 일을 같이 하다. 偕 – 俱와 같다. 俱 – 죄다 모여서 함께.
항상(보통)	常 – 언제나 평상. 恒 – 언제나 변함이 없이. 每 – 그 때마다. 嘗 – 常과 같다. 雅 – 전부터. 처음부터. 庸 – 보통. 彝(이) – 항상 변하지 않는 길.

항상(보통)	經 – 영구히 변함이 없다.
헐뜯다	誹 – 남의 잘못을 공공연하게 비방하다. [譽의 對] 非 – 誹와 같다. 譏 – 남의 과실을 나무라고 헐뜯다. 訕(산) – 나쁘게 말하다. 毁 – 남을 중상(中傷)하다. 詆(저) – 남을 꾸짖어서 곤란하게 만들다. 속이는 뜻이 있다.
헤아리다	計 – 수를 세다. 견적하다. 測 – 추측하다. 측량하다. 度(도, 탁) – 자로 재다(도). 마음속으로 예상해 보다(탁). 衡 – 공평하게 재다. 圖 – 지시하여 꾀하다. 畫 – 일정한 선을 긋고 그대로 하는 것이 좋다고 지시하다.(圖에 가깝다) 諮 – 물어서 의견을 듣다. 詢 – 諮와 같다. 咨 – 상의해서 꾀하다. 諮와 같다. 稱 – 균형이 잡히게 하다. 權 – 임기응변해서 적당히 맞추다. 料 – 마음속으로 이리저리 재다. 忖 – 상대방의 마음을 미루어 헤아리다. 揣(취, 타) – 사색추량(思索推量)하다. 程 – 이 정도라고 한도를 정하다. 揆 – 일정한 틀에 맞느냐 안 맞느냐 재보다.
홀연히	忽 – 갑자기. 뜻밖에. 乍(사) – 불시에. 倏(숙) – 忽과 같다. 倏의 속자. 奄 – 갑자기.
흠(상처)	疵(자) – 베이고, 맞은 상처의 뜻으로서 넓게 과실이나 사물이 파손된 곳이 있음. 瘢(반) – 상처의 흔적. 痕 – 딱지 자리. 瘢과 같음.

흠(상처)	創 – 베인 상처. 瘡 – 創과 같다. 傷 – 넓게 물건이 파상(破傷)한 상처. 瑕 – 옥에 티. 또는 과실이나 결점. 瑾(근) – 옥에 티.
힘쓰다	勤 – 열심히 일하다. 勉 – 힘써 행하다. 무리하게 일하다. 力 – 힘을 주다. 努 – 단숨에 힘차게 일하다. 孜(자) – 쉬지 않고 부지런히 일하다. 勗(勖욱) – 그 일을 자진해서 힘쓰다. 務 – 정력(精力)을 오로지 그 일에만 기울여 힘쓰다.

2. 동자이훈(同字異訓)의 고찰

획수	표제어		
2획	力	① 힘 ② 힘쓰다 ③ 힘써서	吾力足以擧百鈞.(孟子) 百姓力農工.(十八史) 力行而不惑者.(韓愈)
	乃	① 너(汝) ② ~로대(역접) ③ 곧(순접) ④ 이전	嘉乃丕績.(書經) (註) • 嘉 = 칭찬하다. • 丕 = 크다. 大禹聖人, 乃惜寸陰.(晋書 · 小學) 是乃仁術也.(孟子) 乃服衣裳.(千字文) 乃者過桂山.(十八史)
3획	之	① ~의 ② 이것(그것) ③ 가다	大學之道, 在明明德.(大學) 學而時習之.(論語) 晋近, 奚不之晋.(韓非子)

		④ 이	之子于歸.(詩經)
		⑤ 無意 助辭	徘徊久之不散.(陸游)
		⑥ 無意 助辭	孟之反.(論語) 介之推.(左傳) (註)•姓과 名 사이에 삽입.
	亡	① 망하게 하다	天之亡我, 非戰之罪也.(史記)
		② 잃다	楚王亡弓, 楚人得之.(家語)
		③ 도망치다	蕭何聞信亡, 自追之.(漢書) (註)•信 = 韓信.
		④ 없다	亡而爲有, 虛而爲盈.(論語)
	女	① 여자	男尊女卑.(列子)
		② 딸	臣有息女.(史記) 答云吾女德兼才.(金笠 詩)
		③ 너(汝)	女知之乎.(孝經)
		④ 아내로 삼다	女于時.(書經) (註)•時 = 是, 이 사람.
	上	① 임금(天子)	上初卽位, 當春秋.(魏其傳)
		② 오르다	上馬能擊賊. 切勿輕書生.(陸游 詩)
		③ 귀히 여기다(尙)	上賢上貴.(漢書)
		④ 아뢰다	乃詣金城, 上屯田奏.(十八史)
		⑤ 더하다	草上之風, 必偃.(論語)
	已	① 말다(그치다)	壯士不死則已, 死則擧大名.(十八史)
		② 이미	階前梧葉已秋聲.(朱熹)
		③ 매우	仲尼不爲已甚者.(孟子)
		④ 뿐	王之所大欲可知已.(孟子)
		⑤ 낫게 하다(癒).	可以已瘻癘.(柳宗元)
		⑥ 써·까닭(以)	人之所以爲人者何已也.(荀子)
	干	① 방패(武器)	干戈. 干城.
		② 구하다	子張學干祿.(論語)
		③ 범하다	上下不干.(國語)
		④ 간여하다	干預人事.(晋書)
	于	① 에·을·보다·부터	志于學.(論語) 失于政.(書經)

			烈于猛火.(書經) 祗承于帝.(書經)
		② 여기에	之子于歸.(詩經) (註)•之子 = 此子 •于歸 = 시집가다.
		③ 가다	予翼以于.(書經) 君子于役.(詩經) (註)•翼 = 돕다. 輔我以往.
		④ ~에 있어서	于時處處.(詩經) (註)•時 = 是, 여기에 백성들의 살 곳을 정했다.
		⑤ 아!	于嗟麟兮.(詩經)
		⑥ 굽히다	況于其身以善其君乎.(禮記)
		⑦ 크다	易則易, 于則于.(禮記) (解)간이한 일에는 간이한 예로 대우하고, 광대한 일에는 광대한 예로 대우한다. (註)•于=迂
	也	① 다. 이다(조사)	誠者天之道也.(中庸)
		② 강조하는 조사	必也臨事而懼.(論語)
		③ 또	也知鄉信日應疏.(岑參)
4획	方	① 당하다	方其破荊州, 下江陵順流而東也(蘇東坡, 赤壁賦)
		② 비로소	關法, 鷄鳴方出客.(十八史)
		③ 비교하다	子貢方人.(論語)
		④ 늘어놓다	井徑之道, 車不得方軌, 騎不得比行.(史記, 蘇秦傳) (註)•井徑은 直隸省에 있는 지명. 그 곳에 가는 길은 매우 좁다
		⑤ 한창(바야흐로)	及其壯也, 血氣方剛.(論語)
		⑥ 모나다	知欲 圓而行欲方.(淮南子)
		⑦ 방위	四方.
		⑧ 가는 곳	遊必有方.(論語)
		⑨ 거역하다	方命虐民.(孟子)
	不 불,부	① 않는다	不憤不啓.(論語)
		② ~냐 아니냐(否)	借問有酒不.(杜甫)
		③ 그렇지 않으면	不則威之.(書經) (註)•威 = 벌하다. 有客, 勸主人曲突徙 薪曰, 不者且有火患.(漢書) (註) •且 = 將.

		•不 = ㄷ, ㅈ 위에는 音 부. 기타는 불. 단 '不實(부실)'은 예외.
	少	① 적다 隣國之民不加**少**.(孟子) ② 잠깐 **少**則洋洋焉. 攸然而逝.(孟子) **少**焉, 月出於東山之上.(蘇東坡, 赤壁賦) ③ 젊다 **少**而礧落有大志.(後漢書) ④ 없다(缺) 부족하다 遍揷茱萸**少**一人.(王維)
	比	① 즈음 **比**來.(近來) ② 비교하다 非相**比**校, 則善惡不章.(左傳序疏) (註) •校 = 較 ③ 병행하다. 늘어놓다 步步**比**肩行.(白居易) ④ 미치다(及) **比**死罵不絕口.(十八史)
	夫	① 대저 **夫**天地之間, 物各有主.(文章軌範) ② 저 客亦知**夫**水與月乎.(文章軌範) ③ 사나이 無求備於一**夫**.(書經) ④ 남편 **夫**唱婦隨.(千字文) ⑤ 구나!(感歎) 良有以**夫**.(李白) 於戲悲**夫**.(史記) ⑥ 또 獲我所求, **夫**何思舊.(文選, 張衡)
	予	① 나 **予**豈好 辯哉.(孟子) ② 주다 雖無**予**之, 路車乘馬.(詩經·采菽) **予**奪 = 與奪(주고, 받다.) (註) •路車 = 官車 •乘馬 = 車를 끄는 네 필의 말.
	仍	① 겹치다(重) 吉瑞累**仍**.(漢書) ② 따르다 **仍**舊貫如之何.(論語) ③ 자주 饑饉**仍**臻.(漢書)
	中	① 가운데(속에) 洛陽居天下之**中**.(李格非) 只在此山**中**.(賈島) 日**中**不決.(十八史) ② 맞다(的中) 百發而百**中**之.(史記)

		③ 중용(中庸)	**中**者, 天下之大本也.(中庸)
	尤	① 허물 ② 허물하다 ③ 뛰어나다 ④ 가장 ⑤ 심하다	語寡**尤**,行寡悔.(論語) 不怨天, 不**尤**人.(論語) 夫子物之**尤**也.(莊子). **尤**物. 民爲姦, 京師**尤**甚.(史記) 功效**尤**著.(後漢書)
5획	以	① 써 ② 쓰다 ③ 생각하다 ④ 까닭 ⑤ 이끌다(引率) ⑥ 와, 더불어 ⑦ 말다(已) ⑧ 하다 ⑨ 부터 ⑩ 매우(甚)	**以**修身爲本.(大學) 不使大臣怨乎不**以**.(論語) 伏**以**佛者夷狄之一法耳.(韓愈) **以**爲. 古人秉燭夜遊, 良有**以**也.(李白) 公**以**楚師伐齊.(左傳) (註)•師 = 軍隊 習**以**性成.(書經) 凡今之人急名**以**官.(韓愈) 無**以**則王乎.(孟子) 視其所**以**.(論語) **以**長沙往.(史記) **以**來. 不**以**急乎.(孟子)
	且	① 또 ② 장차 ~하려고 한다 ③ 가령 ④ ~까지도	仁**且**智, 夫子旣聖矣.(孟子) 城**且**拔矣.(戰國策) 引酒**且飮之**.(戰國策) **且**予與其死於臣之手也 ~.(論語) (註)•與其 ~寧(~보다는 차라리 ~것이 낫다.) 聖人**且**有過與.(孟子)
	申	① 알리다 ② 겹치다(더하다) ③ 펴다(伸) ④ 원숭이	**申**報有司.(舊唐書) **申**之以孝悌之道.(孟子) 行止屈**申與**時息兮.(班彪, 北征賦) 庚**申**.
	可	① 듣다. ② 할 수 있다.(가능)	王不**可**.(孟子) 趙孟不**可**.(左傳) **可**謂至孝.(論語)

		~해야 한다(명령) ③ 허가하다 ④ 옳다(좋다) ⑤ 정도	父母之年, 不**可**不知也.(論語) 太祖悟乃**可**之.(十八史) 朝聞道夕死**可**矣.(論語) 飮**可**五六斗.(史記)
	由	① 따르다(從) 거치다(經由) ② 마치~같다(猶) ③ 부터(自) ④ 쓰다(用)	民可使**由**之.(論語) 觀其所**由**.(論語) **由**水之就下沛然.(孟子) **由**文王至於孔子.(孟子) 不能**由**吾子.(左傳)
	乍	① 홀연히 ② 잠깐	今人**乍**見孺子將入於井.(孟子) 燈將滅而**乍**明.(淮南子)
6획	行	① 행하다 ② 가다 ③ 걸으면서 ④ 하다 ⑤ 돌다 ⑥ 행동	先**行**其言而後從之.(論語) **行**遠必自邇.(中庸) **行**吟澤畔.(屈平) 激而**行**之, 可使在山.(孟子) 日月運**行**.(易經) 敏德以爲**行**本.(周書)
	自	① 몸소 ② 저절로 ③ 부터(由)	**自**作孼不可活.(孟子) 映階碧草**自**春色.(韓愈) 有朋**自**遠方來.(論語) **自**孔子而來至於今, 百有餘歲.(孟子)
	如	① 만일 ② 미치다(필적하다.) ③ 같다 ④ 같이하다 ⑤ 가다 ⑥ 어떠냐?	**如**有不嗜殺人者.(孟子) 知之者不**如**好之者.(論語) 其過也, **如**日月之食.(孟子) 見不善**如**探湯.(論語) 爭田不能決. 乃**如**周.(十八史) 以德報怨, 何**如**.(論語) 桓魋其**如**予何.(論語)
	而	① ~고(순접) ② ~되어서 ③ ~라도(역접)	學**而**詩習之.(論語) 十有五**而**志于學.(論語) 人不知**而**不慍, 不亦君子乎.(論語)

		④ 너	夫差, **而**忘越人之殺而父邪.(十八史)
		⑤ 곧	親其親, 長其長, **而**天下平.(孟子)
		⑥ 뿐	夫子之道, 忠恕**而**已矣.(論語)
		⑦ 無意 助詞	今之從政者, 殆**而**.(論語)
	伐	① 치다	堯**伐**驩兜.(荀子) (註) • 驩兜 = 堯舜時惡人.
		② 자랑하다	孟之反不**伐**.(論語)
		③ 베다	**伐**木丁丁山更幽.(杜甫)
	交	① 사귀다	晏平仲善與人**交**.(論語)
		② 맞닿다	白刃旣**交**.(孟子)
		③ 서로	上下**交**征利, 而國危矣.(孟子) (註) • 征 = 이익을 취하다. • 而 = 곧.
		④ 바꾸다	日中爲市 ~**交**易而退.(易經) **交**觴接杯以致殷勤.(曹植)
	任	① 임무	仁以爲已**任**.(論語) **任**重而道遠.(論語)
		② 책임지다(引責)	推所從來, 必有**任**其咎者矣.(宋書)
		③ 내맡기다(放任)	嗜酒**任**縱, 不拘小節.(晋書) 曷不委心**任**去留.(歸去來辭)
	危	① 위태롭게 하다	有比黨而**危**之者.(禮記) (註) • 比黨 = 어울려서 도당을 맺음.
		② 위험하게 생각하다	慄慄**危**懼.(書經)
		③ 높게 하다(高尙)	邦有道, **危**言**危**行.(論語)
		④ 위태롭다(위험)	**危**於累卵.(史記) 見**危**授命.(論語)
7획	何	① 무엇(의문대명사)	民其謂我**何**.(左傳) **何**事非君, **何**使非民.(孟子)
		② 어떤(形)	樂正子**何**人也.(孟子) 先生不知**何**許人也.(陶潛)
		③ 어느 곳	牛**何**之.(孟子)
		④ 어째서(副)	**何**待來年.(孟子)

		⑤ 왜냐하면	**何**則. **何**者. **何**也. **何**哉.
		⑥ 어떠한가?	**何**如. 如**何**. 若**何**. **何**若. 奈**何**.
		⑦ 얼마동안	居無**何**, 使者果參.(史記)
		⑧ 지다(荷)(쓰다)	**何**簑**何**笠.(詩經)
	言	① 말	書不盡言, 言不盡意.(易經)
		② 말하다	寢不言.(論語) 曰難言.(孟子)
		③ 나(我)	言告師氏.(詩經)
		④ 높다(高大)	崇墉言言.(詩經)
		⑤ 기쁘다(和悅貌)	二爵而言言斯.(禮記) (註) •二爵 : 受二爵의 略. 두 잔을 받고. •言言(은) = 誾誾. •斯 = 조사.
		⑥ 無意 助詞	永言配命.(詩經)
	良	① 좋다(낫다)	天下無**良**馬.(韓愈) **良**禽擇 木而棲.(蜀志) 馬氏五常, 白眉最**良**.(蜀志) (註) •五常 = 五兄弟, 馬氏五兄弟 名皆用常字故也. •他人의 伯氏를 白眉仗이라 함.
		② 얼마쯤 있다가	默然**良**久.(十八史) 咨嗟**良**久.(晋書)
		③ 진실로	**良**有以也.(李白)
		④ 본래부터(本然)	**良**知**良**能.(孟子)
	作	① 만들다	始**作**俑者,其無後乎.(孟子)
		② 이루다	不好犯上, 而好**作**亂者, 未之有也.(論語)
		③ 일어나다	聖人不**作**.(孟子)
		④ 일으키다	**作**新民.(書經)
		⑤ 행동	動**作**容貌有常.(詩經)
	住	① 살다	築隱居而**住**止.(陶弘景文) 居**住**, **住**宅.
		② 그치다	兩岸猿聲啼不**住**.(李白)
		③ 서다(立)	淸道而行, 擇地而**住**.(射雉賦)
	否	① 아니(다!)	孟子曰**否**, 我四十不動心.(孟子)

			如此則動心否乎.(孟子)
		② 없다	其本亂末治者否矣.(大學)
		③ 그렇지 않다	否則威之.(書經)
		④ 거부하다	或欲或否.(左傳)
		⑤ 不美(音비)(不運)	未知臧否.(詩經). 否塞.
			(註)• 臧否 = 美惡.
			朝野分倫序, 賢愚定否臧.(白居易)
	見	① 보다. 보이다	百聞不如一見.(漢書)
			視而不見.(大學)
		② 나타나다(音현)	其末立見.(十八史)
			(註)• 立見 = 당장 나타나다.
		③ 보이다(나타내다.)	泣血三年, 未嘗見齒.(禮記)
		④ 받다. 되다(被動用)	信而見疑, 忠而被謗.(史記)
		⑤ 뵙다(音현)	茂脂河陽謁見光武.(後漢書)
	更	① 다시(音갱)	更上一層樓.(王之渙)
		② 고치다(音경)	及其更也, 其明自若也, 人皆仰之.(論語)
		③ 바꾸다(경)	更衣直夜房.(高啓 詩)
		④ 더욱(갱)	更覺良工心獨苦.(杜甫)
		⑤ 야간의 시각	初更, 三更 等.
		⑥ 교대(경)	威德更興, 文武迭用.(後漢書)
			更互(中庸章句序) = 交互
	克	① 충분히	爲下克忠.(書傳)
		② 할 수 있다(能)	小人不克.(易經)
		③ 이기다	克己復禮爲仁.(論語)
8획	舍	① 그만두다	舍己從人.(孟子)
		② 용서하다	義士也,舍之.(十八史)
		③ 버리다(捨·廢)	舍短取長.(漢書)
			不舍晝夜.(論語)
		④ 집	作舍道旁, 三年不成.(後漢書)
		⑤ 살다(머무르다)	乃去舍市傍.(蒙求)
		⑥ 쏘다	不失其馳, 舍矢如破.(孟子)

	尙	① 원하건대　　　嗚呼哀哉, **尙**饗.(祭文) ② 높게 하다　　　士何事. 孟子曰, '**尙**志'.(孟子) ③ 존중(존경)하다　鄕黨**尙**齒.(莊子) 　　　　　　　　(註) • 齒 = 年齒 = 나이. ④ 아직　　　　　口**尙**乳臭.(史記) 　　　　　　　　儀曰, 視吾舌, **尙**在否.(十八史) ⑤ 오래되다　　　五帝三代之記**尙**矣.(史記) ⑥ 더하다　　　　好仁者無以**尙**之.(論語) 　　　　　　　　衣錦**尙**絅.(詩經)
	罔	① 그물을 치다　　及陷於罪, 然後從而刑之, 是**罔**民也.(孟子) 　　　　　　　　結繩而爲**罔**罟以佃以漁.(易經) ② 말라, 없다　　**罔**失法度.(書經) 　　　　　　　　欲報之德, 昊天**罔**極.(詩經) ③ 속이다(誣)　　君子可斯也, 不可**罔**也.(論語) 　　　　　　　　人之生也直, **罔**之生也幸而免.(論語)
	或	① 혹은　　　　　**或**學而知之, **或**困而知之.(中庸) ② 있다　　　　　**或**勸林宗仕進者.(後漢書) ③ 이상하게 여기다(惑) 　　　　　　　　無**或**乎王之不智也.(孟子) 　　　　　　　　(註) • 無或乎 = ~를 의심할 여지가 없다. ④ 어떤 때　　　　**或**出**或**處.(易經) ⑤ 어떤 사람　　　**或**謂孔子曰.(論語)
	垂	① 드리우다(후세에 남기다) 　　　　　　　　**垂**功名于竹帛.(後漢書) 　　　　　　　　(註) • 竹帛 = 서적, 역사. ② 되려고 한다(거의) 自在漢川**垂**三十年.(後漢書) ③ 근처(옆)(陲)　　立于東**垂**.(書經) ④ 변두리에 앉다　千金之子, 坐不**垂**堂.(司馬相如傳)
	皐	① 왕성(풍부)하게 하다 可以**皐**吾民之財兮.(十八史) ② 언덕　　　　　　丘**皐**不能生雲雨.(淮南子)
	宜	① 마땅히 ~해야 한다. 惟仁者**宜**在高位.(孟子)

		② 마땅하다(和順)	**宜**其室家.(詩經) (註) • 室家 = 가족.
		③ 당연하다	武之遲久, 不亦**宜**乎.(禮記)
	易	① 쉽다(音 이)	破山中之賊**易**.(王陽明)
		② 업신여기다(音 이)	輕**易**其足, 雖夷路亦躓.(新論) (註) • 夷 = 大.
		③ 다스리다(音 이)	**易**其田疇, 薄其稅斂.(孟子)
		④ 바꾸다(音 역)	以小**易**大.(孟子)
	固	① 견고(방비)	美哉山河之**固**. 魏國之寶也.(十八史)
		② 굳다	兵勁城**固**.(荀子) 誠之者, 擇善而**固**執之者也.(禮記)
		③ 굳게 하다	推亡**固**存, 信威北夷.(十八史) (註) • 推 = 밀어내다, 축출. • 亡 = 失道者. • 存 = 存道者. • 信 = 伸.
		④ 처음부터	君子**固**窮.(孟子)
		⑤ 진실로	**固**一世之雄也.(赤壁賦)
	直	① 값(가치가 있다) (音 치)	受若**直**, 怠若事.(柳宗元) 春宵一刻**直**千金.(蘇軾) (註) • 若 = 汝. • 直 = 가치가 있다.
		② 곧다	蓬生麻中不扶自**直**.(史記)
		③ 일부러(故意)	**直**墜其履圯下.(史記) (註) • 圯 = 土橋.
		④ 즉시	襄王**直**使人開府取罍樽賜任王后.(史記) (註) • 府 = 관청창고. • 罍樽(뇌준) = 雲雷의 그림을 그린 술통.
		⑤ 다만	**直**好世俗之樂耳.(孟子) 非**直**爲觀美也.(孟子) (註) • 觀美 = 외관상의 미.
		⑥ 正直	友**直**友諒, 友多聞.(論語)
	於	① 에	揚名**於**後世.(孝經)
		② 을	三年無改**於**父之道, 可謂孝.(論語)
		③ 보다	枝大**於**本.(左傳)

		④ 에 있어서	**於**我如浮雲.(論語)
		⑤ 에서 하다	造次必**於**是, 顚沛必**於**是.(論語)
		⑥ 아!(音오)	**於**乎, 小子.(詩經) **於**戱, 前王不忘.(詩經)
		⑦ 여기에 있어서(於是)	**於**魏王聽此言也甚詘.(戰國策) (註) • 詘(굴) = 말이 막히다.
	非	① 나무라다(잘못)	莫不**非**令尹.(呂氏春秋) 言足以飾**非**.(史記) 無諸己, 而後**非**諸人.(大學)
		② 아니다	城**非**不高也.(孟子) **非**我也, 兵也.(孟子)
	卑	① 낮다(위치, 지위)	登高必自**卑**.(中庸) 位**卑**而言高罪也.(孟子)
		② 깔보다	何以**卑**我.(國語)
		③ 낮추다	自**卑**而尊人.(禮記)
		④ 하여금 하게하다	**卑**民不迷.(荀子)
9획	者	① 代名詞	仁**者**樂山.(論語) 鴻鴈之大**者**也.(孟子)
		② 것은(主語에 붙는 토)	仁**者**人也, 義**者**宜也.(中庸) 孝悌(弟)也**者**, 其爲仁之本與.(論語)
		③ 면(토)	不**者**, 若屬皆且爲所虜.(史記)
		④ 이것(此)	凡稱此箇爲**者**箇.(增韻)
		⑤ 時日을 表할 때 쓰임	今**者**. 前**者**. 昔**者**. 近**者**. 曩**者**. 嚮**者**.
	亟	① 자주 자주	仲尼亟稱於水.(孟子)
		② 급히 하다	經始勿亟, 庶民子來.(詩經) 亟其乘屋.(詩經, 孟子) (註) • 乘屋 = 지붕을 수리함.
	度	① 자(音도)	尺**度**. **度**量衡.
		② 법(音도)	法**度**. 制**度**.
		③ 건너다(渡)	谿谷不通, 以繩相引而**度**.(漢書)

		④ 헤아리다(音 탁)	**度**地居民.(禮記) 他人有心, 予忖**度**之.(孟子)
	恤	① 걱정하다 ② 불쌍히 여기다	苟得志焉, 無**恤**其他.(左傳) 救菑**恤**鄰.(左傳)
	故	① 그러므로(까닭에) ② 까닭 ③ 옛것(오래되다) ④ 연고 ⑤ 원래(以前) ⑥ 일부러 ⑦ 친구	君子之事親孝, **故**忠可移於君.(孝經) 爲國以禮, 其言不讓, 是**故**哂之.(論語) (註) • 爲 = 治. • 哂 = 微笑. 凡物之然也, 必有**故**也.(呂氏春秋) 溫**故**而知新.(論語) **故**鄕. **故**國. **故**墟. 國有**故**,則令宿.(周禮) 君子非有大**故**, 不宿于外.(禮記) **故**爲秦博士.(漢書) 非**故**生於人之性也.(荀子) **故**敎流水盡聾山.(崔孤雲) **故**意. **故**人知君, 君不知故人何也.(楊震) **故**舊.
	咽	① 목구멍(音 인) ② 삼키다(音 연) ③ 목메다(音 열)	**咽**喉. 韓天下之**咽**喉.(戰國策) 三**咽**然後, 耳有聞, 目有見.(孟子) 觀者皆歔欷, 行路亦嗚**咽**.(蔡琰 詩)
	殆	① 거의 ② 가깝다 ③ 위태롭다 ④ 피로하다	大人病甚, **殆**將不起.(漢書) **殆**不可復.(孟子) **殆**於不可.(孟子) 知彼知己, 百戰不**殆**.(孫子) 日旣西傾, 車**殆**馬煩.(曹植 賦)
	相	① 서로 ② 보다 ③ 돕다 ④ 정승	兒童**相**見不**相**識.(賀知章) **相**時而動.(左傳) 好**相**人.(十八史) 管仲**相**桓公.(史記) 將門必將, **相**門必有**相**.(史記)
	便	① 편안하다	**便**安. **便**利. **便**宜. 氣和體**便**.(淮南子)

		② 소식	行雨東南假思飛山之**便**.(徐陵) **便**紙. (註) •行雨 = 내리는 비. •假 = 方便.
		③ 방법	方**便**.
		④ 간사하다	**便**佞. **便**僻.
		⑤ 대소변(音 변)	**便**器. **便**秘.
		⑥ 문득(音 변)	晴空一鶴排雲上, **便**引詩情到碧霄.(劉禹錫)
	矜	① 자랑하다	不**矜**名節.(李密) **矜**其能, 喪其功.(書經)
		② 아끼다	不**矜**細行, 終累大德.(書經)
		③ 불쌍히 여기다	天**矜**于民.(書經) 禮貧**矜**窮禮之宗也.(國語)
	食	① 먹다(먹는 것)	**食**而不知其味.(大學) 發憤忘**食**.(論語)
		② 생활하다	遊**食**者衆.(後漢書)
		③ 녹을 먹다	鮑莊子食於淫亂之朝.(孔子家語)
		④ 기르다(音 사)	**食**馬者, 不知其能千里而**食**也.(韓愈)
		⑤ 밥(音 사)	飯疏**食**飮水. 一簞**食**.(論語)
		⑥ 거짓말하다	朕不**食**言.(書經)
		⑦ 정신을 어지럽히다	明君在上, 便嬖不能**食**其意.(管子)
	若	① 혹은	先聖, 周公**若**孔子.(禮記)
		② 같다	**若**合符節.(孟子)
		③ 만일	**若**藥不瞑眩, 厥疾不瘳.(孟子)
		④ 미치다(따르다)	知子莫**若**父.(管子)
		⑤ 너	**若**曹敬聽吾言.(楚國先賢傳)
		⑥ 이 같은(若此)	**若**者必死.(史記) 君子哉**若**人.(論語)
		⑦ 어떠냐?(어떻게)	**若**何. **若**何而戰.(左傳)
	是	① 옳다	天道**是**耶非耶.(史記) **是是**非非, 謂之知.(荀子)
		② 이것	**是**故. **是**以. 如**是**.

	苟	① 구차하다 ② 만일 ③ 진실로 ④ 소홀히 하다	**苟**全性命於亂世.(出師表) 所欲有甚於生者, 故不爲**苟**得也.(孟子) 秦兵**苟**退.(史記) **苟**固不聰明聖知達天德者, 其孰能知之.(中庸) **苟**爲後義而先利, 不奪不饜.(孟子) **苟**志於仁矣, 無惡也.(論語) 民不**苟**.(周書) **苟**祿亦可羞.(馬祖常)
	卽	① 즉(곧) ② 즉시 ③ 만일 ④ 자리에 오르다	或曰, 儋**卽**老子, 或曰, 非也.(史記) **卽**心是佛. (註) • 佛 = 마음이 곧(즉)부처다. **卽**應聲爲詩.(世說新語) **卽**天下有變, 王何以市楚也.(戰國策) (註) • 市 = 이익을 교환하다. **卽**席坐.(儀禮) 春正月公**卽**位.(左傳)
	要	① 요컨대 ② 허리(腰) ③ 구하다 ④ 막다(遮斷) ⑤ 약속하다	**要**之此兩人眞傾危之士哉.(史記) (註) • 傾危 = 不正하고 안심할 수 없는 것. 自**要**以下不及禹三寸.(史記) 修其天爵以**要**人爵.(孟子) **要**其有酒食黍稻者奪之.(孟子) 久**要**不忘平生之言.(論語) (註) • 久要 = 舊約 = 오래된 약속. • 平生 = 從前 = 宿昔.
	負	① 지다 ② 의뢰(의지)하다 ③ 배반하다 ④ 패하다	**負**笈追師, 不遠千里.(漢書) 自**負**其功, 意望甚高.(十八史) **負**貴而好權.(史記) 陵雖**負**恩, 漢亦**負**德.(史記) 不使廩有餘粟庫有餘財以**負**陛下.(小學) 一勝一**負**.(孫子)
	苦	① 쓰다 ② 괴롭히다	良藥**苦**於口而利病.(孔子家語) 必先**苦**其心志.(孟子)

		③ 정중히(공손히)	帝欲進以名位, 輒**苦**讓不受.(北史) 坦之非而**苦**諫之.(晋書) (註) • 坦之 = 人名.
		④ 매우(혹독한)	蠻夷長老怨**苦**寒.(杜甫)
	前	① 앞(위치) ② 앞(과거) ③ 앞(미래) ④ 나아가다	**前**門拒虎, 後門進狼.(成語考) **前**言戲之耳.(論語) **前**程萬里.(南草新聞) 超負其多力, 陰欲突**前**捉曹公.(蜀志) (註) • 超 = 인명, 馬超. • 負 = 恃.
	信	① 신실하다 ② 믿다 ③ 맡기다	言必**信**, 行必果.(論語) 盡**信**書, 則不如無書.(孟子) **信**手把筆, 隨意亂書.(白居易) **信**天鳥 = 새 이름(鳥名). 제 힘으로 고기를 잡아 먹지 못하고 매가 실수해서 떨어뜨린 것을 얻어 먹는다는 데서 얻는 이름.
		④ 진실로 ⑤ 편지	**信**能行五者.(孟子) 音**信**. 家**信**.
	俞	① 더욱(愈) ② 그렇다(긍정)	**俞**務**俞**遠.(荀子) 帝曰, **俞**.(書經)
	則	① 법칙(音 칙) ② 법칙에 따르다 본받다(칙) ③ 곧(音 즉)	有物有**則**.(詩經) 先生施教, 弟子是**則**.(管子) 天下有道**則**見.(論語) (註) • 見 = 現. 行有餘力, **則**以學文.(論語)
	封	① 영토 ② 제후에 봉하다 ③ 봉함하다 ④ 국경을 표시한 흙더미	裂地定**封**.(東方朔) 大丈夫生當**封**侯, 死當廟食.(後漢書) (註) • 廟食 = 宗廟(文廟) 配享. **封**以御史大夫印.(漢書, 註) 親躬入櫃**封**鎖.(歐陽脩)

			愼固**封**守, 以康四海.(書經)
	秋	① 가을 ② 때	**秋**月揚明輝.(陶淵明) 危急存亡之**秋**.(出師表)
	省	① 살피다 ② 자세하다 ③ 줄이다(音생)	日三**省**吾身.(論語) 實僞之辨, 如此其**省**也.(列子) **省**略. **省**文.
10획	容	① 들이다 ② 용서하다 ③ 얼굴 ④ 모양내다 ⑤ 助詞(=可)	間不**容**髮.(說苑) 所安不過**容**膝.(韓詩外傳) 無所**容**赦.(隋書) 冶**容**誨淫.(易經) **容**貌. (解)얼굴을 지나치게 아름답게 단장함은 상대방 에게 음탕함을 가리켜 주는 것이다. 士爲知己者死, 女爲悅己者**容**.(史記) 其事已判, 豈**容**復疑.(宋謝晦傳)
	差	① 어긋남(틀리다) ② 조금(좀) ③ 보내다(파견하다) ④ 병이 낫다	各各有**差**.(史記) 失之毫釐, **差**以千里.(漢書) 江北地寒, 田收**差**晩.(隋文紀) 好**差**靑鳥使.(白居易) (註)•靑鳥使 = 편지 咸興**差**使. 欲知**差**劇, 但嘗糞甜苦.(南史) (註) •**差**劇 = 병이 덜하고 더함. •甜苦 = 달고 씀. •嘗 = 맛보다.
	徑	① 샛길 ② 지나다 ③ 길(방편) ④ 드디어(竟)	行不由**徑**.(論語) 高祖被酒, 夜**徑**澤中.(史記) (註)•被酒 = 술에 취해서. = 中酒 仕官之捷**徑**.(唐書) 不過一斗, **徑**醉矣.(史記)
	疾	① 병(앓다)	若藥不瞑眩, 厥**疾**不瘳.(孟子) (註)•瘳(音추·요) = 병이 낫다. 后嘗久**疾**.(史記)

		② 빠르다	其**疾**如風.(孫子) 疾風知**勁**草.(後漢書) 引兵**疾**走.(史記)
		③ 미워하다	**疾**惡若**讎**.(唐書)
		④ 患苦	牧民者, 必知其**疾**.(管子)
	特	① 홀로	我**特**以三國城從之.(戰國策)
		② 다만	孟嘗君**特**鷄鳴狗盜之雄耳.(十八史)
		③ 특히	此山水之**特**勝處也.(朱熹 文)
		④ 희생의(소)	陳武帝以**特**牛, 祀后土于北郊.(通典) (註)• 后土 = 土地之神. 祭以特羊.(左傳)
	逆	① 거스르다	順天者存, **逆**天者亡.(孟子) **逆**境. 忠言**逆**耳, 利於行.(史記)
		② 맞이하다	與備并力**逆**操.(十八史) (註) •備 = 劉備. •操 = 曹操. •逆 = 逆擊 = 맞이하여 치다. 夫天地者, 萬物之**逆**旅也.(李白) (註)•逆旅 =여관, 손님을 맞이하는 집.
		③ 미리	凡事如是, 難可**逆**料.(諸葛亮, 出師表) 不**逆**詐.(論語) = 속이지 아니할까 하고 미리 추측하지 말 것.
	秖(**祇**)	① 다만	雖有名馬**祇**辱於奴隷人之手.(韓愈)
		② 마침	**祇**結怨而不見德.(漢書)
	從	① 따르다.(좇다.)	雲**從**龍, 風從虎.(易經)
		② 부터	**從**天降, **從**地出.(史記)
		③ 부터서	使問所**從**來.(史記)
		④ 제멋대로(縱)	欲不可**從**.(禮記, 曲禮)
		⑤ 세로(縱)	凌雲健筆意**從**橫.(杜甫) **從**橫說.(戰國策)
	效(効)	① 공적, 효력	追思其功**效**.(漢書)

			捕影繫風, 終無**效**答.(梁書)
		② 본받다	願汝曹**效**之.(後漢書)
		③ 다하다(주다)	此乃臣**效**命之秋也.(史記) (註) ● 效命 = 致命 = 授命 = 목숨을 바치다.
	倍	① 갑절	或相**倍**蓰.(孟子) 功必**倍**之.(孟子) (註) ● 蓰 = 五倍.
		② 배반하다	已而**倍**約, 與趙魏合從.(史記)
	値	① 만나다	適**値**時來運.(陸機)
		② 가치	牛主陳謝, 求還價**直**.(=値)(北史)
		③ 버리다	厭觀而常値.(周邦彦)
	候	① 기후	昏旦變氣**候**.(謝靈運)
		② 때	欲知農桑之**候**.(宋史) **候**鳥 = 계절에 따라 오고 가는 새.
		③ 징조	凡遊氣蔽天, 日月失色, 皆是風雨之**候**也.(宋史)
		④ 기다리다(맞이하다)	稚子**候**門.(歸去來辭)
		⑤ 살펴보다	醫至察其容, **候**其脈.(搜神記) **候館** = 望樓.
		⑥ 문안드리다	伺**候**于門墻者日益進.(韓愈) 日奉**候**于新亭.(宋史)
	害	① 해	興一利, 不若除一**害**.(元史) 以夫子之道反**害**夫子.(孟子)
		② 要塞地	良將勁弩, 守要**害之**處.(賈誼)
		③ 언제, 어찌(曷)	時日害喪.(孟子) (註) ● 害의 音은 갈. ● 時日 = 是日, 이 政權, 즉 夏의 桀을 지칭.
	徒	① 맨	不**徒**行以爲之椁, 以吾從大夫之後, 不可徒行也.(論語) (註) ● 徒行 = 徒步. ● 椁 = 槨(곽). ● 爲 = 作. **徒**手. **徒**步. **徒**涉. **徒**搏.
		② 헛되이	微祿果**徒**勞.(高適 詩) **徒**死. **徒**食. **徒**費.

		③ 무리	修鄕校, 敎生**徒**.(後漢書) 子曰非吾**徒**也. 小子鳴鼓而攻之可也.(論語) 酒**徒**. 釣**徒**. 學**徒**. 門**徒**.
		④ 다만	老大**徒**傷悲.(古詩) **徒**取諸彼以與此.(孟子)
	降	① 내리다(音강) ② 항복하다(音항)	地氣上齊, 天氣下**降**.(禮記) 投戈乞**降**.(唐書)
	索	① 새끼(줄)(音삭)	晝爾于茅, 宵爾**索**綯.(詩經 豳風) (註) • 爾 = 汝. • 于 = 여기에. 桀之力, 制觡伸鉤, **索**鐵歙金.(淮南子) (註) • 觡(격) = 有枝鹿角. • 歙(흡) = 숨을 들이쉬다.
		② 씁쓸하다(音삭)	塞上詩懷尤**索**莫.(詩經 邶經) **索**寞, **索**漠과 같음. **索**莫無言面如土.(詩經 王冕) 秋日蕭**索**, 浮雲無光.(江淹)
		③ 찾다(音색)	探賾**索**隱, 鉤深致遠.(易經 繫辭) (註) • 賾(색) = 깊다. 探**索**. **索**出. **索**引.
	殺	① 죽이다 ② 잊다 ③ 굽다(말리다) ④ 희생	有**殺**身以成仁.(論語) **殺**生者不死.(莊子) 欲**殺**靑簡以寫經書.(後漢書) 牲**殺**器皿衣服不備, 不敢以祭.(孟子) 取鮮**殺**而登廟俎.(宋史)
		⑤ 빠르다(몰리다 音쇄)	混戰逶迤, **殺**到神亭嶺下.(三國志演義) (註) • 逶迤(위이) = 斜行(曲行)貌. **殺**到=힘차게 몰려들다.
		⑥ 덜다(減, 音쇄)	凶荒**殺**禮.(周禮) 非帷裳必**殺**之.(論語) (註) • 帷裳 = 조정의 제복(祭服). • 殺(쇄) = 正幅을 비스듬히 끊어서 꿰매다. 減**殺**.

11획	動	① 움직이다	非禮勿**動**.(論語) 我四十不**動**心.(孟子)
		② 자칫하면	**動**輒得咎.(韓愈 進學解)
	異	① 다르다(다른)	**異**乎三子者之撰.(論語) (註) • 撰(찬) = 갖춘 재주. 獨在**異**鄕爲異客.(王維 詩)
		② 이상하게생각하다	王無**異**於百姓之以王爲愛也.(孟子)
		③ 재앙	乖氣致**異**.(漢書) 遭遇變**異**, 正其事而**異**自消也.(書經)
	惟	① 생각하다	俛而深**惟**.(非有先生論) 思**惟**往古.(漢書)
		② 이(發語辭)	人心**惟**危, 道心**惟**微.(中庸)
		③ 다만(오직)	**惟**酒可以忘憂.(晋書) 只今**惟**有西江月.(李白)
		④ 생각건대	伏**惟**, 聖朝以孝治天下.(陳情表) 伏**惟**時下.
	率	① 이끌다(音솔)	此**率** 獸而食人也.(孟子)
		② 따르다(音솔)	**率**性之謂道.(中庸) **率**由舊章.(詩經, 孟子) (註) • 舊章 = 先王의 典法.
		③ 대개(대강. 音율)	賢愚類相交, 人情之大**率**.(白居易)
		④ 비교하다(音율)	比**率**. 以周**率**乘之.(晋書)
		⑤ 장수(音수)	如邊境有事, 左右之人皆將**率**也.(漢書)
	庸	① 항상	不易之謂**庸**.(中庸) **庸**德之行, **庸**言之謹.(中庸)
		② 쓰이다	舜生三十徵**庸**.(書經) 登**庸**.(書經)
		③ 고용하다	窮困賣**庸**於齊.(漢書) (註) • 庸 = 傭.
		④ 어찌	夫**庸**知其年之先後生於吾乎.(韓愈) **庸**何. **庸**詎.
		⑤ 평범하다. 어리석다	不樂與**庸**輩接.(宋史) 才能不過凡**庸**.(史記)

			庸才. **庸**君. **庸**人. **庸**器.
	焉	① 이것 ② 어찌 ③ 여기에 ④ 어디에 ⑤ 無意味 접미사	晉國天下莫强**焉**.(孟子) 割鷄**焉**用牛刀.(論語) 心不在**焉**, 視而不見.(大學) 復駕言兮**焉**求.(歸去來辭) (註)•言 = 助詞. 殺女璧其焉往.(左傳) (註)•女 = 汝. 四時行**焉**, 百物生**焉**.(論語) 忽**焉**. 洋洋**焉**.(형용사 밑에 붙음.)
	庶	① 가깝다 ② 원하건대 ③ 뭇(衆) ④ 첩의 아들	回也其**庶**乎.(論語) (註)•回 = 공자 제자 顔淵. 顔氏之子其殆**庶**幾乎.(易經) (註)•庶幾 = 庶. **庶**竭駑鈍, 攘除姦凶.(十八史) **庶**民子來.(詩經, 孟子) **庶**子. **庶**兄. **庶**母.
	將	① 장차 ~하려고 한다 ② 가지고 ③ 거느리다 ④ 장수 ⑤ 또 ⑥ 나아가다	鳥之**將**死, 其鳴也哀.(論語) **將**主人酒食作人情.(李義山) 陛下不能**將**兵, 而善**將**將.(史記) **將**門必有**將**.(史記) 寧誅鋤草茆以力耕乎. **將遊**大人以成名乎.(屈平) 日就月**將**.(詩經)
	孰	① 누구(가) ② 어느 것	**孰**能一之.(孟子) (註)•一 = 통일하다. 是可忍也, **孰**不可忍也.(論語) 與其有譽於前, **熟**若無毁於其後.(韓愈) 與其有譽於前, **熟**與無毁於其後.(史記)
	假	① 빌리다(借) ② 빌려주다(貸)	狐**假**虎威.(戰國策) **假**寇兵, **齎**盜糧.(十八史) (註)•**齎**或作資.

		③ 만일	**假**濟爲之乎.(列子) (註) • 濟 = 救濟. **假**令韓信學道, 謙讓不伐已功.(史記) (註) • 伐 = 자랑하다. • **假**若 = **假**說 = **假**令 = **假**使 = **假**如.
	累	① 겹치다 ② 자주 ③ 귀찮게 하다	西伯積善**累德**.(史記) (註) • 西伯 = 周文王. 危於**累**卵.(史記) (註) • 於 = ~보다.(비교) **累**遷諫大夫丞相司直, 歲中三遷官.(漢書) **累**進. 不矜細行終**累**大德.(書經) (註) • 矜 = 愼. 惡欲喜怒哀樂六者**累**德也.(莊子) 不以家**累**隨.(小學) (註) • 家累 = 家族.(妻子奴僕) 神淸則外**累**不入.(劉勰)
	規	① 컴퍼스(자) ② 법 ③ 바루다 ④ 헤아리다 ⑤ 경계 짓다	欲知方圓, 則必**規**矩.(呂氏春秋) 不以**規**矩不能成方員.(孟子) (註) • 規 = 컴퍼스. • 矩 = 자. • 員 = 圓. 創業垂統, 爲萬世**規**.(司馬相如) **規**則. **規**範. **規**律. 德業相勸, 過失相**規**.(王守仁) **規**求無度.(左傳 昭公二六) 爲曹操耳目, **規**圖益州.(蜀志) **規**方千里以爲甸服.(國語) (註) • 甸服 = 五服의 하나. 周代 王都로부터 500리 이내의 天子 直屬地.
	陰	① 그늘 ② 흐리다	隨樹**陰**諷誦.(北史) **陰**陽. 以**陰**以雨.(詩經) **陰**雨時之餘.(蒙求)

		③ 시간	大禹惜寸**陰**.(晋書) 一寸光**陰**不可輕.(朱熹)
		④ 남모르게	知伯**陰**約韓魏將以伐趙.(韓非子) 有**陰**德者, 必有陽報.(淮南子)
		⑤ 남쪽(水之南)	殘雲漠漠半川**陰**.(陸游) 淮**陰**,(淮水之南). 渭**陰**. ※ 水之北曰陽. 渭陽.(渭水之北) 淮陽.(淮水之北)
		⑥ 북쪽(山之北)	山南曰陽, 山北曰**陰**.(郊祀志) 子居五湖**陰**.(陸雲) ※ 洛陽(唐의 都名在洛水之北) = 京都의 雅稱. 渭陽.(渭水之北) ※ 渭陽 = 외삼촌. 我送舅氏曰至渭陽.(詩)로부터 나왔음.
		⑦ 등(뒤)	掛名爭欲刻碑**陰**.(蘇軾) (註) • 掛名 = 登科者名簿에 오름. 余家所錄漢碑**陰**題名頗多.(集古錄)
	速	① 빨리(빠르.)	非求益者也, 欲**速**成者也.(論語) **速**於置郵而傳命.(孟子)
		② 부르다(招)	有不**速**之客三人來.(易經) 去順効逆, 所以**速**禍也.(左傳)
	陳	① 벌려놓다	**陳**俎豆設禮容.(史記) **陳**列. (註) • 俎豆 = 祭器. • 禮 = 敬虔.
		② 오래되다(묵다)	新穀熟而**陳**穀虧.(呂覽) **陳**陳相因.(十八史) **陳**腐. 新**陳**代謝.
		③ 말하다	奉表**陳**謝.(南史) **陳**述. **陳**情.
		④ 陣의 뜻	衛靈公問**陳**於孔子.(論語) (註) • 陳 = 陣 = 軍隊行列.
		⑤ 國名, 人姓	**陳**蔡之厄. **陳**平.
	頃	① 이랑(百畝)	使我有洛陽負郭田二**頃**.(十八史)

			(註) • 負郭田 = 성에 가까운 沃土.
			凌萬**頃**之茫然.(赤壁賦)
			萬**頃**蒼波.
		② 요즘	**頃**積雪凝寒.(王羲之)
			頃日. **頃**者.
		③ 잠깐	有**頃**而病.(史記)
			頃之, 又一人告曰, 曾參殺人.(戰國策)
			少**頃**. **頃**刻. **頃**焉.
	乾	① 하늘	**乾**爲天, 坤爲地.(易經)
			乾坤.
		② 굳세다	奮發**乾**剛, 嗣承天統.(歐陽脩 表)
			乾德.
		③ 마르다(音간)	火本**乾**燥.(易經 疏)
			乾魚. **乾**脯.
	宿	① 머무르다(잠자다)	黃泉無一店, 今夜**宿**誰家.(成三問)
			不藏怒焉, 不**宿**怨焉.(孟子)
			宿舍.
		② 오래되다(묵은)	桃紅復含**宿**雨, 柳綠更帶朝烟.(王維 詩)
			宿昔青雲志, 蹉跎白髮年.(張九齡 詩)
			宿願. **宿**醉. **宿**學(積學之人).
		③ 상직(上直)	**宿**直.
			百官番**宿**爲**宿**直.(遼史)
		④ 별자리(音수)	辰**宿**列張.(千字文)
			二十八**宿**. 星**宿**.
12획	備	① 갖추다	無求**備**於一人.(論語)
			氣**備**孟軻之剛大.(蘇軾)
			百物旣**備**.(禮記)
		② 자세히(빠짐없이)	負母逃難, **備**經險阻.(小學)
			農事**備**收.(禮記)
	爲	① 위해서	**爲**人謀而不忠乎.(論語)
			楊子取**爲**我.(孟子)
		② 하라	吉人**爲** 善惟日不足.(書經)

		③ 되다 箕子**爲**之奴.(十八史) 禹**爲**人敏給克勤.(史記) ④ 만들다 **爲**山九仭功虧一簣.(書經) ⑤ 다스리다 顔淵問**爲**邦.(孟子) 何以**爲**民.(左傳) ⑥ 생각하다 而子**爲**我願之乎.(孟子) 伏以**爲**,佛者夷狄之一法耳.(韓愈) ⑦ 삼다 王者以民**爲**天, 民者以食**爲**天.(史記) ⑧ 체하다(흉내내다) 佯**爲**不知永巷而入其中.(史記) (註) • 永巷 = 궁녀의 처소. ⑨ ~되다(被動) 父母宗族皆**爲**殺戮.(史記) ⑩ 배우다 子謂伯魚曰女**爲**周南召南矣乎.(論語) ⑪ 행위 羞前之**爲**.(韓愈) 欲泣則**爲**近婦人.(十八史)
	然	① 타다(燃의 本字) 山靑花欲**然**.(杜甫) 燭**然**公鬚以袖揮之, 作書如故 (宋史, 韓魏公傳) ② 그렇다 是魯孔丘之徒與, 對曰**然**.(論語) **然**則(그러면). 雖**然**(그러나). **然**而(그리고). **然**後(그런 뒤에). ③ 句末에 붙는 접미사 不得其死**然**.(論語) 焉과 같다. ④ 형용사 밑에 붙는 접미사 泰**然**. 悠**然**. 欣**然**.
	就	① 나아가다 所**就**者三, 所去者三.(孟子) **就**學. **就**職. ② 되다 成**就**. 日**就**月將.(詩經) (註) • 就 = 成. • 將 = 進. ③ 곧 **就**加詔許之.(晋書) ④ 꾀하다 忍小念而**就**大謀.(文章軌範) ⑤ 가령 **就**其善鳴者, 其聲淸以浮.(韓愈, 送孟東野序) **就**令. **就**使.
	須	① 모름지기 ~해야 한다 學者**須**是務實.(近思錄) ② 의지하다 惟兄軾一人, 相**須**爲命.(蘇轍)

			(註) •相須爲命 = 서로 의지하여 이 세상에 살고 있다.
		③ 쓰다(要하다)(用)	世人結交**須**黃金.(張謂)
			萬綠叢中紅一點, 動人春色不**須**多.(王安石 石榴詩)
		④ 기다리다	人涉卬否, 卬**須我**友.(詩經)
			(註) • 卬(앙) = 我.
		⑤ 잠깐(즉시)	不待**須**.(荀子)
			道也者, 不可**須**臾離也.(中庸)
			禮樂不可斯**須**去身.(禮記)
	幾	① 얼마(시간이 지나다)	雨來未**幾**更嫌多.(古詩作者未詳)
			未**幾**竟踐其位.(晋書)
		② 몇	少壯**幾**時兮, 奈老何.(秋風辭)
		③ 원하다(원하건대)	毋**幾**爲君.(史記)
			庶**幾**改之.(孟子)
		④ 가깝다	月**幾**望.(易經)
			顔氏之子, 其殆庶**幾**乎.(易經)
			(註) •공자의 道에 거의 가깝다.
			•庶幾 = 庶
			※ 子曰, 回也其**庶**乎.(論語)
		⑤ 거의	沛公**幾**殆.(漢書)
		⑥ 징조(조짐)	君子見**幾**而作.(易經)
			知**幾**其神乎.(易經)
	間(=閒)	① 간격을 두다(이간질하다)	**間**歲而給.(漢書)
			(註) •間歲 = 隔歲.
			讒人**間**之.(史記)
		② 남모르게	請**間**行而言之.(史記)
		③ 사이	天地之**間**物各有主.(蘇軾)
		④ 잠깐	立有**間**.(列子)
		⑤ 섞다	衣正色, 裳**間**色.(禮記)
		⑥ 요즘	**間**者關東五穀不登.(史記)
		⑦ 헐뜯다	人不**間**於其父母昆弟之言.(論語)

		⑧ 한가하다(音한)	小人**閒**居爲不善.(大學) **閒**雲野鶴. **閒**人勿入.
	短	① 짧다 ② 헐뜯다 ③ 결점	身長三尺, **短**之至也.(史記) 度然後知長**短**.(孟子) 上官大夫**短**屈原於頃襄王.(史記) 好議論人長**短**.(小學) 以臣愚**短**當此至難.(晋書)
	尋	① 찾다 ② 八尺 ③ 쓰다(用) ④ 계속하다(이어서)	落花芳草無**尋**處, 萬壑千峰獨閉門.(劉長卿) 枉尺而直**尋**.(孟子) 將**尋**師焉.(左傳) 日**尋**干戈, 以相征討.(左傳) 後趙石勒稱天王**尋**稱帝.(十八史) (註) • 石勒 = 後趙 第一世天子.
	勝	① 이기다 ② 낫다(좋다) ③ 다(전부) ④ 견디다	質**勝**文則野.(論語) 綠陰幽(或芳)草**勝**花時.(王安石) **勝**地本來無定主.(白居易) 不違農時, 穀不可**勝**食.(孟子) 執圭鞠躬如也, 如不**勝**.(論語) (註) • 圭 = 홀(笏), 瑞玉, 제후의 符信.
	傷	① 다치다(상하다) ② 아프다. ③ 슬픔에 빠지다	**傷**弓之鳥聞弦音烈而高飛.(戰國策) 君子不重**傷**.(左傳) 負**傷**. **傷**害. 我心**傷**悲.(詩經) 少壯不努力, 老大徒**傷**悲. (註) • 古詩 作者未詳, 中國 最新 國文敎科書, 春日謠, 或云 沈約作. 悲莫痛於**傷**心.(戰國策) 哀而不**傷**.(論語)
	曾	① 일찍이 ② 곧 ③ 더하다(增)	今月**曾**經照古人.(李白) 爾何**曾**比予管仲.(孟子) **曾**益其所不能.(孟子)

		④ 祖父母之父母 (孫之子)	**曾**祖父(母). **曾**孫.
	惡	① 헐뜯다	人**惡**之於燕王.(戰國策)
		② 미워하다	惟仁者能好人, 能**惡**人.(論語)
		③ 나쁘다(音악)	**惡**衣**惡**食.(論語) 善**惡**皆我師.(論語)
		④ 어찌	以小易大, 彼**惡**知之.(孟子) 君子去仁, **惡**乎成名.(論語) 天下**惡**乎定.(孟子)
		⑤ 아-(감탄)	**惡**, 是何言也.(孟子)
	單	① 홑	葛巾**單**衣.(北史) **單**絲不成綿.(水滸傳) 酒不**單**杯.(俗談)
		② 홀로	微服**單**行.(後漢書)
		③ 匈奴의 이름(音선)	**單**于欲降之.(十八史) **單**父(선보)人呂公, 好相人.(十八史) (註)•相 = 觀相하다.
	復	① 회복하다(돌아오다)	昔減半者, 可悉**復**舊.(宋書) 日入**復**其位, 日**復**歸.(左傳) **復**讎.
		② 되풀이하다	南容三**復**白圭.(論語) 反**復**.
		③ 다시(音부)	**復**駕言兮焉求.(歸去來辭) **復**活. **復**興. 桃紅**復**含宿雨.(王維, 田園樂詩)
13획	愈	① 낫다(勝)	女與回也孰**愈**.(論語) 丹之治水也, **愈**於禹.(孟子)
		② 더욱	盛德**愈**大而謙光益深.(柳宗元 表)
		③ 낫게 하다(癒)	人皆知以食**愈**飢, 不知以學**愈**愚.(荀子, 說苑)
	與	① 주다	將欲取之, 必姑**與**之.(戰國策) 授**與**.

		② 참여하다	王天下, 不**與**存焉.(孟子)
		③ 보다는 차라리	禮**與**其奢也寧儉.(論語)
		④ 와(접속사)	富**與**貴, 是人之所欲也.(論語)
		⑤ 더불어	四時佳興**與**人同.(程顥)
			歲不我**與**.(論語)
			相**與**偕出.(左傳)
		⑥ 한 패가 되다	以相歡狎, 爲相**與**.(小學)
			與黨.
			其應者必其人之**與**也.(韓愈)
		⑦ 의문, 단정사	君子人**與**, 君子人也.(論語)
			孝弟也者, 其爲仁之本**與**.(論語)
		⑧ 동의하다	吾**與**汝弗如也.(論語)
		⑨ 위해서	嘗**與**人傭耕.(十八史)
			(註) • 옛날에는 爲와 통용.
		⑩ 평화롭다(조용해지다)	內冠不**與**, 外敵不可拒.(戰國策)
	道	① 말하다	非先王之法言, 不敢**道**.(孝經)
			孟子**道**性善, 言必稱堯舜.(孟子)
		② 인도하다	**道**之以德.(論語)
			(註) • 道 = 導.
		③ 도리(道理)	**道**在邇而求諸遠.(孟子)
		④ 다스리다	**道**千乘之國, 敬事而信.(論語)
			(註) • 敬事而信 = 매사를 조심하고 성실해야 한다.
		⑤ 거치다(由)	諸使者**道**長安而來.(漢書)
			尊德性而**道**問學.(中庸)
			(註) • 자기의 덕성을 존중하고 그것을 확충하는 데는 학문에 의한다.
			學者必愼其所**道**.(韓愈)
	微	① 남모르게	始皇**微**行咸陽.(史記)
			微服. **微**步.
		② 조금(가늘다)	含喜**微**笑.(登徒)
			小亭閒眠**微**醉消.(李商隱)
			微風燕子斜.(杜甫)

			微力. **微**溫的.
		③ 아니다	**微**管仲, 吾其被髮左衽矣.(論語)
			微我無酒, 以敖以遊.(詩經 邶風)
		④ 감추다	其徒**微**之.(左傳)
		⑤ 비천(卑賤)하다	子思臣也**微**也.(孟子)
			微賤.
	資	① 자질(자격)	天**資**英邁.(宋史)
			其**資**性端正如此.(漢書)
			資禀. **資**格.
		② 돕다	以**資**敵國.(史記)
			資治通鑑.(書名)
			不善人者, 善人之**資**.(老子)
		③ 재물	**資**財. 糧**資**.
		④ 밑천	**資**本. **資**金. 放**資**.
		⑤ 의탁하다(취하다)	大哉乾元, 萬物**資**治.(易經)
	鳩	① 비둘기	維鵲有巢, 維**鳩**居之.(詩經)
			(註) • 처가 남편의 집을 제집으로 하는 비유.
		② 모으다	**鳩**良材.(金陵文)
			鳩合同志, 以謀王室.(陸機)
			鳩首會談.
		③ 편하게 하다	君釋三國之圖, 以**鳩**其民.(左傳)
			(註) • 釋 = 버리다.
			• 三國 = 宋·衛·鄭
	塗	① 진흙	如以朝衣朝冠坐於**塗**炭.(孟子)
		② 몹시 곤궁함	王室蕩覆, 烝民**塗**炭.(資治通鑑)
			(註) • 烝民 = 민중. 烝 = 衆.
		③ 길(途)	道聽而**塗**說, 德之棄也.(論語)
			塗不拾遺.(史記)
		④ 흙투성이가 되다	肝腦**塗**地.(漢書)
		(더럽히다)	(註) • 肝과 腦가 흙투성이 되다. 敗滅을 의미함.
			一敗**塗**地.(日本外史)
		⑤ 바르다(칠하다)	長劍皆玉具, 短笛悉銀**塗**.(吳均)

			后雖春秋高善自**塗**澤, 雖左右, 不悟其衰.(新唐書) **塗**裝.
		⑥ 긁어 고치다	點竄堯典舜典字, **塗**改淸廟生民詩.(李商隱 讀韓碑詩) (註) • 塗竄 = 改竄. • 韓碑 = 韓愈의 平淮西碑.
	過	① 허물	賞以勸功, 罰以懲**過**.(戰國策) 聖人且有 **過**與.(孟子) **過**惡(악). **過**誤.
		② 잘못하다	**過**則勿憚改.(論語)
		③ 지나치다	**過**分. **過**勞. **過**稱. **過**猶不及.(論語)
		④ 꾸짖다	聞將軍有 意督**過**之.(史記)
		⑤ 지나가다	伯樂一**過**冀北之野, 而馬群遂空.(韓愈) (註) • 伯樂 = 周人 孫陽. 善相馬者. 傳說之人物. • 冀北 = 冀州의 북방. 말 명산지. • 馬群遂空 = 良馬의 뜻. 良馬가 다 뽑혀 없어진다. 雲淡風輕近午天, 傍花隨柳**過**前川.(程顥) 光陰百代之**過**客.(李白) **過**去. 經**過**.
	著(着)	① 나타나다(현저하게)	威名遠**著**.(魏書) 顯**著**. **著**名.
		② 나타내다	以淸談**著**名于時.(晋書) 累**著**淸績.(南史) (註) • 累 = 자주. • 淸績 = 깨끗한 공적.
		③ 표시하다	皆明**著**於明堂.(淮南子) **著**作. **著**述. **著**書.
		④ 붙다(音착)	執**着**. 膠**着**. 沈**着**. **着**手. 到**着**.
		⑤ 입다(音착)	童子禮不宜**著**裘.(禮記) **着**服. **着**用.
		⑥ 꽃이 피다(音착)	繁條偏是**著**花遲.(趙彦昭 詩) (註) • 繁條 = 무성한 나뭇가지.

			• 徧(遍)是 = 다 이 = 總是, 詩語. 來日綺窓前, 寒梅**著**花未.(王維)
	運	① 운반하다 ② 돌다 ③ 계략을 꾸미다 ④ 운수	朝**運**百甓於齋內.(晋書) 日月**運**行, 一寒一暑.(易經 註) 海**運**則將 徙于南冥.(莊子) **運**籌帷幄之中.(史記) 人命長短繫**運**數.(白居易) 天**運**. **運**命.
	賈	① 사다(買)(=沽) ② 구하다. 부르다 ③ 팔다(賣)(=沽) ④ 상인 ⑤ 값(音가) ⑥ 姓(音가)	長袖善舞, 多錢善**賈**.(韓非子) **沽**酒野店多和水.(古詩) 周諺有之, 匹夫無罪, 懷玉其罪. 吾焉用此, 其以**賈**害也.(左傳 桓公十年) (註) • 吾焉用此, 其以賈害也 = 내 어찌 이런 일을 해서 그 때문에 해를 초래하겠는가? 求善賈而**賈**(沽)諸.(論語) 良**賈**深藏若虛.(史記) 求善**賈**而**沽**諸.(論語) 我待**賈**者也.(論語) **賈**島.(唐 詩人)
	滑	① 미끄럽다 ② 지혜롭다(音골) ③ 물 흐르는(音골)	潤**滑**. **滑**走. 使有罪者緣之, 足**滑**跌墜火中.(書經 疏) **滑**稽多智.(史記) 涌泉**滑滑**, 流行不絕.(易林)
14획	嘗	① 맛보다 ② 시험하다 ③ 경험하다 ④ 일찍이	臥薪**嘗**膽.(史記) 疑則少**嘗**之.(戰國策) 我雖不敏請**嘗**試之.(孟子) 險阻艱難備**嘗**之.(左傳) (註) • 備 = 빠짐없이. 孔子**嘗**爲委吏矣.(孟子) (註) • 委吏 = 倉庫係員. 吾**嘗**爲隴西守.(史記)

	輒	① 곧	五嫁而夫**輒**死.(漢書) (註) • 輒 = 본래는 每事卽然의 뜻.(그때마다 곧) 有爭訟**輒**求判正.(蒙求)
		② 쉽게	旣**輒**加之, 又**輒**赦之, 則自侮其法而人不畏.(歐陽脩)
	稱	① 일컫다	孟子道性善, 言必**稱**堯舜.(孟子) 子者男子之通**稱**也.(孟子)
		② 칭찬하다	君子**稱**人之善.(禮記) 仲尼亟**稱**水曰, 水哉水哉.(論語)
		③ 저울질하다(달다)	**稱**物平施.(易經) 劉眞長爲**稱**藥.(世說新語) 權**稱**.
		④ 맞다	彼其之子, 不**稱**其服.(詩經, 小學) 錦衣九重, 高臺廣室, **稱**此以求天下不足矣.(十八史略)
		⑤ 들다(일으키다.)	孟春之月, 不可以**稱**兵.(禮記) (註) • 稱病 = 擧兵.
	爾	① 너	出乎**爾**者, 反乎**爾**者也.(孟子)
		② 그	**爾**後. **爾**時. 謂學不暇者, 雖暇亦不能學矣.(淮南子)
		③ 뿐(助詞)	鬱陶思君**爾**.(孟子) (註) • 鬱陶 = 너무 그리워서 숨이 막힐 지경이다.
		④ 이렇게(약한 뜻)	不知老之將至云**爾**.(論語)
		⑤ 이렇다	何爲乃**爾**也.(晋書)
		⑥ 이처럼	非天之降才**爾**殊也.(孟子)
		⑦ 가깝다(=邇)	道在**邇**,而求諸遠.(孟子)
	寧	① 편안하다	萬國咸**寧**.(易經)
		② 차라리	**寧**爲鷄口, 無爲牛後.(十八史) **無寧**死於二三子之手乎.(論語) (註) • 無寧 = 寧.
		③ 정중하게	輒丁**寧**曉以義理.(北齊書)
		④ 어찌	**寧**可以馬上治之乎.(史記)

	維	① 벼리(대강)	**略擧綱維**.(史記) 是猶度江河亡**維**楫.(漢書) (註) • 度 = 渡. • 亡 = 無. • 楫 = 노. 四**維**不張, 國迺滅亡.(管子) (註) • 四維 = 禮義廉恥 卽 國家의 綱維, 또는 四方의 구석의 뜻. 乾坤艮巽.
		② 잇다(연결)	我行逢日暮, 弭棹獨**維**舟.(陳子良 詩) (註) • 弭(미) = 止也. • 維舟 = 繫舟. **維**持.
		③ 구석	四**維**. [乾(西北), 坤(西南), 艮(東北), 巽(東南)]
		④ 이(惟)(發語辭)	古人爲善**維**日不足.(書經) **維**鵲有巢, **維**鳩居之.(詩經)
		⑤ 다만(惟)	非**維**下流水多邪.(荀子)
	遜	① 숨다(달아나다)	吾家耄, **遜**于荒.(書經) 我念殷亡, 發疾生狂, 在家耄亂, 故欲遯出於荒野.(書經)
		② 따르다	百姓不親, 五品不**遜**.(書經) (註) • 五品 = 五倫. 將**遜**于位.(書經)
		③ 사양하다. 공손하다	內主忠信, 外行**遜**悌.(李退溪 啓蒙篇)
	遣	① 내보다(파견하다)	**遣**歸故郡.(漢書) 派**遣**.
		② 하여금 하게하다(使)	乃**遣**張良往立信爲齊王.(史記) (註) • 立信 = 성실한 도리를 지키다.
	蓋	① 뚜껑(덮개)	硯**蓋**. 傾**蓋**而語終日.(孔子家語) (註) • 傾蓋 = 日傘을 비스듬하게 세워놓다. ※ 傾**蓋**如舊.(一面如舊란 말이 여기서 나왔다.)
		② 덮다	丈夫**蓋**棺事方定.(晋書) (인간의 가치는 죽은 뒤에 확정된다는 뜻) 力拔山兮, 氣**蓋**世.(史記)
		③ 대개(대저)	**蓋**上世嘗有不葬其親者.(孟子) **蓋**有不知而作之者.(論語)

			(註) ●蓋는 일종의 의문 또는 推量辭.(있었을 것이다. 있었을는지 모른다의 뜻)
		④ 何不(盍과 같다. 音합)	王欲行之, 則**蓋**反其本矣.(孟子)
	說	① 기뻐하다(悅로 通)	衆庶翕然莫不**說**喜.(漢書) 學而時習之, 不亦**說**乎.(論語)
		② 말하다	**說**破. **說**服. **說**話. 宰我子貢善爲**說**辭.(孟子)
		③ 달래다(音세)	**說**大人則藐之.(맹자) (註) ●藐(막) = 경솔히 보다. 귀인을 설득시킬 때는 상대를 얕보고 덤벼들어야 한다. 즉 상대방의 신분에 말려 들어가서는 성과를 거두지 못한다. 遊**說**. **說**客.(遊說하는 사람)
15획	適	① 가다	賓孟**適**郊, 見雄鷄自斷其尾.(左傳) (註) ●郊 = 시골.
		② 마음대로 하다	以漁釣自**適**.(漢書)
		③ 들어맞다	士之特立獨行, **適**於義而已.(韓愈, 伯夷頌)
		④ 마침	高祖**適**從旁舍來.(史記) (註) ●旁=傍. 旁舍=곁에 붙어있는 작은 집. ●從=自(부터).
		⑤ 우연히	**適**會山林多人.(史記)
		⑥ 즐기다	**適**人之**適**.(莊子)
		⑦ 다만	飮食之人無有失也, 則口腹豈**適**爲尺寸之膚哉.(孟子) (註) ●飮食之人 = 음식을 탐내는 사람, 소위 取食客. ●無有失 = 체면을 지킬 줄 안다.
		⑧ 專一하다.(專主)	君子之於天下也. 無**適**也. 無莫也. 義之與比.(論語) (註) ●適 = 專主. ●莫 = 不肯. ●比 = 從.
	數	① 자주(音삭)	事君**數**斯辱矣.(論語)

			祭不欲**數**, **數**則煩.(禮記)
		② 수를 세다(音수)	餘者碌碌莫足**數**.(漢書)
			數量. 無**數**.
			(註) • 碌碌 = 平凡貌.
			使吏**數**之.(左傳)
		③ 운수	人命長短繫運**數**.(白居易)
		④ 責罰하다	斬郡丞高德儒**數**之.(十八史)
			(註) • 郡丞 = 郡의 次官.
		⑤ 빽빽하다(音촉)	**數**罟不入洿池, 魚鼈不可勝食也.(孟子)
			(註) • 數罟(촉고) = 눈이 촘촘한 그물.
	暴	① 난폭하다	凶歲子弟多**暴**.(孟子)
			亂**暴**. **暴**君. 以**暴**易**暴**.(史記)
		② 황폐하게 하다	田不以禮, 曰**暴**天物.(禮記)
			(田獵을 절제하지 않으면 천연산물을 황폐하게 한다.)
		③ 갑자기	疾風**暴**起.(易林)
		④ 어지럽게 하다	持其志無**暴**其氣.(孟子)
			(註) • 志氣之帥也, 氣體之充也, 志至焉, 氣次焉.
		⑤ 드러내다(音폭)	**暴**之於民, 而民受之.(孟子)
			(註) • 之는 舜帝를 지칭.(堯帝가 舜을 군주의 後補者로서 민중에게 드러내 보여 주었던바 민중이 이를 환영했다는 뜻.)
			暴露.
		⑥ 바래다(볕에 쐬다 =曝)	秋陽以**暴**之.(孟子)
			晝**暴**諸日.(周禮)
			一日**暴**之, 十日寒之.(孟子)
	樂	① 음악(연주하다)	巫醫**樂**師百工之人, 不恥相師.(韓愈 師說)
			樂樂(孟子). **樂**隊. **樂**譜. **樂**器.
		② 성(姓)	**樂**正子(孟子弟子). **樂**毅(燕人 政治家).
		③ 즐기다	獨樂**樂**, 與人樂**樂**孰**樂**.(孟子)
			(註) • 樂樂(악락) = 음악을 연주하며 즐기다.
			發憤忘食, **樂**以忘憂.(論語)

			有朋自遠方來, 不亦樂乎.(論語)
			苦樂. 樂觀.
			樂歲. [즐거운 해 즉 풍년. 樂歲終身飽.(孟子)]
		④ 郡名	樂浪(낙랑).
		⑤ 人名	伯樂.(姓孫, 名陽, 周人, 善相馬者.)
		⑥ 좋아하다(音요)	仁者樂山, 知者樂水.(論語)
	質	① 물건	物質. 形質.
		② 바탕(근본)	本質. 素質.
			君子義以爲質.(論語)
		③ 소박하다	休爲人質朴訥言.(後漢書)
			(註) • 休=人名 何休.
			質素. 實質的.
		④ 따지다	質問. 質責. 質疑.
		⑤ 저당(잡다.)	質子(人質). 質權. 質物.
		⑥ 폐백(=贄 音지)	委質爲臣.(晋語)
16획	遺	① 잊어버리다	棄予如遺.(詩經)
		② 떨어뜨리다	道不拾遺.(史記)
		③ 버리다	遺失. 遺棄憂患.(蘇轍 文)
		④ 잃다	功不遺矣.(漢書)
		⑤ 남기다	遺臭萬載.(漢書)
			遺業. 遺物. 遺風.
		⑥ 주다(贈)	爾有母遺, 繄我獨無.(左傳)
			(너는 고기 국을 줄 어머니가 있는데 나만 없구나!)
			(註) • 繄(예) = 嘆辭.
	謂	① 이르다	此之謂大丈夫.(孟子)
			其斯之謂與.(論語)
			所謂故國者, 非謂有喬木之謂也.(孟子)
			(註) • 喬木之謂 = 여기 謂는 '뜻한다'의 뜻.
		② 생각하다	未窮靑之技自謂盡之矣.(列子 湯問)
			(註) • 靑= 秦靑(人名)
	諸	① 모든	諸行無常.(佛語)
			(註) • 諸行 = 우주간의 萬有. 行=변천유동의 뜻.

			諸君. **諸**賢.
		② 이것을(之於)	君子求**諸**己.(論語) (註) • 諸 = '之於', '之乎' 의 뜻. 〈之乎〉 - 예: 武王伐紂有**諸**.(孟子) (주의) 따로 '乎'를 덧붙이는 수도 있다. 예: 信有諸乎.(史記) (註) • 信 = 정말로.
		③ 無意 助詞	日居月**諸**, 出自東方.(詩經) ※ 日月을 居諸라고 한다.
		④ 複姓	**諸**葛孔明(亮).
	稽	① 이르다	大浸**稽**天而不溺.(莊子) (註) • 大浸 = 洪水. **稽**顙. **稽**首.
		② 머무르다	何足久**稽**天下士.(後漢書) 由是事頗**稽**滯.(北史)
		③ 생각하다(상고하다)	曰若**稽**古帝堯.(書經 堯典) (註) • 曰若 = 發語辭, 여기서. **稽**古篇.(小學) **稽**疑.(書經) (의혹을卜筮로써 풀다.)
	豫	① 놀다(즐기다)	一遊一**豫**爲諸侯度.(孟子) (註) • 豫 = 樂. • 度 = 法度. 模範. 吾王不**豫**, 吾何以助.(孟子)
		② 미리	君子思患而**豫**防之.(易經) **豫**備. **豫**算.
		③ 참여하다	亦來**豫**盟.(後漢書) **豫**參謀略.(晋書)
	龜	① 거북	麟鳳**龜**龍謂之四靈.(禮記) 介蟲三百六十**龜**爲之長.(禮記)
		② 모범	**龜**鑑.
		③ 손이 터지다(音균)	宋人有善爲不**龜**手之藥者.(莊子) (註) • 爲 = 만들다.

			破袖流風手**龜**裂.(韓駒)
		④ 나라, 땅이름(音구)	**龜**玆(西域屬國). 龜尾(慶北).
17획	濟	① 건너다	**濟**河而西.(史記) 以其乘輿, **濟**人於溱洧.(孟子) (註)•溱(진)·洧(유) = 鄭國(하남성)에 있는 水名.
		② 되다	以人從欲鮮**濟**.(左傳) (욕심대로 하면 되는 일이 적다.)
		③ 하다	世**濟**其美, 不隕其名.(左傳) (자손이 대대로 父祖의 업을 잘 이어서 착한 일을 하면 가문의 이름을 떨어뜨리지 않는다.)
		④ 구제하다	性剛毅有大節, 常懷**濟**世志.(後漢書) 尙克相子, 以**濟**兆民.(書經)
		⑤ 쓰다(사용)	臼杵之利, 萬民以**濟**.(易經)
	縱	① 하고 싶은 대로	欲不可**縱**. 放**縱**. **縱**覽. **縱**欲.
		② 세로	**縱**橫. **縱**斷. 凌雲健筆意**縱**橫.(杜甫 詩)
		③ 놓다	從下**縱**火焚廩.(史記) **縱**矢三百步, 四發而二中.(唐書)
		④ 허용(용서)하다	固天**縱**之將聖.(論語) **縱**囚論.(歐陽脩)
		⑤ 비록	且予**縱**不得大葬, 予死於道路乎.(論語) **縱**彼不言, 籍獨不愧於心乎.(十八史略) (註)•籍 = 項羽. 世人結交須黃金, 黃金不多交不深, **縱令**然諾暫相許, 終是悠悠行路心.(張謂 詩) (註)•縱 = 縱令 = 假令 = 假使.
	薄	① 깔보다	骨肉還相**薄**.(左思) 當世嘲**薄**之.(唐書)
		② 얇다	如履**薄**氷.(詩經) 德**薄**而位尊.(易經) 薄**薄**酒勝茶湯.(蘇軾)

			薄利多賣. **薄**俸. 輕**薄**. **薄**福. 躬自厚而**薄**責於人.(論語)
		③ 다가오다(切迫)	欲觀其裸浴. **薄**而觀之.(左傳) 肉**薄**. **薄**暮(日將落).
		④ 잠깐(약간)	**薄**澣我衣.(詩經) (註) • 澣(완) = 浣(완) = 옷을 빨다. 采采芣苢, **薄**言采之.(詩經) (註) • 言 = 助詞 = 여기서. • 采 = 採. • 芣苢(苡)(부이) = 車前草, 질경이.
	邀	① 맞이하다 ② 구하다	擧杯**邀**明月.(李白) 處世不必**邀**功.(菜根譚)
	擧	① 들다	力足以**擧**百鈞.(孟子) 壹**擧**足而不敢忘父母.(禮記) **擧**頭望山月, 低頭思故鄕.(李白)
		② 남김없이(전부)	**擧**世皆濁.(古文眞寶) **擧**國內閣. **擧**族的.
		③ 다	事物之理**擧**集目前.(古文眞寶)
		④ 행동	一**擧**一動. **擧**止.
	彌	① 넓다	**彌**祀天地社稷.(周禮) **彌**滿. **彌**漫.
		② 시간이 걸리다	太傅之計, 曠日**彌**久.(史記) (註) • 太傅 = 三公의 하나, 天子를 보좌하는 官史. • 曠日 = 헛되게 날을 보내서 오래 시간이 걸리다.
		③ 오래다	我來淹已**彌**.(陶潛) (註) • 淹(엄) = (오래)머무르다.
		④ 더욱	仰之**彌**高, 鑽之**彌**堅.(論語) (註) • 鑽(찬) = 뚫다.
	應	① 응답하다(응하다)	不**應**隱几而臥.(孟子) (註) • 隱 = 기대다. **應**答. **應**戰. **應**募. **應**句輒對.

		② 마땅히 해야 한다	罪**應**誅.(孔子家語) 君自故鄕來, **應**知故鄕事.(王維 詩)
	膺	① 가슴 ② 응징하다(정벌하다) ③ 당하다(받다)	搏**膺**而踊.(左傳) 得一善則拳拳服**膺**而弗失之矣.(中庸) (註) •拳拳 = 조심하는 모양. •服膺 = 가슴 속에 깊이 새기다. 詩云戎狄是**膺**.(孟子) **膺**懲. 誕**膺**天命, 以撫方夏.(書經) (註) •誕=大也. 크게. •方夏 = 四方과 中夏.(중국의 古稱)
18획	**職**	① 직무 ② 맡아보다 ③ 전혀 ④ 貢賦	我竭力耕田, 共爲子**職**而已矣.(孟子) •자식된 도리를 바쳤을 뿐이다. (註) •共 = 供 = 받들다. 六卿分**職**.(書經) 非子**職**之, 其誰乎.(國語) 伯益佐舜禹, **職**掌山與川.(晋書) 無拳無勇, **職**爲亂階.(詩經) 四夷納**職**.(淮南子) 貢**職**不美.(莊子)
	歸	① 돌아오다(돌아가다) ② 시집가다 ③ 보내다 ④ 돌리다 ⑤ 취지(취미)	衆生必死, 死必**歸**土.(禮記) **歸**還. **歸**去來兮, 田園將蕪, 胡不**歸**.(陶淵明) 之子于**歸**.(詩經) (註) •之子 = 此子. •于 = 이에, 助詞. ※ 于歸 = 于禮(신부가 처음으로 시집에 들어감) **歸**孔子豚.(論語) 天子曰, 不然, **歸**之造物.(蘇軾 喜雨亭記) 殊道而同**歸**.(易經 繫辭)
	籍	① 깔다 ② 빌리다(借)	**藉**草待罪.(均志) **藉**用白茅.(易經) 敢不**藉**手以拜.(左傳)

		③ 빌려주다(貸)	**藉**寇兵, 資盜糧.(十八史略)
			(註) •資 = 齎.
		④ 의지하다	可**藉**與謀.(管子)
		⑤ 돕다	**藉**之以樂.(左傳)
		⑥ 가령(假令)	**藉使**有之, 亦皆沙漠不毛之地.(書經)
			藉使子嬰有庸主之材.(賈誼 過秦論)
			(註) •嬰 = 秦의 제2세 왕, 始皇의 아들.
			•庸主 = 평범한 왕. 용렬한 군주.
		⑦ 능가하다	**藉**夫子者, 無毁.(莊子)
		⑧ 난잡하다	國中口語**藉藉**.(漢書)
			名聲**藉**甚. 狼**藉**.
19획	懷	① 마음	其何能無介然於**懷**乎.(韓愈 送溫處士序)
			(註) •介然 = 불쾌하다. 거리끼다.
		② 품	子生三年, 然後免於父母之**懷**.(論語)
		③ 생각하다	君子**懷**德, 小人**懷**土.(論語)
			(註) •土 = 거처, 안락한 곳에 있는 것을 뜻함.
			懷良辰以孤往, 或植杖而耘耔.(歸去來辭)
		④ 생각(회포)	不有佳作, 何申雅**懷**.(李白)
			或取諸**懷**抱晤言一室之內.(王羲之 蘭亭記)
			(註) •晤言 = 만나서 이야기 한다.
		⑤ (思慕하여)따라오다	黎民**懷**之.(書經)
			(註) •黎民 = 庶民.
			百姓**懷**化.(晋書)
		⑥ 품다	**懷**其寶而迷其邦可謂仁乎.(論語)
			懷疑. **懷**二(心).
	嚮	① 향(向)하다	葵傾葉**嚮**日, 以蔽其根.(左傳 注)
			聖人**嚮**明而治.(易經)
			嚮導. **嚮**背(前後).
		② 앞서(지난번에)	**嚮**之來, 非有取於斗升之祿.(蘇轍)
			嚮者. **嚮**日.
			(註) •來 = 지난번에 온 것은.
		③ 享受	上帝嘉**嚮**.(漢書)

		④ 울려 퍼지다	天下**嚮**應.(漢書) 海內豪傑，翕然**嚮**應.(後漢書) ※ 響으로 通. (註) • 翕然(흡연) = 集合貌.
	難	① 걱정(고난) ② 어렵다 ③ 어렵게 생각하다 ④ 꺼리다(겁내다) ⑤ 힐책하다	以儉德辟**難**.(易經) 先知稼穡之艱**難**，乃逸.(書經) 天下之**難**事，必作於易.(韓非子) **難**行苦行，積功累德.(法華經) 由奢入儉**難**.(小學) 惟帝其**難**之.(書經) **難**動搖.(史記) 於禽獸，又何**難**焉.(孟子) **難**詰.
	識	① 알다 ② 기록하다 (기호，音 지) ③ 기억하다(音 지)	兒童相見不相**識**，笑問客從何處來.(賀知章 詩) **識**別. 認**識**. 常**識**. **識**見. 書用**識**哉.(書經) 紀記也. 紀**識**之也.(釋名) 進止皆有表**識**.(後漢書) 標**識**. 女以予爲多學而**識**之者與.(論語)
	辭	① 말 ② 사양하다 ③ 거절하다	先生不飾**辭**辯，獨以誠意，感動人主.(程子) 子曰，**辭**達而已矣.(論語) 祝**辭**. **辭**典. 片言隻**辭**. **辭**讓之心，禮之端也.(孟子) 溫顔遜**辭**.(漢書) 禹拜稽首固**辭**.(書經) **辭**職. **辭**退. **辭**表.
20획	覺	① 깨닫다 ② 깨달은 사람 ③ 알게 되다 ④ 잠을 깨다	**覺**今是而昨非.(陶淵明 歸去來辭) 使先**覺**覺後**覺**.(孟子) ※或作 '使先知覺後知.' 蹶然起坐，心**覺**改悔.(論衡) 未**覺**池塘春草夢.(朱熹)

			常**覺**而不眠.(列子)
		※原音은 (교), 俗은 (각)	
	釋	① 풀리다	惑不**釋**.(國語) **釋**然.
		② 풀다(풀어주다)	誅其首惡, 餘皆**釋**放.(吳志)
		③ 버리다	人主**釋**法用私, 則上下不別矣.(韓非子)
		④ 놓다	手不**釋**卷.(吳志)
		⑤ 두다(置)	**釋**菜. **釋**奠. (註) •釋菜 = 채소류를 陳設해 놓고 제사를 지내다의 뜻에서, 공자를 祭享함을 말함. •釋奠 = 釋, 奠 모두 놓는다는 뜻으로, 역시 공자를 祭享함을 뜻함.
		⑥ 佛法佛家	**釋**尊. **釋**像. **釋**門(불교신자). •불교의 開祖釋迦牟尼에서 유래한 말.
21획	饒	① 넉넉하다(풍부하다)	沃野千里蓄積**饒**多.(戰國策) 沃地之民多不才者**饒**也.(淮南子) 豊**饒**. 富**饒**.
		② 넉넉하게 하다	大王能**饒**人以爵邑.(漢書)
		③ 허용하다(용서)	公道世間惟白髮, 貴人頭上不曾**饒**.(杜牧之)
	顧	① 둘러보다	王**顧**左右而言他.(論語) 天宇晴霽, 四**顧**無纖翳.(陸游) (註) •四顧 = 사방을 돌아보다. •纖翳 = 약간의 구름. 四**顧**無親.
		② 돌아보다(반성하다)	**顧**乃德.(書經) (註) •乃 = 汝.
		③ 돌보다(보호하다)	乃眷乃**顧**.(書經) (註) •乃 = 助詞. 不**顧**其後.(書經) 不**顧**妻子.
		④ 방문하다	三**顧**臣於草廬中.(十八史略)

		⑤ 생각건대	**顧**安所得酒乎.(蘇軾 後赤壁賦)
		⑥ 도리어(反)	**顧**反居臣等上何也.(十八史略)
			顧不易邪.(史記)
	屬	① 붙이다(付)	**屬**望. **屬**心.
		② 부탁하다(권하다)	漢王之將獨韓信可**屬**大事.(史記)
			擧酒**屬**客.(赤壁賦)
		③ 모으다	月吉則**屬**其州之民, 讀邦法.(周禮)
		④ 무리	以若**屬**取天下.(史記)
			(註) • 若 = 汝. • 若屬 = 汝曹.
			今陛下起布衣, 以此**屬**取天下.(史記)
		⑤ 붙이(친척)	親**屬**. 眷**屬**.
		⑥ 좇다(따르다)	項羽渡江, 騎能**屬**者百餘人耳.(史記)
		⑦ 딸리다	**屬**國. **屬**地. 所**屬**.
		⑧ 이어지다	平原君使者, 冠蓋相**屬**於魏.(史記)
22획	讀	① 읽다	**讀**書百遍意自見.(魏略)
			(註) • 見 = 現.
			讀書有三到, 心到, 眼到, 口到, 三到之中, 心到最急.(朱熹)
		② 구두(音두)	語未絕而點分之, 以便誦詠, 謂之**讀**.(增韻)
		句**讀**. 吏**讀**.	
	聽	① 듣다	視思明, **聽**思聰.(論語)
			聽而不聞.(大學)
			(참고) • 聞 = 耳受聲 • 聽 = 耳待聲.
		② 받아들이다(따르다)	姑慈婦**聽**, 禮也.(小學)
			三諫而不**聽**則號泣而隨之.(禮記 小學)
			聽從.
		③ 재판하다	**聽**訟吾猶人也.(論語)
			聽獄.(聽獄訟)
		④ 다스리다	不可以不**聽**.(國語)
			子産**聽**鄭國之政.(孟子)
		⑤ 관청(廳)	所坐**聽**事屋棟中折.(吳志)
			(註) • 聽事 = 廳事 = 廳舍.

제3장 품사(品詞)

한문의 품사는 대개 9품사(명사, 대명사, 동사, 형용사, 부사, 조동사, 조사, 접속사, 감탄사)로 나눌 수 있으나 여기서는 중요한 것만 든다.

제1절 대명사(代名詞)

'대명사'란 사물의 이름 대신에 쓰이는 것으로, 문장과 어구의 반복에 따라서 생기는 번잡함을 생략하는 역할을 한다.

1. 인칭대명사(人稱代名詞): 자타(自他)의 이름 대신에 쓰이는 것

① 자칭(自稱, 제1인칭) : 吾·我·余·予·己

예 吾 : 吾不忍其觳觫若無罪而就死地.(孟子) = 나는 그 (소가) 죽기를 두려워하여 머리를 떨어뜨리고 죄 없이 사지에 나아가는 것 같은 것을 차마 볼 수가 없었다.

【註】 • 觳觫(곡속) = 무서워 벌벌 떠는 모양.

예 我 : 我四十, 不動心.(孟子) = 나는 나이 40이다. (그러므로) 이리 저리 마음을 움직이지 않는다.

예 余 : 農人告余以春及. 將有事于西疇.(陶淵明, 歸去來辭) = 농부가 나에게 고하기를 봄이 왔다고 하니 장차 서쪽 밭에 일거리가 생기겠구나!

【註】 • 西疇(서주) = 서쪽 밭(들).

예 予 : 予爲此憫然.(訓民正音) = 내가 이를 위하여 불쌍히 여겨서.

【註】 • 憫然(민연) = 근심하여 마음 아프게 생각하는 모양.

예 己 : 己所不欲, 勿施於人.(論語) = 자기가 하고 싶지 않은 것을 남에게 베풀지 말라.

② 대칭(對稱, 제2인칭) : 汝·女·爾·而·若·乃

예 汝 : 願汝曹效之.(小學) = 너희들은 이것을 본받기를 원한다.

예 女 : 子謂子貢曰, 女與回也孰愈.(論語) = 공자가 자공(子貢)에게 물으시기를 '너와 안회(顔回) 둘 중에 누가 더 나으냐?' 하시더라.

예 爾 : 爾爲爾, 我爲我.(孟子) = 너는 너고(네가 되고), 나는 나다(내가 된다). (너와 나는 아무 상관이 없다는 뜻)

예 而 : 而忘越人之殺而父邪.(十八史略) = 너는 월나라 사람이 너의 아버지를 죽인 것을 잊어버렸느냐?

예 若 : 若曹敬聽吾言.(楚國先賢傳) = 너희들은 내 말을 공손히 들어라.
虞兮虞兮, 奈若何.(十八史略) = 虞야, 虞야, 내가 너를 어떻게 하나?

【註】 • 虞 = 虞美人 = 항우(項羽)의 애첩.

예 乃 : 嘉乃丕績.(書經) = 너의 큰 공적을 칭찬한다.

③ 타칭(他稱, 제3인칭) : 彼·渠·夫·伊

예 彼 : 知彼知己, 百戰百勝.(孫子) = 저쪽을 알고 자기를 알면 백번 싸워도 백번 다 이긴다.

類例 彼爲象箸, 必不盛以土簋.(十八史) = 그가 상아의 젓가락을 만들어 쓰게 되니 음식물을 담는 데도 토기를 쓰지 않을 것이다.

【註】 • 爲 = 作. • 盛 = 담다. • 簋(궤) = 黍稷을 담아서 신전(神前)에 바치는 토기.

예 渠 : 君相之位, 皆渠輩爲之, 奈何.(金史, 歡都傳) = 임금과 정승의 자리는 다 저들이 차지하니 어떻게 하면 좋겠나?

예 夫 : 夫人不言, 言必有中.(論語) = 저 사람이 말을 안 할지언정 일단 말을 하면 반드시 도리에 맞는다.

예 伊 : 所謂伊人在水一方.(詩經) = 이른바 저 사람이 물 한 쪽에 있구나!

④ 부정칭(不定稱) : 誰·孰·疇·某·或

예 誰 : 誰知烏之雌雄.(詩經, 小雅) = 누가 까마귀의 암컷, 수컷을 구별하겠는가?
孰 : 女與回也孰愈.(論語) = 너와 안회(顏回) 둘 중에 누가 더 나으냐?

類例 孰謂鄹人之子知禮乎.(論語) = 누가 추인의 아들이 예를 안다고 하겠는가?

【註】 • 鄹人(추인)之子 = 공자(孔子)를 지칭.

예 疇 : 予將疇依.(書經, 五子之歌) = 내가 장차 누구에게 의지하겠는가?

예 某 : 後之人, 將歷指其名而議之曰, 某也忠, 某也詐, 某也直, 某也曲. 嗚呼 可 不 懼哉.(諫院題名記, 司馬光) = 후세 사람들이 장차 낱낱이 그 이름을 가리켜 의논해 말하기를 '누구는 충성스럽고, 누구는 속임수를 부리고, 누구는 정직하고, 누구는 부정하다 할 것이니.' 아! 어찌 겁나지 않겠는가?

예 或 : 或謂孔子曰, 子奚不爲政.(論語) = 어떤 사람이 공자께 말하기를 '선생님은 어째서 정치에 종사하지 아니하십니까?' 하더라.

※ 인칭대명사에는 위의 것 외에 특수한 것이 있으니 주의해야 한다. 이제 그 주요한 것을 들면,

A. 자기를 낮추고, 겸손을 표시할 때의 자칭(自稱)

a. 보통 사람은 小子·不肖·不佞·僕·愚·臣·兒·妾

예 小子 : 予小子履, 敢用玄牡, 敢昭告于皇皇后帝.(論語) = 나 불초소자(不肖小子) 履는 검은 황소를 가지고 감히 크고 크신 상제께 밝게 고하오니.

【註】 • 履(리) = 탕왕(湯王)의 이름. • 玄牡(현모) = 검은 황소.
• 皇皇(황황) = 아름답고 큰 모양. • 后帝(후제) = 하늘 = 上帝 = 天帝.

【注意】 小子는 門弟의 對稱으로도 쓰임.

예 小子鳴鼓而攻之可也.(論語) = 너희들은 북을 울려서 그 죄를 성토함이 옳도다.

예 不肖 : 不肖出門日, 斷斷一念, 惟爲仰事俯育之資, 萬望釋慮.(尺牘大方, 池松旭) = 제가 집을 떠나던 날 굳게 먹은 생각이 다만 어버이를 섬기고 자식들을 기르기 위한 것이니 조금도 걱정하시지 마시기 바랍니다.(주로 부모에 대한 자손의 自稱)

예 不佞 : 不佞願秉筆.(范成大詩) = 원컨대 제가 붓을 잡고.
佞寢疾, 不能趨走.(戰國策) = 저는 앓아누워 빨리 달아날 수가 없었다.

예 僕 : 僕之長子, 年旣長成, 未有伉儷.(婚書式) = 저의 맏아들이 나이가 이미 찼으나 아직 짝이 없어서.

【註】 • 伉儷(항려) = 짝, 배필(配匹).

예 愚 : 愚按.(論語) = 제가 생각해 보건대.

예 臣 : 臣多多而益善耳.(史記) = 저는 많을수록 더욱 좋습니다.

【註】 • 君에 대한 臣의 자칭.

예 兒 : 兒實無罪過.(焦仲卿妻) = 저는 정말로 죄가 없습니다.

【註】 • 長上에 대한 자칭.

예 妾 : 問郎花好妾顔好.(妬花歌, 唐寅) = 낭군께 여쭙건대, 꽃이 더 예쁩니까? 저의 얼굴이 더 예쁩니까?

【註】 • 여자의 謙稱, 특히 남편에 대하여.

b. 왕후(王侯)는 朕·寡人·不穀·孤

예 朕 : 自今以來, 除謚法, 朕爲始皇帝.(十八史略) = 지금부터 이후로는 시호법을 없애고 나를 시황제라고 한다.

※ 옛날에는 상하의 구별 없이 쓰였으나 진시황 26년 이래로 특히 천자자칭(天子自稱)으로 쓰였다.

예 朕親被堅執銃.(高祖記) = 내가 몸소 갑옷을 입고, 총을 잡았다.

【註】 • 堅 = 堅甲의 준말.

예 寡人 : 寡人好勇.(孟子) = 나(王)는 용맹을 좋아한다.

예 不穀 : 侯王自稱孤·寡·不穀.(老子) = 제후나 왕은 자기를 말할 때 '孤' '寡' '不穀'이라 한다.

예 不穀不有大過, 天其夭諸.(左傳, 哀公六年) = 내가 큰 잘못이 없으니 하늘이 어찌 나를 요사(夭死)케 하겠는가?

【註】 • 諸= '之乎' 의 合字. • 夭諸 = 夭之乎?

예 孤 : 孤之有孔明, 猶魚之有水也.(十八史略) = 나에게 제갈공명이 있는 것은 마치 물고기에게 물이 있는 것과 같다.

類例 司馬欲委罪於孤耶.(小學) = 사마는 나에게 죄를 떠넘기려고 하는가?

【註】 • 司馬(사마) = 옛날 군사를 맡은 벼슬 이름.

B. 상대방의 지위에 따라 높여 주는 대칭(對稱)

a. 천자(天子)에 대해서는 陛下·上 황태자(皇太子)에 대해서는 殿下

예 陛下 : 陛下不能將兵, 而善將將.(史記) = 임금께서는 병사를 거느리는 능력은 부족하지만 장수를 거느리는 재주는 훌륭합니다.

【註】 • 善將(動詞)將(名詞) = 잘 장수를 거느린다.

上 : 上曰, 如我能將幾何.(史記) = 임금이 말하기를 '나 같은 이는 (병사) 얼마를 거느릴 수 있느냐 하더라.'

b. 왕후(王侯)에 대해서는 王

예 王何必曰利, 亦有仁義而已矣.(孟子) = 임금께서는 어찌 꼭 물질적 이익만을 말씀하십니까? (利 이외에) 또한 仁과 義와 같은 좋은 방법이 있습니다.

【註】 • 而已 = 뿐, 따름. • 矣 = 斷定助詞.

c. 장상(長上)에 대해서는 大人·先生

예 大人 : 始大人常以臣爲無賴.(史記 高祖記) = 처음에 아버지께서는 항상 나를 불량배로 취급하셨다.

예 先生 : 誠如先生之言.(十八史略) = 정말 선생님(어르신) 말과 같다.

d. 사장(師匠)에 대해서는 夫子·先生

예 夫子 : 夫子之道, 忠恕而已矣.(論語) = 선생님(공자)의 닦는 길은 忠과 恕 뿐이다.

예 先生 : 先生之風, 山高水長.(范仲淹, 嚴先生祠堂記) = 선생님의 기풍은 산처럼 높고, 물처럼 길다.

e. 노인에 대해서는 叟

예 王曰, 叟不遠千里以來.(孟子) = 양혜왕이 말씀하시기를 '어르신께서는 천리를 멀다하지 않으시고 오셨으니.'

f. 기타 일반에 대해서는 子·公·君

예 子 : 子爲政, 焉用殺.(論語) = 당신이 정치를 하는 데 어찌 형벌로써 죽이는 방법을 쓰겠나이까?

類例 今子食我, 是逆天帝命也.(戰國策) = 이제 당신이 나를 잡아먹으면 이것은 하느님의 명령을 거역하는 것이다.

예 公 : 公等碌碌, 所謂因人成事者也.(十八史略) = 그대들은 의젓하지 못하니 이른바 남의 힘을 빌려서 일을 이루는 자들이다.

예 公帷幄寵臣.(小學) = 당신은 장막 속에서 작전 계획을 세우던 (임금의) 사랑을 받는 신하이다.

예 君 : 君奈何誘人就死地.(小學) = 그대는 어째서 사람을 꾀어 죽을 곳에 나아가게 하는가?

예 故人知君, 君不知故人何也.(後漢書, 楊雲傳) = 나는 자네를 알아주었는데 그대는 나를 알아주지 않음은 어쩐 일인가?

【註】 •故人=친구. 여기에서는 친구인 자기를 말함.

그리고 인칭대명사의 복수를 나타낼 때는 각 대명사 밑에 '等 · 輩 · 曹 · 儕'와 같은 말을 덧붙인다.

2. 지시대명사(指示代名詞) : 사물을 지시하는 데 쓰이는 것

① 근칭(近稱) : 諸 · 之 · 旃 · 此 · 箇 · 斯 · 是 · 焉

예 諸(之於의 合字) : 行有不得者, 皆反求諸己.(孟子) = 하다가 안 되는 것이 있으면 다 이것을 자기 자신에게 돌이켜서 그 원인을 찾아본다.

【註】 • 求諸己 = 求之於己. = 이것을 자기에게 찾는다.

예 之 : 他人有心, 予忖度之.(孟子) = 다른 사람이 마음먹은 것을 내가 (이것을) 헤아린다.(알아맞추다.)

【註】 • 忖度(촌탁) = 헤아리다.

예 旃(전=之焉의 合字) : 勉旃汝等各早修.(司馬光, 勸學歌) = 너희들은 제각기 이것을 힘쓰고 부지런히 하여 빨리 학업을 닦도록 하라.

類例 上愼旃哉.(詩經, 魏風) = 원컨대 조심하여 죽지 않고 돌아오기 바란다.(出征한 자식에 대한 부모의 願望).

【註】 • 上 = 尙 = 庶幾 =원컨대 바란다.

예 箇('此'의 俗語) : 白髮三千丈, 緣愁似箇長.(李白) = 백발이 삼천길이나 되는 것처럼 생각이 드는데, 걱정 때문에 이와 같이 길게 되었다.

【註】 • 三千 = 無數. 三千宮女, 三千里江山 等도 이런 뜻이다. • 丈 = 十尺.

예 斯 : 斯人也, 而有斯疾也.(論語) = 이 사람으로서 이 병에 걸렸구나!(惡疾에 걸린 것을 깊이 애석하게 여기는 말)

類例 逝者如斯夫, 不舍晝夜.(論語) = 가는 것은 이와 같구나! 밤낮을 가리지 않도다.(시간을 아껴서 알뜰히 공부할 것을 경고하는 말)

예 焉 : 心不在焉, 視而不見, 聽而不聞.(大學) = 마음이 여기에 있지 아니하면 봐도 보이지 않고, 들어도 들리지 않는다.

類例 反身而誠, 樂莫大焉.(孟子) = 자기에 돌이켜 살펴봐서 진실할 것 같으면 낙이 이보다 더 큼이 없다.

예 是 : 無父, 無君, 是禽獸也.(孟子) = 아버지도 없고, 임금도 없으면 이것은 금수나 마찬가지다.(부모와 군주를 인정하지 않는 사회는 동물사회와 마찬가지다.)

類例 雖敎而不嚴, 是亦不愛其子者也.(孟子) = 비록 가르친다 하더라도 엄격하게 하지 아니할 것 같으면 이것도 또한 그(자기의) 자식을 사랑하지 아니하는 것이다.

예 此 : 廏有肥馬, 民有飢色, 此率獸而食人也.(孟子) = 마구간에는 살찐 말이 있고, 백성들 얼굴에는 주린 빛이 있으면 이것은 짐승을 이끌어서 사람을 잡아먹게 하는 것이다.

【註】 • 廏(구) = 마구간 = 외양간.

② 중칭(中稱) : 其 · 厥

예 其 : 正其義(誼), 不謀其利.(漢書, 董仲舒傳) = 어떤 일을 처리하는 데 있어서 正義에 입각해서 처리할 것이요, 이해관계를 따지지 않는다. (그 의리(義理)를 바루고, 그 이해(利害)를 꾀하지 않는다.)

類例 雖學而不勤, 是亦不愛其身也.(孟子) = 비록 배우는척하더라도 부지런하지 아니할 것 같으면 이것도 역시 그 (자기)의 몸을 사랑하지 아니하는 것이다.

예 厥 : 允集厥中.(書經) = 진실하게 그 중용의 길을 지켜가라.

【註】 • 厥(궐) = 그(것).

③ 원칭(遠稱) : 夫 · 彼

예 夫 : 非夫人之爲慟而誰爲.(論語) = 저 사람(顔回를 가리킴)을 위하여 통곡하지 않고, 누구를 위하여 통곡하겠는가?

예 彼 : 彼一時, 此一時.(孟子) = 저도 한때요, 이도 한때다.(그때그때 맞도록 한 것이요 결코 모순(矛盾)이 아니다라는 뜻)

類例 陟彼岵兮瞻望父兮.(詩經, 魏風) = 초목이 무성한 산에 올라서 멀리 고향에 계신 아버지를 바라본다.

【註】 • 타향에서 부모를 사모하는 것을 '陟岵陟屺(척호척기)之望'이라 한다.
• 兮(혜) = 음조를 강하에 하기 위하여 덧붙이는 조사.

④ 부정칭(不定稱, 總稱) : 各·皆·咸·擧·僉

예 各 : 天地之間, 各物有主.(蘇軾, 赤壁賦) = 하늘과 땅 사이에는 모든 물건이 다 제각기 임자가 있다.

類例 各從其類.(周易, 文言傳) = 모든 물건은 각각 같은 류(類)끼리 서로 따른다.

예 皆 : 人皆有不忍人之心.(孟子) = 사람은 누구나 다 사람들에 대해서 차마 하지 못하는 마음이 있다.

【註】 • 不忍人之心 = 惻隱之心. 惻隱之心, 仁之端. = 불쌍히 여겨서 언짢아하는 마음은 仁의 시초다.

예 咸 : 群賢畢至, 少長咸集.(王羲之, 蘭亭記) = 여러 현명한 사람이 다 이르고, 젊은이나 어른들이 다모였다.

類例 父老咸曰, 畢哉, 此子.(小學) = 마을 노인들이 다 말하기를 '괴이하구나! 이 아이는' 하더라.

예 擧 : 君擧不信群臣乎.(左傳, 哀公六年) = 임금은 모두 뭇 신하를 믿지 않는가?

類例 擧世皆濁, 我獨淸.(楚辭) = 온 세상이 다 흐렸는데 나 혼자만은 깨끗하다.

예 僉 : 疇若予工. 僉曰, 垂哉.(書經, 虞書) = 누가 능히 나의 일에 순종할 수 있겠는가? 모두 대답하기를 '垂(人名)가 적당하다' 하더라.

【註】 • 若 = 순종하다. • 工 = 일.

類例 令臺諫從臣僉議可否.(胡銓, 上高宗封事) = 간관(諫官)으로 하여금 여럿이 옳고 그름을 의논하게 하다.

3. 의문대명사(疑問代名詞) : 의문의 뜻을 나타내는 데 쓰이는 것

① 사람에 쓰이는 것 : 誰·孰·疇

'인칭대명사(人稱代名詞)' 참조.

② 사물, 장소, 시기에 쓰이는 것 : 孰·何·焉·惡·安

예 孰 : 孰不爲守, 守身守之本也.(孟子) = 어느 것이 지키는 것이 되지 않겠는가만 (자기)몸을 지키는 것이 지키는 것 중의 근본이다.(모든 지키는 것 중에 자기 몸을 지키는 것이 제일 중요하다는 뜻.)

예 何 : 牛何之.(孟子) = 소는 어디로 가느냐?

예 焉 : 復駕言兮, 焉求.(陶淵明, 歸去來辭) = 다시 말에 멍에를 메고 무엇을 찾아 돌아다니겠는가?

【註】 •'言'과 '兮'는 助詞.

예 惡 : 天下惡乎定.(孟子) = 천하는 어느 곳에서 안정되겠는가?

예 安 : 而今安在哉.(蘇軾, 赤壁賦) = 그러나 지금은 어디에 있느냐?

제2절 전치사(前置詞)

'전치사'는 명사·대명사 또는 명사구(名詞句)위에서 그것과 연결된 동사 또는 형용사와의 관계를 명료하게 하는 구실을 하는 말을 말한다.

1. 본래의 전치사 : '於', '于', '乎'

(1) '於', '于'의 용법

① 위치(位置) 용법 : 동작이 이루어지는 장소 위치를 나타낸다.

예 受任於敗軍之際, 奉命於危難之間.(文章軌範) = 책임을 전쟁에 졌을 때에 맡았고, 명령을 위태롭고 어려운 때에 받았다.

예 揚名於後世.(孝經) = 이름을 후세에 날리다.

예 敏於事而愼於言.(論語) = 일에는 민첩하고 말에는 조심해야 한다.

예 吾十有五而志于學.(論語) = 나는 열다섯 살에 배움에 뜻을 두었다.

예 邑于岐山之下.(孟子) = 기산(岐山)밑에 읍을 정했다.

② 대상(對象) 용법 : 동작의 목적·대상을 나타낸다.

예 三年無改於父之道, 可謂孝矣.(論語) = (아버지가 돌아가신 뒤에라도) 3년 동안 아버지께서 하시던 일을 고치지 말아야 효도라고 할 수 있다.

예 予告汝于難, 若射之有志.(書經, 盤庚) = 내가 네게 (治國의) 어려움을 고하노니 마치 활을 쏘는데 정곡을 맞추려는 뜻을 가짐과 같다.

예 縉雲氏有不才子. 貪于飮食, 冒于貨賄.(左傳, 文公一八) = 진운(縉雲)씨는 똑똑하지 못한 아들이 있어서 음식을 탐내고 재물을 탐내다.

【註】 • 冒 = 貪. • 貨 = 金玉財. • 賄(회) = 布帛財.

③ 기점(起點) 용법 : 출발점의 뜻을 나타낸다.

예 青取至於藍, 而青於藍.(荀子) = 푸른 빛깔은 이것을 쪽으로부터 만들어 냈지만 쪽보다 더 푸르다.

【註】 • = '青出於藍, 而青於藍.' 즉 푸른 빛깔은 쪽으로부터 나왔지만은 쪽보다 더 푸르다.

예 出於幽谷, 遷于喬木.(孟子) = 그윽한 골짜기로부터 나와서 높은 나무에 옮겨 간다.

예 祗承于帝.(書經, 大禹謨) = 삼가 요제(堯帝)로부터 이어 받았다.

예 自投于牀, 廢于鑪炭, 爛遂卒.(左傳, 定公三年) = 스스로 평상으로부터

몸을 던져서 화로 불에 떨어져서 드디어 타서 죽었다.

④ 비교(比較) 용법 : 양자의 관계를 비교하는 것

예 青出於藍, 而青於藍.(荀子) = 푸른 빛깔은 쪽으로부터 나왔지만은 쪽보다 더 푸르다.

예 五刑之屬三千, 而罪莫大於不孝.(孝經) = 다섯 가지 종류의 형벌을 주어야 할 죄가 삼천 가지가 있지만 그 중에도 부모에게 불효한 죄보다 더 큰 것이 없다.

【註】 • 五刑 = 墨(피부에 먹물 넣는 것) · 劓(音 의, 코 베는 것) · 剕(音 비, 발뒤꿈치 베는 것) · 宮(거세하는 것) · 辟(音 벽, 죽이는 것).

예 義莫大于君臣.(朱子學的) = 의리는 군신의 관계보다 더 큰 것이 없다.

⑤ 후치(後置) 용법 : 전치사가 전도되어 후치사가 되는 것. 이것을 해석할 때는 정상적 위치로 바꾸어서 생각할 필요가 있다.

예 室於怒, 市於色.(左傳) = 집에서 화를 내고, 밖에서 성낸 얼굴빛을 나타낸다.

【註】 • '怒於室, 色於市.'의 도치, 怒甲移乙의 뜻.

예 貧賤也, 衣食於奔走, 不得朝夕繼見.(韓退之, 與陳給事書) = 가난하고 천해지자, 입고 먹을 것을 찾는데 바빠서 아침저녁으로 계속해서 뵈올 수가 없다.

【註】 • '奔走於衣食'의 도치.

⑥ 영탄(詠嘆) 용법 : 구두(句頭)에 두어서 詠嘆의 뜻을 나타낸다.

예 於穆淸廟.(詩經) = 아! 아름답다. 문왕(文王)의 사당이여!

【註】 • 於穆(오목) = 아! 아름답다. '於'는 감탄사. '穆'은 아름답다의 뜻.
• 淸廟 = 문왕의 사당.

※ '於乎(오호)'·'於戲(오희)'·'于嗟' 合字로서 영탄의 뜻을 나타낸다.

예 於戲前王不忘.(詩經, 周頌) = 아! 전왕(前王)을 잊을 수가 없구나!

【註】 •前王 = 文王과 武王을 말함.

예 於乎小子未知臧否.(詩經, 大雅) = 슬프다, 소자는 선악을 구별하지 못하는구나!

【註】 •小子 = 덕이 없는 사람. 여기에서는 왕을 가리킴. •臧否(장비) = 선과 악.

예 于嗟麟兮.(詩經) = 아! 기린이여!

⑦ 발어(發語) 용법 : 어두(語頭)에 두어서 말을 꺼내는 뜻을 나타냄.

예 五月於越敗吳於檇李.(左傳) = 5월에 월(越)나라는 오(吳)나라를 추리(檇李)에서 격파했다.

【註】 •檇李(추리) = 地名.

예 干越·夷·貉之子, 生而同聲, 長而異俗.(荀子) = 월(越)과 이(夷)와 맥(貉)의 아들은 나서는 소리가 같지만 커서는 풍속이 다르다.

【註】 •越은 중국의 남방, 夷는 동방, 貉은 북방의 오랑캐 나라이다.

(주의)

a. '於', '于'는 음운이 서로 통하고, 의미상 차이가 없다.

예 士志於道.(論語) = 선비가 도에 뜻을 두다.

예 吾十有五而志于學.(論語) = 나는 열다섯 살에 배움에 뜻을 두었다.

단, 시대적 특색이 있는 것 같다. 春秋 이전에는 '于'를 많이 썼고, 그 후에는 '於' 를 쓴 예가 비교적 많은 것 같다.

b. '於', '于' 위에 걸려 있는 용언(用言)이 없을 경우에는 이것을 준동사(準動詞)로 취급해서 '~에 있어서' '~에서 한다'로 해석한다.

예 造次必於是, 顚沛必於是.(論語) = 아무리 급할 때라도 반드시 여기(仁)를 떠나지 말아야 하고, 아무리 위험한 때라도 반드시 여기(仁)를 떠나지 말아야 한다.

【註】 • 造次 = 倉卒 = 급한 때. • 顚沛(전패) = 엎어지고 자빠지는 사이.
• 必於是. = 반드시 여기에서 한다.

예 民之於仁也, 甚於水火.(論語) = 백성이 仁에 있어서의 밀접한 관계는 물과 불의 관계보다 더 긴밀하다.

예 求忠臣, 必于孝子之門.(後漢書) = 충신을 구하려면 반드시 효자의 집에서 해야 한다.(효자는 반드시 충신이 될 수 있기 때문이다.)

c. 보어가 객어 위에 올 때는 전치사를 생략하는 예도 있으니 주의해야 한다.

예 后稷敎民稼穡.(十八史略) = 후직(后稷)이 백성들에게 농업을 가르쳤다.

【註】 • 后稷 = 옛날 중국에서 농사를 맡은 官名. 또는 周室祖先의 칭호.
• 稼穡(가색) = 심고 거두는 것. 즉 농사.

(2) '乎'의 용법

① 비교(比較) 용법

예 以吾一日之長乎爾, 毋吾以也.(論語) = 내가 너희들보다 하루 정도 먼저 태어났다고 해서 (어른이라고 해서) 나를 어른 대접하지 말라.

예 孝子之至, 莫大乎尊親.(孟子) = 효자의 지극한 도리는 어버이를 높이 받드는 것보다 더 큰 것이 없다.

② 위치(位置) 용법

예 不信乎朋友, 不獲乎上.(中庸) = 친구에게 신용을 얻지 못하면 윗사람에게도 신임을 받지 못한다.

예 浴乎沂，風乎舞雩.(論語) = 기(沂)에 가서 손발을 씻고 무(舞雩)에 가서 바람을 쐬다.

【註】 • 沂(기) = 산동성에 있는 내의 이름.

• 舞雩 = 祭天祈雨處.(하늘에 제사 드리고 비를 비는 곳.)

③ 대상(對象) 용법

예 攻乎異端, 斯害也已.(論語) = 이단을 전문으로 연구하는 것은 해가 될 뿐이다.

【註】 • 異端(이단) = 성인의 길이 아니고 따로 일단(一端)을 이룬 것.

④ 기점(起點) 용법

예 出乎爾者, 反乎爾.(孟子) = 너로부터 나온 것은 너에게 되돌아간다. (善惡, 殃慶(앙경=재앙과 경사)은 다 自取라는 뜻)

2. 전래(轉來)의 전치사

① 自(從 · 由 =부터)

自生民以來, 未有夫子也.(孟子)

= 인류가 생긴 이후부터 오늘까지 공자님처럼 훌륭한 분이 없다.

예 從 : 郭隗曰, 今王必欲致士, 先從隗始.(史記) = 郭隗가 말하기를 '이제 임금께서 꼭 선비를 구하려고 하시면 먼저 郭隗로부터 시작하십시오'라고 했다.

【註】 • 郭隗(곽외) = 춘추전국 때 燕의 賢人, 昭王의 臣.

예 由 : 由是觀之.(孟子) = 이것으로부터 이것을 보면.

② 以(用 =으로써)

民者以食爲天.(十八史略)

= 백성은 먹는 것으로써 하늘을 삼는다.(먹는 것이 제일 중요하다.)

예 怨是用希.(論語) = 원망이 이 때문에 드물다.

【註】 • 是用 = 用是의 도치 = 以是, 이 때문에.

③ 與(더불어)

與天地同壽.(楚辭)

= 천지로 더불어 壽를 같이 한다.(하늘과 땅과 같이 영원하다.)

④ 爲(위하여)

爲人謀而不忠乎.(論語)

= 남을 위하여 일을 꾀하되 정성껏 못하지나 않았던가?

※ 이들 轉來의 전치사를 본래의 용법과 혼동하지 않도록 주의해야 한다.

제3절 후치사(後置詞)

'후치사'는 명사·대명사 또는 이에 준하는 구의 뒤에 덧붙어서 그들의 말과 다른 말과의 관계를 나타낸다.

1. 본래의 후치사

(1) 之

① 소유(所有) 용법(~의)

千羊之皮, 不如一狐之腋.(十八史略) = 천 마리의 양의 가죽도 한 마리의 여우의 겨드랑이 가죽만 못하다.(뭇 어리석은 사람은 한 賢人만 못하다는 뜻)

【註】 • 腋(액) = 겨드랑이, 狐腋(호액)은 부드러운 여우의 겨드랑이 가죽으로서, 갖옷을 만드는 데 적당한 귀중품.

② 주격(主格) 용법(은, 는, 이, 가)

: 王之不王, 不爲也, 非不能也.(孟子) = 왕이 왕도를 행하지 아니함은 하지 않는 것이요, 할 수 없는 것이 아니다.

③ 수식(修飾) 용법(~의)

: 樊遲從遊於舞雩之下.(論語) = 번지(樊遲)가 공자를 따라서 무우(舞雩)의 밑에서 놀았다.

【註】 • 舞雩 =祭天祈雨處.

※ '之' 의 용법은 여러 가지가 있으나 위와 같은 용법이 제일 많다. 하나하나에 대하여 설명하는 것은 너무 전문적이므로 이를 생략한다.

類例 光陰者, 百代之過客.(李白) = 시간은 영원히 지나가는 손님과 같다.

(2) 者

① 주격(主格) 용법(가, 이, 은, 는)

夫天地者, 萬物之逆旅.(李白)
= 대저 하늘과 땅은 모든 물건의 여관(旅館)과 같은 것이다.(만물이 다 천지 사이에 쉬어 가기 때문이다.)

【註】 • 逆旅=旅館.

類例 君者舟也, 庶人者水也.(荀子) = 임금은 배와 같고, 백성은 물과 같다.(백성이 없는 곳에 임금이 있을 수 없다.)

② 해설(解說) 용법(~라는 것은)

如切如磋者, 道學也.(大學)

='끊는 것 같고 가는 것 같다'라는 것은 학문을 말함이다.

類例 誠者, 天之道也.(中庸) = 진실하여 속임이 없다는 것은 천도(天道)의 본연이다.

③ 조정(調整) 용법

부사 밑에 붙어서 어세를 조정하는 데 쓰인다.

昔者, 吾友嘗從事於斯矣.(論語)
= 옛날에 내 친구가 일찍이 이 일에 종사한 적이 있었다.

類例 今者薄暮, 擧網得魚.(蘇軾) = 오늘 해질 무렵에 그물을 쳐서 고기를 잡으니.

※ '者'가 사람 또는 사물을 표시하는 수가 있는데 이 경우에는 관계대명사로 취급하고 있다.

2. 전래(轉來)의 후치사

(1) 也

① 강세(强勢) 용법

古之君子, 其過也, 如日月之食.(孟子)
= 옛날 위정자는 그 잘못이 마치 일식 월식과 같다.

類例 是日也, 天朗氣淸.(王羲之, 蘭亭記) = 이 날은 날씨가 유난히 맑았다.

② 병술(並述) 용법(~든지)

魂魄有也無.(鄭夢周, 丹心歌) = 넋이라도 있든 없든.

類例 野馬也, 塵埃也, 生物之以息相吹也.(莊子, 逍遙) = 아지랑이라든지 티끌이라든지 우주간의 모든 물건이 조물주의 호흡으로서 서로 불어준다.

【註】 • 野馬 = 遊絲 = 陽炎 = 陽焰. • 生物 = 造物主.

③ 호격(呼格) 용법

由也, 女聞六言六蔽矣乎.(論語)

= 유야, 너는 여섯 가지의 미덕과 여섯 가지의 병폐(病弊)를 들었느냐?

【註】 • 由 = 仲由, 字는 子路, 공자의 제자.

• 六言 = 仁·智·信·直·勇·剛.

• 六蔽 = 愚·蕩·賊·絞(=性急)·亂·狂.

• 呼格 = 명사 밑에 붙어서 호칭을 나타낸다.

類例 回也, 聞一以知十.(論語) = 回는 한 가지를 들으면, 열 가지를 안다.

【註】 • 回 = 顔回 = 顔淵(字), 공자의 수제자.

④ 영탄(咏嘆) 용법

惜也. 不如多與之邑.(左傳)

= 아깝다! 그에게 邑(제후의 영토)을 더 많이 주는 것이 좋았을 것인데.

⑤ 조정(調整) 용법

부사나 형용사 밑에 붙어 가락을 고르고 뜻을 강하게 한다.

예 樂其可知也, 始作翕如也, 從之純如也.(論語) = 음악의 이치는 마땅히 알아야 하니 처음 연주가 시작될 적에는 여러 음률이 나란히 나아가다가 별안간 놓으매 유난히 화창(和暢)해진다.

【註】 • 翕然(흡연) = 새가 처음 날 때 날개가 나란한 모양.

• 從 = 縱, 五音이 나오며 소리가 방종(放縱)해짐을 뜻함.

(2) 乎

① 호격(呼格) 용법

명사 밑에 붙어서 호칭을 나타낸다.

예 子曰, 參乎. 吾道一以貫之.(論語) = 공자 말씀하시기를 '증삼(曾參)아, 우리가 행하는 도는 (仁)하나로써 모든 것을 꿰뚫고 있다.' (모든 행동이 仁에 목적을 두고 있다.

【註】 • 曾參 = 曾子 = 공자의 수제자.

② 강세 용법

부사구나 주어구 〈혹은 주어〉 밑에 붙어서 뜻을 강하게 한다.

仕非爲貧也, 而有時乎爲貧.(孟子) = 벼슬하는 것이 빈곤을 (해결하기)위한 것이 아니지만 어떤 때에는 (혹 가다가는) 빈곤을 (해결하기) 위하기도 한다.(정치에 종사하는 것의 本務는 국가, 민족을 돕기 위한 것이지만 때로는 먹고 살기 위하여 종사하는 수도 있다.)

예 富哉, 言乎.(論語) = 풍부하구나! 이 말이 품고 있는 뜻이여!

③ 가정 용법

文의 중간이나 조건구의 끝에 두어서 가정의 조건을 나타낸다.

예 子曰, 能以禮讓爲國乎, 何有.(論語) = 공자 말씀하시기를 '예법과 謙讓(겸양=겸손과 사양)으로써 나라를 다스린다면 무슨 어려움이 있겠는가?' 하시더라.

【註】 • 爲國 = 治國. • 何有 = 何難之有 = 무슨 어려움이 있겠나?

④ 조정(調整) 용법

郁郁乎文哉.(論語) = 빛나도다. 문화여!

【註】 • 郁郁(욱욱) = 문채가 성한 모양. 上文은 공자가 周의 예법의 아름다움을 찬미한 내용이다.

類例 洋洋乎如在其上.(中庸) = 양양히 (神이) 그 (머리) 위에 있는 것 같다.

【註】 • 洋洋 = 충만한 모양. 上文은 '정성껏 제사를 드리면 신이 그 머리 위에 있는 것 같다'라는 뜻.

제4절 접속사(接續詞)

語와 語, 句와 句 또는 文과 文과의 사이에 끼어서 그 관계를 명확하게 하는 것을 '접속사'라 한다. 접속사는 文의 斷續을 고찰하고, 또 뜻을 찾는 데 있어서 중요한 열쇠가 된다. 국문에 있어서의 접속사는 그다지 중요시되지 않고 있기 때문에 한문에 있어서도 자주 소홀히 다루기 쉬우므로 이 점에 특히 주의를 요한다.

접속사는 그 종류가 매우 많으나 이것을 성질상으로 다음과 같이 분류한다.

1. 보통접속사(普通接續詞, 본래 접속사) : 語句 또는 文을 접속하는 것

○ 且 : 所見所期不可不遠且大.(近思錄)
= 보는 바와 기대하는 바는 멀고, (또) 크게 하지 아니할 수 없다.

○ 與 : 富與貴是人之所欲也, 不以其道, 得之不處也.(論語)
= 富와 貴는 사람마다 원하는 것이겠지마는 바른 길로써 하지 아니하면 그 것(富)을 얻는다고 하더라도 누리지 않는다.

○ 及 : 時日害喪, 予及女偕亡.(孟子)
= 이 날은 언제나 없어지겠나? 너와 나와 한꺼번에 망하자!(夏桀의 폭정에 대한 국민들의 원성의 절정)

【註】 • 時 = 是. • 日은 君(임금)의 상징. • 害(갈) = 何=언제.
• 女 = 汝. [夏桀(걸)왕을 가리킴]

2. 부사적 접속사(副詞的 接續詞): 접속사의 작용과 동시에 부사의 뜻도 겸한 것

① 전개(展開) 용법

○ 亦 : 雖敎而不嚴, 是亦不愛其子也.(柳屯田) = 비록 가르친다고 하더라도 엄격하게 하지 아니할 것 같으면 이것도 또한 그 (자기의) 자식을 (진심으로) 사랑하지 않는 것이다.

○ 雖 : 自反而縮, 雖千萬人吾往矣.(孟子) = 스스로 돌이켜 생각해 보아 곧으면 비록 천만인이 있는 앞이라도 나는 (용감스럽게) 갈 것이다.

【註】 • 縮(축) = 곧다.

예 劍雖利, 不厲不斷, 材雖美, 不學不高.(韓詩外傳) = 칼이 비록 날카롭지만 갈지 아니하면 들지 않고, 자질이 비록 아름답다 하더라도 배우지 아니하면 높아지지(향상되지) 아니한다.

○ 抑 : 求之與, 抑與之與.(論語) = 이것을 (이쪽에서) 요구했는가? 그렇지 않고 또는 (저쪽에서) 그 것을 (이 쪽에) 주었는가?

【註】 • '之與'의 '與'는 의문조사.

○ 況 : 今王必欲致士, 先從隗始, 況賢於隗者, 豈遠千里哉.(史記) = 이제 왕께서는 반드시 賢士를 招致하시려면 먼저 郭隗로부터 시작하십시오. (그리하면) 하물며 郭隗보다 더 어진 선비가 어찌 천리 길을 멀다하겠습니까?

② 해설(解說) 용법

○ 何則 : 何則, 竪刁·易牙·開方三子, 彼固亂人國者.(蘇洵, 管仲論) = 왜냐하면 수조(竪刁)·역아(易牙)·개방(開方) 세 사람은 본래부터 사람과 나라를 어지럽히는 자이기 때문이다.

※ '何者'도 이와 같이 쓰인다.

○ 所以 : 此乃信之所以爲陛下禽也.(史記) = 이것이 곧 한신(韓信)이 임금님

께 잡힌 까닭입니다.

※ '以'만으로도 '所以'와 같이 쓰인다.

예 子期死, 伯牙絕絃, 以無知音者.(列子) = 鍾子期(人名)가 죽으니 伯牙(人名)가 거문고 줄을 끊어 버렸다. (왜냐하면) 자기의 거문고 소리를 아는 이가 없어졌기 때문이다.

【參考】 이 故事에서 자기의 마음을 알아주는 친구를 知音이라 하고, 親友知己를 사별하고 실망하는 것을 '伯牙絕絃'이라 한다.

③ 비교(比較) 용법

○ 寧 : 寧爲鷄口, 無爲牛後.(史記) = 차라리 닭의 입이 될지언정 소의 궁둥이는 되지 말라.

○ 與其 ~ 孰若. : 與其有譽於前, 孰若無毁於後.(文章軌範) = 앞에 칭찬이 있기보다는 차라리 뒤에 비방이 없는 것이 낫다.

이 외에 '與其~不若', '與其~寧' 등이 있다.

④ 순접(順接) 용법

○ 以 : 作奇技淫巧以悅婦人.(書經, 泰誓下) = 기이한 재주와 음탕한 노름으로써 부인을 기쁘게 했다. (夏의 桀紂가 갖은 음탕한 짓으로 妲己(달기)의 환심을 샀다.)

類例 老吾老, 以及人之老.(孟子) = 자기 집 늙은이를 늙은이 대접하여서 (그 마음으로써) 남의 늙은이들도 공경한다.

開瓊筵以坐花, 飛羽觴而醉月.(李白) = 구슬 같은 훌륭한 자리에 꽃을 대해 앉아서, 새 깃 모양의 잔을 주고받으며 달빛 속에서 취한다.

【註】 • 瓊筵(경연) = 구슬 같은 화려한 자리.

○ 故 : 齊國雖褊小, 吾何愛一牛, 卽不忍其觳觫若無罪而就死地. 故以羊易之也.(孟子) = 제(齊)나라가 (국토가) 비록 좁고 적지만은 내 어찌 한 마리의

소를 아끼겠는가? 즉 그 겁내 떨면서 죄 없이 사지(死地)에 나아가는 것 같은 것을 차마 볼 수 없었기 때문이다. 그런 까닭으로 羊으로써 그것(소)을 바꾸게 한 것이다.

○ 而 : 學而時習之.(論語) = 배워서 때때로 그것을 익힌다.

類例 吾十有五而志于學.(論語) = 나는 열다섯 살이 되어 배움에 뜻을 두었다.

【註】 • 志 = 늘 심중에 두고 잊지 아니하는 것.

人人親其親, 長其長, 而天下平.(孟子) =사람사람이 그 (자기의) 어버이를 어버이로 대접하고, 그 어른을 어른으로 대접하면, 곧 천하는 태평해진다.

예 使子路問之曰, 子之哭也, 壹似重有憂者. 而曰然.(禮記) = 자로(子路)로 하여금 묻게 하여 말씀하시기를 '당신의 울음에 무엇인가 겹친 걱정이 있는 것 같은데' 하니, 곧 대답해 말하기를 '그렇습니다.' 하더라.

陷之死地, 而後生.(十八史略) = 그것을 죽을 곳에 빠뜨린 뒤에 살게 된다.

○ 然 : 權然後知輕重.(孟子) = 저울질해 본 뒤에 가볍고, 무거운 것을 안다.

類例 歲寒然後, 知松栢之後凋.(論語) = 겨울철이 된 뒤에 (비로소) 소나무와 잣나무 잎이 (딴 나무보다) 뒤에 떨어짐을 알게 된다.

類例 黎民不飢不寒, 然而不王者, 未之有也.(孟子) = 천하의 많은 백성이 먹는데 주리지 않고 추위에 떨지 않고, 그리고서 왕도로써 천하를 다스리지 못한 자는 지금까지 있은 적이 없다.

【註】 • 黎民 = 庶民.

○ 卽 : 項王許之, 卽歸漢王父母妻子.(史記) = 項王(항왕)이 그것을 허락하고, 곧 한왕(漢王)의 부모와 처자를 돌려보냈다.

類例 與善人居, 如入芝蘭之室, 久而不聞其香, 卽與之化矣.(孔子家語) =착한 사람과 같이 있으면, 마치 지초와 난초가 있는 방에 들어가는 것과 같아서, 오래 되면 그 향기를 느끼지 못하더라도 곧 그것(향기)과 같이 동화된다.

○ 則 : 君子不重則不威.(論語) = 군자가 자중하지 아니하면 위엄이 없다.

예 物盛則衰, 天之常道也.(戰國策) = 만물이 한번 성하면 곧 또 시들어지는 것은 하늘(자연)의 떳떳한 도이다.

예 行有餘力, 則以學文.(論語) = 행하다가 남은 힘이 있으면 곧 글을 배운다.

○ 乃 : 項梁乃以八千人, 渡江而西.(史記) = 항량(項梁)이 곧 팔천 명(의 군사)을 거느리고 강을 건너 서쪽으로 갔다.

○ 便 : 晴空一鶴排雲上, 便引詩情到碧霄.(劉禹錫, 秋思詩) = 깨끗이 개인 (가을)하늘에 학 한 마리가 구름을 헤치고 날아 올라가니, 문득 詩情을 끌어 올려 푸른 하늘에 이르게 하도다.

【參考】 이 시의 起承句는 '自古逢秋悲寂寥, 我言秋日勝春朝.'이다.

○ 輒 : 如何不作都無事, 遇興時時輒諷吟.(李退溪) = 어찌하여 도무지 무사함을 만들지 않고, 흥겨운 일을 만날 때마다 세상을 풍자하는 시를 읊고 있는가?(이 시는 이퇴계 선생이 은퇴하여 있으면서도 오히려 때때로 세상을 풍자하는 시를 읊고, 씀을 스스로 탄식하는 내용이다.)

【參考】 이 시의 起承句는 '學淺無端涉世深, 中途收脚愧初心.'이다.

類例 復日, 能徙者, 予五十金, 有一人從之, 輒予五十金.(十八史略) = 다시 말하기를 '능히 옮길 수 있는 사람에게는 황금 50근을 주겠다'고 했는데 한 사람이 이것을 옮기니, 곧 황금 50근을 주었다.

○ 載 : 乃瞻衡宇, 載欣載奔.(陶淵明, 歸去來辭) = 이에 처마를 쳐다보고 곧 마음이 기뻐서 곧 달려가다.

○ 是以 : 禹日, 堯舜之人, 皆以堯舜之心爲心, 今寡人爲君也, 百姓各自以其心爲心, 是以痛之也.(說苑) = 夏의 우왕(禹王)이 말씀하시기를 '요임금과 순임금의 백성은 다 堯舜의 착한 마음으로써 그들의 마음을 삼았는데, 이제 내가 임금이 되었음에, 백성들이 각기 자기의 마음으로써 그 마음을 삼고 있다. 이러므로 이것을 마음 아프게 생각한다.'

⑤ 역접(逆接) 용법

○ 而 : 人不知而不慍, 不亦君子乎.(論語) = 남들이 나(의 실력)를 알아주지 않더라도 노여워하지 아니하면 또한 도덕적인 인간(군자)이 아니겠는가?

類例 心不在焉, 視而不見.(大學) = 마음이 거기에 있지 않으면 보아도 보이지 아니한다.

類例 其爲人也, 孝弟, 而好犯上者鮮矣.(論語) = 그 사람됨이 부모에게 효도하고 형제간에 우애가 있으면서 그리고도 윗사람에게 불순한 사람은 좀처럼 없다.

類例 陛下不能將兵, 而善將將.(史記) = 임금께서는 졸병을 잘 통솔하시지는 못하시지만 장수는 잘 거느리십니다.

○ 然 : 公戒之曰, 我文王之子, 武王之弟, 今王之叔父. 然我一沐三握髮, 一飯三吐哺, 起以待士, 猶恐失天下之賢人.(十八史略) = 주공(周公)이 그(아들)를 훈계하여 말하기를 '나는 문왕의 아들이요, 무왕의 아우요, 현재 임금의 숙부이다. 그러나 (이런 높은 지위에 있으면서도) 나는 한 번 머리 감는데 세 번씩이나 머리칼을 움켜쥐고, 한 번 밥 먹는데 세 번씩이나 입 안의 음식물을 게워 내 놓으면서 일어서서 선비들을 접대하였는데 그래도 오히려 천하의 어진 사람을 잃어버릴까 걱정하였다.'

類例 文帝已廣遊學之路, 然儒學終未盡盛.(十八史略) = 漢의 文帝는 이미 유학(遊學)의 길을 열어 주었다. 그러나 유학(儒學)은 마침내 충분히 발달되지 못하였다.

○ 雖然 : 平生不學長腰屈, 此日猶難一脚伸. 雖然得免衣冠濕, 臨別慇懃謝主人.(金笠, 逢雨宿村家詩) = 평생에 긴 허리 굽히는 노릇(남에게 아부하는 것)은 배우지 않았지만 오늘은 오히려 한 다리 펴기도 어렵구나! 그러나(다행히) 옷과 갓이 젖는 것은 면하게 되었기 때문에, 떠날 때에는 은근히 주인에게 감사의 인사를 드렸다.

【註】 • 예문에 치중했기 때문에 原詩의 순서는 좀 바뀌었다.

○ 不然：沆曰，人主少年，當使知人間疾苦，不然血氣方剛，不留意聲色犬馬，則土木甲兵禱祠之事作矣.(十八史略) = 이항(李沆)이 말하기를 '임금이 나이가 적으니 마땅히 인간의 질병과 고초를 알려 드려야 한다. 그렇지 않으면 혈기가 한창 강한 이 때에 음악, 여색, 애견(愛犬), 승마를 마음대로 즐기게 되거나, 토목사업과 전쟁과 산천에 제사지내는 일들이 일어날 것이다.'

○ 不者：因擊沛公於坐，殺之，不者，若屬皆且爲所虜.(通鑑，漢紀) = 패공(沛公)을 앉은 자리에서 쳐 죽이라. 그렇지 않으면 너희들이 다 장차 포로가 될 것이다.

【註】 • 沛公 = 劉邦 = 漢高祖. • 若 = 汝. • 且 = 將.

위와 같이 접속사는 매우 많지만 그 가운데 가장 중요한 것에 대하여 좀 더 해설해 보고자 한다.

◎ '而'는 때에 따라서 혹은 순접도 되고, 혹은 역접도 되기 때문에 앞뒤의 文意를 잘 살펴서 어느 것에 해당하는 가를 판단하여야 한다.

순접의 경우에는 영어의 'and'와 비슷하고, 역접의 경우에는 'but'과 비슷하니 참고로 하면 매우 도움이 될 것 같다.

예 a 순접(順接)：雲無心以出岫，鳥倦飛而知還.(陶淵明，歸去來辭) = 구름은 무심히 산골짜기 굴속을 돌아 나오고, 새는 날다가 지쳐서 다시 (산으로) 돌아올 줄을 아는구나!

예 b 역접(逆接)：園日涉以成趣，門雖設而常關.(陶淵明，歸去來辭) = 날마다 정원에 돌아다니며 아취(雅趣)를 느끼고 있으니 비록 문은 달아 놓았지만 늘 빗장이 잠겨져있다.

◎ '是以'와 '以是'는 비슷해서 혼동하기 쉬우나 전혀 그 뜻이 다르니 특히 주의해야 한다. 즉, '是以'는 '이러므로'와 같이 결과 또는 이유를 나타내는 말로서 '是故 = 이런 까닭으로'와 거의 같은 뜻이지만, '以是'는 '이것으로써'의 뜻

으로 前者와는 전혀 별개의 것이다. 즉, '是'는 대명사로서 上文의 사실을 지칭하는 구실을 한다. 영어와 비교하면 '是以'는 'therefore'와 같고, '以是'는 'with this'와 같다. 다음에 예시하면,

○ 是以 : 釣聲名, 干祿利而已, 是以天下之書愈多而理愈昧.(朱子文集) = 명예를 낚고 祿利를 구할 뿐이다. 이러므로 세상에 나돌아 다니는 책들은 (그 수가)더욱 더 많아지고 그 뜻은 더욱 더 알기가 어려워진다.

類例 屈原曰, 擧世皆濁, 我獨淸, 衆人皆醉我獨醒, 是以見放.(屈平, 漁父辭) = 굴원(屈原)이 말하기를 '온 세상이 다 흐렸는데 나만이 깨끗하고 뭇사람이 다 술에 취하였는데 나만이 깨어 있었다. 이 때문에 쫓겨났다.'

○ 以是 : 堯以是傳之舜, 舜以是傳之禹.(韓退之, 原道) = 唐의 堯帝는 이것(仁義之道)으로써 舜帝에 전해주었고, 舜帝는 이것으로써 夏의 禹帝에 전해주었다.

3. 접속사 중 특히 중요한 것

(1) 卽

이것은 다음과 같은 두 가지 용법이 있다.

① '그것이 그대로'의 뜻을 나타내는 것

예 或曰儋卽老子, 或曰, 非也.(史記) = 어떤 사람은 말하기를 '儋(담)은 곧 老子를 말함이다'라고 하고, 어떤 사람은 '아니다'라고 한다.

② '곧' 迅急한 뜻을 나타내는 경우

예 今學者於道, 如管中窺天, 少有所見, 卽自足自是, 傲然居之不疑.(王陽

明全書) = 요즘 학자들의 도덕 문제에 대한 學硏的 태도는 마치 대통 속으로 하늘을 보는 것 같아서 조금 보이는 것이 있으면 곧 스스로 만족하고, 스스로 옳게 여겨 으스대면서 이에 자처하고 조금도 의심하지 않는다.

또 시간상으로 '즉시'의 뜻도 나타낸다.

예 勾踐反國, 懸膽於坐臥, 卽仰膽嘗之曰女忘會稽之恥邪.(十八史略) = 월왕(越王) 구천(勾踐)이 자국에 돌아와서 쓸개를 자기의 기거하는 곳에 걸어 놓고 즉시 쓸개를 우러러보고 이것을 맛보며 말하기를 '너는 회계(會稽)의 싸움에서 치욕을 당한 것을 잊었느냐?' 하더라.

類例 魏文帝嘗令東阿王七步中作詩, 不成行法, 卽應聲爲詩.(世說新語, 七步詩) = 위(魏)나라 문제(文帝)가 일찍이 東阿王으로 하여금 일곱 발자국 안에 시를 짓게 하고 만일 짓지 못할 때는 처벌하게 하니 즉시 그 말이 떨어지자마자 시를 지었다.

【註】 • 魏文帝 = 曹丕, 즉 曹操의 長子. • 東阿王 = 曹操의 次子, 曹植.

※ '卽'은 접속사 외에 가설(假設)의 뜻을 나타낼 때도 있으니 주의해야 한다.

예 卽肆然帝天下, 則連有蹈東海而死耳.(十八史略) = 만일 (秦나라가) 마음대로 날치며 천하에 왕 노릇한다면 連(魯仲連 자신)은 동해에 뛰어 들어서 죽을 뿐이다.(그 꼴을 안보겠다는 뜻)

類例 卽欲有事, 何如.(左傳, 昭公十三年) = 만일 일을 시작하려고 하면 어떨까?

(2) 則

이것은 다음과 같은 두 가지 용법이 있다.

① 보통 '~면'으로 번역되며 上文의 假定 또는 조건을 받아서, 그 결과인

추정 또는 단정을 나타내는 것으로서 '그 결과는' '그 때는'으로 풀이하면 된다.

예 學則庶人之子爲公卿, 不學則公卿之子爲庶人.(柳屯田) = 배우면 평민의 아들도 公·卿(고급 관리)이 될 수 있고, 배우지 아니할 것 같으면 公卿의 아들도 평민이 된다.

예 窮則獨善其身, 達則兼善天下.(孟子) = 궁했을 때(출세를 못했을 때)는 홀로 그 (자기의) 몸을 잘 닦고, 달했을 때(출세를 했을 때)는 온 세상 사람을 잘 살게 한다.

② '~은 곧~'으로 번역되며, 다수 중에서 하나를 제시하기도 하고, 또는 다른 편에 대하여 이쪽 편을 설명하기도 한다.

예 父母之年, 不可不知也, 一則以喜, 一則以懼.(論語) = 부모의 나이는 모르고 있을 수는 없지만 나이를 앎으로써 한 가지는 기쁘고, 한 가지는 걱정이 된다.(즉 오래 살아계셨으니까 기쁘고, 앞으로 살아계실 날이 얼마 남지 않았으니 한편 걱정이라는 뜻)

예 朕衣則短褐, 食則粢糲, 居則蓬室, 出則徒行.(列子, 力命篇) = 짐(朕)은 입는 것은 짧은 베옷이요, 먹는 것은 찧지 않은 쌀밥이요, 거처하는 곳은 초가집이요, 나갈 때는 도보로 다닌다.

【註】 •朕 = 天子의 自稱. •短褐(단갈) = 짧은 베옷. •粢糲(자려) = 현미로 만든 떡. •蓬室 = 쑥으로 지붕을 이은 집. '가난한 집', '자기 집'의 비칭(卑稱)으로 쓰인다.

類例 弟子入則孝, 出則弟.(論語) = 남의 아우나 자식 된 자는 집에 들어와서는 부모에게 효도하고, 밖에 나가서는 어른들에게 공손해야 한다.

【註】 •'出則弟'의 '弟'는 '悌'와 같이 쓰인다.

※ '則'은 몇 글자를 건너서 쓰이는 수가 있으니 주의해야 한다.

예 山有木, 工則度之.(左傳) = 산에 나무가 있으면 공장(工匠)이 곧 이를 잰다.

【註】 '山有木則工度之.' 의 순서나, 工에 중점을 두었기 때문에 이렇게 표시했다.

類例 旣見君子, 我心則喜.(詩經, 小雅) = 이미 손님을 대하니 내 맘이 기쁘다.

【註】 '旣見君子則我心喜.'가 정상적인 배열이다. '君子'는 빈객(賓客)을 가리켜 말함이다.

(3) 乃

이것은 다음의 두 가지 용법이 있다.

① 上文을 이어 받아서 아래에 순접으로 연결하는 것

예 虞芮爭田不能決, 乃如周.(十八史略) = 우(虞)나라와 예(芮)나라가 경계선 문제로 쟁의가 있었는데 (오랫동안) 해결되지 않았다. 그래서 결국 (裁決을 얻고자) 주(周)나라를 찾아갔다.

【註】 • 如 = 가다.

예 二人慙, 相謂曰, 吾所爭, 周人所恥, 乃不見西伯而還.(十八史略) = 두 사람이 부끄럽게 생각하고 서로 말하기를 '우리들이 시비(是非)하는 것은 주나라 사람들의 부끄러워하는 바이다.' 하고 곧 서백(西伯)을 만나 보지 않고 돌아 왔다.

【註】 • 西伯 = 周의 문왕(文王)을 가리켜 말함. 殷의 주왕(紂王)이 문왕을 서방제후의 長으로 임명했기 때문에 이렇게 불렀음.

② 上文을 이어 받아서 아래에 역접으로 연결하는 것

예 大禹聖人, 乃惜寸陰.(晋書) = 하(夏)의 우왕(禹王)은 성인(聖人)임에도 불구하고 일분일초를 아끼셨다.

(4) 便

이것은 '卽'보다는 좀 가벼운 뜻이나, 대체적으로 '卽'과 같다.

예 讀論語者, 但將弟子問處, 便作己作, 將聖人答處, 便作已聞, 自然有得.

(小學) = 논어를 읽는 사람은 다만 (공자의) 제자들이 묻는 곳을 가지고 곧 자기가 (직접) 묻는 것 같이 하고, 聖人(공자)이 대답하는 곳을 가지고 곧 (자기가 직접) (성인 앞에서) 듣는 것 같이 할 것 같으면, 저절로 얻는 바가 있을 것이다.

예 處世不必邀功, 無過便功.(菜根譚) = 사회생활을 하는 데 있어서 반드시 공을 세우려고 애쓸 필요는 없다. 허물이 없는 것이 곧 공을 세운 것이나 마찬가지이다.

【註】 • 邀功(요공) = 공을 요구하다.

(5) 輒

이것은 대체로 '乃'와 같은 용법이다.

◎ 이 외에 '迺' '載' 등이 있으나 '迺'는 '乃'와 같고, '載'는 '便'과 비슷하다.

◎ 이상은 지극히 그 일반적인 용법을 개설한 데 불과하고 실제로는 '卽·則·乃'는 통용되는 경우가 매우 많다. 本義를 머릿속에 넣어 두고, 그때그때 적당히 번역하는 것이 좋다.

제5절 종미사(終尾詞)

'종미사'라는 것은 '헐미사'(歇尾詞) 또는 '헐사(歇詞)·종사(終詞)·종결사(終結詞)'라고도 하며, 어구 또는 문장의 끝에 붙어서 이것을 매듭짓는 것인데, 한문에만 볼 수 있는 일종의 독특한 품사이다. 이것은 자칫하면 경시하기 쉽지만, 정확히 文意를 파악하기 위해서는 충분히 연구해서 그 뜻을 이해하는 것이 매우 중요하다. 종미사는 그 의의(意義)용법상 다음의 네 종류로 나눌 수 있다.

1. 결정 또는 단정의 뜻을 나타내는 것

○ 也 : 君子人與, 君子人也.(論語) = (이런 사람은) 군자(도덕이 있는 사람)라고 할 수 있겠는가? 군자라고 할 수 있다.

類例 古人秉燭夜遊, 良有以也.(李白) = 옛날 사람들이 (마지막으로 떠나는 봄을 아쉬워하며) 촛불을 잡고 밤놀이를 한 것은 진실로 까닭이 있는 일이다.

【註】 • 良 = 진실로. • 以 = 까닭, 이유의 뜻.

○ 矣 : 學也, 祿在基中矣.(論語) = 학문을 하는데 있어서도 관록(官祿)이 그 가운데 있는 수가 있다.(祿을 위한 학문이 아니지만 학식이 풍부해지면 자연 등용된다) [현재형]

예 使子路反見之, 至則行矣.(論語) = 자로(子路)를 시켜서 다시 가서 그를 만나 보게 하였더니 (자로가 그곳에)이르러 보니 (벌써) 떠났더라. [과거형]

예 苟志於仁矣, 無惡也.(論語) = 만약 진심으로 仁에 뜻을 둔다고 할 것 같으면 (저절로) 惡은 없을 것이다. [미래형]

※ '矣'는 時相으로 봐서 과거 · 현재 · 미래에 다 쓰인다.

○ 爾 : 有本者如是, 是之取爾.(孟子) = 本源이 있는 것은 이와 같이 간단(間斷)없이 흘러간다. (공자가 물을 칭찬하신 까닭은) 이것을 취하신 것뿐이다.

○ 耳 : 二三子, 偃之言是也, 前言戲之耳.(論語) = 얘들아 언(偃)의 말이 옳도다! 아까 한 말은 농담에 지나지 않을 뿐이다.

【註】 • 偃(언) = 공자의 제자 자유(子游)의 이름.
• 二三子 = 스승이 제자를 부르는 말, 얘들아.

○ 已 : 然則王之所大欲可知已.(孟子) = 그러면 왕의 크게 원하시는 바를 가히 알 수 있을 뿐입니다.

○ 而已 : 孔子聞之, 惜乎. 其不大也. 不曰人遺弓人得之而已, 何必楚也.(孔子家語) = 공자께서 이것을 들으시고 말씀하시기를 '아깝다, 그 (度量의) 크지 못함이여! 사람이 활을 잃었는데 사람이 그것을 얻었다고 하지 않고 하필 초나라 사람이라고만 하였는가?' 하시더라.

예 吾道忠恕而已矣.(論語) = 우리의 실천하는 길은 忠과 恕뿐이다.

위의 終詞에 대하여 좀 더 그 차이점을 고찰해 보면,

◎ '也'는 대개 문장이 종결되는 곳에 놓여서 '하다. ~다.' 등으로 번역되며 글 뜻을 매듭짓고 단정 혹은 결정을 나타내는 구실을 한다. 그러나 이 밖에 詠嘆·强勢·疑問의 뜻을 나타내는 경우도 있다.

◎ '矣'도 '也'와 같이 결정의 뜻을 나타내는 경우에 쓰이지만은, '也'와는 의의(意義) 용법이 다소 다르다. 즉 '也'는 語氣가 완만한 때에 쓰이고, '矣'는 文勢가 급박한 때에 쓰인다. 따라서 '矣'는 旣定의 句, 과거의 句末에 많이 쓰인다. 그런 까닭으로 '必' '旣' '已' '嘗' 등과 같은 부사와 결합하는 경우가 많다.

◎ '爾' '耳'는 다 같이 '뿐·따름'으로 번역되며, '그것뿐이다.' '그것에 불과하다.' 등의 뜻을 나타낸다.

◎ '已'도 '爾' '耳'와 같이 '뿐'으로 번역되나 이것은 '말다'의 뜻으로부터 나온 말로서 '오직 하나만 있고, 둘은 없다.'라는 뜻을 나타내는 것이다. 단 '爾' '已'는 '耳'보다 뜻이 좀 가볍다고 볼 수 있다. '而已'는 '뿐'으로 번역되는데, 이것은 원래 字義 그대로 '그리하고(而) 말다(已)'의 뜻으로부터 나온 말로 '이것이 마지막이다'의 뜻과 '그것 하나 외에는 없다'의 뜻으로서 '已'보다는 뜻이 무겁다.

2. 의문(疑問) 또는 반어(反語)의 뜻을 나타내는 것

○ 也 : 何由知吾可也.(孟子) = 무엇으로 봐서 내가 할 수 있다는 것을 아십니까?

類例 寡人之民, 不可多, 何也.(孟子) = 寡人의 백성이 더 많아지지 않는 것은 어쩐 일입니까?

○ 乎 : 蘇子曰, 客亦知夫水與月乎.(蘇東坡, 赤壁賦) = 소동파가 말하기를 '손님도 저 물과 달(의 이치)을 아십니까?'

類例 廏焚, 子退朝曰, 傷人乎. 不問馬.(論語) = 외양간이 불에 탔다. (그 때) 공자께서 조정으로부터 돌아오시어 말씀하시기를 '사람이 다치지나 않았느냐?' 하시고, 말에 대해서는 묻지 않으시더라.

【註】 • 廏(구) = 외양간.

○ 邪(耶) : 其眞無馬邪, 其眞不識馬邪.(韓愈, 雜說) = 그 정말 말이 없는 것인가? (또는) 정말 말을 알아보지 못하는 것인가?

○ 與 : 子路問强, 子曰, 南方之强與, 北方之强與, 抑而强與.(中庸) = 자로(子路)가 강한 것을 여쭈었는데 공자께서 대답해 말씀하시기를 '남방[중국]의 强을 말하느냐? 북방[北狄=북쪽 오랑캐]의 强을 말하느냐? 그렇지 않으면 너희들 학자의 强을 말하느냐? (어느 종류의 强을 말하느냐?)' 하시더라.

【註】 • 而=汝.

○ 哉 : 汲黯何如人哉.(史記) = 汲黯(급암)이란 사람은 어떠한 사람이냐?(의문)

예 今而廢學, 是何以異于斷織哉.(劉向, 列女傳) = 지금 와서 배움을 걷어치운다고 할 것 같으면, 이것이 어째서 짜던 것을 끊어 버리는 것과 다름이 있겠느냐?(다름이 없다.)(반어)

위의 종사(終詞)에 대하여 좀 더 그 의의(意義)용법을 분석 고찰해보면,

◎ '也'는 결정의 뜻을 나타내는 것 외에 의문·반어·호격(呼格) 등으로도 쓰인다.

◎ '乎'는 가장 가벼운 의문의 뜻을 나타낸다. 또 이것은 반어의 뜻을 나타내기도 하고 '況~乎'와 호응해서 抑揚의 뜻도 나타내고, 혹은 詠嘆의 뜻도 나타내는 등 각종의 용법이 있으므로 충분히 고찰해서 그 어느 경우에 속하는가를 판단한 뒤에 해석하는 것이 필요하다. 또 이것은 전치사 또는 후치사로서 쓰이는 경우도 있으니 주의해야 한다.

◎ '邪'(耶는 俗字)는 '乎'보다는 조금 짙은 정도의 의문을 표시한다. 또 이것은 '安' '烏' '寧' 등과 호응하여 '어찌 ~겠는가?'와 같은 반어를 나타내기도 한다.

◎ '與'는 의문과 반어에 쓰인다. 그러나 때로는 '더불어'의 뜻을 갖는 전치사로도 쓰이고, 또 '보다'와 같은 비교어로도 쓰이고, 때로는 '와'의 뜻을 가진 접속사로도 쓰이기도 하고, 어떤 때는 '주다' '참여하다' 등과 같이 동사로 쓰이는 수도 있으니 특히 주의하기 바란다.

◎ '哉'는 원래 詠嘆의 뜻을 나타내는 말이지만 의문 또는 반어로도 쓰인다.

3. 지시(指示)의 뜻을 나타내는 것

○ 焉 : 子曰, 天何言哉, 四時行焉, 百物生焉.(論語) = 공자가 가라사대 '하늘이 무슨 말을 하시느냐? (아무 말이 없지만) 춘하추동의 四時가 질서정연하게 운행되며, 만물이 (밤낮으로) 생장하지 않느냐!' 하시더라.

類例 子曰, 三人行, 必有我師焉.(論語) = 세 사람이 가는 데에는 반드시 나의 스승이 (그 안에) 있다.

○ 云爾 : 女奚不曰, 其爲人也, 發憤忘食, 樂以忘憂, 不知老之將至云爾.(論語) = 너는 어찌하여 '그의 사람됨이 (학문을 사랑하여) 분을 내면 먹을 줄을 모르며, 흥겨울 때에는 걱정조차 잊어서 늙는 것이 닥쳐오는 것도 모른다'고 말하지 않았던가?

◎ '焉'은 보통 종미사(終尾詞)로 되었을 때는 訓讀(뜻으로 새겨 읽음)하는 일은 거의 없다. 그러나 경우에 따라서는 '이에' '이보다' '여기에' '이것을' 등으로 훈독하기도 한다.

'이것에'로 훈독할 경우에는 '於之'의 뜻으로서, 대개 사람을 가리킨다.

예 湯之於伊尹, 學焉而後臣之.(孟子) = 탕왕(湯王)이 伊尹에 있어서는 (탕왕과 이윤과의 관계에 있어서는)(먼저)이 사람에게 배운 뒤에 그이를 신하로 삼았다.

'이보다'의 경우는 '於是'의 뜻으로서 대개는 사실을 가리킨다.

예 晉國, 天下莫强焉.(孟子) = 진(晋)나라는 천하에 이보다 더 강한 것(나라)이 없다.

'여기에'의 경우는 '於此'의 뜻으로서, 장소를 가리킨다.

예 心不在焉, 視而不見.(大學) = 마음이 여기에 있지 아니하면 보아도 보이지 아니한다.

이와 같이 '焉'은 종래 소위 서당식 학습방법과 같이 단순히 어조사로만 다루어서는 정확히 그 문의(文意)를 파악하기 어렵다. '焉'은 이외에 또 의문부사(어찌)로 쓰이는 수도 있으니 주의해야 한다.

예 割鷄焉用刀.(論語) = 닭 잡는 데 어찌 소 잡는 칼을 쓰겠는가?

◎ '云爾'는 '그렇게 말한다'의 뜻으로 본래 上文을 回顧指示하는 語句지만, 실제 예로서는 序·記·論·說의 文末에 일종의 형식문구로서 쓰이는 경우가 많고, 끝마침에 힘을 주어서 단언하는 느낌을 주는 구실을 한다.

4. 영탄(詠嘆)의 뜻을 나타내는 것

○ 哉 : 噫噫悲哉, 是秋聲也.(古文眞寶後集, 歐陽脩) = 아! 슬프다! 이것이 바로 가을 소리구나!

【註】 • 噫噫(희희) = 감탄사.

○ 夫 : 而今而後吾知免夫. 小子.(論語) = 이제부터 비로소 내가 무사했음을 알겠구나! 얘들아!

【註】 • 而今而後 = 爾今爾後 = 이제부터 이후. • 知免 = 知免毁傷 = 부모로부터 물려받은 신체를 무사히 간직했다.(직역으로는 다치는 일을 면하였다.) 이 글은 '身體髮膚受之父母, 不敢毁傷, 孝之始也.'(孝經)와 연관성이 있음. • 小子 = 門弟子를 사랑스러워서 일컫는 말.

◎ '哉'는 '~구나'로 훈독되며 영탄의 뜻을 나타낸다. 또 이 외에 이 말은 '豈' '何' '安' 등과 호응하여 반어의 뜻을 나타내는 일이 있으므로 주의해야 한다. 단 이 경우에는 '哉'에 반어의 뜻이 있는 것이 아니고 '豈' '何' '安' 등 부사에 그 뜻이 있으며 '哉'는 여전히 영탄의 말이다.

◎ '夫'는 역시 '~구나'로 훈독되며, 가벼운 의문을 포함한 영탄을 나타낸다. 또 이 말은 文頭에 놓여서 '무릇' '대저'로 훈독되며 發語(말을 끌어 낼 때 쓰이는 말)의 뜻으로 쓰이기도 하고 혹은 文中에 끼여서, '그것'으로 훈독되어 대명사로 쓰이는 경우도 있으므로 주의를 요한다.

◎ 위에 말한 종미사(終尾詞)는 단독으로 쓰이는 외에 종종 다른 終詞와 겹쳐 쓰이는 수가 있으나 그 때문에 따로 새로운 뜻을 나타내는 것은 아니고, 각종 尾詞의 原義에 의한 것이므로 해석하는 데는 그 本義를 고려해서 적당히 번역할 필요가 있다. 예컨대,

○ 可謂好學也已.(論語) = 배움을 좋아한다고 말할 수는 있겠다.

'也'는 결정의 종미사, '已'는 한정의 뜻을 나타내는 종미사지만, 이 두 글자가 겹쳐서 결국 결정의 뜻을 강하게 한 것으로 보면 된다.

○ 泰伯其可謂至德也已矣.(論語) = 泰伯(周文王의 伯父)은 그 덕이 정말 극에 달하였다고 말할 수 있겠다.
이것은 '也'와 '已'와 '矣'의 세 글자가 복합한 것인데, 결정 및 한정의 종미사들이므로, '也已'보다는 더 한층 결정의 뜻을 강하게 한 것이라고 볼 수 있다.

◎ 위의 종미사의 각어(各語)에 대해서 원의(原義)를 설명했으나, 한문을 해석하는 데 있어서 하나하나 차례 차례대로 원의(原義)에 얽매여서 번역하려고 하면 도리어 부자연스러운 해석에 빠지게 되는 일이 된다. 요는 원의(原義)는 원의(原義)로서 잘 머릿속에 넣어 두는 것이 중요하지만, 실제 문제에 직면하였을 때는 그 문장의 주요한 뜻을 자연스럽게 표현하도록 주의할 필요가 있다.
이제 종사(終詞)를 포함한 원문의 해석법을 예시하면,

예 子貢問曰, 有一言而可以終身行之者乎. 子曰, 其恕乎. 己所不欲, 勿施於人.(論語) = 자공이 여쭈기를 '한 마디의 말로서 종신토록 받들어 행할 것이 있겠습니까?' 공자께서 말씀하시기를 '그것은 '恕(서)'일 것이다. 제가 하고 싶지 않은 것을 남에게 베풀지 말지니라' 하시더라.

【註】 • 乎 : 行之者乎 = 의문사, 其恕乎 = 감탄사.

예 子曰, 莫我知也夫, 子貢曰, 何爲其莫知子也, 子曰, 不怨天, 不尤人. 下學而上達, 知我者其天乎.(論語) = 공자께서 말씀하시기를 '나를 참으로 알아주는 이는 없더구나!' 하신대, 자공이 여쭈기를 '어째서 그들이 선생님을 알지 못하겠습니까?' 공자 말씀하시되 '나는 하늘을 원망하지 않으며, 남을 허물하지 않고, 얕은 곳을 배워서 높은 곳에 도달하려고 힘쓰고 있으니 나를 알 자는 다만 저 하늘이 있을 뿐이로다.' 하시더라.

【註】 •'也' '夫' '乎'는 다 감탄사이다. •莫我知 = '莫知我' 의 도치.

예 子曰, 苗而不秀者有矣夫. 秀而不實者有矣夫.(論語) = 공자께서 말씀하시되 '싹은 텄으나 꽃이 피지 못하는 수도 있으며, 꽃은 피었으나 열매를 맺지 못하는 수도 없지 않도다!' 하시더라.(학문을 하는 데 있어서도 그들의 근태 여하에 따라 여러 단계의 결과를 나타냄을 비교한 것이다.)

제6절 품사의 변화

한문의 품사는 어떤 문장에서 차지하는 위치에 따라 변한다. 영어도 이와 비슷한 점이 있으나, 그러나 그것은 그 때 그 때 조금씩 형태가 변하지만은 한문은 본래의 형태가 전혀 바뀌지 않고 그 직능(職能)만 변하는 것이 특징이다.

예 太平之世, 五日一風(ㄱ), 十日一雨(ㄴ), 風(ㄷ)不鳴枝, 雨(ㄹ)不破塊.(王充, 論衡)

이 때 (ㄱ)'風', (ㄴ)'雨'는 동사(自動詞)요, (ㄷ)'風', (ㄹ)'雨'는 명사이다.

使天而雨玉, 飢者不得以爲粟.(蘇軾, 喜雨亭記)

이 때 '雨玉'(구슬을 내리게 하다)의 '雨'는 他動詞이다.

예 風簷展書讀, 古道照顔色.(文天祥, 正氣歌)

'風簷'(바람이 잘 통하는 처마 밑)의 '風'은 형용사.

【註】 •古道 = 堯·舜·禹·湯·周·孔의 道.

예 忽地晴天作雨天, 全無暑氣似秋間.(杜荀鶴)

이 때 '雨天'(비 내리는 하늘)의 '雨'는 형용사이다.

제4장 일자재독문자(一字再讀文字)

한문은 한 글자로서 두 번 훈독하는 습성을 가지고 있는 말이 있다. 이것을 '재독문자'(再讀文字)라 한다.

1. 未 : 아직~아니다

예 子曰, 由也升堂矣. 未入於室也.(論語) = 공자께서 말씀하시기를 '由는 이미 마루에 올랐고, 아직 방까지는 들어가지 못하였을 뿐이다.'라고 하셨다.(子路의 학문의 정도를 말함이다. '由'는 子路의 名)

'未'는 맨 처음에는 '아직'으로 훈독하고 두 번째는 '아니다(혹은 다른 적당한 부정어로)'로 훈독하여, '아직~아니다'의 뜻인데, 미래의 뜻을 나타내어서 부정하는 것이다.

2. 將 : 장차 ~하려고 한다

예 鳥之將死其鳴也哀.(論語) = 새가 장차 죽으려고 할 때는 그 울음이 슬프다.

'將'은 맨 처음에는 '장차'로 훈독하고 두 번째는 '~하려고 한다'로 훈독하여, '장차~하려고 한다'의 뜻인데, 일이 아직 일어나지 않고, 장래에 일어나려고 하는 경우에 쓰인다. 이 외에 추측의 뜻으로도 쓰이는 수가 있다.

예 猶兩鼠鬪於穴中, 將勇者勝.(史記) = 두 마리의 쥐가 구멍 속에서 싸우는 것 같으니 아마 그 중 억센 놈이 이기겠지!

3. 且 : 장차~하려고 한다

예 一人蛇先成, 引酒且飮之.(戰國策, 蛇足) = 한 사람의 그린 뱀이 먼저 이루어져서, 술을 끌어당기고 그것을 마시려 했다.

'且'는 '將'과 거의 같은 뜻으로 쓰인다.

4. 當 : 마땅히~해야 한다

예 大丈夫當以馬革裹屍, 安能死兒女手.(十八史略) = 대장부 마땅히 말가죽으로써 시체를 싸야 할 것이지, 어찌 부녀자의 손에서 죽겠는가?(사나이가 마땅히 나라를 위하여 싸움터에서 전사할 것이요, 가정에서 부인네의 간호를 받으며 죽어서는 안 된다는 뜻)

'當'은 맨 처음에는 '마땅히'로 훈독하고 두 번째는 '~해야 한다'로 훈독하여, '그렇게 하는 것이 당연하다' '마땅히 그렇게 해야 한다'와 같은 뜻을 나타낸다. 이와 비슷한 것으로 '應 = 應當'이 있으나 이것은 推量의 뜻을 나타낸다.

예 蓬來仙子如相見, 應笑人間有白頭.(宋時烈, 號는 尤庵) = 봉래산 신선들이 만일 (그것을) 서로 볼 것 같으면, 응당 인간 세상에 백발이 있음을 웃을 것이다. (참고) 起承句는 '擢髮淸川落未收, 一莖飄向海東流.'

5. 宜 : 마땅히~해야 한다

예 是以惟仁者, 宜在高位.(孟子) = 이러므로 오직 어진 사람만이 마땅히 높은 지위[王位]에 있어야 한다.

'宜'는 맨 처음에는 '마땅히'로 훈독하고 두 번째는 '~해야 한다'로 훈독된다.

훈독법은 '當'과 같으나 그 뜻은 다르다. 이것은 '그렇게 하는 것이 좋다' '그것 마땅하다(사리에 합당하다)'의 뜻이다. 즉 '결정' '명령'을 나타내는 경우에 쓰인다.

6. 須 : 모름지기~해야 한다

예 所見, 所期, 不可不遠且大, 然行之, 亦須量力有漸.(近思錄) = (학문하는 사람은) 착안하는 바와 목적하는 바가 모두 멀고, 또 크지 아니할 수 없지마는 그러나 그것을 실천하는 데 있어서는 모름지기 자기의 역량을 참작하여 점차적으로 전진하지 않으면 안 된다.

'須'는 맨 처음에는 '모름지기'로 훈독하고 두 번째는 '~해야 한다'로 훈독하여 '꼭 ~해야 한다' '그렇게 하는 것이 절실히 필요하다'이다. 즉 '必須' '必要'의 뜻에 쓰인다.

7. 猶 : 마치 ~같다

예 仁之勝不仁也, 猶水勝火.(孟子) = 仁이 不仁을 이기는 것이 마치 물이 불을 이기는 것과 같다.

'猶'는 맨 처음에는 '마치'로 훈독하고, 두 번째는 '같다'로 훈독하여 '마치 ~같다'인데, 갑을 양자가 서로 같음은 나타내는 경우에 쓰인다. 또 이외에 '由'도 이와 같이 쓰인다.

예 人役而恥爲役, 由弓人而恥爲弓.(孟子) = 품팔이꾼 노릇을 하면서 품 파는 것을 부끄러워하는 것은 마치 활 만드는 사람이 활 만드는 것을 부끄러워하는 것과 같다.

8. 盍 : 어찌~하지 않는가?

예 顔淵・季路侍. 子曰盍各言爾志.(論語) = 顔淵과 季路(子路)가 공자를 모시고 있었다. (그때) 공자께서 말씀하시기를 '어째서 너희들은 각각 네 뜻을 말하지 않는가?' 하시더라.

◎ '盍'은 '何不'의 合字로서 맨 처음에는 '어찌'로 훈독하고 두 번째는 '~않는가'로 훈독하여 '어찌 ~하지 않는가?'이다. 즉 文意상 의문 또는 반어 때로는 반어적 의문의 뜻을 나타낸다.

이상의 문자 외에 사역(使役)의 조동사(使・令・教・遣・俾)가 이 종류에 속한다고 볼 수 있다.

◎ 使 : 하여금~하게 하다

예 天帝使我長百獸.(戰國策) = 조물주께서 나로 하여금 모든 짐승에게 어른 노릇하게 하셨다.

제5장 한문훈독법(漢文訓讀法)

'한문 훈독법'은 한문학습의 기본 사항으로 가장 중요한 것이다. 왜냐하면 국어의 어순과 한문의 어순은 서로 다르기 때문에 '한문 훈독법'은 우리에게 하나의 커다란 난관이며 동시에 특별한 주의를 요한다.

예를 들면, 국어는 '주어-목적어-서술어'의 어순이 정치법(正置法)인 데 반해 한문은 '주어-서술어-목적어'의 어순이다. 또 한문은 고립어(孤立語)로 어순에 따라 문장 성분이 결정되는 데 비해, 국어는 첨가어(添加語)로 문법적 직능을 나타내는 요소가 따로 어근에 덕지덕지 붙기 때문에 어순과는 관계없이 같은 의미로 도치할 수도 있다. 예시하면 '甲殺乙' 하면 '갑이 을을 죽였다'이고, '乙殺甲' 하면 '을이 갑을 죽였다'가 되어, 乙이 주어로서 위치에 따라 성분은 결정된다. 그러나 국어는 '갑이 을을 죽였다.' '을을 갑이 죽였다' '을을 죽였다, 갑이'라 하여도 여전히 '乙' 에 붙은 '~을'이란 요소 때문에 위치에 구애됨이 없이 목적어로 쓰일 수 있는 것이다. 따라서 우리는 예부터 이에 대하여 여러 가지로 훈독의 방법을 연구 모색해 보았다. 그러나 이에 대해서는 언어계통이 같은(=우랄·알타이 어족) 隣國 일본이 좀 더 발달된 감도 없지 않다. 다음에 이에 대하여 종합고찰해 보기로 한다. 초학자는 더욱 이에 유의해 주기 바란다.

제1절 구두(句讀)법

'구두법'은 문의(文意)의 혼란을 피하고 상호 관계를 명료하게 하기 위하여 文에 부호를 붙이는 것이다. 이 때 부호를 구두점(句讀點)이라 한다. 한문의 구두법은 국어의 경우와 비슷하나, 그 중에는 한문만의 독특한 것도 있으므로 설명하기로 한다.

① 구점(句點)(。)

문장의 語意가 완전히 끝나는 경우에 쓰인다.

예 君子不器。(論語) = 군자는 일정한 그릇 노릇만 하지 않는다.(융통성이 있다)

類例 百聞不如一見。 = 백 번 듣는 것이 한 번 보는 것만 못하다.

② 독점(讀點)(、)

아직 완전히 말을 끝마치지 않아 아래 말과 얽혀 있지만, 아래에 말하려고 하는 것과는 좀 구별을 할 필요가 있어서 잠깐 말을 중지할 때에 쓰인다.

예 君子不以言擧人、不以人廢言.(論語) = 군자는 말만 듣고 사람을 등용하지 않고, 인간이 똑똑하지 못하다고 해서 그 사람의 말까지 무시하지는 않는다.

③ 병렬점(竝列點)(·)

병렬되어 있는 명사 사이에 그것을 구별하기 위하여 쓰인다.

예 季子然問, 仲由・冉求可謂大臣與.(論語) = 季子然이 여쭈기를 '仲由와 冉求(염구)는 대신감이라고 말할 수 있겠습니까?'

類例 陛下有禹・湯之明, 而失黃・老養性之道.(十八史)= 폐하께서는 夏의 우왕(禹王)과 殷의 탕왕(湯王)의 현명한 덕을 갖추고 계시지만 黃帝와 老子의 양생법은 잃어(잊어)버리고 계십니다.

④ 접속선(接續線)(–)

연속을 필요로 하는 語의 사이에 붙인다.

ㄱ. 三字連續語의 경우

예 夫庸知其年之先–後–生於吾乎.(韓愈, 師說) = 무릇 어찌 그 나이가 나보다 많고 적음을 알 필요가 있겠는가?

ㄴ. 二字熟語를 直讀하는 경우

예 欲取–捨 斟–酌之.(史記) = 그것을 取捨, 斟酌하고 싶다.

예 設使退之爲宰相, 生-殺 出-入 升-黜 天下士, 其敵益衆.(柳宗元, 與韓愈論史官書)=가령 한퇴지로 하여금 재상의 자리에 앉힐 것 같으면, 천하의 선비를 살리기도 하고 죽이기도 하고, 내 보내기도 하고 불러들이기도 하고 승진도 시키고 강등도 시켜서, 그를 원망하는 적은 더욱 많아질 것이다.

⑤ 쌍구(雙鉤)(『 』)

문중(文中)에 끼인 대화와 어구를 다른 것과 구별하기 위하여 그 어구의 앞뒤에 붙인다.

예 廏焚, 子退朝曰, 『傷人乎』. 不問馬.(論語) = 마구간에 불이 났더니 공자께서 마침 조정으로부터 물러나오시어 집사람에게 물으시되, 『사람이 상하지 않았느냐?』 하시고, 말에 대해서는 미처 물으시지 않으시더라.

⑥ 단구(單鉤)(「 」)

쌍구(雙鉤) 중에 있어서 다시 구(鉤)가 필요할 때, 즉 서언(敍言) 중의 서언(敍言) 등에 쓰인다.

예 子曰, 『詩三百, 一言以蔽之曰 「思無邪」.』(論語)=공자 가라사대 『시경 300편의 참 뜻은 한 마디로 말해서 「생각에 거짓이 없음이다」』라 하셨다.

이상의 구두점과 기타의 부호가 반드시 한문에 정확하게 붙여지는 것은 아니다. 초학자를 위하여 문의(文意)를 쉽게 이해하도록 하는 하나의 방편이라고 볼 수 있다.

제2절 음독법(音讀法)

한자의 음을 연결하여 읽는 것을 '음독법'이라고 한다. 한자는 음(音)과 훈(訓)이 있기 때문에 그 독법에 있어서도 음독(音讀)·훈독(訓讀) 두 가지가 있을 수 있다. 그러나 긴 문장을 훈독한다는 것은 초학자로서는 지극히 어려운 일이다. 또 문장의 구조가 국문과 다르기 때문에 여러 가지 곤란한 점이 많다. 그러므로 우리의 한문독법은 대개 음독이다. 그러나 음독만으로는 문의(文意)를 이해하기 어렵기 때문에 과거 우리 조상들은 한문독법에 대해 여러 가지로 고심 연구하였다. 즉 토(吐)라는 것을 한자음 사이에 붙여서 음독과 동시에 훈독이 편하도록 하였다. 예시하면,

子ㅣ(ㄱ)曰、 富與貴는 是人之所欲也ㅣ나(ㄴ) 不以其道면 得之라도 不處也하고、 貧與賤은 是人之所惡也ㅣ나(ㄴ) 不以其道면 得之라도 不去也ㅣ니(ㄷ)라.(論語)

음독(音讀). "재왈, 부여귀는, 시인지소욕애나, 불이기도면, 득지라도, 불처야하고, 빈여천은, 시인지소오애나, 불이기도면득지라도, 불거애니라."(공자께서 말씀하시기를 '富와 貴는 (이것을) 사람들이 모두 원하는 바지만 그 (정당한) 방법으로써 하지 아니 할 것 같으면 그것(富)을 얻었다고 하더라도 누리지 아니하고, 가난함과 천함은 사람들이 모두 싫어하는 바지만 정당한 방법으로써 하지 아니할 것 같으면 그것을 얻었다고 하더라도 억지로 버리지 아니할지니라)' 하시더라.

※ 이 章의 내용에 대해서는 두 가지 설이 있다. 따라서 독법도 두 가지가 있을 것이나 여기서는 한 가지만 택했다.

위 예문에 있어서 「ㅣ(ㄱ)」「는」「ㅣ나(ㄴ)」「면」「라도」「하고」「은」「ㅣ니(ㄷ)라」 등은 다 「토」에 속하며 이것들은 한문을 훈독할 때, 한자자체의 뜻 이외에 덧붙은

부분을 나타내는 것이며, 이것을 붙여 놓으면 문장의 뜻을 이해하는 데 매우 도움이 된다. 따라서 「토」를 붙여서 읽으면 음독과 동시에 그 문장의 내용을 음미할 수가 있다. 그 뿐만 아니라, 뜻을 알고 읽게 되기 때문에 자연 흥미를 느낄 수 있고, 또 오래 동안 읽어도 피로를 느끼지 않게 된다.

(주의) 위 예문 「토」가운데 「ㅣ(ㄱ)」은 「이」와 같다. 「이」는 주어 밑에 붙는 대표적인 「토」이기 때문에 「은·는·이·가」 등으로 적당히 활용할 수 있다. 예컨대 『「子ㅣ曰」은 공자 「가」 말씀하시기를』과 같이 즉 「ㅣ」가 「가」로 활용된다. 그러나 「ㅣ나(ㄴ)」 「ㅣ니(ㄷ)라」는 물론 「이나」 「이니라」의 준 말이기는 하지만 이때 「ㅣ」는 단순히 음의 조화를 위한 작용을 할 뿐이다. 즉 「也나」= 「야나」 하면 음이 너무 딱딱하기 때문에 「也ㅣ나」= 「애나」로 순하게 한데에 불과하다. 특히 유의하기 바란다.

토(吐)는 다음과 같은 五種(上吐·中吐·下吐·聯吐·散吐)으로 분류할 수 있다.

① 상토(上吐)

下句의 머리 字句의 뜻을 도와주기 위하여 上句의 끝에 붙이는 것.

ㄱ. (하고·이오), 又○○

예 彼無大故하고, 又不遣妾하니 何以得去리오.(小學, 稽古)=그가 큰 연고도 없고, 또 첩(여자 자칭)을 보내지도 않으니 어찌 버리고 갈 수가 있겠는가?

ㄴ. (하니·이러니), 果○○

예 使人視之하니, 果蘧伯玉也ㅣ러라.(小學, 稽古) =사람을 시켜 가 보게 하니, 과연 蘧伯玉이더라.

【註】 •「使人視之러니」도 무방함.

(ㄷ) (이·을)謂(之)○○

예 燕人이 謂荊卿이라하다.(史記) = 연나라 사람이 그이를 荊卿이라고 하더라.
疾行先長者를 謂之不弟니라.(小學, 明倫) = 빨리 가서 어른보다 앞서는 것을 공손하지 못하다고 하느니라.

② 중토(中吐)

연용되는 숙어구의 뜻을 연결해 주기 위하여 중간에 끼이는 토.

ㄱ. 不○○(이면) 不○○

예 不憤이면 不啓하고, 不悱면 不發이니라.(論語) = 發憤하지 아니하면 열어 주지 아니하고, 발표하려고 애쓰지 아니하면 자아내 주지 아니하느니라. (자율적인 공부를 지도한다.)

ㄴ. 與其○○(으론), 寧○○

예 禮與其奢也론 寧儉이니라.(論語) = 예절은 사치스럽기보다는 차라리 검소한 편이 낫다.

ㄷ. 寧○○(언정), 無○○

예 寧爲鷄口언정 無爲牛後하라.(十八史略) = 차라리 닭의 입이 될지언정 소의 궁둥이가 되지 말라.

③ 하토(下吐)

일정한 字句가 위에 있을 때 句末에 붙는 토.

ㄱ. 昔者에 ○○

예 昔者에 子貢이 問於孔子曰…(孟子) = 옛날에 자공(子貢)이 공자에게 여쭙기를.…

ㄴ. 雖○○라도○○

예 心誠求之면 雖不中이라도 不遠이니라.(大學) = 진심으로 그것을 구할 것 같으면 꼭 들어맞지는 않는다고 하더라도 거리가 멀지는 않을 것이다.

ㄷ. (其)○○耶.(인저·아)

예 仲尼贊老子曰, 其猶龍耶인저.(史記) = 중니(공자의 字)께서 노자를 칭찬하여 말씀하시기를 '그이는 마치 용 같구나!' 하더라.

類例 子ㅣ曰, 乾坤은 其易之門邪인저.(易經) = 공자께서 말씀하시기를 '乾坤(天地·陰陽)은 易(역)에 들어가는 문과 같도다' 하시더라.

類例 其眞無馬邪아 其眞不識馬邪아.(韓愈)

④ 연토(聯吐)

상하구(上下句)의 토가 연쇄작용을 일으킬 때, 상하구(上下句)의 끝에 붙는 토.

ㄱ. 非○○也.(라·ㅣ라), ○○也

예 刺人而殺之曰, 非我也ㅣ라 兵也ㅣ라.(孟子) = 사람을 찔러 죽이고 말하기를 '내가 아니라, 무기'라고 한다.

ㄴ. ○○邪(아), ○○邪(아)

예 其眞無馬邪아 其眞不識馬邪아.(韓愈. 雜說)

ㄷ. 與其○○(론·으론), 孰若○○(고)

예 與其有樂於身으론, 孰若無憂於其心고.(韓愈, 古文眞寶) = 몸에 영화의 樂이 있는 것보다, 마음에 근심이 없는 것이 더 낫다.(직역하면, 몸의 영화와 마음의 평화 가운데서 어느 것이 더 나으냐?)

ㄹ. ○哉(矣)라 ○也(矣·乎)여

예 子曰, 賢哉라, 回也여.(論語)=공자 말씀하시기를 '참 어질구나! 回여.'라고 하시더라.

⑤ 산토(散吐)

이상의 4종의 토 외에 각 방면에 쓰이는 토.

ㄱ. 上告下(이어다·하라)

예 夫子曰. 小子아 識之하라 苛政이 猛於虎로다.(禮記) = 공자께서 말씀하시기를 '얘들아 잘 기억하라. 가혹한 정치가 호랑이보다 더 사나운 것이다.'고 하였다.

【註】 • 夫子 = 先生, 長子之稱. 공자를 뜻함. • 小子 = 스승이 제자에 대한 호칭. • 識(지) = 기억하다, 기록하다의 뜻.

ㄴ. 下告上(하노이다·하소서)

예 敢問死하노이다. 曰, 未知生이어늘, 焉知死리오.(論語) = 감히 죽음에 대하여 여쭈옵니다. (공자) 말씀하시기를 '아직 生에 대하여서도 다 알지 못하거늘 어찌 死를 말하겠는가?' 하시더라.

ㄷ. 쌍관(雙關, 對句)用(하고·하며·오·이오)

예 子曰, 知者는 不惑하고, 仁者는 不憂하고, 勇者는 不懼니라.(論語)

예 子曰, 幼而不孫弟하며, 長而無述焉이오, 老而不死는 是爲賊이니라.(論語) = 공자께서 말씀하시기를 '어릴 적에 어른을 공결할 줄도 모르고 자라서 일컬을 만한 일도 없고, 나이만 먹고 죽지도 아니하는 것은 사회를 해치는 도둑이나 마찬가지니라.' 하시더라.

ㄹ. 월이 끝날 때 쓰이는 것(이라·하니라·하라·하더라)

예 子曰, 德不孤라 必有隣이니라.(論語) = 공자께서 말씀하시기를 '덕이 있는 사람은 외롭지 않다. 반드시 가깝게 따르는 이웃이 있느니라.' 하시더라.

참고로 自古로 써 내려온 (세종실록에 十年戊申十月에 '上語卞季良曰, 昔太宗命權近著五經吐.'라 했다.) 口訣(한자의 한 부분을 딴 略號로써 한문 사이에 다는 토)의 종류를 열거하면 다음과 같다.

예

① ㄗ=은(는·ㄴ)=隱	② ㇏=이=是	③ 匕=니=尼
④ 尹=나=那	⑤ 牙=아=牙	⑥ 亽=어=於
⑦ 尒=며=旀(韓國造字)	⑧ 厂=애=에=厓	⑨ 广=저=底
⑩ ロ=고=古	⑪ 乙=을=乙	⑫ 卜=와=臥
⑬ 又=로(노)=奴	⑭ 夕=다=多	⑮ 果=과=果
⑯ 亽=라=羅	⑰ 丆=면=面	⑱ 五=오=五
⑲ 刀=도=刀	⑳ 乛=야=也	㉑ ソ=하=爲
㉒ 寸=시=時	㉓ 日=리=日(또는 里)	㉔ ㄷ=나=飛
㉕ ホ=드=等=才·(等의 초서체)	㉖ ㄱ=호=乎	㉗ 馬=마=馬
㉘ 加=더=加	㉙ 弋=대=代	㉚ 士=사=士 등

이것들이 합쳐서,

凸 : 하고(㉑+⑩)　　亡 : 하니(㉑+③)　　尔 : 하며(㉑+⑦)　　ソ5 : 하야(㉑+⑳)
人五 : 이오(②+⑱)　分 : 라도(⑯+⑲)　爻匸 : 하노니(㉑+⑬+③)
竹匸ㅅ : 하시니라=(㉑+㉒+③+⑯)　　令木阝 : 어든(⑥+㉕+①)

등등으로 쓰였다.

◎ 古人讀法例 : 天地之間萬物之中厓 惟人伊 最貴爲尼 所貴乎人者隱 以其有五倫也羅 是故奴 孟子伊曰父子有親爲於 君臣有義爲於 夫婦有別爲於 長幼有序爲於 朋友有信是羅爲時尼 人而不知有五常則其違禽獸伊 不遠矣里羅.(童蒙先習)

◎ 古人讀法例 : 孟子ㅣ曰 仁人心也五 義ㅏ人路也. 舍其路而不由凸 放其心而不知求亡 哀哉ㅅ.(孟子)

제3절 전독법(顚讀法)

한문은 중국인에게 본래부터 자국의 글이기 때문에 그대로 위로부터 아래로 음독하면 곧 뜻이 통하지만, 우리는 이것을 국어식으로 번역하지 않으면 그 뜻이 통하지 않는다. 이 의역의 법을 '전독법'이라고 한다.

이에 그 성분·어구가 상하 전도(顚倒)되는 경우에 대하여 고찰해 보기로 한다.

1. 재독문자(再讀文字)

'未·使·當·應·且·將·宜·須·猶·盍' 등의 재독문자는 상하 전도된다.(예문은 第四章 一字再讀文字 참조.)

2. 객어와 보어를 갖는 동사는 그들의 앞에 위치한다.

예 讀書. 登山. 無爲牛後.

3. 특수문자(特殊文字)

다음 문자는 원칙으로 상하 전도된다.

① 전치사 '從·自·由·於·與'는 상하 전도된다.
② 부정의 문자 '不·非·勿·莫·不能'는 상하 전도된다.
③ '有·無'의 문자는 상하 전도된다.
④ '難·易'의 문자는 상하 전도된다.
⑤ '多·少'의 문자는 상하 전도된다.
⑥ '所·所以'의 문자는 상하 전도된다.
⑦ '足(족히)·如(若)·爲·每·雖·可·見(被·所·爲=피동)' 등의 문자는 상하 전도된다.

이상의 특수문자의 용례를 일괄하여 우리나라 국체(國體)의 미를 읊은 시를 게재하여 참고로 제공한다.

海東有神國. 萬邦無比倫. 地肥多産物. 食足少窮民. 俗美人易治. 武强賊難臻. 檀君尊如日. 可仰又可親. 自開國以降. 文化與歲新. 每逢非常變. 不能顧其身. 爲護禮義國. 常期爲忠臣. 雖比千萬世. 勿忘倍達人.

【註】 • 比倫 = 同類. • 每逢 = 만날 때마다. • 禮義國 = 우리나라는 자고로 동방 예의지국이라고 일컬어졌다. • 雖比의 '比'는 及(미치다)의 뜻과 같다. • 倍達 = 우리나라 上古時代의 칭호.

제4절 반점법(返點法)

우리가 한문을 읽는 방법은 주로 음독(音讀)이요, 적당한 곳에 토(吐)를 달아서 문의(文意)를 이해하기 쉽도록 하고 있지만, 이것만으로는 구문법(構文法)이 크게 다른 한문을 용이하게 해득하기에는 아직도 거리가 매우 멀다고 하지 아니할 수 없다. 이 점에 있어서, 일본인들은 상당히 발달하였다고 본다. 즉 그들은 음독보다 훈독(訓讀 : 뜻으로 읽는 것)이 오히려 주가 되어 있고, 또 훈독에 필요한 각종의 부호를 교묘히 이용하고 있다. 이제 그 방법을 소개하며 동시에 우리도 이것을 이용하여 한문해득을 쉽게 하고자 한다. 혹 외취(倭臭)가 난다고 비방할지 모르겠으나, 학문을 연구하는 마당에 있어서, 숙원(宿怨)과 국경이 있을 수 없다. 또 불필요한 아집은 옹졸에 불과할 뿐이며, 오로지 학문의 발전을 저해할까 걱정이 된다. 취사선택이야말로 학자의 근본적 태도라고 생각한다. 뿐만 아니라 일본인들의 한문에 대한 연구는 비교적 과학적이라고 볼 수 있다. 그들의 저서를 참고로 하려면, 먼저 그들이 쓰고 있는 방법을 알아야 하지 않겠는가? 이 欄을 특설한 저자의 의도를 독자는 이해해 주기 바란다. 泰山(太山)不讓土壤故, 能成其高, 河海不擇細流故, 能就其深.(史記, 李斯傳) = 태산은 작은 흙덩이도 거절하지 않기 때문에 그처럼 높게 되고, 황하와 바다는 개울물도 다 받아들이기 때문에 그처럼 깊게 된다는 유명한 말도 있지 않는가?

반점(返點)은 훈독을 용이하게 하기 위한 부호이다. 그 부호는 대개 다음과 같은 5종류가 있다.

1. ㆑點

一字씩 전독(轉讀)하는 경우, 즉 一字로부터 一字에 전독(轉讀)하는 경우에 쓰인다. 이것을 '갈고리 점'이라고도 부른다. 반점(返點)은 모두 반독(返讀)되는 문자의 좌하(左下)에 붙이게 되는데, '㆑點'의 경우 전독하는 문자가 두 줄에 걸쳐 있을 때는 뒷줄의 문자 위에 붙이는 것이 관례로 되어 있다.

예 玉不㆑琢, 不㆑成㆑器. 人不㆑學, 不㆑知㆑道.(曲禮) = 옥도 잘 갈지 않으면 그릇이 될 수 없고, 사람도 배우지 아니하면 사람의 도리를 알지 못한다.

전독(轉讀)하는 문자가 두 줄에 걸쳐 쓰일 경우. 위의 예문으로써 설명하면, '玉不㆑琢不㆑成㆑器. 人不㆑學不㆑知㆑道.'와 같이 된다. 즉 일반적 법칙에 의하면 '㆑點'이 첫째 줄 끝의 '知'의 좌하(左下)에 붙을 것이지만, 이 경우에는 둘째 줄 첫 글자 '道'의 좌상(左上)에 붙는 것이다.

2. 一·二·三

2글자 이상의 간격을 두고 전도(轉倒)될 경우에 쓰인다.(단 연결된 숙어로 직독하는 경우에도 쓰인다. 이 경우에는 그 숙어의 최초의 글자와 두 번째 글자와의 좌측 중간에 붙인다. 또 三字語인 경우에는 최초의 글자 左下에 붙인다. 이 경우에 접속선(-)은 붙일 때도 있고, 붙이지 않는 때도 있다.) 단 두 줄에 걸친 때는 前行의 끝 글자의 左下에 붙이는 것이 관례다.

예 吾不㆑忍㆕其觳觫若㆔無㆑罪而就㆓死地㆒.(孟子) = 나는 그 (소가) 겁내서 떨며, 죄 없이 死地에 나아가는 것 같은 것을 차마 보지 못하였다.

類例 先帝在時, 每與㆑臣論㆓此事㆒, 未五嘗不㆕嘆㆓-息痛㆔-嘆於桓·靈㆒也.(諸葛亮, 前出師表) = 先帝 살아계실 때, 늘 신과 같이 이 일을 상의하였는데, 일찍이 後漢의 桓帝와 靈帝에 대하여, 탄식하시고 통탄하시지 아니함이 없으셨다.

【註】 • 桓帝·靈帝는 모두 소인들을 임용해서 나라를 망쳤다.

예 夫庸知[三]其年之先[二]-後-生於吾[一]乎.(師說)

연속하는 숙어가 두 줄에 걸쳐 있을 때, 상문(上文)을 가지고 예시하면,

예 先帝在時, 每與[レ]臣論[二]此事[一], 未五嘗不[四]嘆[二]息痛[三]-嘆於桓·靈[一]也.
와 같이 된다.

3. 상(上)·하(下)(상·중·하)

앞의 두 가지를 써서 전독(轉讀)한 뒤에 다시 전독을 필요로 할 때 쓰인다.

예 自[レ]古帝王, 莫[レ]不[下]得[二]之於艱難[一], 失[中]之於安逸[上].(十八史) = 옛 부터 제왕들은 모두 어려운 환경 속에서 나라를 유지했고, 안일한 속에서 그것을 잃어버리지 아니한 이가 없었다.

4. 甲·乙·丙·丁

앞의 세 가지의 부호를 써서 전독(轉讀)한 이외에 다시 전독이 필요한 때에 쓰인다.

예 臣死之日, 不[丙]使[下]內有[二]餘帛[一], 外有[中]贏財[上], 以負[乙]陛下[甲].(十八史) = 신이 죽는 날에 집안에 남은 비단을 쌓아 두고, 집 밖에 남은 재산을 쌓아 두게 하여 폐하를 배반하는 일이 없도록 하겠다.

5. 天·地(天·地·人)

앞의 네 가지의 부호를 써도 오히려 부족하여 다시 전독(轉讀)을 요할 때 쓰이는 것이다.

예 使㆟籍誠不㆚以㆘畜㆓妻子㆒, 憂㆗飢寒㆖, 亂㆙㆑心, 有㆑錢財以濟㆞醫藥㆝, 其盲未㆑甚.(韓愈, 文章軌範) = 장적(張籍)으로 하여금 진실로 처자를 기르고, 기한(飢寒)을 걱정함으로써, 마음을 어지럽히지 아니하고, 돈이 있어서 그것으로써 의료비와 약제의 대금을 支辨하게 하였더라면 그의 眼盲症은 그다지 심하지 않았을 것이다.

【返點上의 주의】 위의 반점을 치는 데 있어서 다음 사항에 주의를 요한다.

㈠ 아래로부터 '㆑點'을 가지고 전독된 글자가 다시 2자 이상을 隔하여 '一·二·三…' '上·中·下' '甲·乙·丙…' '天·地·人' 등과 전독될 필요가 있을 경우에는 '㆑點'의 위에 그것들을 겹쳐서 '㆒㆑' '㆖㆑' '㆙㆑' '㆝㆑'과 같이 쓴다. 위 예문 참조.

㈡ 다음 경우에는 일반적인 관용어이기 때문에 반점을 치지 않는다.

ㄱ. 所謂(이른바) ㄴ. 就中(그 가운데서, 특히) ㄷ. 云爾(그렇게 말함) 등.

㈢ '使·令·敎·遣·俾'를 '~로 하여금 ~하게 한다'로 再讀할 때는 初讀의 '~로 하여금'에는 반점을 치지 않고, 다만 재독의 '~하게 한다'의 경우에 반점만 붙인다.

예 使㆓天而雨㆒㆑玉, 飢者不㆑得㆓以爲㆒㆑粟.(蘇軾, 喜雨亭記) = 하늘로 하여금 옥을 내리게 하더라도 주린 자가 양곡으로 삼을 수가 없다.

【해설】 '使天雨玉'에 있어서, 반점의 원칙으로 봐서는 '使㆓㆑天雨㆒㆑玉'식으로 해야 될 것이다.

【註】 • '雨玉'의 '雨'는 타동사로서 비를 내리게 하다.

제2부

해석편 解釋篇

-敎養 漢文 選集-

제1장 경학류(經學類)[1]

1. 논어(論語)

[작자] 예로부터 여러 설이 있으나 공자 死後 그의 門弟子가 논찬했다는 설이 타당하다고 볼 수 있다. 공자의 이름은 丘, 字는 仲尼니 춘추시대 魯나라에서 탄생하였다. 일찍이 司寇 벼슬에 올랐으나 뜻대로 되지 않아 그 직을 그만두고 여러 나라를 순방하면서 경론을 펴고 다녔으나 역시 뜻을 이루지 못하여 다시 노나라에 돌아와 詩經·書經을 정리하고 禮樂을 정하고 春秋를 첨삭했다. 이것이 儒家의 경전이며 중국문화의 귀중한 자료이다. 73세로 세상을 떠났다.

[해설] 본서는 공자의 언행과 공자와 그의 문인·당시의 인사들 간의 대화를 기록한 것으로 10권 20편이며 공자의 사상을 단적으로 나타낸 것이다. 仁道를 주로 하고 修身·齊家·治國·平天下의 大道를 설파한 寶典이다.

---

[01] 子曰, 由아 誨女知之乎아 知之爲知之하고 不知爲不知 是知也니라. (爲政)

【摘解】 •由 : 공자 門人의 이름. 姓은 仲, 字는 子路, 魯나라 사람. •女 : = 汝
•之 : 대명사로서 모두 道를 지칭.

【通解】 공자가 말씀하시기를『仲由야, 내가 이제 너에게「앎」에 대한 길을 가르쳐 줄까?「앎」을「안다」고 하고,「알지 못함」을「알지 못한다」고 하는 것이 이것이 정말로 아는 것이니라』하시다.

【章旨】 모르면서 아는 체하는 것이 좋지 못한 행동이며 특히 子路가 이런 병폐가 있었기 때문에 특별히 주의시킨 것이다.

---

1) 儒敎의 古聖人의 述作인 經書를 연구하는 학문을 經學이라 함.

【研究】 異說이 있으나 여기서는 가장 타당하다고 생각되는 朱子說을 택했다. 荀子 儒敎篇의 「知之曰知之, 不知曰不知, 內不自以誣, 外不自以欺.」도 이 章을 이용한 듯하다.

【參考】 한문은 그 구조가 영문과 서로 통하는 점이 많기에 이에 그 譯文을 첨부하니 이를 비교하여 습득에 도움이 되기를 바란다.

【比較】 The master said, "Yu, shall I tell you what knowing is? When you know, say you do and when you do not know, say you don't. that is knowing."

【註】 • Yu : 子路의 이름, 仲由.

---

[02] 子曰, 君子는 欲訥於言이오 而敏於行이니라. (里仁)

【摘解】 • 君子 : 도덕이 있는 사람, 成德之名. • 訥 : 말을 더듬다. • 敏 : 민첩하다. • 而 : 역접.

【通解】 공자가 말씀하시기를 『군자는 말은 천천히 조심하지만(후회 없도록 하지만) 행동에 있어서는 敏速히 실천하고자 하느니라』 하시다.

【章旨】 실천보다 말이 앞서서는 안 된다는 것을 경고함이다.

【比較】 The master said, "A man of virtue is inclined to be slow of speech but quick in practice."

【註】 • be inclined to… : …하고 싶어 하다.

---

[03] 子曰, 德不孤라 必有隣이니라. (里仁)

【摘解】 •孤 : 외롭다. •隣 : = 鄰, 이웃, 親近.

【通解】 공자가 말씀하시기를『덕행이 있는 이는 고독하지 않다. 반드시 가깝게 따르는 이웃이 있을 것이니라』하시다.

【章旨】 덕행이 있는 이에게는 반드시 그를 추종하는 사람이 있다.「有朋自遠方來」(學而)와도 관련성이 있다.

【比較】 The master said "The virtuous are never lonely. They are bound to have friends."

【註】 • The virtuous : 덕 있는 사람. • be bound to : 반드시 …하다.

---

[04] 子曰, 孟之反은 不伐이로다 奔而殿이러니 將入門할새 策其馬曰, 非敢後也라 馬不進也라하니라. (雍也)

【摘解】 •孟之反 : 魯나라 大夫, 이름은 側. •伐 : 자기의 공로를 자랑함. •殿 : 군대의 대열에서 제일 뒤에 있는 부대, 後尾. 적의 추격을 막고 자기편의 퇴각을 돕는다. •門 : 魯의 城門. •策 : 채찍질하다. •後 : = 殿.

【通解】 공자 말씀하시기를『孟之反은 자기의 공로를 자랑하지 않더구나.(전에 魯兵이 齊兵에게 戰敗하여) 도망하여 올 때 뒤에 떨어져 싸웠더니 장차 성문에 들어오려고 할 때 말을 채찍질하며 하는 말이「내 구태여 뒤에 남아서 싸운 것이 아니라, 말이 빨리 달리지 않았기 때문이다.」라고 말하였느니라.』하시다.

【章旨】 공자가 孟之反의 겸양의 미덕을 칭찬하시고 세상을 勸戒하시다.

【比較】 The master said, "Meng Chih Fan was truly modest. He brought up the rear in a retreat. About to enter the city gate, he whipped his horse, saying, 'I am not deliberately in the rear, pretending to be so brave.

It is this slow horse.'"

【註】 • modest : 겸손하다. • bring up the rear : 後衛(尾)를 맡다. • retreat : 후퇴. • about to : as he was about to의 생략으로서 장차 하려고 할 때. • deliberately : 일부러. • whip : 채찍질하다. • Meng Chih Fan : 孟之反의 중국 음. 앞으로의 인명은 모두 이와 같음.

---

[05] 子曰, 誰能出不由戶리오마는 何莫由斯道也오. (雍也)

【摘解】 • 戶 : 본래는 방과 마루 사이의 문, 여기서는 넓은 범위의 출입구. • 由 : 따르다, 거치다.

【通解】 공자가 말씀하시기를 『누가 집을 나갈 때 문을 거치지 않는 이가 있으리오마는 어찌 이러한 바른 길을 따르지 않느뇨』 하시다.

【章旨】 공자가 세상 사람들이 올바른 길을 이탈하고 있음을 통탄하심이다.

【比較】 The master said, "Who can go out without passing through the door? Then why do they evade this Way of Life?"

【註】 • evade : 피하다.

---

[06] 子曰, 三人行에 必有我師焉이니 擇其善者而從之요 其不善者而改之니라. (述而)

【摘解】 • 三人行 : 「三人」을 定數(세 사람)로도 보고 (朱子외 대부분의 학자), 多數로도 보고(劉寶楠), 寡數로도 보나(荻生徂徠), 定數 혹은 寡數로 보는 것이 좋겠다. (즉, 자기 이외에 최소한 두 사람이 없으면 善, 不善의 비교 대조가 되지 않는다) 「行」은

길을 가다의 뜻으로도 보고(朱子, 劉寶楠), 혹자(何晏, 徂徠)는 행동하다라고도 본다. •其不善者而改之 : 「擇其不善者而改之」의 생략. •焉 : 의미가 없는 終詞.

【通解】 공자 말씀하시기를 『세 사람이 함께 길을 가매 그 중에는 반드시 나의 스승이 될 만한 이가 있을지니 그의 옳은 행동을 따라서 배우고, 그의 잘못을 거울 삼아 나의 잘못을 고칠 것이니라』 하시다.

【章旨】 學者 常師를 필요로 하는 것이 아니고, 기회만 잘 포착하면 언제나 스승을 발견할 수 있다는 것을 강조하셨다.

【比較】 The master said, "When I walk with two men, either is bound to be my teacher. I choose the good one and make him my model; I detect the bad one for my own reform."

【註】 • either : 어느 쪽이나 다. • detect : 발견하다. • reform : 고침, 改善.

---

[07] 曾子曰, 士不可以不弘毅니 任重而道遠이니라 仁以爲己任이니 不亦重乎아 死而後已니 不亦遠乎아. (泰伯)

【摘解】 •士 : 학덕이 있고 도의를 행하는 사람. •弘 : 기량이 너그럽고 넓다. •毅 : 인내성이 강하고 과감하다.

【通解】 증자 말씀하되 『선비가 도를 닦는 데 있어서 넓은 도량과 堅忍不援의 용기가 없어서는 안 된다. (그것은) 책임이 무겁고 갈 길이 멀기 때문이다. 仁으로써 자기의 임무를 삼고 있으니 그 짐이 어찌 무겁지 않겠느냐? 죽은 뒤에야 그만두게 되니 어찌 멀지 않겠느냐?』 하시다.

【章旨】 학자의 임무가 중차대함을 말함.

【比較】 Tsung Tzu said, "A dedicated man must possess a large heart and great fortitude, for his responsibility is heavy and his way far."

"Since goodness is his responsibility, can it be not heavy? Since he stops discharging it only after death, can his way be not far?"

【註】 • dedicated man : 헌신적인 사람, 여기서는 선비의 뜻. • fortitude : 꿋꿋함, 참을성 있음. • responsibility : 책임, 임무. • discharge : (의무를, 책임을) 이행하다, 다하다.

---

[08] 子曰, 不在其位하얀 不謀其政이니라. (泰伯)

【摘解】 •謀 : 어떻게 처리할까 하고 논의하는 것.

【通解】 공자 말씀하시되『(官吏 노릇하는 데 있어서) 자기가 그 지위에 있지 않고서는 함부로 남의 맡은 바 政事를 간섭하지 말아야 할 것이니라』하시다.

【章旨】 자기직분을 넘어서 남의 일을 간섭해서는 안 된다는 것을 경계함. 이 말은 「曾子曰, 君子思不出其位」(憲問篇)와 상통된다.

【比較】 The master said, "Do not talk of policies when you are not in a position to make them."

【註】 • policies : 정책, 방법.

---

[09] 子曰, 知者는 不惑하고 仁者는 不憂하고 勇者는 不懼니라. (子罕)

【通解】 공자 말씀하시되『슬기로운 이는 迷惑하지 않고, 어진 이는 근심하지 않고, 용맹스러운 이는 두려워하지 않느니라.』하시다.

【章旨】 知(智)·仁·勇 三達德의 참된 의미와 이에 대한 찬탄.

【比較】 The master said, "The wise never get perplexed; the good never worry; the brave never fear."

【註】 • the wise : 현명한 사람, 지혜 있는 사람. • perplex : 어리둥절하게 하다. 섞갈리게 하다. • worry : 괴로워하다. • fear : 겁내다.

---

[10] 葉公이 語孔子曰, 吾黨에 有直躬者하니 其父攘羊이어늘 而子證之하니라 孔子曰, 吾黨之直者는 異於是하니 父爲子隱하며 子爲父隱하나니 直在其中矣니라. (子路)

【摘解】 • 黨 : 鄕黨 : 시골. • 直躬 : 정직한 사람.(孔安國・朱子說) 일설에는 「躬」은 인명으로서 정직한 躬이란 사람. 「異哉, 直躬之爲信也.」(呂氏春秋, 當務篇) • 攘 : 남의 물건이 자기 집에 들어 온 것을 감추고 돌려보내지 않는 것. 즉 順勢竊取.

【通解】 葉公(섭공)이 공자께 말씀하기를 "우리 마을에 곧기로 이름난 사람이(혹은 直躬이란 사람이) 있는데 그의 아버지가 자기 집에 들어 온 남의 염소를 훔쳤는데 그가 이 사실을 입증하였습니다.(얼마나 정직한 일입니까?)"공자 말씀하시기를 "우리 마을의 곧은 이는 이와 다르니 아버지는 아들을 위하여 그의 잘못을 숨겨주고, 아들은 아버지를 위하여 그의 잘못을 숨겨주고 있다.(不正을 덮어 주는 것이 一見 정직하지 못한 것 같지만 父子相隱은 인정의 극치이므로) 이리 하는 데서 정직은 자연 그 안에 있다."고 하시다.

【參考】 父子責善, 賊恩之大者.(孟子, 離婁下)

瞽瞍殺人, 則如之何.(중략)曰, 舜視棄天下猶棄敝蹝也, 舜竊負而逃, 遵海濱而處.(孟子, 盡心 上)

【註】 瞽瞍(고수) : 舜帝의 父.

【章旨】 至親骨肉之間에는 情誼에 알맞은 것이 곧 정직이다. 본말을 혼동하지 말라

는 것을 깨우쳐 주시다.

【比較】 Prince Yieh Kung said to Confucius, "I know of a man in our community, who is bolt upright. His father stole a sheep and bore witness to it." In reply, the master said, "The upright in our community are different from that. The son hides the father's faults and the father the son's. Still there is uprightness."

【註】 • bolt upright : 똑바르게, 곧은. • stole : steal의 과거, 훔쳤다. • bear witness to : …의 증언을 하다. • community : 사회, 고을, 여기서는 後者. • still : 그럼에도 불구하고, 역시. • uprightness : 곧음.

[연습문제]

---

[11] 子曰, 富與貴는 是人之所欲也나 不以其道면 得之(一)라도 不處也하며 貧與賤은 是人之所惡也나 不以其道면 得之(二)라도 不去也니라 君子去仁이면 惡乎成名이리오 君子는 無終食之間違仁이니 造次에 必於是하고 顚沛에 必於是니라. (里仁)

【摘解】 • 不以其道 : 정당한 방법으로써 하지 아니할 것 같으면. • (一) 得之의 「之」는 富貴를 지칭. • (二) 得之의 「之」는 貧賤을 지칭. • 所惡의 惡(오)는 싫어한다는 뜻. • 不去, 去仁의 「去」는 버리다는 뜻. • 惡(오)乎 : 어떻게, 혹은 惡乎成名 : 惡成名乎로서 어디서 이름을 얻을 수가 있겠는가?로 해석함. • 終食之間 : 一飯之間. • 造次 : 急遽·苟且할 때. • 於是의 是는 仁을 지칭. • 顚沛 : 傾覆·流離(엎어지고, 자빠지다.)

【注意】 「不以其道得之」는 「不以其道, 得之면」(그 정당한 방법으로써 그것을 얻지 아니할 것 같으면)으로 보는 이도 있다.

【研究】 前半句는 對立句로 竝立되어 있다. 이것을 정리하면,

富與貴 是人之所欲也. -不以其道, 得之不處也.

貧與賤 是人之所惡也. -不以其道, 得之不去也.

【章旨】 사람은 仁으로 필생의 최대 목적을 삼으며 잠시라도 떠날 수 없음을 설파하시고 또 사람으로 하여금 면려하게 하시다.

---

[12] 子曰, 有德者는 必有言이어니와 有言者는 不必有德이요 仁者는 必有勇이어니와 勇者는 不必有仁이니라. (憲問)

【摘解】 •言 : 도리에 맞는 옳은 말. •不必有德 : 반드시 덕이 있다고는 할 수 없다. 있을 수도 있고, 또 없을 수도 있다. 「必不~」은 전부 부정이요, 「不必~」은 부분 부정.

【章旨】 내용은 외면을 겸할 수도 있지만 외면으로 내용을 믿을 수는 없다. 즉 내부에 德과 仁이 있는 자는 반드시 외부에 言과 勇을 발할 수 있다. 그러나 외부에 나타난 言과 勇만을 가지고 내부의 德과 仁을 믿을 수는 없다.

---

[13] 子曰, 可與言而不與之言이면 失人이오 不可與言而與之言이면 失言이니 知者는 不失人하며 亦不失言이니라. (衛靈公)

【摘解】 •「與之」의 之는 대화 상대자를 지칭. •知者 : 智者, 知覺있는 사람.

【章旨】 말은 반드시 상대방을 봐서 실수 없이 하여야 하며, 따라서 사람을 아는 것이 중요함을 강조하심이다.

2. 맹자(孟子)

[작자] 孟軻이다. 字를 子輿라 하며 魯나라 公族 孟孫氏의 후예로 공자보다 백여 년 후에 공자의 鄕里 가까운 鄒에서 탄생하였다. 일찍 아버지를 여의고 賢母의 양육을 받아 소위 孟母三遷之敎의 교화를 입은 바 지극히 크며, 공자의 孫子 子思의 門下에서 배웠다. 뒤에 諸侯들에게 遊歷하며 선생의 大道를 설득시키려고 애썼으나 뜻을 이루지 못하고 만년에 鄒로 돌아와 孟子 七篇을 지었다.

[해설] 본서는 7권 14편이다. 그 정신은 性善의 두 글자로 완전히 표현된다. 그것은 仁義를 설명하고, 四端을 논하고, 良知良能을 말하고, 혹은 浩然之氣를 말했다. 기타의 諸說도 다 이 性善의 두 글자에 입각하지 않은 것이 없으며 荀子의 성악설과 좋은 對照를 이루고 있다.

---

[14] 不違農時면 穀不可勝食也며 數罟를 不入洿池면 魚鼈을 不可勝食也며 斧斤을 以時入山林이면 材木을 不可勝用也니 穀與魚鼈을 不可勝食하며 材木을 不可勝用이면 是는 使民養生喪死에 無憾也니 養生喪死에 無憾이 王道之始也니이다. (梁惠王 上)

【摘解】 • 不違農時 : 농사의 適期를 어기지 않는 것, 즉 농번기에 인민을 부역에 쓰지 않는 것. • 不可勝食 : 다 먹을 수가 없다. 「勝」은 남김없이 다의 뜻. • 數罟(촉고) : 그물코가 작은 그물. • 洿池 : 못, 「洿」는 토지가 낮게 되어 있어 저절로 물이 고인 곳. 「池」는 사람이 판 것. • 魚鼈 : 물고기와 자라. 여기서는 어류의 총칭. • 斧斤 : 작은 도끼와 큰 도끼. • 以時入山林 : 벌채하기에 적당한 시기를 봐서 入山採伐하게 함. • 養生 : 현재 살아 있는 부모처자를 양육함. • 喪死 : 죽은 이를 장사지냄. • 無憾 : 유감이 없다. • 王道 : 어진 정치를 하여 나라를 덕으로 다스리는 것, 覇道[武斷政治]의 對.

【硏究】 對立的 語句가 많은 문장이다. 정리해보면 前半은

不違農時	穀不可勝食也
數罟不入洿池	魚鼈不可勝食也
斧斤以時入山林	材木不可勝用也

로 되고 이에 대하여 後半은

穀與魚鼈不可勝食 / 材木 不可勝用 } 是使民 { 養生 / 喪死 } 無憾也 { 養生 / 喪死 } 無憾王道之始也

로 되어 전반의 결과를 서술한 것을 알 수 있다. 그리고 또 그것은 마지막에 「王道之始也」로 이것이 全文의 사상적 근거임을 알 수 있으므로 전체가 爲政者의 정치하는 방법을 서술한 것으로 추측할 수 있다.

【直解】 농사의 시기를 어기지 아니할 것 같으면 곡식을 다 먹을 수 가 없을 것이며 눈이 잔 그물을 웅덩이와 못에 넣지 아니할 것 같으면 물고기와 자라를 다 먹을 수가 없을 것이며, 도끼와 낫을 때에 알맞게 산림에 들이면 材木을 다 쓸 수가 없을 것이니, 곡식과 魚鼈을 다 먹을 수가 없고, 재목을 다 쓸 수가 없게 되면 이것은 백성으로 하여금 산 사람을 기르고, 죽은 사람을 장사지내는 데 유감이 없도록 만들 것이니, 산 이를 기르고 죽은 이를 장사지내는 데 유감이 없는 것이 곧 왕도의 시초입니다.

【通解】 농사의 적기를 놓치지 아니할 것 같으면 농산물이 많이 생겨서 곡식을 다 먹을 수가 없게 될 것이며, 눈이 잔 그물을 웅덩이나 못에 치지 아니할 것 같으면 魚族이 번식하여 물고기를 다 먹을 수가 없게 될 것이며, 도끼와 낫을 시기를 택하여 入山伐採하게 할 것 같으면 樹木이 무성하여 材木을 다 쓸 수가 없게 될 것입니다. 곡식과 물고기를 다 처분할 수가 없게 되고 재목을 다 쓸 수가 없게 되면, 이 사실은 곧 백성으로 하여금 산 사람을 기르고, 죽은 사람을 장사지내는 데 유감이 없도록 만들 것입니다. 산 이를 기르고, 죽은 이를 장사지내는 데 유감이 없는 것은 곧 王道政治의 출발점이 되는 것입니다.

【章旨】 왕도정치를 너무 어렵게 생각할 필요가 없고 인민을 위한 정치가 곧 왕도임을 양혜왕에게 깨우쳐 줌이다.

---

[15] 昔者에 曾子謂子襄曰, 子好勇乎아 吾嘗聞大勇於夫子矣로니 自反而不縮이면 雖褐寬博이라도 吾不惴焉이리오마는 自反而縮이면 雖千萬人이라도 吾往矣라하시니라. (公孫丑 上)

【摘解】 • 昔者 : 옛날. 「者」는 사물, 시간을 지칭하는 어조사. 近者. 頃者. 往者. 曩者 等. • 曾子 : 공자의 수제자. • 子襄 : 曾子의 제자. • 子 : 그대, 君(2인칭). • 夫子 : 大夫의 位에 있는 사람의 敬稱. 先生·長者의 敬稱으로 轉用. 孔門의 제자가 다 공자를 夫子라 칭했다. • 大勇 : 의리감에서 나오는 참다운 용기. 小勇(血氣之勢)에 대한 말. • 自反 : 스스로 반성함. • 縮 : 바르다. 곧다. • 褐寬博 : 미천한 사람이 입는 의복인데서 微賤者로 轉用됨. • 惴 : 두려워하다. • 吾往矣 : 용감하게 나아가서 상대를 한다. 「矣」는 강조를 표시하는 조사. • 公孫丑(공손추) : 맹자의 제자. 「丑」音의 「축」은 俗音.

【研究】 증자의 말과 공자의 말이 어디서 어디까지인지 구별할 필요가 있다. 주제가 「大勇」임을 파악하여야 한다. 「自反而不縮~」과 「自反而縮~」과는 서로 반대의 사상을 갖는 對句이다. 따라서 「不惴焉」과 「往矣」와는 상반되는 내용이 아닐 수 없다. 그래서 「焉」을 「乎」와 같이 반어법으로 해석하지 않으면 안 된다는 것을 알게 될 것이다. 이 문장에 있어서는 「吾不惴焉」이 중요한 열쇠이다.

【直解】 옛날에 증자가 子襄에게 일러 가로되 『君은 용맹을 좋아하는가. 내가 일찍이 큰 용기를 공자님으로부터 들었는데, 「스스로 반성해 봐서 바르지 아니할 것 같으면 비록 미천한 사람이라 할지라도 내가 어찌 두려워하지 않겠는가만(아니하지 못하지마는) 스스로 반성해서 바르다고 할 것 같으면 비록 천

만인이 있다 하더라도 내가 당당히 나아가리라」고 하시더라.』

【通解】 옛날 증자가 그의 제자 子襄에게 말하길『그대는 용맹을 좋아하는가? 내가 일찍이 의리를 주로 하는 큰 용기를 스승 공자님께 들었는데 선생님 말씀이 「자기 스스로 반성해 봐서 올바르지 아니할 것 같으면 또 상대자가 아무리 비천한 걸인이라 하더라도 내가 어찌 그를 두려워하지 않겠는가? 당연히 두려워하여야 한다. 당당하게 그들 앞에 나아가야 한다」고 말씀하셨다』고 하였다.

【章旨】 大勇과 血氣之勇을 분간하게 하였다.

---

[16] 民之爲道也. 有恒產者는 有恒心이오 無恒產者는 無恒心이니 苟無恒心이면 放辟邪侈를 無不爲己니 及陷乎罪然後에 從而刑之면 是는 罔民也니 焉有仁人在位하야 罔民을 而可爲也리오.

(滕文公 上)

【摘解】 •民之爲道也：民之爲民也, 백성의 백성 됨이. 백성의 따라야 할 길인 즉. 이경우의 「道」는 보통 이른바 「道」와는 다른 가벼운 뜻이다. 즉 백성의 따르는 방향을 뜻함. •恒產：일정한 수입이 있는 生業. 일정불변의 생산수입. •恒心：생활여하를 막론하고 늘 道를 지켜서 변하지 않는 마음. 즉 일정불변의 道理心. •放辟邪侈：「放」은 放肆(도리에 벗어나는 것). 「辟」(= 僻)은 偏僻, 「侈」는 奢侈. •無不爲己：어떤 나쁜 일이라도 거리낌 없이 한다. •罔：網의 古字로 그물질하다는 동사로 쓰였다. 「罔民」은 백성을 法網에 몰아넣다. 또는 「罔民」을 백성을 속이다의 뜻으로 보는 이도 있다.

【研究】 「恒產」「恒心」이 본문의 골자가 된 것은 쉽사리 알 수가 있다. 그러나 후반의 문장과 전반의 「恒產」「恒心」과 어떻게 관계를 맺게 하는가에 주의하여

야 한다. 「苟～是罔民也」은 「無恒産無恒心」의 경우를 들어서 그 잘못을 설파하고, 반면 백성들은 恒産이 얼마만큼 중요한가를 보여 주고 있다. 「焉～」 이하는 이상의 내용을 결론지은 것이다. 여기서 주의할 것은 「罔民而可爲也」의 「而」의 구실이다. 이 「而」는 매우 중요한 작용을 하고 있다. 이것을 다만 「백성을 그물질해서 될 수 있겠는가?」정도로 평범하게 해석해서는 완전히 본뜻을 표현했다고 볼 수 없다. 「백성을 그물질하는 것 같은 무자비한 일까지도, 더군다나(而) 그런 일까지도 해도 좋다는 도리가 있겠는가?」라는 뜻으로 볼 수 있다. 따라서 讀法에 있어서 「罔民而可爲也리오」와 「罔民을 而可爲也리오」와의 차는 매우 크다. 여기에서 초학자에게 吐의 필요성을 더욱 절실히 느끼게 된다.

【直解】 백성의 백성 됨이 고정된 재산이 있는 자는 일정한 마음이 있고 고정된 재산이 없는 자는 일정한 마음이 없게 되는 법이니, 적어도(苟) 일정한 마음이 없으면 放肆하고, 偏僻되고, 邪曲하고, 사치스러운 일을 하지 아니함이 없게 되나니, 법망(法網)에 걸리게 된 뒤에 따라서 그를 처벌한다면 이것은 백성을 그물질하는 것이니 어찌 어진 사람이 官位에 있으면서 백성을 그물질하는 그런 일을(而) 할 수가 있겠는가?

【通解】 대저 백성이란 일정한 수입이 있는 자는 일정한 道義心이 있고, 그와 반대로 일정한 수입이 없는 자는 일정한 도의심이 없는 법이니 적어도(苟) 일정한 도의심이 없으면 放肆하고, 偏僻되고, 邪曲하고, 奢侈스러운 일을 거리낌 없이 하게 되는데, 이런 일들을 해서 법망에 걸린 뒤에 이에 따라 처벌한다면 이것은 곧 백성을 법망으로 그물질하는 것이나 다름없는 것이니 어찌(焉) 올바른 정치가가 통치자의 위치에 있으면서 백성을 그물질하는 그 무자비한 수법을 차마 할 수가 있겠는가? 그럴 수는 없을 것이다.

【章旨】 위정자는 먼저 민생고를 해결해 주어야 한다는 것을 강조함이다. 衣食足而知禮節임을 잊어서는 안 된다.

[연습문제]

---

[17] 孟子曰, 仁은 人心也오 義는 人路也라 舍其路而弗由하고 放其心而不知求하니 哀哉라 人有鷄犬放이면 則知求之로되 有放心而不知求로다 學問之道는 無他라 求其放心而已矣니라.

(告子 上)

【摘解】 •舍 : = 捨. 버리다. 문자의 省劃法이라고 볼 수 있다. 이런 예는 많다. 女 : 汝. 希 : 稀. 原 : 源. 召 : 招. 罔 : 網. 愈 : 癒. 道 : 導. 申 : 伸. 禽 : 擒 等. •弗(=不)由 : 그 길로 따라가지 않는다. •放其心 : 본심을 잃어버리다. •而已矣 : 뿐이다. 而已 : 뿐, 「矣」는 斷定辭.

【章旨】 본심을 잃어버리면 사람 노릇을 할 수 없다. 학문은 문자지식 습득만이 아니고 본 목적은 참된 인간이 되는 길을 찾는 데 있다.

【研究】 이 문장은 많은 대구로 형성되어 있다. 이를 정리하면

{ 仁人心也 / 義人路也 } { 放其心而不知求 / 舍其路而弗由 } 哀哉.

人 { 有鷄犬放, 則知求之 / 有放心, 而不知求 } 學問之道無他, 求其放心而已矣.

로 된다. 「放其心～哀哉」는 일반인들의 실정을 말함이다. 「有鷄犬放, 則知求之」는 「有放心, 而不知求」를 말하려고 한 비유임을 알 수 있기 때문에 「學問之道～」이하가 결론이란 것을 짐작할 수 있다. 문장구조의 순서로 봐서는 「仁人心也, 義人路也, 放其心而不知求, 舍其路而弗由, 哀哉.」로 되어야지만 「仁人心也, 義人路也, 舍其路而弗由, 放其心而不知求, 哀哉.」로 된 것은 순서를 도중에서 약간 바꿈으로써 독자에게 청신한 느낌을 주고 또 「哀哉」의 主文을 직결시킴으로 요점을 더욱 인상 깊게 하는 표현방법이라고 볼 수 있다.

[18] 孟子曰, 今有無名之指, 屈而不信이면 非疾痛害事也나 如有能信之者면 則不遠秦楚之路하리니 爲指之不若人也라 指不若人엔 則知惡之로되 心不若人엔 則不知惡하니 此之謂不知類也니라. (告子 上)

【摘解】 •無名之指 : 손의 第四指 = 無名指 = 약손가락. •如 : 만일, 가정을 표시. •信 : 伸 = 펴다. •秦楚之路 : 西의 秦과 南의 楚나라는 맹자의 齊國으로부터 매우 멀리 떨어져 있는 나라. 따라서 遠隔地의 예를 든 것이다. •爲 : 때문이다. •此之謂~ : 이것을 이르되…라고 한다. 「之」는 약한 지시대명사. 「此」는 感動詞로서 句調를 조화시키는 구실을 한다. 「이것 이것을 이르되…」 「此謂…」보다 강한 형식. 「如何」를 「如之何」로 하는 따위 같은 용법. •類 : 輕重의 비례, 비교의 뜻. •惡(오) : 싫어하다.

【章旨】 本末과 輕重을 구별해야 함을 경고함이다.

【研究】 먼저 이 문장은 예를 들고, 본론으로 들어가는 자신 있는 표현방법이다. 「指不若人」은 「有無名之指, 屈而不信」으로 보아 「我指不若人指」의 생략임을 알 수 있다. 따라서 「心不若人」도 「我心不若人心」의 생략임을 알 수 있다. 본론으로 「心不若人, 則不知惡」의 世人의 많음을 지적하고 마지막으로 「此之謂不知類也」로 단정 짓고 결론을 맺었다.

[19] 梁惠王曰, 寡人願安承敎. 孟子對曰, 殺人以梃與刃有以異乎. 曰, 無以異也. 以刃與政, 有以異乎. 曰, 無以異也. 曰, 庖有肥肉, 廐有肥馬, 民有飢色, 野有餓莩. 此率獸而食人也. 獸相食, 且人惡之. 爲民父母, 行政, 不免於率獸而食人. 惡在其爲民父母也. (梁惠王 上)

【摘解】 •梁惠王：魏侯 罃(앵). 魏는 이때 秦을 피하여 도읍을 大梁으로 옮겼다. 왕은 僭稱. 惠는 諡號. •寡人：덕이 적은 사람이란 뜻으로서 諸侯의 謙稱. 「拙者」와 비슷하다. •安：마음을 푹 놓고 편안히. •承教：가르침을 받는다. •梃：몽둥이. •與刃：「與以刃」의 생략. 「與政」도 마찬가지로 「與以政」의 생략. •庖：임금의 찬을 만드는 부엌. •廏：= 廐 마구간, 외양간. •餓莩：굶고, 굶어 죽다. •食人：사람을 잡아먹다. •獸相食：짐승끼리 서로 잡아먹다. •且：조차도. •惡之(오지)：이것을 미워하다. 惡은 去聲 즉 긴소리. •「惡在(오재)～」의 「惡」는 어찌. 音은 平聲 즉 짧은 소리, 「惡在其爲民父母也」는 「어찌 그 백성의 부모 됨에 있겠는가」로 직역되는데 「어찌 백성의 부모 된 직분을 다했다고 할 수 있겠는가?」의 뜻.

【章旨】 백성의 부모 입장에 처해 있는 위정자가 자기들의 일신의 영화를 위하여 어찌 백성을 굶겨 죽여서야 되겠는가? 측은한 마음을 불러 일으켜 올바른 정치를 하도록 깨우쳤다.

【研究】 문장을 유도식으로 전개하여 듣고 보는 이로 하여금 명확하게 따져서 이해하게 하고, 또 일단 한 사실이 끝나면 다음 관계에 있어 그 앞의 사실에 대하여 불복할 수 없도록 다짐해 두는 재미있는 표현이다.

---

[20] 天將降大任於是人也. 必先苦其心志, 勞其筋骨, 餓其體膚, 空乏其身, 行拂亂其所爲. 所以動心忍性, 曾益其所不能. 人恒過然後能改. 困於心衡於慮, 而後作. 徵於色發於聲, 而後喩. 入則無法家拂士, 出則無敵國外患者國恒亡. 然後知生於憂患, 而死於安樂也. (告子 下)

【摘解】 •降大任：중대한 임무를 지우다. •「～是人也」의 「也」는 강조하는 형식. •餓其體膚：배고픈 생각을 일으키다. •空乏其身：생활고에 빠지게 하다. 「空」：窮. 「乏」：絕. •拂亂：하는 일이 만사 뜻대로 되지 않는다. 「拂」：戾(거스르다). •動心

: 發憤케하다. •忍性 : 性情을 堅忍不拔의 것으로 만든다. •曾益 : 더하다. 曾 : 增. •恒 : 항상, 여기서는 대개의 뜻. •衡於慮 : 마음에 걸리다. 「衡」 : 橫과 같다. 순하지 않다. •作 : 奮起하다. •徵於色, 發於聲 : 심중의 번민과 우환이 안색에 나타나서, 탄식의 소리로 되어 나오다. 이 「色」「聲」을 朱子와 같이 타인의 色聲으로 보는 설도 있지마는, (過失이 들어나서 타인의 분노가 안색에 나타나고 타인의 비난성이 나오게 되어서 비로소 깨닫게 된다.) 역시 자기 자신의 色聲(張南軒說)으로 보는 것이 좋겠다. •喩(유) : 깨닫다. •法家 : 법도를 지키는 世民(대대로 벼슬하는 家臣). •拂士(필사) : 임금을 보필하는 賢士. 拂 : 弼. •「出·入」은 內外라고 말하는 것과 같다. •外患 : 대외적 재해. •恒亡 : 대개 망한다. 「恒」은 여기서는 恒常의 뜻이 아니다. •生於憂患而死於安樂 : 우환 즉 역경에 처하면, 奮勵努力하기 때문에 오히려 안전하게 생활할 수가 있지마는 안락한 생활을 하면 마음이 해이해져서 도리어 몸을 망치게 된다.

【章旨】 大任을 맡은 사람은 그만큼 고생하기 마련이다. 또 고생을 함으로써 더욱 어려운 일을 견딜 수 있게 된다. 「鍊中鍊鐵鐵中鐵, 苦上苦人人上人」의 詩句와 일맥상통된다.

【研究】 먼저 「天將降大任於是人也」가 조건구임을 파악해야 한다. 그 결과가 「必先…拂亂其所爲」이며 그 이유를 설명하는 것이 「所以…曾益其所不能」이다. 여기까지 사람이 위대해 지려고 하면 먼저 고생을 하지 아니하면 안 된다는 주장을 天에 결부시켜서 서술했다는 것을 알게 될 것이다.

---

[21] 所以謂人皆有不忍人之心者, 今人乍見孺子將入於井, 皆有怵惕惻隱之心. 非所以內交於孺子之父母也. 非所以要譽於鄕黨朋友也. 非惡其聲而然也. (公孫丑 上)

【摘解】 •不忍人之心 : 남을 해치는 것을 차마 할 수 없는 마음. 즉 타인에 대한 애정, 또는

타인에 대한 동정을 합쳐서 말함. •乍 : 忽然. 「乍見」은 뜻밖에 보게 되어 아무 것도 생각할 틈이 없음을 말함. •孺子 : 幼兒. •怵惕 : 깜짝 놀라는 것. •惻隱 : 불쌍하게 여기는 것. •所以 : 까닭. •內交(납고) : 「內」는 納으로 통한다. 이 기회를 이용하여 교제를 맺는 것. •要譽 : 人命을 구했다는 명예를 구하는 것. •鄕黨 : 12500家를 「鄕」. 500家를 「黨」이라 한다. 村里를 말함. •聲은 評判. 소아의 죽음을 보고도 모르는 체 했다는 나쁜 평판. •非所以內交於孺子之父母也 : 그것을 인연으로 해서 어린이의 부모와 교제를 맺으려고 한 까닭의 뜻에서도 아니다.

【章旨】 人皆有不忍人之心을 구체적으로 증명했다. 맹자의 성선설의 내용설명으로 유명한 이야기이다. (참고) 「惻隱之心, 仁之端」. 「惻隱之心」은 곧 「不忍人之心」이다.

3. 중용(中庸)

[작자] 子思이다. 공자의 손자로 그의 이름은 伋. 曾參에게 受學하였으며 만년에 魯나라 穆公의 스승이 되었다. 歿年은 未詳.

[해설] 孔門의 諸子가 각각 그의 敎를 확장하고 있던 당시 老子派는 교묘한 학설을 고취해서 一敵國을 형성했다. 그런데 논어는 광대한 뜻을 포함하고 있기는 하나 일종의 상식적인 것에 불과하기 때문에 노자학파에 대항하기 위하여 이론화할 필요가 생겼다. 中庸은 실로 이 목적으로 만들어진 것이라고 볼 수 있으며, 儒者의 道는 天에 기초를 두고 있는 것이라는 사실을 명백히 하고 있다. 즉 노자 일파가 허무맹랑한 말을 늘어놓아 말하는 바가 너무 극단적이어서 실천하기 어려운 데 대하여, 공자의 學은 中正平易해서 영구불변의 진리라는 뜻에서 「中庸」이라는 명칭을 붙이게 되었다.

---

[22] 道也者는 不可須臾離也니 可離면 非道也라 是故로 君子는 戒愼乎其所不睹하며 恐懼乎其所不聞이니라 莫見乎隱이며 莫顯乎微라 故로 君子는 愼其獨也니라. (第一章)

【摘解】 •道也者 : 道라는 것은. 「也者」二字가 있기 때문에 단순히 「道」보다 강하다. 「道」는 인간이 밟고 가야 할 올바른 길. •須臾 : 暫間. •睹 : 보다. 「見」보다 뜻이 좀 강하다. •莫見乎隱 : 은밀한 것보다(乎) 더 드러나는 것이 없다. 즉 숨어있는 일이기 때문에 남의 눈에 잘 안 뜨이지만 감추려고 애를 쓰고 있으므로 시선이 몰리기 쉽고 오히려 더 노출되기 쉽다. 「見」=「現」. 「乎」=「於」: ~보다. •莫顯乎微 : 미세한 것보다 더 나타나는 것이 없다. •愼其獨 : 자기 홀로 있는 곳에서 조심한다. 혹설은 자기 홀로만 아는 일에 더욱 조심한다. •可離非道也 : 내 생활과 분리될 수 있다면 그것은 벌써 道가 아니다. 率性之爲道.

【研究】 두 곳에서 나타나 있는 「故」에 주의해 보면, 이것을 중간에 포함한 두 개의 문단으로 되어 있음을 알 수 있다. 그 前段에서는 「道也者不可須臾離也」라고 해서 도의 중요성을 강조하여 군자의 태도를 진술했다. 그러면 後段의 「莫見乎隱莫顯乎微」는 무엇인가? 이것도 「隱」과 「微」는 「所不睹」「所不聞」과 같은 내용이므로 前段을 敷衍한 것으로 보고 좀 더 강조하는 뜻으로 해석해 나가면 된다.

---

[23] 子曰, 天下國家도 可均也오 爵祿도 可辭也오 白刃도 可蹈也나 中庸은 不可能也니라. (第九章)

【摘解】 •均 : 고르게 다스리다. •爵祿 : 「爵」은 公·侯·伯·子·男 등의 관리의 직위, 「祿」은 봉급. •白刃 : 예리한 칼날.

【通解】 공자 말씀하시기를 『천하도, 국가도, 가정도 평균하게 다스려서 골고루 잘 살도록 할 수도 있고, 모두가 원하는 벼슬과 食祿도 사퇴할 수도 있고, 서리 같은 예리한 칼날도 밟고 넘을 용기도 있지만 「中庸」의 길은 능히 행할 수가 없다.』고 하시다.

【章旨】 중용의 길은 행하기 쉬운 것 같지만 실은 지극히 지키기 어렵다는 것을 설파했다.

[연습문제]

---

[24] 博學之하며 審問之하며 愼思之하며 明辨之하며 篤行之니라 有弗學이언정 學之댄 弗能을 弗措也하고 有弗問이언정 問之댄 弗知를 弗措也하며 有弗思언정 思之댄 弗得을 弗措也하며 有弗辨이언정 辨之댄 弗明을 弗措也하며 有弗行이언정 行之댄 弗篤을 弗措也하야 人一能之어든 己百之하고 人十能之어든 己千之니라 果能此道矣면 雖愚나 必明하고 雖柔나 必强이니라. (第二十章)

【摘解】 •之 : 文中에 뚜렷이 가리키는 것은 없지만 학문이라든지, 도 같은 것을 가리키는 대명사. •審 : 상세하게. •辨 : 분별하다. •弗 : 不. •有弗學 : 안 배우면 모르지만. •學之 : 배울진댄, 배운다고 하면. •弗措也 : 도중에서 중지하는 일 따위가 없고 반드시 성취한다. •人一能之 : 남이 한번 해서 그것을 할 수 있으면. •己百之 : 자기는 백번 해서 그것을 한다. 남보다 백배 더 노력한다.

【研究】 대립적 어구가 정연히 나열되어 있어 전체의 구성을 용이하게 알게 될 것이다. 그러나 각 語句에 대해서는 상관관계에 주의해야 한다. 博學·審問·愼思·明辨·篤行의 다섯 가지는 수양의 순서를 표시한 것으로 學·問은 師·友에 의하며, 思·辨은 自力에 의한다. 앞의 네 가지는 知의 수양이요, 뒤의 한 가지는 行의 수단이다. 行은 수양의 목적이지만 善惡思辨의 知가 갖추어져 있지 않으면 善을 행할 수가 없다. 知와 行은 인과관계에 있기 때문에 소위 「知行合一」에 이르러 비로소 덕이 된다. 이 과정을 서술한 것이다.

【章旨】 안 하려면 모르지만 기왕 하려면 똑똑히 해야 하고 또 남보다 백 배 정도 노력하면 안 되는 일이 없다.

[25] 在下位, 不獲乎上, 民不可得而治矣. 獲乎上有道. 不信乎朋友, 不獲乎上矣. 信乎朋友有道, 不順乎親, 不信乎朋友矣. 順乎親有道. 反諸身不誠, 不順乎親矣. 誠身有道. 不明乎善, 不誠乎身矣. (第二十章)

【摘解】 • 不獲乎上 : 윗사람에게 신임을 받지 않으면. 「獲」은 피동적 뜻을 갖는다. • 民不可得而治矣 : 도저히 백성을 다스릴 수가 없다. • 反諸身 : 이것을 자기 몸에 반성해서. 「諸」는 「之於」의 合字로서, 「이것을 ~에」의 뜻. • 道 : 그리로 통하는 길. 순서.

【章旨】 자기 자신이 올바르게 해야 남에게 신임을 받을 수 있고 또 남을 다스릴 수가 있다.

【研究】 全文이 承遞法의 文으로 점층적 서술법으로 되어 있기 때문에, 문맥은 극히 쉽고 정연하다. 「有道」의 반복을 주의해 보면 순차적으로 수양의 방법을 해설해 가고 있다는 것을 알 수가 있으므로 이것을 역으로 올라가면 목적이 명료해진다. 즉 善에 밝으면 자신에게 성실하고, 자신에 성실하면 어버이에게 孝順하고, 어버이에 孝順하면 朋友에게 신실하게 되고, 붕우에 신실하면 윗사람(國君)에게 신임을 받게 되고, 윗사람(國君)에게 신임을 받게 되면 下位(신하의 지위)에 있으면서 백성을 잘 다스릴 수 있게 된다. 위정자로서 儒教教義의 眞髓를 발휘하는 근본적 수양을 서술한 것이다.

4. 대학(大學)

[작자] 여러 설이 있으나 朱子는 이것을 一經・十傳으로 나누어 經一章은 공자의 말씀을 그의 문인 曾子가 서술했고, 傳十章은 증자의 생각을 그의 문인이 서술했다고 한다. 또 한편에서는 子思의 作이라고 주장하는 이도 있으나 朱子의 설이 타당한 것 같다.

[해설] 大學의 이름은 小學에 대한 것이며, 그 典據는 大人의 학문 즉 정치를 하는 사람의 학문을 논한 까닭 또는 옛날의 大學發育 방법을 쓴 책이기 때문이라고도 한다. 본서는 「明明德」「新民(或親民)」「止於至善」을 三綱領으로 하고, 「格物·致知·誠意·正心·修身·齊家·治國·平天下」를 八條目으로 하고, 이것의 실천을 본래의 목적으로 하고 있으므로, 이것을 미루어 연구하면 결국 修己治人이라는 儒家의 근본정신과 일치하게 된다. 처음에는 中庸과 같이 禮記속에 포함되어 있었으나 宋代부터 독립했다. 中庸·論語·孟子와 함께 四書라고 불린다.

---

[26] 小人이 閒居에 爲不善하야 無所不至라가 見君子而后에 厭然揜其不善하고 而著其善하나니 人之視己—如見其肺肝然이라 則何益矣리오 此謂誠於中이면 形於外라 故로 君子는 必愼其獨也니라. (傳之六章)

【摘解】 •小人 : 덕이 없는 사람, 君子의 반대. •閒居 : 하는 일이 없고 자기 홀로만 있는 것. 「閒」은 「閑·閑」으로 通. •無所不至 : 이르지 않는 바가 없다. 즉 어떤 나쁜 일이고 다 한다. •厭然(암연) : 숨기는 모양. •揜 : 덮다. = 掩 •著 : 나타내다. •如見其肺肝然 : 五臟六腑를 꿰뚫고 보는 것 같이 마음의 밑바닥까지 들여다보는 것. •形於外 : 외면에 나타나다. •愼其獨 : 혼자 있을 때 탈선하지 않도록 더욱 조심하는 것.

【研究】 「小人」과 「君子」의 對立語가 있으나, 여기서는 小人의 태도가 중심인 것을 유의해야 한다. 「小人閒居～著其善」은 小人에게 흔히 있는 惡事隱蔽의 버릇을 서술했고, 「人之視己～肺肝然」은 은폐된 不善의 노출을 가리켰고, 「則何益矣」는 은폐의 수단을 평하여 그 무익성을 주장했고, 「故君子必愼其獨也」는 결론으로 끌어냈기 때문에 이것이 곧 본문의 주안점임을 알 수 있을 것이다.

【章旨】 중용의 「莫見乎隱, 莫顯乎微, 故君子愼其獨也」와 같은 내용이다.

【通解】 덕이 없고 도량이 적은 인간은 아무 하는 일 없이 혼자 있을 때 어떤 나쁜 일이든지 거리낌 없이 하다가 덕이 있는 군자를 보면 제 잘못을 은폐하고 좋은 일을 겉에 나타내려고 애를 쓴다. 그러나 남들이 자기를 보는 것은 마치 腹中의 오장육부까지도 뚫고 보는 것 같으니, 不善을 은폐하고, 선을 가장하려고 애쓴들 무슨 소용이 있겠는가? 이것은 「心中에 성실함이 있으면, 그것은 반드시 표면에 나타나게 된다는 것」을 이름이다. 그러므로 군자는 반드시 그 「홀로 있을 때」를 조심하느니라.

[연습문제]

---

[27] **古之欲明明德於天下者, 先治其國. 欲治其國者, 先齊其家. 欲齊其家者, 先修其身. 欲修其身者, 先正其心. 欲正其心者, 先誠其意. 欲誠其意者, 先致其知. 致知在格物.** (經一章)

【摘解】 •明明德 : 하늘로부터 받은 완전한 인간의 덕성을 밝게 나타내다. 「明德」은 「昏德」의 상대어. 私欲에 덮인 昏德을 버리고 본체의 明德으로 되돌아오게 하는 것을 「明明德」이라고 한다. •齊其家 : 「齊」는 물건을 간추려서 같게 하는 뜻. 一門一家가 화목해서 예의에 벗어나는 일이 없도록 하는 것. •致知 : 지식을 극도로 확장하여 천하의 사물에 대하여 모르는 이치가 없도록 하는 것. 「致」는 극에 도달하다는 뜻. •格物 : 사물의 이치를 하나하나 연구하는 것.

【研究】 순연한 承遞法의 文이다. 먼저 이 사실을 염두에 두고, 옛 사람이 자기의 明德을 밝히고 그것을 확대하여 천하의 사람의 明德을 밝히려고 할 때 어떤 순서에 의하였는가 하는 修道經路를 보여 준 사실을 파악해야 한다. 「格物致知」라는 儒教 修學上의 중요방법이 여기에서 나왔다.

【章旨】 모든 일을 하는 데 있어서 근본부터 따져 올라가야 된다는 것을 말했다.

[28] 生財有大道. 生之者衆, 食之者寡, 爲之者疾, 用之者舒, 則財恒足矣.

(傳之十章)

【摘解】 • 大道 : 따라가는 큰 길. 방법. • 生之者衆 : 遊食之民이 없고, 農桑을 하는 자가 많음을 말함. • 食之者寡 : 봉록을 먹는 자가 적음을 말함. • 爲之者疾 : 백성을 부리는 데 농번기를 이용하지 않으면 백성이 그 때 그 때 빨리 경작할 수 있음을 말함. 疾 : 빠르다. 「不違農時, 穀不可勝食」과 일맥상통. • 用之者舒 : 수입을 봐서 지출함.(量入而出). 즉 國庫 지출을 절약해서 無益한 비용을 억제한다는 뜻. 「舒」: 急의 반대. 천천히 하다.

【章旨】 黑字財政의 요령 원칙을 말함이다.

5. 효경(孝經)

[작자] 古來 여러 설이 있어 일정하지 않으나 공자가 그의 문인 曾子를 위하여 효도를 설명하신 것을 증가의 제자가 편찬했다는 설이 제일 온당한 것 같다. 古文·今文 2종이 있으나, 古文은 蝌蚪文字로 되어 있고 공자가 살던 집 벽에서 나왔다고 전한다.

[해설] 書名이 보여 주는 바와 같이 효도를 설명한 유일의 경전이다. 처음에는 효에 관한 일반론을 게재하고 다음에는 天子·諸侯·卿·大夫·士·庶人에 대해서 각각 효도를 가장 간절하게 자세히 설명하고 다시 효의 用에까지 이르렀다. 卷頭의 공자의 「夫孝德之本也」는 전편을 一貫하는 근본사상이다.

[29] 夫孝德之本也오 敎之所由生也라 身體髮膚는 受之父母니 不敢毁傷이 孝之始也오 立身行道하고 揚名於後世하야 以顯父母가 孝之終也라 夫孝는 始於事親하고 中於事君하고 終於立身이니라.

(開宗明誼章)

【摘解】 • 夫 : 대저, 무릇, 발어사. • 德之本 : 도덕의 근본. • 所由生 : 그로부터 생겨난 것. 모든 가르침은 효도로부터 생긴 사상이다. • 髮膚 : 모발과 피부. • 毁傷 : 상처를 내다. • 揚名於後世 : 이름을 후세에 날리다. • 顯父母 : 부모를 유명하게 하다. • 中於事君의 「中」은 동사로서 중간단계 노릇하다의 뜻.

【研究】 「夫孝德之本也」라는 전제를 머리속에 두고, 「孝之始也」와 「孝之終也」의 대립, 「始於～」와 「中於～」와 「終於～」와의 병렬을 파악하고 착수하면 된다. 「始」 「終」 「中」은 다 동사임을 주의해야 한다. 「孝德之始也, 悌德之序也」(孔子家語)와 상통.

【通解】 무릇 효도는 사람이 지켜야할 모든 덕행의 근본이며, 사람의 敎는 이것을 근원으로 하여 시작되는 것이다. 각자가 가지고 있는 신체와 모발과 피부는 모두 부모로부터 받은 것이기 때문에, 소중히 보전해서 싸움이나 형벌 따위로 다치는 일이 없도록 하는 것이 효도의 시발점이요, 그리고 출세를 하고 道義를 행하여 이름을 후세에 날려 부모의 이름까지 顯揚하게 하는 것은 효도의 종착점이다. 대저 효도하는 것은 어버이를 진심으로 섬기는 것이 첫 단계요, 임금을 충성으로 섬기는 것이 중간 단계요, 자기의 몸이 출세하는 것이 마지막 단계라고 볼 수 있다.

【章旨】 효의 성격을 설명했다.

---

[30] 事親者, 居上不驕, 爲下不亂, 在醜不爭, 居上而驕則亡, 爲下而亂則刑, 在醜而爭則兵. 此三者不除, 雖日用三牲之養, 猶爲不孝也. (紀孝行章)

【摘解】 • 上 · 下 : 이 경우의 上은 반드시 天子, 諸侯, 下는 庶人만을 뜻하는 것이 아니고, 연령이 많고 才德이 높은 사람들도 上이라고 하고, 그렇지 않은 사람들을 下라고 한

다. •醜 : 衆人, 뭇사람 사이. •刑 · 兵 : 형벌을 받고 兵器의 해를 입는다. 피동의 뜻으로 쓰였다. •三牲之養 : 牛 · 羊 · 豕 같은 상등의 食物로 봉양하는 것. 「三牲」은 牛 · 羊 · 豕의 三種의 犧牲. 羊 · 豕의 二種을 바치는 것을 「小牢(뢰)」라고 하는 데 대하여, 이 三牲은 소위 「太牢」라는 것으로 가장 정중한 제사에 쓰인다. 「養」 : 봉양, 口體之養. •在醜而爭則兵 : 뭇사람 사이에서 싸우게 되면 흉기의 해를 입게 된다.

【研究】 「事親者」를 주격으로 하는 三對立句로 對가 되어 있고, 그 다음의 三對句가 반대의 경우를 들어서 敷衍하고 있는 관계를 파악해서

事親者 { 居上不驕 / 爲下不亂 / 在醜不爭 } { 居上而驕則亡 / 爲下而亂則刑 / 在醜而爭則兵 } 此三者不除, 雖日用三牲之養, 猶爲不孝也

로 된다. 즉 「此三者」라는 것은 아래에 대립하고 있는 세 가지의 暴慢한 행위를 가리키고 있다. 「此三者不除」의 정상적의 표현은 「不除此三者」로 된다.

6. 공자가어(孔子家語)

[작자] 王肅이다. 그의 字는 子雍, 魏나라 東海郡 사람이다. 18세 때 宋忠을 따라 「太玄」을 읽고 다시 이것의 풀이를 지었다는 俊才이다. (太玄 : 太玄經, 漢나라 揚雄 撰, 周易에 비겨서 지음.)

[해설] 본서는 공자의 언행 및 문인과의 문답 · 논의의 말을 집록한 것이다. 「家語」라는 것은 공자 一家一門중의 말이라는 뜻이다. 「漢書 藝文志」에 孔子家語 二七卷이라는 목록이 눈에 뜨이나 저자의 이름이 없고 누가 소장하고 있는지도 알 수가 없어 세상에 전해지지 않고 있다. 今世에 전해져 있는 것은 「唐志」에 「王肅注家語十卷」이라고 한 것으로 王肅이 孔安國의 이름으로 많은 傳記를 집록해서 僞作한 것이다. 따라서 믿기 어려운 점이 많고 雜駁(뒤섞여서 통일성이 없음)한 일들은 학자간의 정설로 되어 있으나 공자의 遺言 · 逸事 및 그의 傳聞의 설을 모은 것은 이것뿐이기 때문에 그런 의미에서 珍重히 여겨지고 있다.

[31] 孔子曰, 夫物이 惡有滿而不覆哉아하시니 子路問曰, 持滿者有道乎이까 子曰, 聰明睿知면 守之以愚하고 功被天下면 守之以讓하고 勇力이 振世면 守之以怯하고 富有四海면 守之以謙이니라.

【摘解】 • 惡有滿而不覆哉 : 어찌 가득히 차서 넘쳐흐르지 아니하는 것이 있겠는가? 그런 것은 없다. 「惡(오)」는 반어를 표시하는 부사. 「覆」은 「엎지르다」의 뜻으로서, 「넘어지다」 「뒤집어지다」의 뜻. • 道 : 방법. • 聰明睿知 : 매우 뛰어난 지능. 「聰」 : 귀가 밝은 것. 「睿」 = 叡 : 마음이 밝은 것. 「知」 : 사리에 밝은 것. 이 네 가지를 聖人의 四德이라 한다. • 勇力 : 勇氣腕力. • 振世 : 一世를 떨치다. • 富有四海 : 온 천하를 내 것으로 할 정도의 富가 있다.

【硏究】 공자와 子路 사이의 문답형식으로 議論을 전개 나갔다는 점에 착안한다. 최초 공자의 말씀을 보면, 「滿」과 「覆」이란 말이 대립적으로 쓰이고 있다. 거기서 그것이 「事物」의 전반적 성질에 대해서 말씀하시고 있는 점에 주의해서 「차면 기울어진다」는 사상이라는 것을 파악한다. 다음은 그것에 대하여 자로의 물음이 「持滿者有道乎」이므로 「有道」의 「道」는 「持滿」의 「方法」이라는 것을 알 수 있다. 다음의 공자의 말씀은 「聰明睿知~守之以愚」 「功被天下~守之以讓」 「勇力振世~守之以怯」 「富有四海~守之以謙」이란 네 개의 對句로 되어 있다. 즉 인간이면 누구나 부러워하는 「聰明睿知」 「功」 「勇力」 「富」를 들어서 그것을 지키는 방법으로 그것과 반대되는 「愚」 「讓」 「怯」 「謙」의 태도를 가지고 하지 아니하면 안 된다는 것을 서술하였다. 이것은 말할 것도 없이 앞의 자로의 물음에 대한 대답이기 때문에 마지막에는 「~와 같이 하면 滿을 가질 수 있다」라고 하는 식의 보충해석이 필요하다.

【通解】 공자 말씀하시되 『대저 이 세상 물건 중에 어느 하나가 가득이 차서 넘쳐흐르지 아니하는 것이 있겠는가? 그런 것은 있을 수 없다』 하시니, 그의 제자 자로가 묻자오되 『가득 찬 것을 엎지르지 아니하고, 그것을 가질 수 있는 방법이 있겠나이까』 공자 가라사대 『사람이 매우 뛰어난 지능을 가지고 있

는 경우에 우둔한 체 해서 그것을 지키도록 하고, 功名이 천하를 압도할 정도인 경우에는 어떤 일이고 謙讓한 태도로 겸손하게 이것을 지키도록 하고, 勇力이 一世를 떨칠 정도면 비겁한 것처럼 하여 이것을 지키도록 하고, 富力이 온 천하의 것을 다 자기의 것으로 하고 있을 정도라면 어떤 일이든지 겸손한 태도로 이것을 지켜나가야 하니 이렇게 하면 가득 찬 것도 엎지르지 않고 가질 수 가 있느니라』 하시다.

【章旨】 「持滿」의 도를 말함이다.

---

[32] 曾子敝衣而耕. 魯君聞之而致邑焉. 曾子固辭不受. 曰, 『吾聞「受人施者, 常畏人. 與人者, 常驕人」縱君不我驕也. 吾豈能勿畏乎. 吾與其富而畏人. 不若貧而無屈.』

【摘解】 •敝衣 : 떨어진 옷. 「敝」 : 원래는 해지다의 동사이나 여기서는 형용사. 「敝衣而」 : 떨어진 옷으로서. = 弊. •致邑 : 領地를 주다. 「邑」은 知行地(俸祿)로 大夫의 采地. 「致」 : 贈與. •畏人 : 남에게 굴하고 겁을 낸다. •縱 : 비록. •與其~不若 : '~이 ~만 못하다' '~보다는 차라리 ~이 더 낫다' 비교형식.

【研究】 冒頭(맨 처음에 내 놓은 것)에서 「固辭不受」까지는 비교적 알기 쉽다. 여기서 먼저 증자가 자기 마음에 대해서 의연한 행동을 하고 있다는 文意를 파악하고 다음을 읽어 보면 된다. 「曰」의 미치는 범위를 속단하여, 아래의 二句 「受人施…常驕人」까지만 미치는 것으로 생각해서는 안 된다. 「縱君~」의 君은 魯君일 것이므로, 여기까지의 二句는 古語의 인용임을 看取해서, 「曰」은 「吾聞」이하의 전문에 걸린다. 「不我驕」를 「我不驕」와 혼동하지 않도록 주의해야 한다. 前者의 「我」는 「나에게」의 뜻이요, 後者의 「我」는 「내가」의 뜻이다. 「與人」의 「與」는 「베풀어 주다」의 동사이다. 그러나 「吾與其~ 不

若~」의 「與」는 비교를 표시하는 조사임에 유의해서 「내가 ~보다, 차라리 ~하는 것이 더 낫다」로 봐야 한다. 「豈~乎」는 반어형으로 「吾豈能勿畏乎」를 直敍形으로 고치면 「吾畏也」가 된다. 불의 혹은 은혜에 의한 富에는 거들떠보지도 않는다는 태도를 마음에 두고 해석하는 것이 좋다.

【章旨】 부자로서 비겁하게 사는 것보다 차라리 빈곤하더라도 깨끗하고 자유스럽게 사는 것이 더 낫다는 것.

7. 동래박의(東萊博議)

[작자] 南宋의 呂祖謙이다. 林拙齋·汪玉山·胡籍溪 등 세 사람에게 배웠고 張南軒·陸象山등과 사귀어 硏學에 힘썼으며, 隆興 元年 進士에 급제하여 大學博士가 되었다. 뒤에 國史院 編修官, 著作郎 등을 역임했다. 所長은 史學과 文章이며 철학에 있어서도 朱·陸 二子의 학설을 조화시키려고 했다. 그러나 자신은 陸象山의 直學說에 흥미를 갖고 있었다. 45세에 세상을 떠났다.

[해설] 올바른 이름은 「東萊左氏博議」이며 「春秋左氏傳」의 注解書인데 25권으로 젊은 시절 작품으로 광박한 변론은 널리 애독되고 있다.

[33] 顯者는 隱之影이오 明者는 晦之響也라 君子欲無得罪於衆인댄 必先無得罪於獨이니 苟徒以一日之敬으로 而蓋終身之邪면 是는 濁其源而揚其流요 斧其根而漑其葉也라. (卷一)

【摘解】 •影響 : 그림자와 메아리. 물건의 얼굴과 소리. 여기서는 사물의 존재원인을 구체적인 형태로 나타내는 것을 말함. •罪 : 사람으로서의 도리에 벗어난 것. •揚其流 : 그 개천의 하류를 맑게 하다. 「揚」 : 치켜 올리다. 여기서는 물을 맑게 하다의 뜻. •斧 : 도끼로 베다. •漑 : 물을 주다.

【研究】 이 문장은 「顯者隱之影 明者晦之響也」의 내용을 파악하는 일이 급선무이다. 그러나 이 말은 「君子欲無得罪於衆, 必先無得罪於獨」과 부연관계를 이루고 있는 것으로 미루어보아 현저한 것, 명료한 것은 그 이면에 숨어 있는 어두운 것이 있다는 사상임을 이해할 수 있을 것이다. 「必先無得罪於獨」은 소위 愼獨의 사상이다. 후반은 이것을 비유적으로 서술한 것이므로 마지막에 文의 본뜻을 충실하게 표현하기 위하여 「本末을 그르친 것이다」「근본을 그릇되게 한 것이다」 등을 보충해서 해석하는 것이 좋겠다.

【通解】 현저한 것은 이면에 숨어있는 것이 있어서 그것이 얼굴을 가지고 나타난 것이요, 명료한 것은 그 이면에 어둡고 보이지 않는 것이 있어서 그것이 모습을 가지고 나타난 것이다. 그러므로 군자는 여러 사람 앞에서 사람으로서의 도리에 벗어난 일을 하지 않으려고 생각할 땐 꼭 그에 앞서서 먼저 자기만이 홀로 있을 때 도리에 벗어난 행위를 하지 않는다. 만일 단 하루 동안만의 근신한 행동으로 일평생 자기 몸의 사악한 행위를 은폐하려고 하는 것과 같은 일은 그야말로 하천의 水源을 흐리게 해 놓고 그 하류를 깨끗하게 하려고 하는 것이며, 나무의 뿌리를 도끼로 베어 놓고 그 잎에 물을 뿌려 주며 무성하기를 꾀하는 것과 같은 것으로서 근본을 그르친 처사라고 아니할 수 없다.

【章旨】 君子必愼其獨也.(中庸)와 통한다.

---

[34] 天下之事, 固有外似而中實不然者. 幸其似而竊其名, 非不可以欺一時. 然他日人卽其似而求其眞, 則情見實吐, 無不立敗. (卷四)

【摘解】 •固 : 진실로. 본래부터. •中實 : 내용의 실제. 알맹이. •幸 : 僥倖로 삼는다. 다행으로 생각한다. •竊 : 살짝 훔쳐다가 자기의 것으로 한다. 「竊名」이라고 하면 내용

이 없음에도 불구하고 외면의 이름을 과시하는 것. 「下士竊名」(顔氏家訓). •卽 : 대해서. 나아가다. •情見實吐 : 內情이 노출되고 진상이 폭로된다. 「情」 : 진실. 사실. 內情. •立 : 당장. 즉시.

【研究】 먼저 「天下之事, 固有外似而中實不然者」를 정확하게 파악해야 한다. 「外」와 「中實」을 대립적으로 보면 소위 似而非한 자가 세상에 상당히 있다는 사실을 짐작할 것이다. 여기서 주의할 것은 「外」와 「中」을 대립적으로 봐서 「中은 實로」라고 보기 쉬우나, 마지막에 「情見實吐」로 되어 있으므로, 「中實」을 숙어로 보는 것이 좋겠다. 그리고 「幸其似而竊其名」에서 끊어서는 안 된다. 이것은 조건으로 「非不可以欺一時」에 걸리는 것이다. 「卽其似而求其眞」은 내용을 파악하기 어려우나 외면적으로 비슷한 상태에 의거하여 그 내실을 추구하는 뜻. 즉 후반은 어떤 사실에 대해서나 그 내막을 알고 싶은 것이 人之常情이므로 결국에는 흑막이 벗어지고야 만다는 사상이다.

【章旨】 僞裝은 오래 지속될 수 없고 반드시 정체가 드러난다.

제2장 자학류(子學類)

1. 순자(荀子)

[작자] 荀卿이다. 이름은 況, 전국시대 趙나라 사람. 15세 때 齊나라에 유학하여 詩經·春秋·禮記 등을 연구하여 당시 학자 간에 존경을 받았다. 특히 襄王의 총애를 받아 세 번 祭酒(官名)가 되었다. 뒤에 讒訴를 받아 秦·楚에 망명했다. 楚의 春申君은 그를 蘭陵의 令을 삼았으나, 春申君 사후 蘭陵 땅에 남아 교육에 헌신하다가 마침내 이 땅에서 세상을 떠났다. 子夏의 學을 祖述하고 경학을 후세에 전한 것은 실로 그의 공이며 맹자와 함께 先秦의 二大儒로 불리고 있다.

[해설] 본서는 蘭陵閑居의 作으로 20권의 책이다. 그의 만년 세상이 쇠퇴해지고 亡國亂君이 속출하여 사상적으로 인심을 현혹케 하는 자가 허다함을 탄식하고 공자의 정신을 발휘하여 참된 儒術을 후세에 전하고자 하여 지은 것이 바로 본서이다. 그의 주장하는 바는 禮이나 그것을 사람의 性惡에 근거를 두고 이야기 했다. 그러나 性惡을 천명이라고 해서 방치해 버리지 않고 도리어 사람들에게 반성수양의 길을 가르치고, 그것에 의하여 잘 化性시킬 수 있다는 것을 주장했다. 이 점이 맹자가 仁·義·禮·智의 맹아를 인간의 본성에서 찾아내어 그것의 확충을 설명하는 것과 결과적으로 동일한 것이다. 이 밖에 王覇를 논하고 富國用兵을 이야기하고 君臣之道를 말하는 등 그의 논설분야는 매우 多岐하였지만 요는 공자의 敎旨를 발휘하는 데 있었다고 볼 수 있다.

---

[35] 吾嘗終日而思矣나 不如須臾之所學也오 吾嘗跂而望矣나 不如登高之博見也라 登高而招면 臂非加長也나 而見者遠하고 順風而呼면 聲非加疾也나 而聞者彰이니라. (勸學篇)

【摘解】 •須臾 : 잠깐. 中庸에 「道也者 不可須臾離也」란 구절이 있다. •跂 : 제겨디디다. 발끝이나 뒤꿈치로 땅을 디디다. •臂 : 팔. •疾 : 빠르다. •彰 : 밝다. 「顯彰」 등으로 쓰인다.

【研究】 전반에 「吾嘗~而~不如~也」의 형식이 반복되고, 후반은 「~而~非加~也. 而~者~」의 형식이 반복되고 있다. 정리하여 보면

吾嘗終日而思矣, 不如須臾之所學也.
吾嘗跂而望矣, 不如登高之博見也.

登高而招, 臂非加長也, 而見者遠.
順風而呼, 聲非加疾也, 而聞者彰.

과 같이 된다. 이 對偶法에 착안해서 대비적으로 이해하면, 물건(배움)의 힘을 빌려서 자기가 가지고 있는 힘 이상의 일을 할 수 있다는 主旨를 파악할 수 있을 것이다.

【通解】 나는 일찍이 종일 사색에 잠긴 적이 있었으나, 그 결과는 잠깐이라도 학문하는 것만 같지 못하였다. 또 일찍이 발을 제겨디디고 먼 데를 바라본 적이 있었으나, 그 결과는 높은 곳에 올라가서 넓게 바라보는 것만 같지 못하였다. 높은 곳에 올라가서 손짓으로 불러 볼 때는 자기 팔이 더 길어진 탓도 아니건만 먼 데 있는 사람들에게까지 잘 보이게 되고 또 바람이 불어 가는 방향으로 소리를 질러 불러 볼 때는 자기 소리의 속도가 더 빨라진 탓도 아니건만 먼 데 있는 사람들에게까지 분명히 들리게 되는 것이다.

【章旨】 공연한 사색보다는 실천이 더 필요하다.

---

[36] 曾子曰, 同遊而不見愛者, 吾必不仁也. 交而不見敬者, 吾必不長也. 臨財而不見信者, 吾必不信也. 三者在身, 曷怨人. 怨人者窮, 怨天者無識. 失諸己而反諸人, 豈不亦迂哉.

(法行篇)

【摘解】 •不見愛 : 사랑을 받아보지 못하다. 「匹夫見辱, 拔劍而起, 挺身而鬪.」(唐宋八大家). 「見」은 피동의 조동사. •不仁 : 仁의 덕이 없는 것. 「仁」은 여기서는 타인에 대한 경우이므로 「同情」 「불쌍히 여김」 등이 적당한 표현일 듯하다. •不長 : 이것에는 自古로 異說이 있다. 楊註에는 「不長厚, 故爲人所輕.」이라고 되어 있으나, 이것을 「長謂敬長. 非謂不長厚也, 楊註失之.」라고 반대하는 사람도 있다. 또 이 외에 「不長者, 無所長也」라고 보는 사람도 있다. 여기서는 「不敬長」의 뜻으로 본다. •怨人者窮, 怨天者無識 : 사람을 원망하는 이는 곤궁해지고, 하늘을 원망하는 이는 사물에 식견이 없게 되고 천명을 알지 못하게 된다. •反 : 그 책임을 전가하다는 뜻이다. 여기서는 그 원인을 타인에게 돌려서 찾아내려고 하는 것. 즉 도리어 책임을 타인에게 전가하여 愛·敬·信을 찾아내려고 하는 것. •迂 : 사리에 통하지 않고 어리석은 것. 「迂遠」 등으로 註解되어 있으나 단지 迂廻의 뜻으로만 보는 것은 適譯이라고 볼 수 없다.

【研究】 먼저 「曾子曰」 다음의 대립이 주목될 것이다. 「不見～」은 피동형임에 주의해야 한다. 이 세 개의 피동형 「사랑을 받지 못하다」 「존경을 받지 못하다」 「책임을 받지 못하다」의 아래에 그 원인을 설명하고 있는 형식이다. 이것의 인과관계를 살펴보면 다음과 같다.

(他人으로부터) 不見愛 → 吾必不仁 (내게 愛가 없기 때문에)
(他人으로부터) 不見敬 → 吾必不長 (내게 敬이 없기 때문에)
(他人으로부터) 不見信 → 吾必不信 (내게 信이 없기 때문에)

여기서 가장 문제가 되는 「不長」이란 말도 「不敬長」의 내용임을 추정할 수 있다. 다음에 이것을 받아서 「三者在身, 曷怨人」이라고 서술하고 있으므로 「三者」는 당연히 「不仁」 「不長」 「不信」의 三要因을 가리킨다. 다음에 「怨人者窮, 怨天者無識」이라고 한 것은 남을 원망하는 것이 불리한 것을 일반론적으로 부연한 것으로 다음의 「失諸已而反諸人, 豈不亦迂哉」로 다시 본론으로 되돌아왔다. 그러나 이 「諸」는 「之於」의 合字로서 「之 : 대명사」는 위에 서술한 三者를 그대로 받아들인 것은 아니고 여기서는 본래의 「仁」 「長」 「信」의 덕을 가리키는 것이다.

【章旨】 맹자의 「行有不得者, 皆反求諸己.」(離婁上)와 서로 통한다.

2. 한비자(韓非子)

[작자] 戰國 末 韓나라 公子 非이다. 非는 申不害·商鞅등의 法治主義 학설을 깊이 연구하고 그 원리의 설명에는 老莊의 虛無靜退의 설을 응용해서 드디어 法家의 학설을 대성했다. 史記에 의하면 그는 날 때부터 말더듬이었다고 한다. 韓나라가 주위의 강국으로부터 압박받는 것을 보고 종종 글을 올려 韓王을 諫하여 보았으나 받아들이지 않았기 때문에 이를 개탄하여서 「阿噴, 五蠹, 說難」을 저술했다. 뒤에 秦에 사신으로 파견되어 秦王의 총애를 받았으나 李斯등의 참언에 의하여 독살되고 말았다.

[해설] 韓非子 二十卷은 소위 刑名法術을 논한 것이다. 「刑」이란 실제 나타난 형체요 「名」은 무형의 칭호인데 명실이 상부하지 않으면 천하는 다스려지지 않는다고 하는 것이 主眼으로 되어 있다. 문체는 서사에 교묘하고 비유에 능숙하다. 「孟子」 「莊子」와 더불어 先秦의 三大文學으로 불리고 있다.

---

[37] 天下之難事도 必作於易하고 天下之大事도 必作於細니라 千丈之堤도 以螻蟻之穴로 潰하고 百尺之室도 以突隙之烟으로 焚하나니 是以로 欲制物者는 於其細也니라. (喩老)

【摘解】 •作於易 : 용이한 일로부터 일어난다. •作於細 : 미세한 것으로부터 일어난다. •螻蟻 : 땅강아지와 개미. •潰 : 무너지다. •突隙之烟 : 굴뚝 틈 사이로 나오는 연기. 「突」은 煙突의 뜻. •焚 : 태우다. •是以 : 是故. •欲制物 : 사물을 억제하려고 한다. •於其細 : 些細한 때에 적당히 처리한다.

【研究】 두 개의 對句로 구성되어 있음을 알 수 있으므로, 이것을 정리하면

天下之難事. 必作於易. ⎫ ⎧ 千丈之堤. 以螻蟻之穴潰. ⎫
天下之大事. 必作於細. ⎭ ⎩ 百尺之室. 以突隙之烟焚. ⎭

으로 되어 위 二句와 아래 二句가 서로 비유관계에 있는 것을 알 수 있다. 여기에서 「是以, 欲制物者, 於其細也」라는 결론도 쉽게 이끌어 나갈 수 있을 것이다.

【通解】 이 세상에서 곤란한 일은 반드시 쉬운 일로부터 일어나는 것이오, 중대한 일은 반드시 사세한 일로부터 일어나는 것이다. 즉 천 길이나 되는 큰 제방도 땅강아지나 개미가 뚫는 구멍 때문에 무너질 수도 있고, 백 척이나 되는 큰 방도 굴뚝 틈으로 새어 나오는 연기 때문에 타버릴 수가 있다. 이러한 까닭에 사물을 억제하려고 하면 사세한 때에 적당한 조치를 하여야 한다.

【章旨】 모든 사고를 미연에 방지하여야 한다.

[38] 宋人有耕田者. 田中有株. 兎走觸株, 折頸而死. 因釋其耒而守株, 冀復得兎. 兎不可復得, 而身爲宋國笑. 今欲以先王之政, 治當世之民, 皆守株之類也. (五蠹)

【摘解】 •株 : 그루. •釋其耒 : 가지고 있던 쟁기를 버리다. 「釋」: 놓다. 버리다. 「耒」: 밭이나 논을 가는 연장. •冀 : 願望. 「冀求」 등으로 쓰인다. •守株之類 : 그루를 지키고 있는 사람과 같은 부류. 이 이야기에서 「守株 : 守株待兎」라는 숙어가 생겨났다. 즉 언제나 한 가지 일만 고집하고 변동이 없는 다시 말하면 융통성이 없는 것을 조소하는 말.

【硏究】 「宋人有耕田……宋國笑」까지의 설화는 후단의 主旨(施政方針의 비판)를 풍자적으로 설명한 비유인데 착안한다. 이것은 「守株」라는 故事의 출처로 「공연히 舊習에 사로잡혀 時勢에 따르지 않는 것」의 뜻으로 사용되는 한자상식 어휘의 하나이다. 후단의 「今欲以先王之政, 治當世之民」의 설명에 해당되는 「皆守株之類也」에 이 고사의 뜻을 맞추어 조화되도록 역해하면 된다.

[39] 管仲·隰朋從桓公而伐孤竹. 春往冬反, 迷惑失道. 管仲曰, 「老馬之智可用也.」乃放老馬而隨之, 遂得道. 行山中無水. 隰朋曰, 「蟻冬居山之陽, 夏居山之陰. 蟻壤一寸, 而仞有水.」乃掘地, 遂得水. 以管仲之聖而隰朋之智, 至其所不知, 不難師於老馬與蟻. 今人不以其愚心, 師聖人之智, 不亦過乎.

(卷七, 說林上)

【摘解】 •管仲 : 名은 夷吾. 仲은 字. 齊나라 賢臣. 桓公의 재상이 되어 패업을 성취하게 했다. •隰朋 : 齊나라 桓公의 신. •孤竹 : 國名. •山之陽 : 산의 남쪽. •山之陰

: 산의 북쪽. • 蟻壤 : 蟻封, 蟻垤, 蟻塚, 개밋둑. • 仞 : 길이의 단위, 길(八尺). • 蟻壤一寸, 而仞有水 : 개밋둑이 한 치가 되면, 그 밑을 팔 척만 파면 물이 난다. • 不亦過乎 : 또한 잘못된 생각이 아니겠는가? 여기서 「亦」은 직접적인 照應이 아니고 문장외의 것과 照應하는 용법. 論語의 「學而時習之, 不亦說乎.」 孟子의 「叟不遠千里而來, 亦將有以利吾國乎.」의 用例와 같다. 「不亦~乎」는 「豈不~乎」와 같은 반어형으로 보기도 한다.

제3장 역사류(歷史類)

1. 십팔사략(十八史略)

[작자] 元나라 학자 曾先之이다. 그의 내력은 자세하지 않으나 宋末로부터 元初에 걸친 인물이다.

[해설] 書名이 보여주는 바와 같이 十八部의 史書라는 것은 史記·漢書·後漢書·三國志·晋書·宋書·南齊書·梁書·陳書·魏書·北齊書·後周書·隋書·南史·北史·唐書·五代史·宋鑑 등으로 어느 것이나 中國史學, 文學의 精華이다. 그러나 권수가 너무 많아서 독파하기가 어려우므로, 이것을 七卷으로 줄여 중국 사천년 역사의 要領을 알 수 있도록 한 것이다. 그뿐만 아니라 名君, 賢臣, 武將, 夫人(帝王의 妃, 諸侯·貴人의 妻)의 傳記·逸話를 비롯하여 유명한 故事·詩歌 類까지 섞여 있어 흥미진진한 내용이므로 마치 소설을 읽는 것 같은 느낌을 준다.

---

[40] 陽城人 陳勝은 字는 涉이니 少與人傭畊이라가 輟畊之隴上하야 悵然久之曰, 苟富貴면 無相忘호리라 傭者笑曰若爲傭畊하니 何富貴也오하니 勝이 大息曰, 嗟呼라 燕雀이 安知鴻鵠之志哉아하더라 (秦)

【摘解】 •陽城 : 地名. 지금 山西省 陽城縣. •與人 : 爲人. 남을 위하여.「與 = 爲」. 일설에 「與」를 「더불어」로 보는 사람도 있으나, 그렇게 되면 陳勝과 그의 동료인 日傭 人夫와의 사이의 뜻이 되기 때문에 본문의 뜻과 맞지 않는다. 즉 본문의 내용은 陳勝과 고용주의 대화이다. •傭畊 : 남에게 고용되어 경작하다.「畊」은 古字. •輟 : 그치다. 잠깐 쉬다. •之 : 가다. •隴上 : 밭둑. 언덕 위. •悵然 : 탄식하는 모양. •久之 : 오랜 뒤에. 한참 있다가.「之」는 의미가 없는 助字.「頃之 : 한참 있다가」의 類例가 있다. •相忘 : 잊어버리다.「相」은 보통 상호적인 뜻으로 쓰이나 이 경우처럼 일방적인 뜻으로 쓰이기도 한다. 이때는 뜻을 강하게 하기 위하여 쓰였다. •苟 : 만일. 假定을 나타냄. •傭者 : 고용주. •若 : = 汝. •大息 : 한숨(을 쉬다).「太息」과 같다. 한숨 쉬며 탄식하다. •燕雀安知鴻鵠之志哉 : 小人物은 大人物의 胸中을 推知할 수가 없다는 뜻.「燕 = 鷰」「雀」은 모두 작은 새 즉 제비와 참새로 小人物에 비유하고,「鴻 : 기러기」「鵠 : 고니」는 모두 큰 새로 大人物에 비유한 것이다.

【研究】 陽城의 陳勝에 대한 글임은 곧 알 수 있을 것이다. 대화체로 되어 있으나, 「傭者笑曰」로 미루어 봐서 상대방이 傭者라는 것을 생각할 수 있다. 따라서 앞의 「與人」은 「남을 위해서」로 보지 않으면 안 된다. 「苟富貴」는 가정형으로 현재는 빈곤하지만 「장래에 부귀의 몸이 되면」으로 생각한다. 「何富貴也」는 반어형의 句 「何~也」의 형식과 같다. 최후의 「安知鴻鵠之志哉」도 「安~哉」의 형식에 속하는 반어형의 문장이다.

【通解】 陽城사람 陳勝은 字는 涉이라고 하는데, 젊었을 때 남에게 고용되어 경작에 종사하고 있었다. 언젠가 陳涉은 갈던 손을 멈추고 밭둑에 올라가서 한참동안 자기의 따분한 신세를 탄식하여 가로되 「만일 장래에 내가 부귀의 몸이 된다면 결코 오늘의 厚誼를 잊지 않을 것입니다」 하니, 고용주가 웃으면서 말하기를 「너는 지금 남에게 고용살이를 하고 있는 형편인데, 무슨 부귀의 몸이 된다는 잠꼬대를 하느냐」고 하니, 陳勝이 크게 탄식하여 가로되 「아 가련하구나! 제비와 참새 같은 작은 인물이 어찌 기러기와 고니 같은 큰 인물의 뜻을 推知할 수 있겠는가? 이런 자가 나의 큰 포부를 알리가 없겠지!」 하더라.

[41] 韓生說羽.『關中阻山帶河, 四塞之地肥饒. 可都以霸. 羽見秦殘破, 且思東歸曰, 富貴不歸故鄉, 如衣繡夜行耳.』韓生曰,『人言,「楚人沐猴而冠」果然.』羽聞之, 烹韓生. (西漢)

【摘解】 •韓生 : 人名. •羽 : 項羽, 이름은 籍. 한때 覇王이 되었다가 漢高祖에게 垓下에서 포위되어 敗死했다. •關中 : 秦의 地名. 秦은 동쪽에 函谷關, 남쪽에 武關, 서쪽에 散關, 북쪽에 蕭關의 소위 四關의 가운데 있었기 때문에 이렇게 말한다. •阻山帶河 : 사방은 산으로 막히고, 그 가운데는 하천이 띠처럼 흐르고 있다. •四塞之地 : 사방이 모두 막혀 있는 요새지.「塞」: 국방상 주요한 변방(또는 시설). •肥饒 : 토지가 비옥하여 산물이 풍부한 것. •殘破 : 허물어져서 깨뜨러진 것. 秦의 도읍이 황폐하게 되어 있음을 말함. •且 : 그 위에. •東歸 : 동쪽의 고향에 돌아가는 것. 項羽의 고향은 江東 즉 揚子江의 東岸이었으므로 이렇게 말한 것이다. •衣繡夜行 : 부귀를 얻고도 고향에 돌아오지 못하기 때문에 사람들에게 알려지지 않아 아무 보람이 없다.「繡」는 수를 놓은 아름다운 옷의 뜻인데, 이것을 입고 밤중에 걸어 다니기 때문에 사람들에게 알려지지 않는다는 뜻이다. •沐猴而冠 : 원숭이가 갓을 쓰다.「沐猴」는 獮猴의 轉音, 원숭이의 일종. 큰 원숭이. 의관은 훌륭하지만 마음이 사람답지 못함을 비유한 것이다. 이것은 항우의 말을 듣고, 韓生이 鄙諺을 가지고 냉소한 것이다. •烹 : 가마솥에 넣어서 삶는 刑에 처하다.

【研究】 韓生과 項羽와의 말과 행동의 관계를 표시한 글. 즉 韓生에 관한「說」「曰」, 羽에 관한「見」「思」「曰」「聞」「烹」에 주목해서 이것들이 미치는 범위를 분명히 판단하는 것이 필요하다.「衣繡夜行」에 의하여 말하려고 하는 항우의 의향 및「沐猴而冠」의 鄙諺으로 사내답지 못한 항우의 말을 비웃은 韓生의 심정을 역문에 명료하게 나타나도록 보충할 필요가 있다.

[42] 太宗嘗問侍臣, 「創業守成孰難.」 房玄齡曰, 「草昧之初, 群雄並起, 角力而後臣之. 創業難矣.」 魏徵曰, 「自古帝王, 莫不得之於艱難, 失之於安逸. 守成難矣.」 上曰, 「玄齡, 與吾共取天下, 出百死, 得一生. 故知創業之難. 徵與吾共安天下, 常恐驕奢生於富貴. 禍亂生於所忽. 故知守成之難. 然創業之難往矣. 守成之難, 方與諸公愼之.」 (唐)

【摘解】 •太宗 : 唐나라 두 번째 황제. 이름은 世民. •創業 : 여기서는 국가경영의 大業을 시작하여 기초를 닦는 것. 「創」은 비롯하다. •守成 : 완성한 사업을 쇠퇴하지 않도록 보전하는 것. •孰難 : 어느 것이 더 어려우냐? •房玄齡 : 太宗을 따라 사방을 정벌하고 천하를 평정하여 재상이 된 名臣. 字는 喬孫. •草昧之初 : 국가를 창건할 무렵 세상이 혼란하고 질서가 없는 시대, 「草」는 粗雜. 「昧」는 어두운 것. •角力 : 힘을 겨루다. 승부를 다투다. •魏徵 : 唐의 名臣, 字는 玄成. 太宗 때 諫議大夫가 되어 直諫으로 공헌한 바가 컸다. •出百死得一生 : 몇 번이고 몇 번이고 死地에 빠졌다가 겨우 목숨을 건지다. •驕奢 : 교만하고 사치스럽다.

【研究】 「創業守成 孰難」이라는 태종의 질문에 대한 房玄齡과 魏徵의 답과 그것에 대한 태종의 판단과의 관계에 着意해서 착수하면 그처럼 어려운 문제는 아니다. 「莫不得之於艱難, 失之於安逸.」은 莫不이라는 이중부정으로 강조되어 있는 것과 「之」가 文中에 나타나지 않은 「天下」를 가리키는 것에 着意한다. 「然」 이하는 이 의논을 自國의 경우에 옮겨서 실제문제로서 諸公의 각오를 요망하고 있는 점에 주의한다.

[43] 光嘗語晁無咎曰, 「吾無過人. 但平生所爲, 未嘗有不可對人言者耳.」 劉安世問光 一言可以終身行之者. 光曰, 「其誠乎.」 安世問其所從入. 曰, 「自不妄語入.」 (宋)

【摘解】 •光 : 司馬溫公을 말함. 字는 君實. 陝州 夏縣人, 北宋의 名臣이다. 死後 太師溫國公의 시호를 받았기 때문에 司馬溫公이라고 한다. 資治通鑑을 저술하였다. •晁無咎(조무구) : 이름은 補之, 無咎는 그의 字. 詩文의 名家이다. •劉安世 : 字는 器之, 大名府 元城 사람. 강직함으로 널리 알려지고 司馬光을 사사하였다. •一言 : 「一言」에는 「一字」의 뜻과 「一語」의 뜻과 「一句」의 뜻이 있다. 여기서는 「一字」의 뜻이다. 즉 단 一字로 평생 服膺하여 행할 수 있는 중요한 것. 類例로는 논어 위령공편에 「一言可以終身行之者~」가 있다. •其誠乎 : 誠이겠지. 「乎」는 약한 의문사. 의문을 쓴 것은 겸손을 나타낸 것이다. •所從入 : 어디로부터 들어가는가 하는 점. 착수하는 곳. •妄語 : 도리에 맞지 않는 뒤죽박죽인 말.

【研究】 이 글은 둘로 나누어 생각할 수 있다. 전반은 「光~言者耳」까지인데, 光 즉 司馬溫公의 평생의 마음가짐을 서술한 것이고, 「劉安世~」이하의 후반은 溫公과 劉安世의 문답문이다. 이 구문을 정확하게 파악하고 착수한다. 어법으로서는 「未嘗~不~」의 이중부정에 주의해야 한다. 「不可對人言」은 자기의 행위에 대한 설명이다. 「一言可以~」는 「一言」과 「可以終身行之者」이 同格인 점에 주의해야 한다.

2. 몽구(蒙求)

[작자] 唐나라 李瀚이다. 李瀚의 事蹟에 대해서는 饒州刺史 李良이 蒙求를 천자에 奏薦하는 表에 나타나 있는 것 이외에는 전해진 바가 없다. 石晋(後晋) 혹은 宋나라 사람이라 하기도 하고 여러 설이 있으나 어느 것도 정확한 고증은 없다. 서명은 周易의 「童蒙求我」에서 따온 것.

[해설] 본서는 3권으로 되어 있다. 經·史·子類 중 상고로부터 남북조에 이르기까지 유명한 인물의 언행의 美惡을 따서 그 사실 중 서로 유사한 것들을 둘씩 배합하여 四字句의 韻語로 만들어서 기억하기 좋도록 한 일종의 歷史教訓歌라고도 할 수 있다. 이 책이 한번 세상에 나오자, 당시의 문호 李華는 그 序를 지어서 칭찬했고, 또 饒州의 刺史였던 李良은 그 책을 천자에 奏薦했다고 전해지고 있다. 뒤에 宋의 徐子光은 句마다 註를 달고 또 그 사람 및 그 외의 일들을 기입한 것이 지금의 蒙求이다.

[44] 宋人得玉하야 獻諸司城子罕이러니 子罕이 弗受러라 獻玉者曰, 以示玉人이러니 玉人以爲寶하더이다 故로 獻之하나이다하니 子罕이 曰, 我以不貪으로 爲寶하고 爾는 以玉으로 爲寶하니 若以與我면 皆喪寶也니 不若人有其寶니라하니라. (卷之上)

【摘解】 •司城 : 三公의 하나로 토지·민사를 맡은 관명. 「司公」과 같다. 宋國에서는 武公의 諱가 司公이었기 때문에 이것을 피하기 위하여 司城으로 고쳤다. •子罕 : 樂喜의 字. •諸 : '이것을~에게'의 뜻. =「之於」. •以示玉人 : 그 옥을 玉細工人에게 보여 감정을 의뢰했다. 「以」는 「以玉」의 略. 「玉人」은 玉細工人. •我以不貪爲寶 : 나는 물건을 탐내지 않는 일을 보배로 삼고 있다. •爾以玉爲寶 : 너는 옥 자체를 보물로 생각하고 있다, •若 : 만일. 가정의 助字. 「너 : 汝」의 뜻으로 쓰일 때도 있으므로 잘 구별해야 한다. •不若~ : ~것만 같지 못하다. ~가 더 나을 것이다. •人 : 사람 사람.(複數) 여기서는 두 사람 모두의 뜻. •「若以與我」의 「以」도 「以玉」의 略.

【硏究】 子罕이 宋人이 바친 옥을 받지 않았다는 줄거리는 곧 파악될 것이다. 이것을 머릿속에 두고, 對話로 검토한다. 「以示玉人. 玉人以爲寶」는 「故獻之」로 봐서, 그 옥의 훌륭함을 말한 것을 알 수 있다. 子罕의 말에서 「皆喪寶也」라는 말을 올바로 이해한다. 그러면 「不若人有其寶」의 「人」은 「사람들(複數)」임을 알 수 있고, 즉 二人을 가리킴을 알 수 있을 것이다.

【通解】 송나라 사람이 훌륭한 옥을 얻어 이것을 司城官인 子罕에게 바쳤다. 그러나 자한은 사양하고 이것을 받지 않았다.(그래서 옥을 바친 자는 子罕이가 보잘것 없는 옥으로 생각하고 받지 않은 줄로 알고) 「실은 그 옥을 옥 세공인에게 보여 감정을 의뢰하였던 바, 훌륭한 寶玉임을 인정해주었습니다. 그래서 이것을 바치는 바이올시다」 하니, 子罕이 말하기를 「나는 관리로서 財寶를 탐하지 않는 것을 보물로 삼고, 너는 옥 그 자체를 보물로 삼으니, 만일 네가 그 옥을 나에게 줄 것 같으면, 나와 네가 모두 보물을 잃어버리는 셈이 되니(즉 나는 옥을 받아서 「不貪」이란 보물을 잃게 되고, 너는 나에게 옥을 주어 네가 진심

으로 좋아하는 옥 자체의 보물을 잃게 된다) 두 사람 모두 각자의 보물을 간직하는 것이 더 나을 것이다」 하더라.

[45] 匡衡勤學無燭. 隣舍有燭而不逮. 衡乃穿壁, 引其光而讀之. 邑大姓文不識名家富多書. 衡乃與其客作, 而不求償, 願得書遍讀之. 主人感嘆, 資給以書. 遂成大儒. (卷之上)

【摘解】 •匡衡 : 前漢 때 사람. 字는 稚圭. 貧家에 태어났으나 배움을 좋아하여 드디어 大學者가 되어 元帝를 섬겨 승상이 되었다. •燭 : 燈火. 隣舍有燭而不逮 : 이웃집에는 등불이 있었지만 자기 집까지는 미치지 않았다. •邑大姓 : 匡의 살고 있는 마을의 富豪家. 「邑」 : 村. 「大姓」 : 富豪 또는 豪族. •文不識 : 人名. •名家富多書 : 집이 부유하고 서적을 많이 가지고 있다는 것으로 유명했다. •與其 : 그를 위하여. 「與」 : 위하여. 「少與人傭畊(十八史略)」의 용례와 같음. 「其」는 文不識을 지칭. •客作 : 고용살이하다. •償 : 報酬. •資給 : 도와주다. 공급하다.

【研究】 「匡衡」에 대해서 쓴 글로 「勸學」「讀之」「願得書遍讀之」「遂成大儒」 등으로 보아 그의 면학상의 노력에 대해서 서술한 것을 추정한다. 「文不識」은 「名家富多書」로부터 人名이며 동시에 富豪家임을 파악하여 匡衡에 대하여 어떠한 태도를 가졌는가를 생각하면서 후반을 음미한다. 句意로서 가장 까다로운 것은 「名家富多書」인데 이것은 「以家富多書有名」의 뜻이다.

[46] 後漢高鳳, 家以農爲業. 鳳專精誦讀, 晝夜不息. 妻嘗之田, 曝麥於庭, 令鳳護鷄. 時天暴雨, 而鳳持竿誦經, 不覺潦水流麥, 妻還怪問方悟. 後爲名儒. (卷之下)

【摘解】 •高鳳 : 南陽郡 葉縣 사람. 字는 文通. 학덕이 높은 사람이기에 太守가 자주 불러서 등용하려고 하였으나 고의로 소송을 제기하여 이것을 면하였다. 뒤에 直言科에 뽑혀서 公車署에 등용되었으나 병을 핑계로 어부가 되어 일생을 보냈다. •專精誦讀 : 열심히 책을 외우고 읽다. 「專精」은 정신을 집중하다. 「誦讀」은 암송해 가면서 읽다. •之 : 가다. 어디에 간다고 가리키는 곳이 있어서 간다는 뜻으로 쓰인다. •曝麥於庭 : 보리를 뜰에 말리다. 「曝」 : 볕에 쬐다. •護鷄 : 닭이 뜰에 있는 물건을 해치지 않도록 감시하다. •時天暴雨 : 때마침 소나기가 내렸다. 「天」 : 하늘에는. 「暴(폭)」 : 별안간. •持竿誦經 : 닭 쫓는 막대기를 들고 열심히 글을 읽었다. 「經」은 聖人의 글. •潦水 : 뜰에 고인 빗물. •方悟 : 비로소(비에 보리가 떠내려 간 것을) 깨달았다.

【研究】 高鳳의 일화임은 쉽사리 알 수 있을 것이다. 그러면 高鳳의 어떠한 점을 서술한 것인가? 그것은 「鳳專精誦讀, 晝夜不息」과 그 이하가 부연관계를 가지고 있는 것을 파악하면 된다. 즉 高鳳이 얼마나 학문에 열중했는가를 하나의 예로 서술한 것이다. 「妻嘗之田」과 「曝麥於庭, 令鳳護鷄」와의 시간적 관계에 주의하기 바란다. 「曝麥云云」은 「之田」이라는 동작의 뒤에 출현하는 것 같으나, 그렇다면 「令鳳護鷄」의 주체가 妻가 되어야 한다는 점에 모순이 된다. 따라서 「처가 전원에 나간 사이에」라고 생각하지 않으면 안 된다. 「妻還怪問方悟」는 「方悟」의 주어가 高鳳임을 미루어 「悟」의 내용은 「潦水流麥」임을 파악하여야 한다. 또 마지막의 「後爲名儒」는 앞의 것과의 관련이 너무 갑작스러우므로, 그 앞에 「이처럼 학업에 열중했기 때문에」라고 보충하면 분명한 해석이 된다.

3. 사기(史記)

[작자] 중국 史學의 태두인 前漢의 司馬遷이다. 字를 子長이라 하며, 漢 武帝 때 기용되어 郎中이 되었다. 父 司馬談은 太史公이 되어 編史의 뜻이 있었으나 이루지 못하였기 때문에 그는 아버지의 유지를 계승하여 태사공이 되어 이것의 저작에 종사하려 하였다. 때마침 某事件에 관련되어 처형된 까닭에 한때 지장이 컸으나 編史의 大業을 위해 사면되어

크게 발분하고 고심한 끝에 이것을 완성했다. 뒤에 中書令이 되어 신임을 받았으나 세상에 나오는 것을 좋아하지 않았다.

[해설] 130권으로 된 巨作인데 처음에는 太史公書라고 불렀다. 左傳·國語·世本·戰國策 등의 史書를 적당히 추려서 만든 것으로서 위로는 黃帝로부터 아래로는 漢의 武帝에 이르기까지의 삼천여년간의 역사로 실로 傳記體 史書의 효시이다. 本紀(帝王 및 이에 준하는 자의 史實), 世家(諸侯의 事蹟), 列傳(영웅·호걸·위인·열사의 事蹟), 書(문화사적 자료), 表(여러 종류의 연표)의 五部로 되어, 정연한 史書로서 24史의 首班으로 되어 있다.

---

[47] 項王이 乃欲東渡烏江할새 烏江亭長이 艤船待라가 謂項王曰, 江東이 雖小나 地方千里요 衆數十萬人이니 亦足王也니이다 願大王은 急渡하소서 今獨臣有船하니 漢軍이 至라도 無以渡니이다 項王이 笑曰, 天之亡我니 我何渡爲리오 且籍與江東子弟八千人으로 渡江而西라가 今無一人還하니 縱江東父兄이 憐而王我라도 我何面目으로 見之리오 縱彼不言이나 籍獨不愧於心乎아하더라.

(項羽本紀)

【摘解】 •烏江 : 양자강 하류에 있는 渡船場의 이름. •亭長 : 烏江亭의 長. 「亭」은 宿場으로서 10리마다 설치되어 있고, 亭長은 도적의 체포 등을 맡고 있다. •艤船 : 배의 출발준비를 한다. 배를 대다. •江東 : 양자강 하구에서 꺾여 있는 부분의 동부 일대 지방을 말함. 項羽가 군사를 일으킨 곳. •雖小 : 토지는 비록 적다하더라도. •地方千里 : 토지 면적이 사방 천리가 된다. •足王也 : 覇王이 되기에 충분한 것이 있다. •願 : 원컨대. 아무쪼록. •籍 : 項羽의 이름. 여기서는 자기를 표시하는 말이기 때문에 「나」로 번역하여야 한다. •見之 : 그들을 뵙다. 「見」의 음은 「현」. •縱 : 비록. 설사(假定).

【研究】 저 유명한 八年 風塵의 주인공인 항우가 沛公에게 패배를 당한 비참한 말로를 동양사의 旣得事項에 의하여 想起하고 착수한다. 亭長과 項王의 대화가

중심이 되어 있으므로, 그 관계를 亭長艤船待. 謂項王曰, 「江東～ 漢軍至無以渡」 項王笑曰, 「天之亡我～ 獨不愧於心乎」로 보면 일목요연할 것이다. 「何渡爲」는 「何爲渡」라고 해야 할 것을 강하게 말했기 때문에 「渡」가 위에 온 것인데 「어찌 건너는 것을 하겠는가?」의 반어형이 된다. 「何面目見之」는 「有何面目而見之」의 줄인 형태이다.

【通解】 (項王은 漢軍에 패하여) 동쪽으로 烏江을 건너려고 했다. 그렇게 하니 烏江의 亭長은 미리 배댈 준비를 하고 기다리고 있다가 항우에게 말하기를 「江東의 땅이 비록 적기는 하지만 면적이 사방 천리가 되고 인민도 數十萬 명은 되니 패왕이 되기에 충분한 조건입니다. 원컨대, 대왕께서는 빨리 건너가십시오. 다행히 배는 신만 가지고 있으니 漢軍이 추격해 오더라도 건널 방도가 없을 것입니다」 하니, 項王이 웃고 말하기를 「하늘이 벌써 나를 돌보지 않고 있으니 내 어찌 건너갈 수 있겠는가?(결코 건너가지는 않겠다) 그뿐만 아니라 나는 일찍이 江東의 제자 八千 명과 같이 이 강을 건너서 서쪽으로 진군하였으나 다 전사하고 지금은 단 한 사람도 살아온 사람이 없다. 설사 江東의 父兄들이 나를 가련히 여겨서 왕으로 추대해 준다고 하더라도, 내가 무슨 면목으로 그들을 뵈올 수가 있겠는가? 비록 그들이 말은 하지 않는다 하더라도 내 자신이 어찌 마음에 부끄럽지 않겠는가」 하더라.

---

[48] 太史公曰, 『余讀孟子書, 至梁惠王問「何以利吾國」, 未嘗不廢書而歎也. 曰「嗟乎 利誠亂之始也. 夫子罕言利者, 常防其原也.」』

(孟子 ·荀卿列傳)

【摘解】 •太史公 : 작자 司馬遷의 官名. •梁惠王云云 : 惠王은 魏侯 罃(앵)을 말함. 「梁」이란 나라가 있었던 것은 아니다. 魏는 이 때 秦을 피하여, 도읍을 大梁에 옮기고, 왕을 僭稱(신하의 몸으로 제왕을 자칭하는 것)했다. 「惠」는 그의 諡號이다. 그 까닭에 梁

惠王이라고 한다. 그는 종종 전쟁에 패했기 때문에 국세를 일으키기 위하여 예를 두텁게 하여 천하의 賢者를 초빙하였다. 맹자도 이 무렵 梁에 이르러서 惠王을 알현했다. 그때의 일이 맹자의 卷頭에 실려 있다. 즉「孟子見梁惠王, 王曰, 叟不遠千里而來. 亦將有以利吾國乎. 孟子對曰, 王何必曰利, 亦有仁義而已矣. 王曰何以利吾國, 大夫曰何以利吾家, 士庶人曰何以利吾身 上下交征利, 而國危矣.」(大意는, 선생이 멀리 찾아 오셨는데, 우리나라를 이롭게 할 방도가 있습니까? 하고 양혜왕이 맹자에게 말하니 맹자 대답하기를 利보다 仁義란 방법이 있습니다. 上下가 서로 利를 가지고 다투게 되면 그 나라는 위험하게 됩니다.) •廢書 : 책을 걷어치우고. •夫子罕言利 : 공자께서는 좀처럼 利를 말씀하시지 않으신다. 論語 子罕篇의「子罕言利與命與人.」을 인용한 것.「夫子」는 공자의 존칭.「罕」은 드물다는 뜻.

【研究】 全文이「太史公曰」에 지배되어 있기 때문에 태사공의 評言이라고 생각할 수 있다. 그렇다면「曰 嗟乎」의「曰」이 좀 이상하다고 볼 수 있다. 그러나 이것은 前文에 의하여 태사공이 맹자를 읽다가 그것을 걷어치우고 탄식해서 말하는 뜻이 되므로 역시 태사공 자신이 말했다고 생각하는 것이 타당하다. 「余讀孟子～」의 부분도 문맥이 분명하지 않지만「未嘗不廢書而歎也」라고 되어 있어 이것은 태사공이 孟子의 내용에 慷慨해서 책을 걷어치운 뜻이 되므로 그 앞까지가 孟子의 내용이라고 생각할 수 있다. 이 부분은 맹자를 읽어보지 못한 사람에게는 이해하기 매우 곤란하지만 맹자의 卷頭에 나오는 유명한 부분이기 때문에 대개는 알고 있으리라는 전제 밑에 쓴 글이라고 볼 수 있다. 마지막 태사공의 의견은 여기서는 利를 좋아하는 폐단에 대해서 孔夫子의 말씀을 빌려서 설명적으로 서술한 것이다.

4. 한서(漢書)

[작자] 後漢의 班固인데, 그의 누이 班昭의 補作으로 되어 있다. 固의 字는 孟堅, 扶風(峽西省)에서 났으며 明帝 때 사람이다. 經書・史書에 널리 통하였다. 父 班彪가 司馬遷의「史記」에 대해서 수십 편의 記傳을 저술하였으나 마치지 못하고 죽었으므로 그의 유업을

계승한 것이다. 벼슬은 蘭臺御史에 이르렀으나 만년은 불우하여 본서의 완성을 보지 못하고 향년 61세로 獄死했다.

[해설] 본서는 前漢書 또는 西漢書라고도 부르며 前漢 233년간의 역사이다. 총 120권으로 체재상 史記보다 잘 정리되어 있으나 문장은 그것을 따라가지 못한다. 참고로 말하면 본서는 班固가 중도에서 죽었기 때문에 和帝가 그의 누이 班昭에게 詔書를 내려 뒤를 이어 완성하게 했다고 한다.

---

[49] 古之人曰, 一夫不耕이면 或受之饑하고 一女不織이면 或受之寒이니 生之有時어늘 而用之亡度면 則物力이 必屈이니라 古之治天下는 至孅至悉也라 故로 其畜積이 足恃니라.

【摘解】 •一夫不耕云云 : 한 사람이 경작을 하지 아니하면, 세상에는 그 때문에(혹은 그만큼) 주림을 입는 사람이 있을 것이다.「一夫不耕, 天下受其饑, 一婦不織, 天下受其寒.」(後漢書 王符傳).「之饑」는 그 만큼의 주림의 뜻. •有時 : 일정한 때가 있다. •亡度(무도) : 절도가 없다. 정도를 생각하지 않는다.「亡(무)」:「無」와 같다. •物力 : 물건을 생산하는 힘. •屈 : 다하다. 뒤가 끊기다. •至孅至悉 : 섬세한 부분까지 남김없이 골고루 미치다.

【研究】 全文을 훑어보고 주로 정치적인 의미로 말한 것이라는 점을 파악하고 착수하는 것이 필요하다. 따라서 古人의 말도「한 남자가 경작을 하지 않는다면 그 사람은 그만큼 주림을 받을 것이다」라는 것이 아니고,「세상에서 그만큼 주림을 받는 자가 나오는 경우가 있다」는 뜻이 된다.「或」은「어떤 경우에는」정도로 생각하면 된다.「之饑」「之寒」의「之」는「그만큼(한 사람이 경작하지 않은 것만큼)의 饑」「그만큼(한 사람이 짜지 않은 것만큼)의 寒」이란 뜻이다.「生之有時」「用之亡度」는 대립이 되어「則物力必屈」에 걸리는 것 같은 생각이 들지만「生之有時」는 엄연한 사실이요 가정한 것이 아니므로「而」를 反接(逆接)으로 보고「그러나」의 뜻으로 봐야 한다.

【通解】 옛 사람이 말하기를「경작하지 않는 남자 한 사람이 있다면 세상에는 그만큼 주림을 받는 자가 있을 수 있고, 베를 짜지 않는 여자 한 사람이 있다면 세상에는 그 만큼 추위에 떠는 자가 나올 수 있다」고 했다. 생산에는 일정한 시간이 있는데, 이것을 쓰는 데 아무 제한이 없다면(남용된다면) 물건을 생산하는 힘은 반드시 뒤가 끊기게 될 것이다. 옛날 천하를 다스리는 사람은 실로 섬세한 부분까지 남김없이 골고루 살피고 있다. 그런 까닭에 물질의 축적도 풍부하고 만일의 불행한 경우를 당하더라도 그에 힘입는 바가 충분할만한 정도가 된다는 것이다.

---

[50] 高祖以征伐定天下, 而縉紳之徒, 聘其知辯, 竝成大業. 語曰, 「廊廟之材, 非一木之枝. 帝王之功, 非一士之略.」 信哉.

【摘解】 •高祖 : 漢의 高祖, 劉邦. •縉紳之徒 : 官位. 신분이 높은 사람. 公卿. 「縉」 : 꽂다 = 搢. 「紳」 : 큰 띠로서 「縉紳」은 笏(홀)을 큰 띠에 꽂다의 뜻. 「搢紳」이 바른 것이다. 여기서는 武官에 대한 文官을 말함. •聘其知辯 : 그 知能과 辯舌을 驅使하다. 「聘」 : 달리다. 쫓다. •竝 : = 並, 둘이 함께. 문무관이 함께 힘을 합쳐서. •廊廟之材 : 廊廟를 만드는 좋은 재목. 「廊廟」는 正門의 궁전. •略 : 智略. •信哉 : 정말이구나!

【研究】 대립적인 것을 파악하고, 이것을 정리해 보면

高祖以征伐定天下	竝成大業. 語曰	廊廟之材, 非一木之枝	信哉.
縉紳之徒聘其知辯		帝王之功, 非一士之略	

로 된다. 여기서 明君과 賢臣이 서로 힘을 합칠 때 비로소 大業을 완수할 수 있다는 主旨가 파악될 것이다. 주의해야 할 것은 「語曰」의 미치는 범위이다. 마지막 「信哉」라는 긍정의 말이 있기 때문에 「曰」은 「非一士之略」까지라고 생각할 수 있다. 이것은 물론 「語에 曰」로 읽어서, 「古語에 이르기를」의 뜻이 되어야 하고, 「語하여 曰」 즉 「말하여 가로되」로 봐서 「高祖語

曰(高祖가 말하여 가로되)」로 잘못 봐서는 안 된다.

5. 삼국지(三國志)

[작자] 六朝 때 晋나라 陳壽이다. 字는 承祚. 譙周에 배웠고 蜀나라에 벼슬하여 觀閣令史가 되었다가 官人 黃皓의 비위를 거슬러서 축출 당했다. 蜀이 망한 뒤에는 晋의 張華에게 발탁되어 著作郎에 올랐다. 65세로 세상을 떠났다.

[해설] 三國이란 魏·吳·蜀을 말함인데, 본서는 이 삼국의 역사를 쓴 것으로서 魏志30권, 吳志20권, 蜀志15권 등 65권이다. 事蹟을 기록한 것이 너무 간이한 점은 있으나, 당당한 史筆은 史記·漢書에 다음 가는 史籍이다. 일본의 賴山陽은 「事核文直, 子長以後未見其比.」라고 평했다.

---

[51] 王粲은 博物多識하야 問無不對러라 與人共行이라가 讀道邊碑할새 人이 問曰, 卿能闇誦乎아하니 曰, 能이라하더라 因使背而誦之하니 不失一字러라 性善屬文하야 擧筆便成이로되 無所改定하야 時人이 以爲宿構하니라 然이나 正復精意深思라도 亦不能加也러라

【摘解】 •王粲 : 삼국시대 때 魏의 詩人. 字는 仲宣. 建安七子의 한 사람이다. •博物多識 : 다방면으로 많이 안다. 「博物」과 「多識」은 같은 뜻. 「博物」을 현대의 博物과 혼동해서는 안 된다. •道邊碑 : 길 가에 서 있는 비석. •闇誦 : 暗誦 : 안 보고 외우는 것. •屬文 : 문장을 만들다. 글을 읽어서 만든다는 뜻. 「屬」 = 綴. •便(변) : 곧. •宿構 : 미리 구상해 둔 것. 「宿」은 舊의 뜻. 宿題·宿願의 예와 같음.

【研究】 王粲에 대해서 전반은 「博物多識」, 후반은 「性善屬文」에 대해 서술한 것을 파악한다. 「背面」은 비석을 등지고 서다의 뜻이다. 즉 비석이 보이지 않도록

서다의 뜻이다. 「不失一字」는 기억력이 강한 것을 나타낸 것으로 「한 字도 빠뜨리지 않고 완전히 암송했다.」는 뜻. 「然正復精意…」의 주어는 「時人」이고, 「不能加」의 대상은 王粲의 글인 점에 주의해야 한다.

【通解】 王粲이란 사람은 지식이 넓고 풍부하여 어떤 물음에도 대답 못하는 것이 없었다. 어느 날 다른 사람과 동행을 하다가 노변의 비문을 읽었다. 동행인이 물어 가로되 「당신은 지금 읽은 비문을 암송할 수 있느냐.」고 하니 王粲은 「할 수 있다.」고 말했다. 그래서 비석을 등지고 서게 하여 암송하게 하였더니 한 字도 빠짐없이 외우더라. 王粲은 천성이 글짓기를 좋아해서 붓을 들면 곧 문장이 이루어지고 다시 고칠 필요가 없었다. 그래서 당시 사람들은 「이것은 미리 구상한 것이라.」고 했다. 그러나 정말로 아무리 다시 정밀하게 생각하고 깊이 생각해 보아도 더 이상 더 붓을 더할 것이 없었다. 그만큼 王粲의 문장은 훌륭했다.

---

[52] **諸葛武侯戒子書曰, 「君子之行, 靜以修身, 儉以養德. 非澹泊, 無以明志, 非寧靜, 無以致遠, 夫學須靜也. 才須學也. 非學無以廣才, 非靜無以成學, 慆慢則不能研精. 險躁則不能理性. 年與時馳, 意與歲去, 遂成枯落, 悲歎窮廬, 將復何及也.」** (蜀志)

【摘解】 •諸葛武侯 : 諸葛孔明. •子 : 孔明의 아들. 名은 瞻, 字는 思遠. •澹泊 : 마음이 깨끗하고 욕심이 없는 모양. = 淡泊 •寧静 : 安寧平靜의 略으로 마음이 편안하고 고요한 것. •致遠 : 원대한 생각을 가지고 몸을 닦는 것. •慆慢 : 제 멋대로 하는 것. 「慆」는 제 먹대로 하는 것. 「慢」은 怠慢. •研精 : 精細한 도리를 연구하다. •險躁 : 마음이 험하고 침착하지 않는 것. 「躁」는 騷(소란스럽다)의 뜻. •理性 : 품성을 닦아서 높이다. •枯落 : 시들어 떨어지다. 노쇠한 몸이 되다. •窮廬 : 빈곤한 집.

• 將復 : 또다시. 「將」은 一說을 중지해 놓고, 이와 병립적으로 다른 이야기를 서술할 때 쓰는 말. 도대체.

【研究】 諸葛武侯가 자기 아들을 경계한 교훈이다. 대립이 되풀이 되고 있으므로 문맥은 비교적 간단하게 찾을 수 있으리라고 본다. 먼저 「君子之行」으로 「静以修身」과 「儉以養德」의 두 가지를 들고 이하 그것을 부연한 것이다. 따라서 「澹泊」은 「儉」을 받고, 「寧静」은 「静」을 받는 것으로 추정된다. 「夫學須静也」이하는 이 「静」과 「儉」의 태도를 학문상의 필수조건으로 강조하고 있는 점에 유의하는 것이 긴요하다. 이로부터 「險躁則不能理性」은 「静以…」를 받고, 「慆慢則不能研精」은 「儉以…」를 받아서 부연한 것으로 생각한다.

6. 전국책(戰國策)

[작자] 未詳. 戰國時代 縱橫家가 기록한 책인데 한 사람의 저작은 아니다. 그것을 아마 劉向이 集錄한 것이 아닌가 하고 말들하고 있다.

[해설] 전국시대에 각국의 策士가 각각 자기 나라를 위하여 策謀한 事蹟을 기록했기 때문에 이 이름을 붙인 것이다. 수록된 것이 12國. 周의 安王의 시대로부터 시작하여 秦의 始皇에 이르러 끝났다. 문장은 英偉亂世의 기풍을 띠고 내용도 흥미진진하여 널리 애독되고 있으며 策士 필독의 書가 되어 있다.

---

[53] 昔者에 柳下惠吏於魯하야 三黜而不去하니 或이 謂之曰, 可以去라한대 柳下惠曰, 苟與人之異면 惡往而不黜乎아 猶且黜乎댄 寧於故國爾라하고 柳下惠는 不以三黜로 自累하더라 故로 前業不忘하고 不以去爲心하니라 故로 遠近無議하니라 (燕)

【摘解】 • 柳下惠 : 중국 춘추시대 魯나라 사람, 본명은 展禽. 柳下(邑名, 혹은 柳樹下)에

살고 있었고, 諡를 惠라고 했다. 때문에 일반적으로 柳下惠라고 부르고 있다. 벼슬에 올라 士師(지금의 裁判官)가 되었으나 세 번이나 파면되었다. 그러나 그 나라를 떠나지 않았다. 그래서 孟子도 「柳下惠, 聖之和者也.(孟子, 萬章下)」라고 칭찬했다. •三黜 : 세 번이나 官位를 박탈당했다. 「柳下惠爲士師, 三黜~直道而事人, 焉往而不三黜~」(論語, 微子). •異 : 다른 사람과 의견을 달리하다. •惡(오) : 何處. 「惡往」 : = 焉往 = 安往.(어디를 가더라도) •猶 : 같이. 「猶且黜乎」 : 또 같은 조건으로 쫓겨난다고 할진댄. ※ 猶且(그래도 오히려. 역시 그 위에)와 구별하기 바란다. 「古之聖人, 其出人也遠矣. 猶且從師而問焉.(師說)」 : 聖人은 일반인보다 뛰어나지만 그래도 오히려 스승을 따라 의심나는 것을 묻는다. •寧於故國爾 : 차라리 故國에서 당하는 것이 나을 뿐이다. •累 : 걱정. 조심(하다). •前業 : 지금까지의 업무. •遠近 : 멀고, 가까운 사람, 세상 사람들. •議 : 이러쿵저러쿵 비평하다. •「與人之異」의 「之」는 의견을 가리키는 대명사.

【研究】 柳下惠가 마지막까지 나타나 있으니까 全文은 柳下惠에 대해서 말한 것. 따라서 「昔者」는 문장 끝까지 미치고 있다. 「柳下惠吏於魯. 三黜而不去.」가 전제이므로 이것을 염두에 두고 읽어 간다. 「不去」 「去」라고 말하고 있으나, 그것은 후반 「寧於故國」이라고 한 것으로 보아 故國을 떠나는 것을 알 수 있을 것이다. 「猶且黜乎」는 이것으로 끊기는 것이 아니고, 「또 같은 조건으로 쫓겨 나간다고 하더라도」와 같은 조건형이 된다는 것에 주의를 요한다. 「柳下惠曰」의 미치는 범위는 다음의 「柳下惠」라고 나오는 앞까지가 아니면 안 되므로 「寧於故國爾」까지라고 추측된다. 다음은 柳下惠에 대한 논평인데,

柳下惠 {
(ㄱ) 不以三黜自累. 故前業不忘.
(ㄴ) 不以去爲心. 故遠近無議.
}

이라는 대립, (ㄱ)은 자기의 태도요, (ㄴ)은 世人의 비평이다.

【通解】 옛날에 柳下惠는 魯나라에서 벼슬하여 관리가 되어 세 번이나 면직되었으나 그래도 노나라를 떠나지 않았다. 그래서 어떤 사람이 말하기를 「세 번이나 쫓겨났으니 여기를 떠나는 것이 좋겠다」 하니, 柳下惠가 말하기를 「적어

도(苟) 다른 사람과 의견을 달리한다면 어디 간들 쫓겨나지 않겠는가? 같은 조건으로 쫓겨난다고 할 것 같으면 차라리 고국에서 쫓겨나는 것이 더 낫겠다.」고 했다. 이런 까닭으로 柳下惠는 세 번 면직을 당해도 스스로 걱정을 하지 않더라. 따라서 지금까지 해오던 업무를 잊지 않고 또 고국을 떠날 생각을 조금도 하지 않았다. 이러므로 세상 사람들은 누구나 이러쿵저러쿵 비판하는 사람이 없더라.

---

[54] 蘇秦之楚, 三日乃得見乎王. 談卒, 辭而行. 楚王曰, 「寡人聞先生, 若聞古人. 今先生乃不遠千里, 而臨寡人. 曾不肯留. 願聞其說.」 對曰, 「楚國之食, 貴於玉, 薪貴於桂. 謁者難得見如鬼, 王難得見如天帝. 今令臣食玉炊桂, 因鬼見帝.」 王曰, 「先生就舍. 寡人聞命矣.」 (楚, 威王)

【摘解】 •蘇秦 : 춘추시대 洛陽의 說客(세객). 鬼谷子에게 縱橫之術을 배우고 合從의 策을 세워 六國의 재상이 되었으며, 뒤에 齊의 客卿(他國에서 와서 卿이 된 사람)이 되었으나 암살당했다. •之 : 목적하는 곳이 있어서 가다. •寡人 : 寡德之人의 뜻으로 제후의 自稱. 여기서는 楚王의 自稱. •先生 : 상대방의 敬稱. 蘇秦을 지칭. •聞先生 : 선생의 명성을 듣고 흠모하기를. •願聞其說 : 그 이유를 듣고 싶습니다. •曾 : 乃(곧)의 뜻. 여기서는 「그런데」「도리어」의 뜻. •楚國之食, 貴於玉, 薪貴於桂 : 「玉」「桂」는 값비싼 물건을 말함. 「於」 : 보다. 비교를 나타내는 助字. •謁者 : 궁중의 연락관. 現 비서관. 보통의 뜻 [上者를 謁見(뵙다)]와는 다르다. •鬼 : 사람에게 해를 끼치는 惡神. •天帝 : 上帝 : 天神. 「鬼」「天帝」는 모두 보기 어려운 것을 뜻함.

【研究】 蘇秦과 楚王과의 대화관계를 분명히 파악한다. 「王曰」 이하는 작별하고 가려는 蘇秦을 만류하려고 하는 왕의 생각임을 짐작하여 「若聞古人」은 겉치레의 인사말이요, 「願聞其說」은 辭去하는 것을 트집 잡아 하는 말이라고 생각할 수 있다. 「曾」은 「일찍이」의 뜻으로는 통하지 아니하므로, 「곧」「그런

데」의 뜻으로 본다. 「對曰」 이하는 「三日乃得見乎王」이라는 냉대에 불쾌했던 蘇秦이 비꼬아서 한 말로 보아나간다.

7. 자치통감(資治通鑑)

[작자] 宋나라 名臣 司馬光이다. 字는 君實. 諡號를 文正이라 함. 陝州 夏縣 사람. 어려서 큰 항아리에 빠진 아이를 돌로 독을 깨뜨려서 구출한 유명한 이야기가 있다. 仁宗・神宗 때 歷仕하고 한림학사가 되어 누차 上書해서 왕안석의 新法을 論難했다. 뒤에 재상이 되어 洛陽에 거주하기를 15년, 천하의 사람들이 그의 인격을 흠모하여 정신상의 재상이 되었다. 68세에 세상을 떠났다. 大師溫國公의 諡號를 받았다. 저서는 본서 외에 오백여 권이 있다.

[해설] 294卷으로 周 威烈王 23년으로부터 5대의 後周 世宗顯德 6년에 이르는 1362년의 通史이다. 「左傳」의 記事를 계속할 목적으로 한 것 같은 생각이 든다. 宋의 英宗의 治平 2년부터 神宗의 元豊 7년에 이르는 19년간의 시간을 들여 만든 것으로 저자자신이 「정력을 이 책에 다 바쳤다」고 할 만큼 노력을 傾注했다.

---

[55] 上이 問諫議大夫褚遂良曰, 舜이 造漆器에 諫者十餘人이라하니 此何足諫고 對曰, 奢侈者는 危亡之本이라 漆器를 不已면 將以金玉으로 爲之하리니 忠臣은 愛君이라 必防其漸이니 若禍亂이 已成이면 無所復諫矣이니다.

【摘解】 •上 : 帝와 같은 뜻. •諫議大夫 : 天子의 과실을 諫하고 국정의 득실에 대해서 의견을 말하는 官. •褚遂良 : 唐의 名臣. 字는 登善. 褚良의 아들. 太宗 때 諫議大夫가 되었고, 高宗時 尙書右僕射(복야)에 轉任되었다가 河南郡公에 봉하여진 뒤에 則天武后의 뜻을 거스른 죄로 愛州判史에 좌천되어 세상을 마쳤다. •何足諫 : 왜 諫할 필요가 있겠는가? 諫할 필요가 없다. 終尾詞를 쓰지 않는 반어형이다. •漆器不

已, 將以金玉爲之 : 漆器 만드는 것을 그치지 아니하면 그것으로 만족하지 않고 드디어 금이나 옥으로 기물을 만들게 될 것이다. 「將」은 강한 推量. 「爲之」의 「爲」는 作의 뜻. •漸 : 징후, 조짐.

【研究】 주의해야 할 것은 「舜造~十餘人」인데, 이것은 天子가 책을 읽는다든지 신하로부터 이야기를 듣는다든지 하는 일로 「日」의 가운데 다시 「 」에 들어가야 할 부분이라는 것이다. 「此何足諫」이라는 「上」의 말 가운데는 그런 일을 간할 필요가 없지 않는가 하는 뜻이 포함되어 있다. 「漆器不已~」는 小가 大를 惹起하는 것을 말한 것이기 때문에 「漆器로서 만족하지 아니할 것 같으면」으로 된다. 「其漸」도 이 사실을 말하는 것이기 때문에 「징조, 조짐」의 뜻으로 보지 않을 수 없다. 즉 「차츰차츰」의 뜻으로는 통하지 않는다.

【通解】 폐하가 諫議大夫 褚遂良에게 묻기를 『「舜이 漆器를 만들어 쓰니 이것을 諫하는 자가 十餘 人이나 있었다」고 하였는데, 이것을 왜 간할 필요가 있겠는가? 하등 간할 필요가 없지 않는가』라고 하니 褚遂良이 대답하기를 「사치한 것은 국가를 위태롭게 하고 망치는 근본이 되는 것입니다. 칠기를 만드는 일을 그치지 아니하면 앞으로 계속해서 금과 옥으로 器物을 만들어 쓰게 될 것이기 때문입니다. 충신은 임금을 사랑하기 때문에 반드시 그 危亡의 조짐을 예방하게 됩니다. 만일 禍亂이 이미 일어났다고 하면 다시는 간할 길이 없을 것입니다. 따라서 크게 간할 필요가 있는 것입니다.」라고 했다.

---

[56] 凡取人之術, 苟不得聖人君子而與之, 與其得小人, 不若得愚人. 何則, 君子挾才以爲善, 小人挾才以爲惡. 愚者雖欲爲不善, 智不能周, 力不能勝. 譬如乳狗搏人. 人得而制之. 小人智足以遂其姦, 勇足以決其暴. 是虎而翼者也. 其爲害. 豈不多哉.

【摘解】 •取人之術 : 사람을 채용하는 방법. •「與之」의 「與」는 함께 일하다. •與其~, 不若 : ~보다는 차라리 ~것이 더 낫다. ~것이 ~만 못하다. •何則 : 왜냐하면. •挾 : 자랑하다. 뽐내다. 믿다. 「不挾長, 不挾貴~」(孟子, 萬章下)의 용례를 참조하기 바람. •周 : 충분히 미치다. •勝 : 견디다. •乳狗 : 여기서는 강아지. 「乳兒」와 같은 용법. 「새끼 딸린 개」로도 쓰인다. 「乳虎」 「乳牸」라고 하면 「새끼 딸린 호랑이」 「새끼 가진 암소」의 뜻이 된다. •姦 : 不正. 邪惡. •虎而翼者 : 호랑이에 날개를 단 것과 같은 것. •決 : 決行.

【研究】 「凡取人之術, 苟不得聖人君子而與之, 與其得小人, 不若得愚人.」이 전제가 되어 있고 또 그것이 주요사상이다. 「何則」으로부터 마지막까지 그 이유를 설명하고 있다. 여기서 먼저 이 句를 음미하지 않으면 안 되겠는데, 이것은 「與其~, 不若~.」이라는 한문중요어법을 포함하고 있는 점에 주의해야 한다. 이 어법에 맞추어 보면 「小人을 채용하는 것보다는 愚人을 채용하는 것이 낫다」로 된다. 다음에 이유를 설명하는 데 있어서

君子	挾才以爲善.	
小人	挾才以爲惡.	
愚者	雖欲爲不善.	智不能周 力不能勝.

이라고 서술하고, 또 愚者의 무력한 모양을 「譬如乳狗搏人. 人得而制之.」로 비유하고 있다. 다음에 거듭 小人을 끄집어내어 그 暴惡相을 나타냈는데 「是虎而翼者也.」는 그 暴惡한 정도의 어마어마함을 비유한 것이다.

제4장 문장류(文章類)

1. 당송팔대가문 독본(唐宋八大家文 讀本)

[작자] 淸나라 沈德潛이다. 字는 確士. 江蘇 長州人. 官은 禮部侍郎에 이르렀고 太子大傅를 겸하였다. 高宗은 그의 才學을 사랑하여 詩를 하사한 것이 무려 40여종에 이르렀으며 그의 詩名은 그 시대에 높았다. 乾隆 34년에 세상을 떠났다. 저서는 본서 외에 「歸愚詩抄」 「國朝詩別」 「裁集」 등이 있다.

[摘解] 중국의 문장은 唐·宋에 이르러 하나의 정점을 이루었다. 본서는 실로 唐·宋 二代의 古文家 여덟 사람의 글을 選輯해서 초학자와 문학을 하는 사람의 궤범으로 삼은 것이다. 즉 당의 韓愈(6권), 柳宗元(3권), 송의 歐陽脩(5권), 蘇洵(3권), 蘇軾(7권), 蘇轍(2권), 曾鞏(2권), 王安石(2권)의 文으로 총 30권이다. 진실로 본서는 문장의 작법을 아는 것뿐만 아니라 당시의 사상, 학풍 등을 전망할 수 있는 것으로 중국에 있어서 문장의 표준으로 추앙 받을 뿐만 아니라 우리나라 문장가들도 가급적 많이 全文을 암송하려 했다.

---

[57] 昔者, 三代之民은 見危而授命하고 見利而不忘義하니라 此非必有爵賞이 勸乎其前이요 而刑罰이 驅乎其後也라 其心安於爲善하고 而忸怩於不義라 是故로 有所不爲니라 (蘇軾, 敦敎化)

【摘解】 •昔者 : 옛날. 「者」는 어조사로서 때를 표시하는 것. (類例) 今者. 向(嚮)者(전에, 옛날). •三代 : 夏·殷·周 三代. 태평성세로서 중국 고대의 황금시대. •見危而授命 : 국가 군주의 위험한 일을 봤을 때는 身命을 바치는 것. 論語 憲問篇에 있는 말. •爵賞 : 爵位와 恩賞. •忸怩(육니) : 부끄럽고 창피함. 마음속으로 부끄러워함. •有所不爲 : 스스로 결정해서 不善, 不義를 안하겠다는 결심이 있다는 것이다.

【研究】 대립적 어구를 정리해보면

昔者三代之民	見危而授命 見利而不忘義	此非必有	爵~前 刑~後	其心	安~善 忸怩~不義	是故有所不爲.

로 된다. 「此」이하는 三代의 民의 태도를 설명한 것인데, 「非必有~其後也」로서 이러이러하지 않았다는 것을 말하고, 「其心~不義」로서 이러이러하였다는 것을 말한 것이다.

【通解】 옛날 태평성대인 夏·殷·周 三代의 백성은 나라와 군주가 위태로울 때는 자기의 신명을 바쳐서 충성을 다하고, 이익이 있을 때는 그것에만 눈이 어두워 바른 도리를 잊어버리는 일이 없었다. 그러나 이것은 반드시 백성들의 눈앞에 爵位나 恩賞을 두고 그것을 미끼로 바른 도리를 장려한 것도 아니고, 또 형벌로써 위협하여 백성을 뒤에서 몰아내 불의를 못하게 하는 것도 아니다. 그것은 오로지 백성들의 마음이 선을 행하는 데 만족하고, 불의를 행하는 것을 부끄럽게 생각했기 때문이다. 이러므로 그들은 다른 사람으로부터 강요를 당할 필요도 없이 자진해서 불선과 불의를 하지 않겠다는 결심을 갖고 있었다는 것이다.

---

[58] 天下之患最不可爲者, 名爲治平無事, 而其實有不測之憂. 坐觀其變而不爲之所, 則恐至於不可救, 起而强爲之, 則天下狃于治平之安而不吾信. (蘇軾, 鼂錯論)

【摘解】 •不可爲者 : 처치에 곤란한 것. •名爲治平無事 : 표면은 태평무사하다. •不測之憂 : 헤아릴 수 없는 걱정. 「不測」은 「헤아릴 수 없다」의 뜻인데, 사물의 깊이에 대해서 말할 때도 있고 그의 장래에 대해서 말할 때도 있다. 여기서는 前者를 말함이다. •爲之所 : 이것의 처치를 하다. 「之」는 위의 「其變」을 가리키고, 「所」는 「處置」「配慮」의 뜻. •狃 : 친하다. 익숙하다. •不吾信 : 「不信吾」의 도치형. 즉 「吾」란 목적어가 「不信」이란 동작의 중간에 삽입되는 부정의 형식이다. 「不知己」를 「不己知」로,

「未聞之也」를 「未之聞也」로 하는 따위와 같은 법칙. 「吾」는 작자를 말함이 아니요, 「起而强爲之」 하는 사람을 말함이다. •鼂錯 : 漢의 文帝·景帝 때의 大臣.

【研究】 「名」과 「實」의 대립에 着意될 것이므로,

天下之患最不可爲者 { 名爲治平無事. / 其實有不測之憂.

로 생각할 수 있다. 따라서 「其實은 헤아릴 수 없는 걱정이 있다」로 「天下之患 最不可爲者」라는 주격의 성질에 적합하지 못하다. 「其實은 헤아릴 수 없는 걱정이 있음에 있다」로 봐야 한다. 다음은 「坐」와 「起」의 대립에 주의하여,

{ 坐觀其變. 而不爲之所. 則恐至於不可救. / 起而强爲之. 則天下狃于治平之安而不吾信.

이란 形을 생각해 본다. 따라서 「坐」는 아무것도 하지 않고 즉 아무 대책도 강구하지 않고 바라만 본다는 뜻임을 알 수 있고, 「强爲之」는 「爲之所」를 가리킴을 알 수 있으며, 「爲之所」란 것은 「之所」가 「爲」의 대상인 점으로 봐서 「所」를 「處置」와 같은 의미로 추정할 수 있을 것이다.

2. 문장궤범(文章軌範)

[작자] 南宋의 忠臣 謝枋得이다. 천성이 호쾌하고 직언을 좋아했다. 여러 관직을 지내고 信州의 知事가 되었다. 元軍이 침입해 왔을 때 義軍을 모집하여 맞아 싸웠으나 패했다. 宋이 망한 뒤 元으로부터 종종 부름을 받았으나 송나라를 위하여 죽는 것을 本望으로 하고 끝끝내 응하지 않았다. 그 때문에 元의 首都 北京에 끌려갔었으나 분개한 나머지 단식하고 죽었다. 이때가 64세였다.

[해설] 본서는 문관등용시험에 응하는 자를 위하여 古來의 名文중에서 특히 견식이 높고 필력도 유창하여 문장의 궤범이 될 만한 것을 골라 모은 것이다. 唐宋의 작가를 중심으로 해서 만들었으며 7卷 69節이다.

[59] 古之所謂豪傑之士는 必有過人之節하야 人情에 有所不能忍者니라 匹夫는 見辱이면 拔劍而起하고 挺身而鬪하나니 此는 不足爲勇也라 天下에 有大勇者하니 卒然臨之而不驚하고 無故加之而不怒니라 此其所挾持者甚大오 而其志甚遠也라 (蘇軾, 留侯論)

【摘解】 •豪傑之士 : 여기서는 武勇이 뛰어난 사람의 뜻. •過人 : 일반인보다 뛰어나다. •節 : 節操. •匹夫 : 보잘것없는 사내. •挺身 : 몸을 던져서 나아감. 희생을 무릅쓰고 나아가다. 「挺」: 끌어내다. •卒然 : 별안간. 돌연. •臨 : 대적하다. 향하여 오다. •加 : 無禮를 가하다. •所挾持者 : 胸中에 품고 있는 도량. 「挾」은 끼다의 뜻. •留侯 : 高祖의 名臣 張良. 留侯에 봉해졌기 때문에 이렇게 부른다.

【研究】 「古之所謂豪傑之士」가 「必有過人之節」에 걸리는 것은 의심할 여지가 없을 것이나, 「人情有所不能忍者」에 걸리느냐 않느냐는 異論이 있다. 그러나 「匹夫見辱～」과 「天下有大勇者～」가 思想 上 대립되어 있고, 또 後者는 「古之所謂豪傑之士」의 내용적 부연으로 볼 수 있기 때문에 역시 「人情～」에도 걸린다고 보는 것이 좋겠다. 이것을 독립시켜서 「人情으로서 ～것이 있다」라고 하려면 문장구조가 「有人情所不能忍者」라고 해야 한다.

【通解】 옛날에 호걸이라고 불리는 인물은 반드시 보통 사람보다 뛰어난 훌륭한 節操를 가지고 있어서, 보통의 인정으로서는 도저히 참을 수 없는 것을 참아내는 정신이 있었다는 것이다. 하찮은 사내가 다른 사람으로부터 욕을 당하게 되면 즉시 칼을 뽑고 일어서서 몸을 던지고 싸우게 된다. 이것은 일반인이 할 수 있는 일이요 참다운 용사가 하는 용기는 될 수 없다. 세상에 참다운 큰 용기를 가진 자가 있으니 그는 다른 사람이 갑자기 덤벼들더라도 조금도 놀람이 없고, 또 까닭 없이 무례한 짓을 하더라도 조금도 성내지 아니한다. 왜냐하면 그의 가슴 속에 품고 있는 도량이 매우 크고 그 품고 있는 뜻이 매우 원대하기 때문이다. 옛날 소위 호걸이란 진실로 이런 인물을 의미하는 것이다.

[60] 下之事上, 不一其事. 上之使下, 不一其事. 量力而任之, 度才而處之, 其所不能, 不彊使爲. 是故, 爲下者不獲罪於上, 爲上者, 不得怨於下矣. (韓愈, 上張僕射書)

【摘解】 •下 : 下位에 있으면서 남에게 부림을 받는 사람. •上 : 윗자리에 있으면서 남을 부리는 사람. •不一其事 : 할 일이 동일하지 않고, 多種多樣하다. •度才而處之 : 재능의 정도를 생각해서 적당한 자리에 배치하다. •彊 : 무리하게.

【研究】 되풀이되고 있는 「上」「下」를 기준으로 해서 정리해 보면, 前條는

{ 下之事上, 不一其事. / 上之使下, 不一其事. } { 量力而任之 / 度才而處之 } 其所不能, 不彊使爲.

로 되고, 「上之使下」를 주제로 한 것을 알 수 있을 것이다. 다음에 이것을 받아서

是故 { 爲下者. 不獲罪於上. / 爲上者. 不得怨於下. }

로 된다. 「上之使下」의 타당을 얻은 효과를 서술하고 있다.

[61] 古之學者, 必有師. 師者所以傳道授業解惑也. 人非生而知之者, 孰能無惑. 惑而不從師, 其爲惑也, 終不解矣. 生乎吾前, 其聞道也, 固先乎吾, 吾從而師之. 生乎吾後, 其聞道也, 亦先乎吾, 吾從而師之, 吾師道也. 夫庸知其年之先後生於吾乎. 是故無貴無賤, 無長無少, 道之所存. 師之所存也.

(韓愈, 師說)

【摘解】 •學者 : 학문에 뜻을 둔 사람. •道 : 聖賢의 道, 修身·齊家·治國·平天下를 말한다. •業 : 六藝 등 여러 가지 학업. •解惑 : 의혹을 풀다. •其爲惑也 : 그 의혹이라는 것은. 「也」는 强勢用으로 쓰인다. •固 : 물론 말할 것도 없이. 처음부터의 뜻도 됨. •庸知其年之先後生於吾乎 : 어찌 그 나이가 나보다 앞서고 뒤서는 것을 알 필요가 있겠는가?(연령이 나보다 많고 적음을 상관할 필요는 없다) 「庸」 : 어찌. •道之所存師之所存也 : 도를 깨달은 사람은 모두 나의 스승으로 삼을 수 있는 사람이다(道가 있는 것이 곧 스승이 있는 곳이다).

【研究】 「師者所以~解惑也」는 「師」를 설명한 것이고 그 이하는 그것의 부연이다. 즉 「人非生而~終不解矣」는 師의 필요, 「生乎吾前~先後生於吾乎」는 師를 선택하는 표준, 「是故~師之所存也」는 작자가 주장하는 올바른 師道를 서술한 것이다. 「惑而不從師」는 「其爲惑也~」에 걸리는 假定條件이요, 두 개의 「先乎吾」는 각각 다음에 걸리는 조건이다. 「也」가 종종 나타나고 있으나 「爲惑也」 「聞道也」의 「也」는 주격인 점에는 주의해야 한다.

---

[62] **古之聖人, 其出人也遠矣, 猶且從師而問焉, 今之衆人, 其去聖人也亦遠矣, 而恥學於師. 是故, 聖益聖, 愚益愚. 聖人之所以爲聖, 愚人之所以爲愚, 其皆出於此乎.** (韓愈, 師說)

【摘解】 •聖人 : 知德이 모두 뛰어난 사람. 儒敎에서는 堯·舜·禹·湯·文王·武王·周公·孔子 등을 말함. •出人 : 凡人보다 뛰어난 사람. •猶且 : 그래도. 오히려. •衆人 : 보통 사람. 평범한 사람. •去聖人 : 성인보다 못한 것(성인의 자격에 이르기까지의 거리를 말함). •聖益聖愚益愚 : 聖人은 점점 더 훌륭한 聖人이 되고 愚人은 점점 더 어리석은 사람이 된다. •出於此 : 여기에서 나왔다. 그 원인이 여기에 있다.

【研究】 「古之聖人…」과 「今之衆人…」을 주격으로 해서 두 개의 대립이 성립되어 있음을 알 수 있다. 즉,

古之聖人, 其出人也遠矣, 猶且從師而問焉.
今之衆人, 其去聖人也亦遠矣, 而恥學於師.

이다. 다음의 「聖益聖, 愚益愚.」는 뚜렷이 알 수 있다. 「其皆出於此乎」의 「此」가 이 대립을 가리키는 것이다. 「亦遠」은 병렬할 사항이 앞에 없으므로 「亦」은 가벼운 詠嘆을 나타내는 것으로 생각한다.

3. 속문장궤범(續文章軌範)

[작자] 鄒守益이다. 그러나 異說도 있어 利에 밝은 書肆가 그의 이름을 빌려서 출판한 것이라고도 전해진다. 守益은 明나라 때 사람인데 字는 謙之, 號는 東郭이다. 王守仁의 門下에서 修學, 進士에 급제하여 翰林院 編修가 되었다가 直諫하여 帝의 노여움을 받아 여러 가지 화를 입은 일이 있었다. 뒤에 國子祭酒에 이르렀다. 사후에 文莊의 諡號를 받았다.

[해설] 본서는 正文章軌範과 같이 7권으로 되어 있고, 「文章於道不小技」의 7자의 句를 따서, 한자씩 각권의 명칭을 삼았다. 위로는 周末로부터 아래로는 明代에 이르기까지 46家의 名文을 모은 것이다.

---

[63] 明者遠見於未萌하고 而智者는 避危於無形하나니 禍固多藏於隱微而發於人之所忽者也라 故로 鄙諺에 曰 家累千金은 坐不垂堂이라하니 此言이 雖小나 可以諭大로다 (司馬相如, 上諫獵書)

【摘解】 •遠見於未萌 : 사물이 아직 일어나기 훨씬 앞부터 징조가 있음을 예견하는 것. 「未萌」: 아직 초목이 싹이 트지 않았다. 아직 사고가 발생하기 전. 「所以安社稷絕未萌」(漢書) •避危於無形 : 위험이 아직 외부에 얼굴을 나타내기 전에 이것을 미리 알고 피하는 것. •隱微 : 희미해서 알아볼 수 없는 것. •忽 : 소홀히 하다. 방심하다. •家累千金 坐不垂堂 : 집에 천금이나 쌓아 놓은 큰 부자는 자기 몸을 아껴서 기와

같은 것이 떨어질 위험이 있는 처마 끝에 앉지 않는다. 「垂」는 「마루 끝」 「툇마루」, 여기서는 동사로서 쓰였다. 「臣聞千金之子, 坐不垂堂, 百金之子, 不騎衡」(史記) 「衡」 : 欄干. •諭 : 비유하다 = 喩.

【研究】 「明者～」와 「智者～」와의 대립에 주의한다. 다음에 「禍～」라는 禍의 설명이 있으므로, 冒頭는 禍에 대한 明者, 智者의 태도라는 것을 알 수 있다. 따라서 「家累～不垂堂」의 내용도 이해가 될 것이다. 結句의 「此言雖小, 可以諭大」의 小와 大는 앞의 무엇 무엇을 가리키는가를 생각할 필요가 있다.

【通解】 先見之明이 있는 자는 사건이 아직 일어나기 훨씬 전에 그 징후가 있음을 미리 알아내고, 또 지혜 있는 자는 위험이 외부에 형태를 나타내기 전에 이것을 알아내어 피하는 것이다. 원래 禍라는 것은 대저 사람이 알아차리지 못하는 그늘진 좁은 곳에 숨어 있어서 사람이 소홀히 여겨 아무렇게나 하는 틈을 타 일어나는 것이다. 그 때문에 속담에도 「집에 천금의 재물을 저축해 놓고 있는 巨富는 자기의 몸을 사랑하여 기와 같은 것이 떨어질 우려가 있는 툇마루 같은 데는 앉지 않는다」고 했다. 이 속담은 비록 하찮은 이야기에 불과하지만 그 내용은 정말 큰일을 비유했다고 볼 수 있다.

---

[64] 臣聞, 「地廣者粟多, 國大者人衆, 兵彊者士勇」是以太山不讓土壤. 故能成其大. 河海不擇細流. 故能就其深. 王者不卻衆庶. 故能明其德. 是以地無四方. 人無異國. 四時充美, 鬼神降福. 此五帝三王之所以無敵也. (李斯, 逐客上書)

【摘解】 •地廣者 : 토지가 넓은 바는. 「者」는 여기서는 「바」의 뜻이다. •粟 : 곡식의 껍질을 벗기지 않은 쌀. 겉곡식. 곡류의 뜻으로 많이 쓰인다. •太山 : 五嶽의 하나. 山東省에 있는 名山. 「泰山」이라고도 쓰고, 종종 높은 산, 큰 산의 예로 인용된다. •河海

：黃河와 大海. 「太山～就其深」은 自古로 포용력이 많은 비유로 쓰이는 유명한 句이며, 史記(李斯傳), 戰國策 등에도 있다. •衆庶：뭇 백성. 서민, 서인. •地無四方：토지가 모두 왕의 것이 되어 사방의 토지라는 구별이 없어졌다. •人無異國：백성은 다 왕의 신하가 되어서 異國의 백성이라는 것이 없어졌다. •四時充美：언제나 國中에 美景이 충만하게 하다. •鬼神：천지의 신령. 「神」은 天神. 「鬼」는 사람의 영혼. •五帝：黃帝, 顓頊(전욱), 帝嚳(제곡), 唐堯, 虞舜. 尙書 序에는 黃帝 대신에 少昊로 되어 있다. 다 聖天子. •三王：夏禹, 殷湯, 周武王. 모두 聖天子.

【研究】 「臣聞」은 「兵彊者士勇」까지 걸린다. 「是以」이하는 위와 같이 되기 위한 방법을 서술한 것이다. 「太山」 「河海」 「王者」는 三對立을 이루고 있으나, 主意는 말할 것도 없이 「王者…」이다. 결론의 「此五帝三王之所以無敵也」는 앞의 이론을 史實로 증명한 것이다.

---

[65] 夫寒之於衣, 不待輕煖. 饑之於食, 不待甘旨. 饑寒至身, 不顧廉恥. 人情一日不再食, 則饑, 終歲不製衣, 則寒. 夫腹饑不得食, 膚寒不得衣, 雖慈母不能保其子. 君安能以有其民哉.

(鼂錯論, 貴粟)

【摘解】 •寒之於衣：추울 때 있어서의 옷은. 「～之於～」의 形은 「～이(가)～에 대한 관계는」으로 번역하는 것이 보통이나, 여기서는 그로부터 轉用된 것이다. •待：기대하다. •輕煖：가볍고 따뜻한 옷, 고급의 의복. •甘旨：맛있는 음식. •不顧廉恥：염치를 돌보지 않고. 남의 비판을 도외시하고. 「廉恥」는 마음이 깨끗하고 不正한 행위를 부끄러워하는 것. •人情：인간의 通有性. •保：保育하다. 愛護하다. •有：保有하다.

【研究】 冒頭의 「寒之於衣～」 「饑之於食～」을 부연하여 「饑寒至身～」 「人情一日不再食～」이라고 서술하고 있으므로, 양자를 참작하면 내용을 파악할 수 있을 것이다. 그리고 이 전반의 사상을 받아서 「夫腹饑～」라고 서술하고 있기 때

문에 主旨는 뒤쪽에 있음을 알 수 있다. 백성들에게 衣食에 궁하지 않도록 하는 것이 爲政者의 要務라고 말함이다.

4. 고문진보(古文眞寶)

[작자] 어떤 사람이 편찬했는지 알 수 없다. 혹은 元의 鄭本이라고도 하고, 혹은 宋의 黃堅의 편술이라고도 하나 어느 사람도 그 傳記조차 분명하지 않다. 또 明의 神宗皇帝의 勅撰이라는 설도 있으나 그 책은 別本인 것 같다. 어느 것이든 간에 明代에는 이미 나와 있었던 것 같고, 明代의 학자가 유명한 저술가 李攀龍에 의탁하여 纂述한 唐詩選의 類와 같은 것이라고 보는 것이 대체로 틀림없을 것이다.

[해설] 古文眞寶의 「古文」이란 것은 문체의 이름이다. 漢이후 隋에 이르기까지 소위 四六駢儷體(병려체, 변려체)의 형식미에 구속받는 文을 탐탁하게 생각하지 아니한 唐의 韓愈・柳宗元 등이 先秦의 文에 복귀하려고 長短錯綜의 句法을 쓰며, 思想을 자유롭게 발표한 것이 「古文」이다. 「眞寶」란 문자 그대로 「정말 보배」라는 말이다. 본서는 前集, 後集 각 10권으로 前集에는 각체의 詩를 수록하고 後集에는 여러 체의 文을 輯錄했다. 우리나라에는 後集을 더욱 重寶視하여 거기에 수록된 글은 대개 인구에 회자된 걸작들이다.

---

[66] 予嘗求古仁人之心호니 不以物喜하고 不以己悲하며 居廟堂之高엔 則憂其民하고 處江湖之遠엔 則憂其君하나니 是進亦憂요 退亦憂라 然則何時而樂邪아 其必曰先天下之憂而憂하고 後天下之樂而樂歟인저 噫라 微斯人이면 吾誰與歸오

(范仲淹, 岳陽樓記)

【摘解】 • 不以物喜・不以己悲 : 外物의 境遇如何에 따라 혹은 기뻐하고, 혹은 슬퍼하는 일이 없다. 「物」은 外物, 즉 자기이외의 物質. 富貴・名利의 類. 「己」는 자기의 경우를

말함. 이 句는 「不以一物一己喜悲」의 뜻을 두 개의 句로 한 互文法으로 보는 것이 좋다. •廟堂 : 朝廷. 「廟」는 宗廟 즉 祖先을 제사지내는 곳. 「堂」은 明堂 즉 政事를 의논하는 곳. 옛날에는 정치의 대사는 宗廟에 고한 뒤에 明堂에서 논의했기 때문에 朝廷의 뜻으로 쓰인다. •處江湖之遠 : 도시로부터 멀리 떨어진 시골에 산다. 「江湖」는 三江五湖 즉 강남지방. 轉用되어 世間, 地方을 뜻한다. •微斯人 : 이 같은 仁人이 없었더라면. 「微」는 아니다. 없다의 뜻. 「斯人」이란 古仁人 즉 先憂後樂하는 사람을 가리킨다. •吾誰與歸 : 자기는 누구에게 의지하겠는가? 의지할 사람이 없다. 「歸」는 歸依의 뜻. 의지하다. 단 여기서 주의할 것은 「吾誰與歸」가 위와 같은 뜻으로 즉 「與」를 「歟」와 같이 보고, 「吾誰歸歟」의 倒置로 보는 것과 「與」를 「더불어」로 봐서 즉 「吾與誰歸」로 봐서 「내가 누구와 같이 귀의하겠는가?」로도 볼 수 있다는 것이다.

【研究】 「求古仁人之心」이라고 되어 있으므로, 옛 仁者의 마음을 고찰한 글로 볼 수 있으나 이 말이 어디까지 걸리는가에 주의를 요한다. 「然則」은 옛 仁者의 마음을 이상과 같은 것으로 본 第二段의 起筆이므로 그 앞까지에 걸린다는 것을 알게 된다. 「微斯人」의 「斯人」은 「古仁人」을 받고 있으므로 「이와 같은 仁人」으로 생각하면 된다.

【通解】 나는 언젠가 옛날 어진 사람이 어떠한 마음을 가지고 있었는가를 생각해 본 적이 있는데, 그것은 이러했다. 즉 옛 어진 사람은 外物의 事情 때문에 기뻐하는 일도 없었고 또 자기의 경우 여하에 따라 슬퍼하는 일도 없었다. 朝廷에 벼슬하여 높은 지위에 있을 때는 백성의 생활을 걱정하고, 官을 떠나서 먼 지방에 있을 때는 임금의 신상을 걱정하고 있다. 그러므로 옛 어진 사람은 나아가서 官에 있을 때도 걱정을 하고, 물러가서 민간에 있을 때도 역시 걱정을 하는 자이다. 그러면 옛 어진 사람은 언제 즐거워하겠는가? 하고 묻는다면 그는 반드시 「세상 사람들이 걱정하기 전에 자신이 먼저 걱정하고, 세상 사람들이 다 즐거워한 뒤에 자신이 그 즐거워할 일을 즐거워한다」라고 대답할 수 있겠다. 아! 이 같은 先憂後樂하는 사람에게 내 마음이 끌리고 있지만 만일 이 사람이 없었더라면 나는 누구에 의지하겠는가? 의지할 만한 사람이 없다.

[67] **木在山, 馬在肆, 過之而不顧者, 雖日累千萬人, 未爲不材與下乘也. 及至匠石過之而不睨, 伯樂遇之而不顧, 然後知其非棟樑之材, 超逸之足也.** (韓愈, 爲人求薦書)

【摘解】 •肆 : 市中의 상점. 시장. 여기서는 말을 많이 벌여 놓은 곳. 이것은 마판(마구간)이란 설도 있다. •不材 : 棟梁(=樑)之材가 못되는 질이 나쁜 나무를 말하지만 여기서는 불량의 재목 또는 쓸모없는 재목 정도로 보면 된다. •下乘 : 下等의 말. •匠石 : 戰國時代 목재를 감정하는 大家로 알려져 있는 사람. 莊子의 「人間世」에 일화가 실려 있다. •睨(예) : 본뜻은 흘겨보다의 뜻이나, 여기서는 얼굴을 살피다의 뜻으로 보면 된다. •伯樂 : 姓은 孫, 名은 陽. 周나라 사람으로 말을 잘 감정한 사람이다. •超逸之足 : 우수하고 걸음이 빠른 말. 「超」는 뛰어 넘다. 「逸」은 발이 빠르다. 「어디라도 잘 뛰어 넘고 발이 빠른 말」이라고 보는 설도 있다.

【研究】 「木在山 馬在肆」를 일반적으로 생각해서 「나무는 산에 있고, 말은 시장(혹은 마구)에 있는 것이다」와 같이 해석해서는 완전히 잡치고 만다. 이것은 「나무가 많은 樹木과 함께 산에 서 있다든지, 또는 말이 많은 말들과 함께 市中의 馬店에 매여 있을 경우에」로 봐서 다음의 동작의 부수적 조건이 되는 것이다. 다음의 「不材」는 「木」을 받고, 「下乘」은 「馬」를 받고 있으므로 그 내용도 저절로 파악될 것이다. 다음은

及至 { 匠石過之而不睨 ~ (木) / 伯樂遇之而不顧 ~ (馬) } ~ 然後知其非 { 棟樑之材 / 超逸之足 } 也.

라는 정연한 대립이다. 따라서 비교대조에 의하여 올바른 해석으로 이끌어 가면 된다.

제5장 어록류(語錄類)

1. 근사록(近思錄)

[작자] 朱子와 呂祖謙의 共撰이다. 朱子는 南宋의 大儒인데 字는 元晦, 名은 熹, 22세에 進士에 급제하고 뒤에 넓게 佛·老學을 배웠으며 李延平 門下에서 비로소 程朱學의 정통을 얻었다. 그 후에 潭州知事가 되었으나 조정에 직언을 하다가 면직되었으며 그 일파 모두 심한 박해를 당하였다. 71세로 세상을 떠났다. 저서는 매우 많았으며 저명한 것으로 「小學」「四書集註」가 있다. 그의 학설을 朱子學이라 칭한다. 呂祖謙은 宋의 金華 사람인데 字는 伯恭이다. 隆興 년간에 進士에 등과하여 太學博士를 거쳐 直秘閣著作郎 즉 國史院 編修가 되어 朱熹·張栻과 함께 令名을 떨쳤다. 그의 저서 「東萊博議」는 유명하다.

[해설] 본서는 14권이며 宋의 大學者 周茂叔·程明道·程伊川·張橫渠 등 네 사람의 말 가운데 修身·齊家·治國등 일상에 切要한 622條를 취하여 그것을 다시 14部門으로 나눈 것이다.

[68] 學者 須是務實이요 不要近名이 方是니 有意近名이면 則是僞也니라 大本이 已失하니 更學何事오 爲名與爲利淸濁이 雖不同이나 然이나 其利心은 則一也라 (爲學)

【摘解】 •務實 : 내용의 충실에 노력한다. •近名 : 명예를 얻으려고 애쓴다. •大本 : 학문의 목적인 큰 근본. 학문의 본질. •利心 : 功利的인 생각. 이익을 얻으려는 욕심. •一 : 마찬가지다. = 同一.

【硏究】 「學者須是務實」이 본문의 골자이며, 뒤에 나오는 「大本」은 이것을 가리키고 있다. 「實」의 語義는 이와 대비되어 있는 「名」에서 고찰할 수 있을 것이다. 즉 「名」이 표면적이요 대외적인데 반하여, 「實」은 근본적·대내적인 것이며, 따라서 유교사상으로서는 「不要近名」이라는 것이다. 「是僞也」는 爲

名의 학문에 대해서 말함이다. 「更學何事」는 問의 형식을 빌린 반문임에 주의를 요한다.

【通解】 학문을 하는 자는 반드시 내용을 충실하게 하는 것이 중요하다. 세간의 명예를 얻으려고 애쓰지 않아야 비로소 올바른 학문이라는 것이다. 만일 學徒로서 명예를 얻으려는 생각을 갖는다면 이런 학문은 곧 허위의 학문인 것이다. 그렇게 되면 학문의 근본의의는 이미 상실된 것인데 이 마당에서 또 무엇을 배우겠다고 애쓰겠는가? 애쓸 필요가 없다. 명예를 얻기 위하여 학문하는 것과 이익을 얻겠다고 학문하는 것과는 前者는 정신적이요, 後者는 물질적이란 점에서 淸濁의 차이는 있을지라도 어느 쪽이나 功利的인 마음이 기본이라는 점은 결국 동일한 것이며 다 같이 옳지 못한 것이다.

2. 전습록(傳習錄)

[작자] 王陽明이다. 名은 守仁, 字는 伯安이라고 했다. 豪邁不羈(=호매불기, 人品이 호탕하고 뛰어나서 남의 구속을 받지 않는다)하여, 文武에 모두 뛰어난 俊傑이었다. 二十八歲에 進士가 된 以來, 諸官을 歷任했다. 때로는 權臣을 彈劾하여 投獄·左遷되기도 했고, 刺客 때문에 屢次 殺害를 當할 危險을 겪기도 했다. 뒤에 各處에서 武功을 세워서 新建伯에 封하여졌다. 當時 世上을 席捲하고 있던 朱子學에 對抗하여 異端視되어 있던 陸學을 大成했다. 卽 陽明의 學은 陸象山의 系統을 받아서, 따로 一家를 이룬 것으로서, 朱子와 함께 名聲을 높인 點에 있어서는 孔·孟에 다음가는 學者이다. 嘉靖七年 五十七歲를 一期로 世上을 떠났다.

[해설] 本書는 그의 語錄인데, 門人 徐愛 등이 編輯한 것으로서 三卷이 있다. 陽明學의 精神인 知行合一을 알 수 있는 책이다. 「傳習」의 이름은 論語의 學而篇에 있는 曾子의 말 「傳不習乎」에서 따온 것이다.

[69] 心淸時少, 亂時常多. 其淸時, 視明聽聰, 四體不待羈束而自然恭謹. 其亂時反是. 如此何也. 蓋用心未熟, 客慮多而常心少也. 習俗之心未去, 而實心未完也. (存養)

【摘解】 • 淸 : 淸淨純粹하다. 맑다. • 亂 : 흐리게 움직이다. • 視明 : 눈으로 사물을 보는 것이 명료하다. • 聽聰 : 귀로 듣는 것이 슬기롭고 분명하다. • 四體 : 본래는 兩手兩足의 의미였으나 여기서는 全身이란 뜻. • 羈束 : 강제로 얽어매어 자유를 얻지 못하게 함. 속박. • 恭謹 : 공손히 조심하는 것. • 用心 : 바른 마음을 잃지 않도록 잘 지키고 키우는 工夫. 마음이 향하는 방향. • 客慮 : 이리 저리 浮動하여 일정하지 않은 마음. • 常心 : 일정불변의 마음. • 習俗之心 : 習俗에 젖은 마음. • 實心 : 성실한 마음. 客慮에 대해서 말함.

【研究】 「心」에 대해 「淸時少」 「亂時常多」라고 말의 실마리를 끌어내어 그것을 「其淸時～」 「其亂時反是」라고 설명하고 있다. 다음의 「如此何也」는 강한 의문을 나타내는 의문형의 글이므로 「蓋」 이하는 그 이유를 설명한 것임을 알 수 있다. 여기는

蓋用心未熟 { 客慮多 / 常心少 } 也 { 習俗之心未去 / 實心未完也

라고 한 對句를 이루고 있는 점에 着意한다.

3. 채근담(菜根譚)

[작자] 洪自誠이다. 名은 應名, 號는 還初道人, 明나라 萬曆 年間 때 사람이나 기타의 일은 아직 알려지지 않았다. 그의 親友 于孔兼이란 사람은 序文을 썼다. 于氏는 明나라 金壇 사람인데 萬曆 年間 中 進士로 禮部儀制郎이 되었으나 뒤에 諫言으로 인하여 神宗皇帝의 노여움을 사 드디어 직을 사하고 고향에 돌아와서 독서생활을 했다. 洪自誠도 이 같은 인물일 것이다.

[해설] 2권으로 일종의 語錄이다. 그의 근본사상은 중국 재래의 국민사상인 儒敎의 실천주의에 老·莊의 幽玄的 사상과 불교사상을 가미하여 소위 三敎一致의 자취가 곳곳에 나타나 있다. 「菜根譚」이란 명칭은 小學의 「人常咬得菜根, 則可做百事.」에 근거를 둔 것으로 생각된다.

---

[72] 以我轉物者는 得固不喜하고 失亦不憂하야 大地盡屬逍遙나 以物役我者는 逆固生憎하고 順亦生愛하야 一毛便生纏縛이니라

(後集)

【摘解】 •以我轉物 : 자기를 주로 하여 外物을 자유자재로 지배한다. 즉 자기가 만물의 主宰者가 되는 것. •大地盡屬逍遙 : 대지가 모두 자기의 소요의 범위에 속한다. 온 대지에서 逍遙自適할 수가 있다. 즉 가는 곳마다 생각나는 대로 마음대로 생활할 수 있다. 「逍遙」는 목적 없이 슬슬 돌아다니다는 뜻. •以物役我 : 外物을 소중히 여겨서 그것을 얻으려는 욕망 때문에 자기가 속박되는 것. •一毛 : 한 올 털. 극히 미세한 것. •逆 : 逆境. •愛 : 여기서는 나쁜 뜻의 愛. 즉 愛着. •纏縛 : 얽어 묶이다. 즉 마음이 그것에 속박되다. 淨注子에 「已離妻子, 無纏縛」이라고 기록되어 있다. 佛經에서는 十纏四縛이라 하여 일체의 번뇌에 사로잡혀서 해탈할 수 없는 것을 말함.

【研究】 「我」와 「物」과의 관계에 착의해서 구성을 해부해 나가면

(ㄱ) 以我轉物者 { 得固不喜 / 失亦不憂 } 大地盡屬逍遙

(ㄴ) 以物役我者 { 逆固生憎 / 順亦生愛 } 一毛便生纏縛

이 된다. 여기서 (ㄱ), (ㄴ)은 物에 대한 나의 태도가 정반대로 되어 있는 것을 짐작할 수 있다. 그렇게 하면, 괄호 안이 物에 대한 자기의 喜憂憎愛의 정신태도가 되고, 그 아래가 거기로부터 나오는 자기의 외적태도라는 것을 알 수 있을 것이다. 그리고 또 저자의 주장으로 (ㄱ)을 택하면서 (ㄴ)을 배척하고

있다는 것도 당연히 알 수 있을 것이다. 語句로서는 「逆固生憎, 順亦生愛」는 좀 모순된 감을 주지만 전체적 사상배경으로 볼 때 「憎」 「愛」가 다 같이 자아적 정신으로부터 나온 「憎愛」로 생각하면 모든 것이 이해될 것이다.

【通解】 자기를 일체의 外物을 지배하는 자로 삼고, 자유롭게 외물을 부려먹는 사람은 명예와 이익을 얻었다고 해서 처음부터 기뻐할 것도 없고 또 그것을 잃었다고 해서 별로 걱정할 것도 없다. 따라서 이 無邊의 大地는 어디까지나 가는 곳마다 생각나는 대로 자유롭게 생활할 수가 있다. 그러나 외물을 귀중히 여기고 그것을 주로 삼아서 그것을 얻으려고 하는 욕망 때문에 자기를 속박당하게 하는 자는 역경에 처했을 때는 물론 그것을 증오해서 도피하려고 애쓸 것이요, 또 順境에 처했을 때도 역시 이것에 애착을 느껴서 마음을 번거롭게 한다. 따라서 겨우 한 올 털 정도의 些細한 일 때문에 자기의 심신은 완전히 속박당하여 번뇌의 경계를 탈출할 수가 없게 된다.

---

[73] 世人爲榮利纏縛, 動曰塵世苦海. 不知雲白山靑, 川行石立, 花迎鳥咲, 谷答樵謳. 世亦不塵, 海亦不苦. 彼自塵苦其心爾.

(後集)

【摘解】 •榮利 : 榮達과 利益. •動 : 자칫하면. •塵世苦海 : 「塵世」는 더러움이 많은 속세. 「苦海」는 괴로움이 많은 인간세상을 바다에 비유한 것. •鳥咲 : 새가 즐겁게 지저귀다. 「咲」는 원래 웃다는 뜻. •谷答 : 산골짜기를 메아리치다. 「答」은 원래 대답하다.

【硏究】 「世人爲榮利～苦海」라는 전제를 설정하여 그것을 부정하고 아래에 그 견해를 서술한 것이다. 「世人爲榮利纏縛」은 「爲」에 주의하여 피동형으로 추정한다. 「不知」가 걸리는 「谷答樵謳」까지는 二語씩의 대립어이다. 그러므로 「花迎鳥咲」도 「꽃은 새를 맞아서 웃고」가 아니고, 「꽃은 맞이하고 새는 웃

고」가 된다. 「世亦不塵～」이하는 「日塵世苦海」를 반박한 사실에 주의하면 된다.

제6장 교훈류(教訓類)

1. 소학(小學)

[작자] 朱熹의 撰이라고 하나 실은 그의 門人 劉子澄 등이 朱熹의 지시로 편찬한 것인데 특히 劉子澄이 가장 많이 그 일에 참여했다고 전해지고 있다. 子澄의 이름은 淸之요 臨江 사람이다. 가난을 달게 받아들이고 힘써 공부하여 南宋 高宗 때 進士에 급제하였으며 累進하여 袁州의 知事가 되었다. 그는 병중에도 執政의 글을 올려 국사를 논하고 부지런히 글을 읽기를 쉬지 않았다고 한다. 57세에 세상을 떠났다. 또 천성이 至孝하고 親戚故舊에 대해서도 매우 친절하였다. 이 사람에게 이 저서가 있다는 것은 결코 우연의 일치라고는 할 수 없을 것이다.

[해설] 題名의 「小學」은 「大學」에 대한 學校 이름인데 古今 聖賢의 책 가운데서 小學 教育에 관한 사항을 抄錄 編纂했기 때문이다. 즉, 어린이들에게 가르칠 일종의 小學 教科書라고 할 만한 책이다. 古制에 의한 小學은 8세로부터 14세에 이르는 아동을 수용하여 교육했다. 本書는 內外 2편으로 立教·明倫·敬身·稽古의 四目을 內篇이라 부르고, 嘉言·善行의 二目을 外篇이라고 한다. 후세 賢哲 君子의 모범이 될 만한 言行을 채택하고 古代 小學의 教旨를 명백하게 하고 있다. 문장은 條理整然, 簡潔明白하여 儒教倫理의 要旨를 잘 표현하고 있다.

---

[74] 范忠宣公이 戒子弟曰, 人雖至愚나 責人則明하고 雖有聰明이나 恕己則昏이니 爾曹는 但常以責人之心으로 責己하고 恕己之心으로 恕人이면 不患不到聖賢地位也리라 (嘉言)

【摘解】 •范忠宣公 : 北宋의 名臣. 范文正公 仲淹의 둘째 아들. 名은 純仁, 字는 堯夫. 忠宣은 謚號이다. 神宗 때 諫院의 長官이었으나 王安石과 충돌하여 좌천되었고 徽宗 때 觀文殿 大學士가 되었다. •人雖至愚 : 사람이란 것은 비록 지극히 어리석은 자일지라도. •責人 : 타인의 단점과 결점을 꾸짖다. •聰明 : 영리하고 밝은 것. 賢明. 「聰」은 귀가 민첩한 것. 「明」은 눈이 밝은 것. •恕 : 두 가지 뜻이 있다. ① 同情. 즉 자기를 미루어서 남에게 미치는 것. 타인의 심경을 추측하여 동정하는 것. 論語, 中庸 등에서 말하는 것이 이 뜻이다. ② 용서하다. 즉 딱하게 생각하여 관대하게 봐주다. 본문의 뜻은 ②와 같은 것으로 관대한 태도를 취하다. 관대하게 보아 용서하다는 뜻이다. •爾曹 : 汝曹(너희들). 「曹」는 무리.

【研究】 「戒子弟曰」이 마지막까지 걸린 사실에 착의한다. 全文이 范忠宣公의 훈계이다. 내용은 깨끗한 대립이 보인다. 즉 「人」에 대해서 「雖至愚. 責人則明」 「雖有聰明, 恕己則昏」과 남을 책망하고, 자기를 용서하는 경우의 일반적 경향을 서술하여, 「爾曹」는 하고 훈계로 들어가는 것이다. 「但~恕己之心, 恕人」은 조건이 되어 다음에 걸리는 사실에 주의한다. 「不患不到聖賢地位也」는 반드시 성현과 같이 될 수 있다는 내용을 파악하지 않으면 안 된다.

【通解】 范忠宣公이 자제들을 훈계하여 말하길 「대저 사람이라는 것은 자신은 비록 어리석은 인간이라 하더라도 남의 短處와 결점을 나무라는 일은 분명하게 잘 하고, 또 설사 사물에 밝고 영리한 사람이라 하더라도 제 자신의 短處와 결점을 찾는 데는 둔하여 꾸짖고 나무라야 할 일까지도 용서해 주게 되는 것이다. 그러므로 너희들은 다만 늘 남의 短處와 결점을 꾸짖는 엄격한 마음으로 제 자신을 꾸짖고, 또 자기 자신을 관대하게 봐주는 너그러운 마음으로 남의 短處와 결점을 용서하여 줄 것 같으면 자연 修養이 쌓이고 仁德이 불어서 聖賢의 지위에 도달하지 못한다고 걱정하는 일은 없을 것이다. 반드시 성현의 지위에 도달하게 되는 것이다.」라고 말했다.

[75] 余見名門右族, 莫不由祖先忠孝勤儉, 以成立之, 莫不由子孫頑率奢傲, 以覆墜之. 成立之難如昇天, 覆墜之易如燎毛. 言之痛心. 爾宜刻骨. (嘉言)

【摘解】 •名門 : 이름 높은 가문. 名家, 名族과 같다. 「門」은 집의 뜻. •右族 : 貴族. 「名門」과 같다. 중국에서는 옛날 「右」를 上位로 존중하였기 때문에 이 말이 나왔다. 晋·宋 이후는 「左」를 존중하게 되었다. •成立 : 집을 쌓아 올리는 뜻. 좋은 집안을 이루다. •頑率 : 어리석고, 경솔한 것. 頑愚輕率. •奢傲 : 사치스럽고 까부는 것. 奢侈驕傲. •昇天 : 하늘에 오르는 것처럼 곤란한 것의 비유. •覆墜 : 뒤집어서 떨어뜨리는 것. •燎毛 : 털을 태우는 것처럼 쉬운 것의 비유. •刻骨 : 뼈에 새기다. 마음속 깊이 기억하여 잊어버리지 않는 것. 「銘肝」과 같은 뜻.

【研究】 「名門右族」에 대해서 「莫不由～」를 글머리에 덮어씌운 對句가 눈에 띌 것이다. 앞은 「成立」의 원인을 말하고, 뒤는 「覆墜」의 원인을 말하며 그것을 이중부정으로 강조한 것이다. 「言之痛心」의 「痛心」은 言者의 마음이므로 의미상의 사역형으로서 「마음을 아프게 한다」로 보아야 한다.

[76] 伊川先生曰「近世淺薄, 以相歡狎, 爲相與, 以無圭角, 爲相歡愛. 如此者, 安能久. 若要久, 須是恭敬. 君臣朋友, 皆當以敬爲主也.」 (嘉言)

【摘解】 •伊川先生 : 宋나라 大儒. 姓은 程. 名은 頤. 伊川伯에 봉해졌기 때문에 世人이 이렇게 불렀다. •近世 : = 現世. •淺薄 : 人情, 風俗이 경박한 것. •歡狎 : 즐겁고 정답게 지내는 것. •爲相與 : 서로 친밀하게 지내는 길로 생각하고 있다. 「與」는 친하다는 뜻. •圭角 : 모가 나서. 언어·동작이 타인과 융합하기 어려운 것이 있는 것. •要 : 요구하다. 원하다. •恭敬 : 「恭」은 마음속에 敬이 있어서 그것이 태도로

나타나 공손한 것. 「敬」은 마음속으로 조심하는 것.

【研究】 「近世淺薄」이라고 전제하여, 그 내용을 「以相歡狎～歡愛」라고 설명하고 있다. 「如此者, 安能久」는 위의 사실에 대한 작자의 비평이며, 거기로부터 「若要久」라는 持論을 끌어왔기 때문에 여기서 「須是恭敬」이란 것이 나오고 또 「君臣朋友皆當以敬爲主也」가 나오게 된 것이다. 이 점을 미루어 보아 본문에서는 「敬」이 가장 중요한 말임을 알 수 있다.

---

[77] **伯兪有過, 其母笞之, 泣. 其母曰, 「他日笞, 子未嘗泣, 今泣何也.」 對曰, 「兪得罪, 笞常痛. 今母之力不能使痛. 是以泣.」**

(稽古)

【摘解】 •伯兪 : 前漢 때 사람, 姓은 韓, 伯兪는 名, 出天之孝子. •笞 : 매, 매질하다. •子 : 자식. 너(자네 : 2인칭). •不能使 : 아프게 하지 못하다(힘이 약해서). 「能」은 능력을 표시하는 조동사. •是以 : 이러므로 = 是故.

【研究】 내용은 모자간의 체벌 문제임을 알 수 있다. 지난날 어머니의 笞刑의 반응과 오늘의 그것과 비교에 유의하고 伯兪가 笞刑이 심했을 때는 울지 않았고, 오히려 약했을 때 울었다는 모순성 즉 「今母之力, 不能使痛, 是以泣」에 특히 유의하여 그의 효성을 짐작하기 바란다.

---

[78] **曾子曰, 「孝子之養老也, 樂其心, 不違其志, 樂其耳目, 安其寢處, 以其飮食忠養之. 是故, 父母之所愛亦愛之, 父母之所敬亦敬之. 至於犬馬盡然. 而況於人乎.」** (明倫)

【摘解】 •曾子 : 孔子의 제자. 曾은 姓, 名은 參. 魯나라 사람. 공자보다 46살 어리며 효성이 지극한 사람이다. •老 : = 老親. •不違其志 : 부모의 뜻을 어기지 않는다. 「樂其心」과 거의 같은 뜻. 「心」은 마음 그 자체를 말하고, 「志」는 마음의 의향을 가리킨다. •寢處 : = 寢所. •忠養 : 정성을 다하여 봉양하다. •而況於人乎 : 또 하물며 사람에 대해서랴(抑揚形). 犬馬에 대해서도 그러한데 더군다나 사람에 있어서야 말할 필요도 없다.

【研究】 全文이 효자가 노친을 봉양하는 방법임은 분명하다. 따라서 「其」는 어느 것이나 노친을 지칭한 것이 되기 때문에 「樂其心」 「樂其耳目」은 모두 사역형으로 생각한다. 「安其寢處」는 一見 「양친의 寢處를 편안하게 하여 安眠할 수 있도록 해 드린다」의 뜻이 될 것 같지만 좀 더 넓게 양친의 거동 전부를 편안하게 해 드린다는 뜻으로 「그의 寢所」라고 생각해야 한다. 「至於犬馬盡然 而況於人乎」가 가장 오역하기 쉬운 곳인데, 이것을 「개나 말에 이르기까지 다 어버이를 이와 같은 방법으로 기르고 있다. 그런 까닭으로 만물의 영장인 인간은 더 말할 나위도 없다」라고 한다면 얼토당토않은 오역이 되고 만다. 이것은 「父母之所愛, 亦愛之, 父母之所敬, 亦敬之.」를 다시 구체적인 예로 부연한 형태이므로, 부모가 사랑하는 것이라면 개나 말과 같은 동물까지도 사랑한다. 더구나 부모가 敬愛하는 사람을 경애하는 것을 말할 필요도 없다는 생각이다.

2. 명신언행록(名臣言行錄)

[작자] 前集·後集은 朱熹의 作이며 續集·別集·外集은 李幼武의 撰이다. 朱熹에 대해서는 「近思錄」 撰者를 참조하기 바란다. 李幼武는 字는 士英, 廬陵 사람이다. 그의 事蹟은 미상이나 朱子學派에 속하는 학자이다.

[해설] 宋의 名臣인 司馬光·韓琦 등의 언행록이다. 그래서 「宋名臣言行錄」이라고도 한다. 본서는 前集 10권, 後集 14권, 續集 8권, 別集 26권, 外集 17권으로 그의 편찬 방법은

완전하다고는 말할 수 없으나 宋朝 名家의 嘉言·善行을 들어 세상의 風敎를 도와주고 사람들의 언행에 귀감이 된 공로는 실로 크다고 아니할 수 없다.

---

[79] 岳飛待人以恩하고 常與士卒最下者로 同食하니라 樽酒臠肉을 必均及其下하며 酒少不能遍이면 則益之以水하야 人受一啜하고 出師野次에 士卒이 露宿이면 雖舍館이 甚備라도 不獨入하더라

(後集)

【摘解】 •岳飛 : 宋나라 名將. 字는 鵬擧. 欽宗 때 河南北路招討使가 되어 여러 차례 金兵을 격파하고, 宋나라가 南遷한 후에는 主戰論을 제창하여 秦檜 등의 平和論에 반대하다가 끝내 檜 때문에 피살되었다. 孝宗 때 鄂王에 추봉되어 武穆이라고 諡하고 후에 다시 忠武로 諡하였다. 저서로는 「岳武穆集」이 있다. •待人以恩 : 자애의 마음을 가지고 사람을 대우했다. 「恩」은 慈愛. 「待」는 待遇. •樽酒臠肉 : 통술과 썬 고기. •一啜 : 한 번 훌쩍 들이 마시는 것. 한 모금 마시는 것. •師 : 군대. 원래는 周代의 군대 편제상의 名目. 五旅 즉 이 천 명을 一師라고 한다. 轉用하여 군대의 뜻으로 쓰인다. •野次 : 野原에 露營하는 것. 「次」는 「屯營 : 駐屯」. •舍館 : = 宿舍.

【研究】 「岳飛」라고 하는 동양사에서 친숙한 인명이 나왔기에 그에 관한 史實을 상기하면 南宋의 명장으로 모국이 金나라의 침략을 당하자 궐연히 일어서서 고군분투하여 화의를 주장하던 비겁한 고관들을 억누르고 連戰連勝한 사람이요, 軍紀를 지극히 엄격하게 하면서도 부하를 진심으로 사랑하던 명장이었으므로, 이 글은 악비의 部下 사랑에 대해서 서술한 것이라는 것을 짐작할 수 있다. 틀리기 쉬운 것은 「人受一啜」인데, 이것은 전체의 주어가 「岳飛」이므로 내용을 사역형으로 보는 것이 좋고, 또 「人」은 士卒을 가리키는 것이므로 「사람마다에」의 뜻으로 보는 것이 좋다. 「不獨入」은 예의 一部 否定形 「혼자는 들어가지 않는다」의 뜻으로 전부가 들어가서 잘 수 있다면 別問題

이지만 岳飛 한 사람만 들어가서 자는 일은 하지 않았다는 것이다.

【通解】 岳飛는 慈愛의 정을 가지고 사람을 대우했다. 그는 늘 士卒 중 가장 계급이 낮은 자와 식사를 같이했다. 또 통에 넣은 술이나 썬 고기가 있는 경우 반드시 골고루 부하들에게 나누어 주었다. 만일 酒量이 적어서 전체에게 골고루 돌아가지 않을 때에는 그 술에 물을 더 타게 해서 한 사람 한 사람에게 한 모금씩 마시게 하더라. 또 군대를 출동시켜 야영을 하고 士卒이 야외에 노숙할 때에는 비록 자기의 숙사가 매우 시설이 잘 갖추어져 있다 하더라도 자기 혼자는 그 안에 들어가서 자는 일이 없었다.

---

[80] 司馬溫公, 自成童, 凜然如成人. 七歲聞講左氏春秋, 大愛之, 退爲家人講, 卽了其大義. 自是手不釋書, 至不知飢渴寒暑. 年十五, 書無所不通. 公幼時患記誦不如人, 群居講習, 衆兄弟旣成誦游息矣. 公獨下帷, 迨能背誦乃止. 用力多者, 收功遠. 其所精誦, 乃終身不忘也. (後集)

【摘解】 •司馬溫公 : 名은 光, 字는 君實, 宋나라 仁·英·神·哲宗 등 四代에 歷仕하여 공적이 많았으며 才德이 뛰어난 사람이었다. •成童 : 약 열다섯 살 즈음을 말함. •凜然 : 위엄이 있는 모양. •左氏春秋 : 春秋左氏傳을 이름. •退爲家人講 : 집에 돌아와서 가족들에게 강의하다. •了 : 了解. •手不釋書 : 손에서 책을 뗀 적이 없다. 늘 독서하다.「手不釋卷」. •記誦 : 記憶暗誦. •游息 : 놀기도 하고 쉬기도 한다. •下帷 : 실내에 칩거하여 독서하다. 帷(장막)를 내려뜨리고 외부와의 연락을 끊고 공부한다는 뜻. 학교를 만들어 諸生을 敎授한다는 뜻도 있음. •迨 : = 及. 미치다. •背誦 : 책을 안보고 암송하는 것. •收功遠 : 효과가 길이 계속된다.

【研究】 司馬溫公에 대하여「自成童 凜然如成人」이라 하고, 그것을「七歲～」「年十

五~」「幼時~」와 같이 설명하고 있는 점에 착의하면 문맥을 찾는 데 어렵지 않을 것이다. 「書無不通」은 「책이라고는 ~않는 것이 없다」라는 중요한 어법으로서 「어떤 책이든지~않는 것이 없었다」의 뜻이다. 「用力多者, 收功遠」은 삽입된 일반론임을 간파한다.

제7장 연습문제(練習問題)

[81] 訓民正音序

國之語音이 異乎中國하야 與文字로 不相流通일새 故로 愚民이 有所欲言이나 而終不得伸其情者多矣라 予爲此憫然하여 新製二十八字하니 欲使人人易習하야 便於日用耳니라 (世宗大王)

【研究】 •異乎中國 : 중국과 다르다. 전치사 「乎」 : = 於, 于. 전후의 관계를 표시함. •不得伸其情 : 의사표시를 할 수 없다. •憫然 : 가엾게 여기다. •耳 : 뿐. •訓民正音 : 한글의 본래의 이름.

[82] 題師任堂申氏畵幅

以畵著於世者는 不可屈指나 皆男子而夫人則絕無요 多善容而入神則罕有로대 以夫人으로 而善畵而神妙者는 惟我國之師任堂申氏是也니라 (洪良漢)

【摘解】 •著 : 著名하다. •屈指 : 손가락을 꼽다. 원문에는 「摟指」로 되어 있다. •絕無 : 하나도 없다. •善容 : 모양을 잘 그리다. •入神 : 신묘한 경지에 들어가다. •罕有 : 얼마 없다. = 稀有. •題 : 畵題를 쓰다. •師任堂 : 여류서화가. 姓은 申氏, 李珥(栗谷)의 모친. •洪良漢 : 李朝 正祖 때 學者.

---

[83] 讀書

凡讀書者는 必端拱危坐하야 敬對方冊하고 專心致志하며 精思涵泳하여 深解義趣하고 而每句에 必求踐履之方하리니 若口讀而心不體하며 身不行이면 則書自書, 我自我니 何益之有리오

(擊蒙要訣, 李珥)

【摘解】 •端拱 : 단정하게 팔짱끼다. 端坐의 상태를 표시한 것. •危坐 : 端坐의 뜻. 「危」는 높다는 뜻. •方冊 : 書籍, 方策과 같음. 「方」은 木版, 「策」은 竹簡. •涵泳 : 무자맥질. 물속에 푹 잠겨서 헤엄치듯 충분히 글 뜻을 생각하다는 뜻. 「泳」은 물속에 잠겨서 헤엄치다. 물 위에 떠서 헤엄치는 것은 「泗」라 한다. •踐履之方 : 실천방법. •口讀而心不體 : 입으로만 읽고 마음속으로는 생각하지 않는 것. •書自書我自我 : 책과 나는 아무관계가 없다. 직역하면 「책은 책이고, 나는 나다」가 된다. •何益之有 : 무슨 이익이 있겠는가? 아무 이익도 없다는 뜻을 강조한 반문형식이다. 「有何益」의 강조형. •擊蒙要訣 : 2권 1책. 敎習敎材. 宣祖 때 李珥(栗谷)의 作. •李珥 : 李朝 中宗 ~ 宣祖 때 사람. 字는 叔獻. 號는 栗谷. 千載의 大儒요 經濟의 大才였다. 저서로는 「聖學輯要」 「擊蒙要訣」이 있다.

【研究】 구문분석. 주로 대립구로 형성되어 있다.

凡讀書 { 必 { 端拱危坐 敬對方冊.
専心致志 精思涵泳.
深解意趣 }
~ 每句 必求踐履之方. }

若口讀而 {心/身} 不 {體/行} 則 {書/我} 自 {書/我} 何益之有.

[84] 棉花

先生이 發向燕京할새 在道에 忽見田中에 有花如要라 甚奇之하야 使從資金龍으로 摘取之한대 有老嫗疾聲進曰「爾何國人인데 而敢取此物고 官若知之면 爾我皆得罪라하거늘」先生이 默念古詩에「木棉花發錦江西者, 必此也라하고」納諸筆管而還하니라

(三憂堂實記, 文載豹 等 編纂)

【摘解】 •先生 : 文益漸을 가리킴. 字는 日新, 號는 三憂堂, 高麗 恭愍王 때 사람. •燕京 : 北京·北平을 말함. 戰國 때 燕의 땅이었으므로 이렇게 부름. •在道 : 길에서. •有花如要 : 꽃이 있는데 요긴한 것 같았다. •老嫗 : = 老婦. •錦江 : 강 이름. 四川省 경계에 있음. 속칭 府河. •諸 : 之於의 合字로「~을 ~에」의 뜻.「納諸筆管」: 그것을 붓대 속에 넣다. •三憂堂實記 : 文益漸의 實記, 後孫 文載豹 등이 編纂.

[85] 言人長短

昔에 黃相國喜, 微時行野라가 憩于路上할새 見田夫駕二牛耕者하고 問曰「二牛何者勝고하니」田夫不對하고 輟耕而至하야 附耳細語曰「此牛勝이라하거늘」公이 恠之曰「何以附耳相語오하니」田父曰「雖畜物이나 其心은 與人同也라 此勝則彼劣이니 使牛聞之면 寧無不平之心乎아하니」公大悟하야 遂不復言人長短云하더라.

(芝峰類說)

【摘解】 • 相國 : 영의정 · 좌의정 · 우의정의 총칭. 정승. • 黃喜 : 李朝초기의 名相, 號는 厖村. • 微時 : 벼슬을 못했을 때. • 憩 : 쉬다. • 田夫 : = 農夫. • 駕 : 멍에(를 걸치다). • 輟 : 그치다. • 附耳細語 : 귀에 대고 가만히 말하다. • 寧 : 어찌. • 不復言人長短 : 다시는 남의 장단점을 말하지 아니하다. • ~云 : ~말하더라. 이야기가 있더라. 여러 사람이 그런 말을 하더라. • 芝峰類說 : 李睟光의 저서. 문물제도를 수록. 20卷 10冊.

---

[86] 養子必敎

父母養其子而不敎면 是는 不愛其子也오 雖敎而不嚴이면 是亦不愛其子也라 父母敎而不學이면 子不愛其身也오 雖學而不勤이면 是亦不愛其身也라 是故로 養子必敎요 敎則必嚴이니 嚴則必勤하고 勤則必成이니라 (柳屯田)

【摘解】 • ~則必~ : ~하면 반드시~. • 子 : 아들(男子). 자식(남녀총칭). 여기서는 뒤의 뜻. • 柳屯田 : 名은 永, 字는 耆卿, 屯田은 官名으로 屯田郎中과 같음. 戶口 · 墾田 등을 관장. 宋代의 詩人.

---

[87] 狐假虎威

虎求百獸而食之라가 得狐러니 狐曰, 「子無敢食我也하라 天帝使我長百獸하니 今子食我면 是는 逆天帝命也라 子以我爲不信이면 吾爲子先行하리니 子隨我後하야 觀百獸之見我而敢不走乎인저하니 虎以爲然이러라 故로 遂與之行하니 獸見之皆走러라 虎不知獸畏己而走也하고 以爲畏狐也하니라 (戰國策)

【摘解】 • 狐假虎威 : 여우가 호랑이의 위엄을 빌다. 「假」 : = 借. • 百獸 : 모든 종류의 짐승. 「百」은 다수 또는 전체의 뜻. • 無敢 : 감히~하지 말라. 「無」 : = 毋. • 天帝 : 조물주. • 使我長百獸 : 나로 하여금 百獸의 우두머리가 되게 하다. • 子 : 그대, 당신(2인칭). • 敢不~ : 감히~하지 못하다. 「觀百獸~乎」는 「모든 짐승이 나를 보고, 겁이 나서 감히 달아나지 못하는 것을 (고양이 앞에 쥐처럼) 볼진저」 「乎」는 이때는 의문사가 아니고, 감탄사이다. ※오역하기 쉬우니 특히 주의를 요한다. • 以爲 : 생각건대, 생각하기를, 생각에는.(副詞) ※ [주의] 「以爲」는 「생각하다」는 동사가 아니다. 그래서 「以爲然」은 「~써 그렇다고 하다」로 직역이 되고, 「以爲畏狐也」는 「생각하기를 여우를 겁낸 것이라고 했다」라고 된다. 즉 「以爲畏狐也」(여우를 겁낸다고 생각하다)라고 할 수 없다는 것이다.

---

[88] 孟母斷機

孟軻, 幼少出游라가 **旣學而歸**러니 **其母方織**이라가 **問孟軻曰 「汝學所至如何**오」 **孟軻曰 「自若」**이니이다 **母以刀斷其織**이어늘 **孟軻懼而問其故**한대 **母曰 「子之廢學**이 **若吾斷斯織也**라 **今而廢學**이면 **是何以異于斷織哉」**아 **孟軻感奮**하야 **旦夕勤學不息**하야 **遂成名于天下**하니라. (說苑)

【摘解】 • 孟母 : 孟子의 모친. • 出游 : 외지에 나다니다. 여기서는 遊學의 뜻. • 方織 : 베를 짜고 있다가. 「方」 : 현재 진행. • 汝學所至如何 : 네 학문이 어느 정도 발전이 있느냐? 너의 배움의 진도가 어떠하냐? • 自若 : 아무렇지도 않다. 별로 진전이 없다. • 廢學 : 배움을 그만두다. • 今而 : 이제 와서. • 何以~哉 : 어찌하여 ~하겠는가? • 異于~ : ~과 다르다. 「于」 : = 於. • 成名 : 이름을 날리다. 「揚名」의 뜻과 비슷하다. • 天下 : 온 세상.

[89] 知彼知己

知彼知己者는 百戰不殆하고 不知彼而知己者는 一勝一敗하며 不知彼而不知己者는 每戰必敗니라.(謀攻)

百戰百勝이 非善之善者也오 不戰而屈人之兵이 善之善者也라 故로 上兵은 伐謀요 其次는 伐交요 其次는 伐兵이오 其下는 攻城이니 攻城之法은 爲不得已니라.(謀攻)

兵者는 國之大事라 死生之地요 存亡之道니 不可不察也니라.(始計 第一)

廢一善이면 則衆善이 衰하고 賞一惡이면 則衆惡이 歸하나니 善者得其祐하고 惡者 受其誅면 則國安而衆善이 至니라.(下略篇)

(孫子, 謀攻)

【摘解】 •殆 : 위태롭다. •知彼知己 : 상대방의 사정도 알고 자기의 사정도 안다. •百戰不殆 : 백 번 싸워도 위태롭지 않다. 아무리 자주 싸워도 질 염려가 없다. 「百」은 多數(無數)의 뜻. •上兵 : 최상의 병법. •善之善 : 善中之善. 제일 좋은 방법. •伐謀 : 적의 계획을 쳐부수어 실천에 옮기지 못하도록 한다. •伐交 : 외교로써 치다(공격하다). 즉 友邦 및 동맹국을 이간시켜 적국을 고립시키다. •爲不得已 : 할 수 없기 때문이다. 할 수 없어서 한다. •兵者 : 전쟁이란 것은. 「者」는 物稱代名詞. •廢一善 : 한 가지의 선이라도 푸대접하면. •賞一惡 : 한 가지의 악이라도 포상하면. •歸 : 찾아오다. 몰리다. •得其祐 : 그 복을 받다. 선의 대가를 받다. •受其誅 : 그 벌을 받다. 악의 대가를 받다. •不可不～ : ～하지 아니 할 수 없다. 부정의 부정으로서 강한 긍정. •孫子 : 書名. 孫武의 撰. 兵家書로서 著名. 10卷 13篇.

【硏究】 구문분석.

知	彼	(而)知	己者	百戰不殆.
不知	彼	而知	己者	一勝一敗.
不知	彼	而不知	己者	每戰必敗.

兵者 { 國之大事 / 死生之地 / 存亡之道 } 不可不察也.

{ 廢一善 / 賞一惡 } 則 { 衆善衰 / 衆惡歸 } 故 { 善者得其祐 / 惡者受其誅 } 則國安而衆善至.

---

[90] 朝三暮四

宋有狙公者하야 愛狙養之成群이라 能解狙之意하고 狙亦得公之心이라 損其家口하야 充狙之欲할새 俄而匱焉이라 將限其食이나 恐衆狙之不馴於己也하야 先誑之曰 「與若芧하되 朝三而暮四足乎」아하니 衆狙皆起而怒어늘 俄而曰 「與若芧하되 朝四而暮三이 足乎」아하니 衆狙皆伏而喜러라 物之以能鄙로 相籠이 皆如此니라.

(列子)

【摘解】 •狙公 : 원숭이를 기르는 사람. 「狙」는 원숭이. 「公」은 남자의 敬稱. •解狙之意 : 원숭이의 마음을 알다. •得公之心 : 狙들이 公의 뜻을 알아주다. •損其家口 : 집 식구의 수를 줄이다. •俄而 : 돌연. 갑작스럽게 또는 얼마 안 있다가. •匱 : 다하다. 결핍되다. 가난해지다. •俄而匱焉 : 갑작스럽게 가난해졌다. •限其食 : 먹이의 분량을 제한하다. •馴 : 길들다. 「不馴於己」는 자기의 말을 듣지 아니하다. •誑 : = 誆, 註 : 속이다. •若 : = 汝. •芧(서・저) : 도토리(나무). 또는 모시풀. •能鄙 : 능하고 서툰 것. •相籠 : 서로 농락하다. 「籠絡」은 타인을 자기의 손아귀에 넣고 제 맘대로 하는 것. •物之以能鄙, 相籠皆如此 : 만물이 능한 자가 서툰 자를 이용하는 방법이 다 이것과 같다.

[91] 畏四知

楊震이 擧茂才하야 四遷荊州刺史러라 東萊太守로서 當之郡에 道經昌邑이러니 故所擧荊州茂才王密이 爲昌邑令이러라 謁見에 懷金十斤하고 以遺震한대 震이 曰「故人은 知君이어늘 君不知故人은 何也」오 密이 曰「暮夜라 無知者」니이다 震이 曰「天知, 神知, 我知, 子知니 何謂無知」오하니 密이 愧而出하니라. (後漢書)

【摘解】 •楊震 : 字는 伯起, 後漢 때 사람. 安帝 때 太尉가 되었다. 高士로서 당시 사람들이 關西의 孔子라고 했다. •擧 : 기용(起用)되다.(피동의 뜻)뽑히다. •茂才 : 「秀才」라고도 한다. 과거(초급국가고시)에 합격한 사람. •四遷荊州刺史 : 任官후 네 번째로 荊州의 장관이 되었다. 「遷」은 轉勤의 뜻. 「荊州」는 地名, 지금의 湖南, 湖北省 일대의 지역. •東萊太守 : 東萊의 장관. [주의]東萊太守 앞에 「後爲」가 생략되었다고 보는 것이 좋다. 즉 「그 뒤에 東萊太守가 되어서」를 보충해야 문맥이 통하게 된다. •當之郡 : 東萊郡으로 가는 길에 있어서. •道經昌邑 : 길이 昌邑을 지나가다. •故所擧 : 전에 등용한. •謁見(알현) : 윗사람을 만나다. 뵙다. •懷金十斤以遺震 : 황금 10근을 몸에 지녔다가 그것을 楊震에게 주다. •故人 : 친구. 여기서는 楊震 자신을 말함. •子 : 자네, 너. [참고] 「暗室欺心, 神眼如電」(明心寶鑑)과 「君子必愼其獨也」(大學)와 일맥상통한다.

[92] 矛楯

楚人이 有鬻楯與矛者러니 譽之曰「吾楯之堅은 莫能陷也라하고 又譽其矛曰, 吾矛之利하야 於物에 無不陷也」라하니 或이 曰, 「以子之矛로 陷子之楯이면 何如」오하니 其人이 弗能應也러라.

(韓非子)

【摘解】 •楯 : 방패. = 盾. •矛 : 창. •鬻 : 팔다. •譽 : 칭찬하다. 자랑하다. •陷 : 꿰뚫다. 빠뜨리다. •利 : 銳利. •於物 : 어떤 물건에 있어서도 어떤 물건이든지. •或 : = 或人.(어떤 사람) •子 : = 汝. •應 : 응답하다.

---

[93] 以五十步笑百步

孟子對曰「王이 好戰하시니 請以戰喩하리니다 塡然鼓之하야 兵刃이 旣接이어든 棄甲曳兵而走라가 或은 百步而後에 止하고 或은 五十步而後에 止하야 以五十步로 笑百步면 則何如」하니이까 曰「不可하니 直不百步耳언정 是亦走也」니이다. (孟子)

【摘解】 •喩 : 비유하다. •塡然 : 북 치는 소리의 형용. •兵刃 : 무기. 槍劍. •旣接 : 이미 交戰중. •棄甲 : 갑옷을 벗어 버리는 것. •曳兵 : 창검을 끌고 달아나는 것. •直 : 다만. •直不百步耳 : 다만 百步까지 달아나지 않았다는 것뿐이다.

---

[94] 螢雪之功

晉車胤이 幼恭勤博覽이로되 貧不常得油하야 夏月에 以練囊盛十螢火하야 照書讀之하고 以夜繼日하야 後官至尙書郎하니라 晉孫康은 少淸介하고 交遊不雜이로되 家貧無油하야 常映雪讀書러니 後에 官至御史하니라. (蒙求)

【摘解】 •車胤 : 字는 武子. •恭勤 : 恭敬勤勉의 省略. •博覽 : 넓게 여러 서적을 통독했다. •不常得油 : 언제나 늘 등유를 얻지 못하였다. 즉 기름을 얻은 때도 있고 얻지 못한 때도 있었다. (주의) 「常不得油」는 언제나 기름을 얻지 못하였다. 즉 한 번도

기름을 얻지 못하였다는 뜻. 「不常~」은 일부부정이요, 「常不~」은 전부 부정이다. •夏月 : 여름 석 달, 여름철. •練囊 : 練絹으로 만든 주머니. 「練」은 生絹을 잿물 등으로 부드럽게 만든다는 뜻. •螢火 : 반딧불. •以夜繼日 : 밤으로써 낮을 이음. 밤낮으로 쉬지 않고 힘씀. •尙書郎 : 관리의 敍任賞罰에 관한 일체를 맡은 吏部의 장관을 「尙書」라 함. 「郎」은 관리의 뜻. •淸介 : 「淸」은 청렴결백의 뜻. 「介」는 절개의 뜻. •交遊不雜 : 함부로 교제를 하지 아니하는 것. •御史 : 법률과 형벌을 맡은 관리.

【註】螢雪之功 : 고난을 무릅쓰고 열심히 공부한다는 뜻. 또는 그 결과를 말함. 「螢雪」「車螢孫雪」이라고도 함.

---

[95] 覆水不返盆

太公이 初娶馬氏하고 讀書不事産이러니 馬求去하니라 太公이 封齊할새 馬求再合이어늘 太公이 取水一盆하야 傾于地하고 令婦收水하니 惟得其泥러라 太公이 曰若能離更合이나 覆水定難收라하니라.

(拾遺記)

【摘解】 •太公 : 太公望 呂尙. •娶 : 장가들다. •不事産 : 살림살이를 돌보지 않다. •求去 : 이혼을 요청하다. •封齊 : 齊의 영주가 되다. 齊에 봉하여지다. 「封」은 피동의 뜻. •若 : = 汝. •覆水 : 엎지른 물. •若能離更合, 覆水定難收 : 당신은 일단 떠났다가 다시 같이 살 수 있다고 생각하지만 한 번 엎지른 물은 결코 다시 거두어들일 수 없는 것과 같이 절대 불가능한 일이다. 「定」 : 반드시. •拾遺記 : 苻秦(前秦)의 方士(方術士) 王嘉의 撰. 伏羲·神農·黃帝·이하 晋代에 이르는 遺事를 기록했음.

【註】「覆水不返盆」 : 일단 그르친 일은 회복시킬 수 없다.

[96] 推敲

賈島初赴擧京師할새 一日於驢上에 得句하니 云하되 鳥宿溪邊樹하고 僧敲月下門이라 始欲着推字하고 又欲着敲字하야 煉之未定하고 遂於驢上吟哦하야 時時引手作推敲之勢하니라.

(緗素雜記)

【摘解】 •賈島 : 唐나라 詩人. 처음에는 중[僧]이 되어 號를 「無本」이라고 했으나, 韓愈로부터 詩才를 인정받아 還俗하여 長江의 主簿가 되었다. 따라서 「賈長江」이라고도 한다. 시집으로 「長江集」이 있다. •擧 : 科擧. 관리등용시험. 여기서는 동사. 과거보러 가다. •京師 : 「京」은 大, 「師」는 衆의 뜻으로 대중이 살고 있는 곳을 뜻하며, 唐의 수도 長安을 가리킨다. •煉 : 금속을 불에 달구어서 두드리다. 단련하다. •吟哦(음아) : 마음에 떠오르는 것(詩같은 것)을 입으로 흥얼거리다. 읊조리다. •作推敲之勢 : 밀고, 두드리는 시늉을 하다.

【註】 推敲 : 문장의 어구를 애써 다듬는 것.

[97] 苛政猛於虎

孔子過泰山之側하실새 有婦人이 哭於墓者而哀러라 夫子式而聽之하시고 使子路問之曰 「子之哭也 壹似重有憂者」라하니 而曰 「然이라하고 昔者에 吾舅死於虎하고 吾夫又死焉하고 今吾子又死焉」이라하니 夫子曰 「何爲不去也」오하시니 曰 「無苛政」이니이다하더라 夫子曰 「小子아 識之하라 苛政이 猛於虎也」로다 하시다.

(禮記, 檀弓篇)

【摘解】 •泰山 : 산 이름, 중국 山東省에 있음. •側 : 옆, 근처. •夫子 : 長者·賢者, 선생의

敬稱. 여기서는 孔子를 존칭한 말. •式 : = 軾. 수레의 横木으로 車中에서 禮를 표할 때는 여기에 엎드려서 한다. 그러므로 車中의 禮를 軾(式)이라고 한다. •式而聽之 : 車中에서 軾에 기대서 그 소리를 듣다. •子路 : 季路. 名은 仲由, 字는 子路. 性品이 好勇. 공자의 애제자. •子 : 상대방의 敬稱. 당신, 자네. •壹 : 專一의 뜻. 매우. •重有憂者 : 걱정이 겹쳐 있다. 「重」은 거듭의 뜻. •而 : 곧, 즉시. •舅 : 시아버지. 즉 남편의 아버지. •苛政 : 가혹한 정치. •小子 : 스승이 제자를 부를 때 쓰는 호칭. •識(지) : 기록하다. •猛於虎의 「於」는 비교를 표시하는 助字. 「보다」의 뜻.

---

[98] 心在鴻鵠

奕秋는 通國之善奕者也라 使奕秋로 誨二人奕할새 其一人은 專心致志하야 惟奕秋之爲聽이로되 一人은 雖聽之라도 一心에 以爲有鴻鵠이 將至어든 思援弓繳而射之면 雖與之俱學이나 弗若之矣리라.

(孟子, 告子 上)

【摘解】 •奕(=弈, 혁)秋 : 바둑을 잘 두는 「秋」라는 사람. •通國之善奕者 : 온 나라 안에서 제일 바둑 잘 두는 사람. 「通國」은 擧國, 온 나라의 뜻. •專心致志 : 온 정신을 한 곳에 집중시키는 것. •惟奕秋之爲聽 : 다만 奕秋에게 가르침을 받는 일을 할 뿐이다. 「惟聽之奕秋」의 강조형. 「之」는 대명사로서 바둑을 가르치는 일을 가리킨 것이다. 즉 아무 잡념 없이 다만 奕秋의 가르침만 듣고 있다는 뜻. •以爲 : 생각하기를, 생각하건대(副詞). •鴻鵠 : 기러기와 고니. 모두 큰 새. •弓繳 : 활과 주살. 「주살」은 오늬에 줄을 매어 쏘는 화살. 「繳」의 古音은 「작」. •射(석) : 목표를 잡아 쏘다. 맞히다. •援 : 당기다. 붙들다.

【註】 心在鴻鵠 : 業을 닦으면서 마음이 딴 곳에 가 있음을 비유함.

[99] 楚王失弓, 楚人得之

楚恭王이 出遊라가 失烏嘷之弓이러니 左右請求之한대 王이 曰「止하라 楚王이 失弓에 楚人이 得之하니 又何求之」리오하니 孔子聞之曰『惜乎라 其不大也여 不曰「人遺弓에 人이 得之而已」오 何必楚也』오하시니라. (孔子家語)

【摘解】 •烏嘷之弓 : 烏號之弓이라고도 한다. 黃帝의 활이라고도 전한다. 「嘷」는 범이 소리쳐 운다는 뜻. •何求之 : 반어형으로서 「왜 그것을 찾겠는가?」 찾을 필요가 없다는 뜻. •惜乎其不大也 : 아깝다. 그 도량의 크지 못함이여! 「惜乎」를 앞에 둔은 일종의 도치법. 「乎」는 감탄 조사. •何必楚 : 반어형으로 「어찌 반드시 초나라라고만 할 것인가?」 초나라에만 국한시킬 필요가 없다는 뜻.

【註】 「楚王失弓, 楚人得之」는 도량이 적음을 말하는 비유.

[100] 三緘之誡

孔子觀周廟할새 遂入太祖后稷之廟하시니 右階之前에 有金人焉이러라 三緘其口하고 而銘其背曰「古之愼言人也라 戒之哉, 戒之哉인저 無多言하라 多言이면 多敗하고 無多事하라 多事면 多患」이라하니라 孔子謂弟子曰「記之하라 此言雖鄙나 而中事情」이라하시다 (孔子家語, 觀周篇)

【摘解】 •周廟 : 周나라 선조의 尊像·神을 모시고 제사 지내는 곳, •太祖 : 王朝 또는 侯國을 처음 일으킨 祖先. •后稷 : 周나라 선조, 名은 棄. 「后」는 君, 「稷」은 五穀의 뜻으로 농사를 맡은 장관을 「后稷」이라 함. 棄가 농사를 맡았었기 때문에 「后稷」이라고 함. •金人 : 금속으로 만든 사람의 상. •三緘 : 삼중(세 겹)으로 꿰매다. •銘

: 문체의 일종으로 器物·墓石 등에 새겨 훈계를 하기도 하고 功烈을 전하는 것. 여기서는 「새기다」의 동사로 쓰였다. •背 : 등. 背面. •戒之哉 : 조심할 지어다! 「之」는 뚜렷이 무엇을 지적한 것은 아니다. 「哉」는 감탄. •記之 : 이 사실을 기억하라. 「之」는 銘의 내용을 지칭. •鄙 : 비천하다. •中事情 : 사리에 맞다. 「中」은 맞다. 맞추다는 뜻. 「命中」의 「中」도 이런 뜻이다.

【註】 三緘之誡 : 말을 삼가게 하는 훈계.

제3부

한시편 漢詩篇

제1장 개설(開設)

"文章經國之大業, 不朽之盛事, 年壽有時而盡, 榮樂止於其身, 二者必至之常期, 未若文章之無窮."이라 함은 魏文帝의 典論 중의 한 구절로 간단하지만 문장의 가치의 무한함을 喝破한 명언이다. 여기서 문장이라 함은 협의의 문장과 詩賦를 포함한 것으로 현대어의 문학과 거의 같은 뜻으로 쓰였다. 李太白은 "功名富貴若長在, 漢水亦應西北流.(~, 漢水도 물길을 돌려서 서북쪽으로 흐르게 했을 것이다)"라고 했다. 부귀도 오래지 못하고 권세도 믿을 수 없는 이 세상에서 다만 인간으로 하여금 不朽하게 하는 것은 오직 문학뿐이다. 그리고 문학 중의 精之精, 粹之粹가 곧 詩歌란 것이다. "Art is long, life is short."도 일맥상통하는 표현이라고 볼 수 있다. 공자는 시의 효용을 다음과 같이 말씀하셨다.

「詩可以興, 可以觀, 可以群, 可以怨. 邇之事父, 遠之事君, 多識於鳥獸草木之名.」

【註】 • 可以興 : 시를 읽으면 그 선악에 따라 사람의 의지를 感發하게 한다. • 可以觀 : 시를 배우면 인정의 醇醨 · 풍속의 美惡 · 政事의 득실 등을 관찰할 수가 있다. • 可以群 : 시는 사람의 진정에서 우러나와 심기를 화평하게 하므로 이것을 배우면 衆人과 群居하여 항상 화락할 수 있다. • 可以怨 : 시는 溫柔敦厚를 주로 하고 있으므로 禮義忠厚의 마음을 길러 설사 원망한다든지 비방하는 일이 있다 하더라도 예의의 영역을 벗어나는 일이 없다.

또 毛詩의 大序에는 시의 효용을 "正得失, 動天地, 感鬼神, 莫近於詩. 先王以是經夫婦, 成孝敬, 厚人倫, 美敎化, 移風俗."이라고 논하고 있다.

옛날 天台縣, 浙江省 台州에 宋某라는 사람이 있었는데 매우 가난하여 결국 살고 있던 집을 이웃에 사는 재산가에게 매도하기로 했다. 그는 섭섭한 생각을 금하지 못하여 다음과 같은 시를 벽에 써 붙이고 떠났다.

> 「自嘆年年刺骨貧, 吾廬今已屬西隣, 殷勤說與東園柳, 他日相逢是路人.」
> (大意 : 한탄스러운 것은 해마다 혹심한 가난은 결국 살고 있던 집까지 이웃 사람에게 팔지 않으면 안 되게 되었다. 간절히 부탁하노니(說與) 東園의 버들나무야 그처럼 다정스럽던 너도 오늘로 작별을 해야 하니 他日 서로 만난다 하더라도 그때는 전연 남남끼리가 되겠지! 정말 한심스러운 일이구나!)

집을 산 이웃 사람은 이 시에 감동하여 매도증서를 송씨에게 되돌려 주었다는 이야기가 전해 오고 있다. 이것도 소위 「感鬼神」이라는 시의 효용의 일면이라고 볼 수 있다.

이상의 이야기는 모두 시가의 공덕을 서술한 것이나, 시의 罪過도 전혀 없다고는 할 수 없다. 소위 吟風弄月로 단지 소일의 자료로 삼고 있는 시가놀이와 인생과 沒交涉한 은둔적 말만을 나열하여 시가를 遊戲文字化하는 것은 결과적으로 보아 시가의 죄과의 일면이라고 볼 수 있다. 그러나 그것은 시를 짓는 자의 과실이요 시 자체가 나쁜 것은 아니다. 적어도 자기의 정서를 純美하게 하고, 품성을 高雅하게 하기 위하여 크게 이것을 연구하고 많이 지을 필요가 있다고 본다. 또 감상에 있어서도 자기가 애써 지어 보아야 비로소 타인의 고심처가 이해되고, 동정이 일어나고 그의 妙處·佳處를 발견할 수 있기 때문이다. 이것은 마치 한 번도 약을 복용해 본 적이 없는 사람은 타인의 병에 대한 참다운 동정심이 일어나지 않는 것과 같다고 볼 수 있다.

물질문명이 극에 달하고 날이 갈수록 인정이 각박하여 마치 끝없는 사막을 걸어가는 나그네 같은 현대인에게 시는 울창하게 우거진 푸른 숲 사이로 맑은 샘이 세차게 흐르는 유일의 오아시스이다.

제2장 시가(詩歌)의 정의

尙書 舜典에 「詩言志, 歌永言」(註, 心之所之, 謂之志, 心有所之, 必形於言, 故詩言志. 旣形於言則必有長短之節. 故曰歌永言.)이라고 함은 시가에 대한 千古의 鐵案이다.

또 詩經 關雎序에 「詩者, 志之所之也. 在心爲志. 發言爲詩. 情動於中, 而形於言. 言之不足, 故嗟歎之. 嗟歎之不足, 故永歌之. 永歌之不足, 故不知手之舞之, 足之蹈之也.」라 하고, 또 朱子의 詩經集註序에 「人生而靜, 天之性也, 感於物而動, 性之欲也. 夫旣有欲矣, 則不能無思. 旣有思矣, 則不能無言. 旣有言矣, 則言之所不能盡, 而發於咨嗟咏嘆之餘者, 必有自然之音響節族, 而不能已焉. 此詩之所以作也.」(註, • 夫 : 대저. 발어사. • 咨嗟 : 한숨을 짧게 쉬며 탄식하다. • 咏嘆 : 소리를 길게 하여 깊이 탄식하다. • 節族 : 節奏 : 음악의 고른 가락. • 作 : 일어나다. 생기다.)라 했다. 요컨대 이것은 앞에 든 舜典의 말을 좀 더 자세하게 천명한 것이다. 위와 같이 시는 사람의 性情에서 우러나오는 것이므로, 사람의 성정이 한 번 외물에 접촉하면 喜怒哀樂의 정이 반드시 안에서 싹터 나오게 되고 정이 안에서 움직이면 반드시 그것이 밖으로 나와서 음악이 되지 않을 수 없다. 明의 謝肇淛는 이것을 다음과 같이 잘 설명하고 있다.

「詩者人心之感於物而成聲者也. 風拂樹則天籟鳴, 水激石則飛湍咽. 夫以天地無心, 木石無情, 一遇感觸, 猶有自然之音響節奏, 而況於人乎. 故感於聚會眺賞, 美辰良景, 則有喜聲. 感於羈旅幽憤邊塞殺伐, 則有怒聲. 感於流離喪亂悼亡弔古, 則有哀聲, 感於名就功成祝頌燕饗, 則有樂聲, 此四者正聲也. 其感之也, 無心, 其遇之也, 不期而至, 其發於情而出諸口也, 不知其所以然.」

【註】 • 天籟 : 자연의 소리. 소나무를 스쳐 지나가는 바람 소리 따위. • 飛湍 : 급

히 내려 쏟는 여울. 급류. •咽 : 목메어 울다. •節奏 : 소리의 박자. = 節族. •覊(羇)旅 : 나그네, 여행. •幽憤 : 남모르는 울분. •邊塞 : 변경. 국경지대. •殺伐 : 거칠고, 무시무시함. •悼亡 : 죽은 이를 슬퍼하는 것. •吊(弔)古 : 옛 일을 생각하고, 애도의 정을 일으키는 것. •祝頌 : 빌고, 칭찬하는 것. •燕饗 : 연회, 잔치.[燕 = 宴]

요약해 말하면 시는 인간의 감정을 가장 세련된 말로 표현한 것이라고 할 수 있다. 영국의 유명한 시인 W. Wordsworth(1770~1850)가 "Poetry is the Spontaneous overflow of powerful feelings.(시는 힘찬 감정의 自然發露이다)"라고 설파한 것도 이상의 표현을 뒷받침한 것이라고 볼 수 있다. 시의 본질은 性情을 吟咏함에 있는 것이지 과학적 지식을 연구하는 데 있는 것은 아니다. 예컨대 산위의 明月을 바라볼 때 고향을 그리워하는 정서가 유연히 일어나면 곧 "擧頭望山月, 低頭思故鄕.(李白)"이라고 표현하면 된다. 우리가 살고 있는 지구와 달과의 거리가 얼마나 되는가? 그것의 운행법칙이 어떠한가? 혹은 그 빛에 열이 있느냐, 없느냐 하는 따위의 지적 방면의 연구를 하는 것이 아니다.

즉흥시 한 수를 들어 詩趣를 맛볼까 한다.

「淸明時節雨紛紛, 路上行人欲斷魂, 借問酒家何處在, 牧童遙指杏花村.(杜牧)」

【評】 이런 환경 속에서 대포 한 잔 생각이 안 날 수 없겠지!

제3장 시의 기원(起源)

1. 시의 발상(發祥)

사람은 감정의 동물이다. 한 번 外物에 접촉하면 喜怒哀樂의 정이 반드시 안에서 움직이고 정이 안에서 움직이면 반드시 言辭로 외부에 나타나게 된다. 그 언사가 節奏있는 것이 곧 시이므로 시의 발생은 당연히 문자의 발생 이전에 있었다고 볼 수 있으며, 葛天氏 때의 八闋歌, 伏義氏 때의 網罟歌가 그것이다. 그리고 문자이후의 堯·舜·禹·湯시대에는 이미 상당히 많이 있었다고 하나 이것을 徵憑할 만한 문헌이 없으므로 아직 명료한 사실은 되지 못한다. 가장 신빙할 만한 것은 尙書 益稷篇에 나타나 있는 舜과 皐陶(舜의 신하)와의 唱和의 시가이다.

(ㄱ) 股肱喜哉 元首起哉 百工熙哉.(舜)

(ㄴ) 元首明哉 股肱良哉 庶事康哉.(皐陶)

(ㄷ) 元首叢脞哉 股肱惰哉 萬事墜哉(皐陶)

(大意 : (ㄱ) 股肱(신하)이 일에 재미를 갖고 각자의 직무에 충실하면 元首의 정치가 좋은 성과를 올리게 되고, 百工[百官]의 공적이 커지고, (ㄴ) 군주가 현명하면 신하가 선량해져 만사가 평온하게 된다. 그리고 (ㄷ) 군주가 직무의 한계를 벗어나서 사소한 일까지 간섭하면 정무가 煩雜해서(叢脞) 신하들은 마음이 해이해지고 맥이 풀려서 맡은 일을 적극적으로 수행하지 않게 되어 모든 일은 실패로 돌아간다.)

이것을 읽으면 君臣은 水魚 관계와 같이 서로 의지하고 서로 힘써서 善政을 꾀하고 국난을 막으며 국가를 經綸한 기상이 역력히 엿보이며 극히 高古(高尙古雅)朴實한 것이지마는 修辭的으로는 아직 볼 만한 것이 없다.

이 외에 堯舜 시대의 것으로 여러 책에서 散見되고 있는 것으로는,

(1) 立我烝民, 莫匪我極, 不識不知, 順帝之則.(堯帝時 童謠 康衢歌)

【大意】 우리 백성들이 그 날 그 날 생계를 유지하는 것은 堯帝의 中正至極한 덕에 의하지 아니함이 없다. 그러므로 우리는 부지불식간에 帝가 세우신 법칙에 따르지 않으면 안 된다.

【註】 • 民 : 민중. • 匪 : = 非. • 極 : 中正至極의 덕. • 則(칙) : 법칙.

(2) 日出而作, 日入而息, 鑿井而飮, 耕田而食, 帝力何有於我哉.

(擊壤歌, 堯帝時老人歌)

【註】 • 帝力～ : 이 句는 반어구로 우리와 아무 관계도 없다. 즉 정치의 최고이상인 「無爲而化」를 말함이다.

(3) 南風之薰兮, 可以解吾民之慍兮, 南風之時兮, 可以阜吾民之財兮.(舜帝 南風詩)

【註】 • 南風 : 온화해서 만물을 長養하는 좋은 바람. • 薰 : 아름답게 솔솔 불어오다. • 慍 : 마음의 불평, 불만. • 時 : 때에 맞추어 불다. • 兮 : 음조를 강하게 하기 위하여 덧붙이는 助詞. • 阜 : 넉넉하게 하다.

(4) 卿雲爛兮, 糺縵縵兮, 日月光華, 旦復旦兮.(卿雲歌, 百姓和舜帝 南風之詩)

【大意】 상서로운 구름이 아름답고 밝게 빛나고 또 그것이 길고 넓게 하늘에 떠 있어 태평성세의 기상이 나날이 계속되고 있다.

【註】 • 卿은 慶으로 통한다. • 爛 : 밝게 빛나는 모양. • 糺 : 모이다 = 糾 • 縵縵 : 긴 모양.

등이 있으나 어떤 학자는 후세 사람의 僞作이라고 한다. 夏의 시대의 것은 尙書의 五子之歌[皇祖有訓, 民可近, 不可下. 民惟邦本, 本固邦寧.](註 : • 皇祖는 夏의 禹王을 지칭. • 不可下 : 내려뜨려서는 안 된다. 소원히 해서는 안 된다.) 외에 左傳 · 墨子 · 孟子 등에 겨우 그 片鱗을 남긴 데 불과하고, 商(殷)代의 것은 詩經 중 商頌 五篇이 採錄되어 있을 뿐이며, 周代 초에는 저 유명한 箕子의 麥秀歌[麥秀漸漸

兮, 禾黍油油兮, 彼狡童兮, 不與我好兮.](註 : • 油油 : 무성한 모양. • 狡童 : 교활한 아이. 저 포악무도한 紂王을 지칭. • 不與我好兮 : 나와 사이가 좋지 않았다.) 伯夷의 採薇歌[登彼西山兮, 采其薇矣. 以暴易暴兮, 不知其非矣. 神農·虞·夏忽焉沒兮, 我安適歸矣. 于嗟徂兮, 命之衰矣.](註 : • 西山 : 수양산, 山西省에 있다. • 采 : 採. • 以暴~ : 暴臣(武王)으로써 暴君(紂)과 바꾸다. • 我安… : 내가 어디 가서 이 몸을 의탁할 수 있겠는가? 「適」은 가다. 「歸」는 歸服하다의 뜻. • 于嗟 : 탄식하는 소리. 아! • 徂 : = 殂, 逝去. • 命之衰矣 : 운명이 쇠진했다.)가 있다.

요컨대, 오늘날 전해지고 있는 擊壤歌, 南風詩 등은 학자들이 의심하는 바와 같이 설사 後人의 僞作이라고 하더라도 原歌가 당시 존재 하고 있었다는 사실은 충분히 상상할 수 있으므로 시의 발생이 극히 오래라는 것을 증명하기에 충분하다.

2. 시경(詩經)

周代 이후로 작품은 더욱 많아지고 체제도 크게 완비되었을 뿐만 아니라, 시로써 民情을 관찰하고 민속을 아는 자료로 썼으며, 조정에는 采詩官을 두어 지방에서 시를 蒐集하게까지 되었다. 이와 같이 하여 시는 정치와 밀접한 관계를 가지게 되었으며, 「周禮」라는 책의 「春官」(예법, 제사를 맡은 官, 여기서는 편명)에는 「太師敎六詩, 曰風, 曰賦, 曰比, 曰興, 曰雅, 曰頌.」라 하여 시는 이미 一科의 학문으로 존재하게 되었다. 공자가 만년 遊歷의 여행으로부터 魯나라에 돌아온 후 古來로 전해 온 3,000여 편의 시를 删定(删定에 대해서는 학자들 사이에 異說이 있음)하여 300여 편으로 한 것이 곧 지금의 시경인데, 주로 周代의 시를 採錄한 것이다. 그 가운데에는 殷(商)의 것이 5편 수록되어 있다.(商頌五篇) 이것이 중국에서 詩集의 嚆矢로 후세에 시를 논하는 자의 本源이 되고 있다.

3. 시(詩)의 육의(六義)

詩經 大序에 「詩有六義, 一曰風, 二曰賦, 三曰比, 四曰興, 五曰雅, 六曰頌.」이라고 되어 있다. 이것은 앞의 周禮의 六詩와 같은 것으로서, 대개 六詩는 그 樂章을 가리킨 것이요, 六義는 그 본질을 가리켜 말한 것이다. 소위 六義 중의 風·雅·頌은 성질상의 분류이다.

① '風'은 여러 나라의 里巷 가요다. 남녀의 연애·농민의 생활·정치에 대한 풍자 등을 서술한 것으로 즉 지금의 민요에 해당된다. 소위 「이것을 말하는 자 죄가 없고, 이것을 듣는 자로써 경계함에 족하다.」[古人爲詩, 貴乎意在言外, 使人思而得之, 故言之者無罪, 聞之者足以戒～(司馬光 續詩話)]라는 것이 그 특색이다.

예 魚網之設, 鴻則離之, 燕婉之求, 得此戚施.(詩經 國風·邶, 新臺)

【註】 • 離 : 걸리다. • 燕婉 : = 安順. • 戚施 : 곱사등이. 성질상으로는 「風」, 수사상으로는 「興」이다.

② '賦'는 비유를 쓰지 않고 景·情을 그대로 표현한 것이다.

예 妻子好合, 如鼓瑟琴. 兄弟旣翕, 和樂且湛.(詩經)

【註】 • 翕 : = 合. • 湛 : 深樂.

예 千山鳥飛絕, 萬逕人蹤滅, 孤舟簑笠翁, 獨釣寒江雪.(柳宗元)

③ '比'는 저것을 가지고 이것에 비유하는 것으로 표현에는 본뜻을 나타내지 않고 다만 비유만 드는 것이다.

예 螽斯羽詵詵兮, 宜爾子孫振振兮.(詩經 國風, 周南)

【註】 • 螽斯(종사) : 메뚜기, 多産蟲. • 詵詵(선선, 原音은 신신) : 和集貌. • 爾 : 螽斯를 지칭. • 振振 : 성한 모양. ※ 韓愈의 雜說(千里馬)은 「比」의

대표적 산문 문장이다.

④ '興'은 물건에 의탁하여 말을 일으키는 것인데, 즉 비유된 사물과 이것에 照應하는 사물이 있는 것이 특징이다.

예 關關雎鳩, 在河之洲, 窈窕淑女, 君子好逑.(詩經 國風, 周南)

【註】• 關關 : 雌雄相應之和聲. • 窈窕 : 幽閑之意. • 君子 : 文王을 지칭. • 逑 : 짝.

예 花發多風雨, 人生足別離.(于武陵, 勸酒)

【註】• 제2구는 인생을 살아가는 동안에 이별이 많다는 뜻이다.

⑤ '雅'는 조정에 있어서 宴會·朝會의 樂歌이다. 政의 大事에 관한 것을 大雅라고 하고, 小事에 관한 것을 小雅라 한다. 美를 나타내고 邪를 막는 뜻을 포함하고 있어 듣는 이로 하여금 悚然케 하고 경청하게 하는 점이 있다.

예 兄弟鬩于墻, 外禦其務, 每有良朋, 烝也無戎.(詩經)

【註】• 鬩(혁) : 싸우다. • 禦 : 막다. • 每 : 비록. • 烝 : 朱子 註에는 發語聲이라고 하나 「오래다」로 보는 것이 좋다. • 戎 : 돕다. 즉 「每有良朋…」은 「비록 좋은 친구가 있다 하더라도 그것이 오래 계속되지 않는다」는 뜻이다. ※ 성질상으로는 「小雅」이고, 수사상으로는 「賦」이다.

⑥ '頌'은 종묘 제사의 악가이다. 祖先의 성덕을 찬양하고 功業을 鋪張(늘여 펴다)하여 精誠을 나타내는 것이 주인데 듣는 이로 하여금 숙연하게 하여 공경의 마음을 일으키게 한다.

예 經始靈臺, 經之營之, 庶民攻之, 不日成之, 經始勿亟, 庶民子來.(詩經)

【註】• 靈臺 : 文王이 지은 臺의 이름. • 攻 : 作. • 不日 : 不終日. • 亟 : 急. • 子來 : 부모의 일에 자식들이 도와주듯이 와서 돌봐주다. ※ 성질상으로는 「大雅」, 수사상으로는 「賦」이다.

예 豊年多黍多稌, 亦有高廩, 萬億及秭, 爲酒爲醴, 烝畀祖妣以洽百禮, 降福孔皆.(詩經)

【註】 • 黍 : 기장. 높고 마르고 찬 곳에 적당하다. • 稌(도) : 찰벼. 낮고 습하고 더운 것에 적당하다. • 億 : 萬萬. • 秭(자) : 億億. • 烝畀(증비) : 進上하다. • 洽 : 갖추다. • 孔皆 : 上·下·左·右로 매우 넓게. 「孔」 : 매우. 「皆」 : 골고루의 뜻이다. 이것은 秋收感謝歌의 일종이다. ※ 성질상으로는 「頌」이요, 수사상으로는 「賦」이다.

[주의] 「比」와 「興」은 유사한 점이 있으나, 「比」는 寓言的으로 사실을 표면에 나타내지 않는 데 반해서 「興」은 비유와 사실을 연결하는 것이다.

賦·比·興은 대체로 위와 같으나 「賦」의 법을 쓰면 솔직하고 노골적이며 「比」나 「興」을 쓰면 완곡하게 되므로 원망한다든지 비방한다든지 하는 경우 종종 이 법을 쓰고 있다. 그리고 세밀하게 점검하면 「賦」로서 「比」를 겸하는 것도 있고, 「比」로서 「興」을 겸한 것도 있으며, 이들이 서로 錯綜하여 점차 수사가 복잡하게 되어 드디어 오늘처럼 발달하여 왔다.

제4장 시형(詩形)의 변천(變遷)

1. 시경(詩經)의 시형(詩形)

周 이전의 詩 및 詩經에 대하여 극히 개략적이었으나 상술한 바와 같다. 시경 이전의 시를 보면 三言·四言·五言·七言 등 여러 가지의 구가 뒤섞여 있지만 그 基調를 이루는 것은 역시 四言이다. 시경 중에도 대부분의 구가 四言句고 그 다음이 五言句다. 따라서 四言句의 詩形은 시경에 이르러 확립되었다

고 볼 수 있다. 그리고 그 篇法은 四句 三章을 이어서 1편으로 엮는 것이 제일 많고 六句 三章으로 된 것이 그 다음이요 四句 四章·四句 二章의 순서로 되어 있다. 300편 중 가장 짧은 것은 四言 六句 즉 24자로 된 것이고 가장 긴 것이라 하더라도 120구 즉 480자를 넘지 않는다.

2. 초사(楚辭)의 발흥(勃興)

춘추시대로부터 전국시대에 이르는 동안 시는 쇠퇴하고 楚辭가 勃興하기 시작하였다. 초사라 함은 지금의 湖北·湖南지방인 옛 楚나라의 민요에서 발달한 것인데, 전국시대 屈原에 이르러서 그 절정에 달하였다. 그 노래의 내용은 매우 정열적이어서 放奔한 상상력을 풍부하게 하고, 幽思 悲憤의 표현은 듣는 이로 하여금 涕淚를 금하지 못하게 한다. 宋玉·景差·唐勒 등은 이 파의 巨擘이다. 시경을 북방 黃河 계 운문의 대표라고 하면, 초사는 남방 長江 계 운문의 대표라고 할 수 있다. 그리고 다만 詩想과 음악의 차이뿐이 아니고 그 詩形에 있어서도 시경과는 현저히 다르다. 시경의 형식은 四言으로 대개 短篇인데 비해 초사는 長篇이 많다. 굴원의 25편과 같은 것은 대개 6·7언을 기조로 하고 또 2·4언을 섞어서 그 중 가장 긴 것은 375구 즉 거의 2,900자에 이르며 長短錯綜하여 실로 千古의 偉觀을 보이고 있다. 뒤의 漢·魏·六朝 함께 모든 시의 어버이라고 부를 수 있다.

3. 악부(樂府)의 발생

漢代에 이르러 樂府가 일어났다. 악부라 함은 음악에 맞추어 노래하는 시이다. 원래 악부는 漢 武帝 때 설치된 음악을 맡은 官府의 명칭인데, 司馬相如·

枚皐 등과 같은 유명한 시인에게 歌詞를 짓게 하고 李延年에게 작곡을 하게 하여 이것을 郊祀나 饗宴 등에 썼던 것이다. 그것이 民間에서도 모방하게 되어 官府의 명칭인 악부가 一轉하여 그 관부에서 쓰이던 歌詞를 부르는 명칭으로 변하고 말았다. 그 음절은 대개 4言을 쓰고 3言・5言 혹은 6・7言을 섞어 쓰기도 한다.

周代에 있어서 시경 300편은 다 악기에 걸어서 이것을 郊廟에 薦奏하고, 또 이것을 饗讌에 쓰기도 했다. 그러므로 300편은 곧 악부인 동시에, 시와 악부는 완전히 동일체라고 볼 수 있었지만 음악에 맞는 시를 악부라고 하고, 이와 반대로 음악에 맞지 않는 문예적 작품으로서의 시를 古詩라고 하여 두 가지는 확연히 구별하게 되었다.

4. 오언시(五言詩)의 발생

漢代에 발생한 시 가운데 악부 외에 또 五言詩가 있다. 시경이나 초사 중에도 五言句가 섞여 있었지만 全篇 5言으로 始終한 것은 없었다. 그런데 漢代에 이르러 비로소 5言으로 일관하는 新體詩가 일어났다. 그리하여 古來의 四言詩는 점차 세력을 잃고 五言詩가 드디어 漢代의 正宗이 되기에 이르렀다. 그 대표적인 것으로 유명한 것이 蘇武・李陵의 詩와 古詩十九首이다.

5. 칠언시(七言詩)의 발생

漢 武帝 元封 三年에 柏梁臺가 落成되었을 때 이 落成式典에 參集한 群臣이 2천여 명에 이르렀는데 그 중 七言詩를 잘 짓는 사람만을 좌석에 들도록 허가했다. 이 영광을 입은 사람이 梁王 이하 35명인데 지금 전해지고 있는 이

른바 柏粱臺詩가 곧 그 때의 작품이다. 이 시야말로 칠언시의 權輿며 聯句의 鼻祖다. 후세에 칠언시를 한 사람이 한 구씩 지어서 每句 押韻하는 것을 柏粱體聯句라고 한다.

6. 금체시(今體詩)의 확립

漢代의 시는 뜻을 주로 하고 기교는 별로 볼 것이 없었으며, 魏 시대에 曹操父子 및 建安七子(建安年間, 孔融·陳琳·王粲·徐幹·阮瑀·應瑒·劉楨 七人) 등이 나와 약간 詩體가 화려해지기 시작하였으나 역시 기교적인 것은 못되었다. 그것이 六朝에 이르자 詩風은 나날이 艶麗纖巧해지고 또 그 동안 音韻學이 일어나서 四聲의 규칙을 시에 응용하게 되었다. 이것이 隋를 거쳐서 唐에 이르러 대성하게 되었고 종래의 시와 다른 소위 今體(近體)라는 새로운 詩形이 확립되기에 이르렀다.

7. 율시(律詩)

今體詩는 두 가지 종류가 있는데, 하나는 律詩요 다른 하나는 絕句이다. 율시는 이미 晋·宋 시대에 胚胎하여 唐代에 이르러 沈佺期·宋之問 등에 의하여 屬對는 더욱 정교하게 되고 聲律은 더욱 穩順하게 되면서 엄격한 규칙이 정해져 소위 율시라고 불리는 詩形이 나타났다.

율시에는 5言 8句·7言 8句로 조직되어 있다. 이 외에 排句라는 것이 있는데 이것은 5言 혹은 7言으로 10句 이상 2~300句에 이르는 長句의 시이다. 이것을 長律이라고도 한다.

8. 절구(絕句)

이것은 5言 4句·7言 4句로 성립된 短句의 시형이다. 絕句라 함은 「截句」의 뜻인데 古詩 혹은 律詩에서 4句를 끊어 만들었다고 해서 나온 명칭이란 설이 가장 유력하다. (古來 여러 설이 있지만) 5言 혹은 7言 4句의 短詩는 멀리 漢·魏의 古謠, 樂府에 연원을 두고 있고 六朝에 이르러 점점 많아졌지만 唐代에 이르러서 押韻과 平仄의 법칙이 확정되어 소위 絕句라는 하나의 시체가 이루어졌다.

9. 고시(古詩)

唐代에 이르러 확립된 新詩形을 今體라고 부르게 되었으므로 唐 이전의 시체를 모방한 작품을 古體라고 부른다. 古體에는 今體와 같은 엄격한 聲律의 구속도 없고, 句數의 제한도 없으며 짧은 것은 3, 4句에서 긴 것은 수 백 句에 이르는 것도 있다. 5言은 16句 이상을 長古, 그 이하를 短古라 하며, 7言에 있어서는 24句 이상을 長古, 그 이하를 短古라고 한다.

제5장 평측(平仄)과 운(韻)

1. 사성(四聲)

시(今體)를 짓는 데 있어 매우 귀찮은 존재로 알려져 있는 것이 平仄과 韻이다. 그러나 그것이 비록 귀찮은 존재지만 시와는 불가분의 관계이다. 다시 말하면 평측과 운이 없는 시는 있을 수 없다는 것이다. 즉 이것을 무시하고 5言이나 7言의 句를 4句 혹은 8句를 늘어놓았다 하더라도 그것은 絕句도 될 수 없고 律도 될 수 없다는 것이다. 평측과 운을 논하기 전에 四聲에 대하여 대강 말할 필요가 있다.

우리말에도 高・低・長・短이 있어서 비로소 同音異語를 구별할 수 있는 것과 같이 특히 한자에는 同音異義의 語가 너무도 많기 때문에 이것을 구별하는데 악센트가 매우 필요하다. 예컨대 같은 「지」 음이라도, 「支」는 억양이 없고 「紙」는 소리 끝이 올라가고 「志」는 끝이 내려가며, 「東」은 억양이 없고 「董」은 끝이 올라가고 「棟」은 끝이 내려간다.(현대 음의 사성은 이와 다르다.) 이와 같은 음의 昂低緩急 즉 음조를 聲이라 하고, 이 聲이 平・上・去・入의 네 종류로 나뉘어져 있는데, 이 四種의 구별을 四聲이라고 한다. 다시 말하면 四聲은 한자의 발음상 四種의 구별이다. 「騷壇八略」에서 四聲을 다음과 같이 설명하고 있다.

○「平聲平道莫低昂. 上聲高呼猛烈强. 去聲分明哀遠道. 入聲短促急收藏.」 요컨대 平聲은 頭音・尾韻 모두 昂低가 없는 것. 上聲은 頭音이 가볍고 尾韻이 높고 끝이 올라가는 것. 去聲은 頭音이 분명하고 尾韻이 가볍고 끝이 내려가는 것. 入聲은 尾韻을 입 안에 삼키는 것 같이 발음하는 것(鐵石의 「철□」, 學校의 「학□」와 같은 短促한 소리. 이것을 「철」 「학」과 같이 개별적으로 순하게 발음할 때는 벌써 入聲이 될 수 없다. 그리고 우리 음의 「ㄱ」 「ㄹ」 「ㅂ」 終聲의 한자음은 모두 입성에 속한다)이다.

2. 시(詩)의 사성(四聲)과 북경관화(北京官話)의 사성(四聲)

위에 서술한 平・上・去・入의 四聲은 詩學 上의 사성이며, 六朝 梁나라 시대 무렵 周顒・沈約 등이 정한 것이다. 현대 중국어에도 四聲은 있지만 이것과는 별개의 것이므로 혼동해서는 안 된다. 현대어의 사성은 「上平・下平・上聲・去聲」이요 入聲은 없다. 이것은 元이 몽고로부터 일어나 중국본토에 군림하게 되자 중국어는 큰 혼란이 생겨 古來의 入聲音이었던 「白」은 「bai, 빠이」/「鐵」은 「tie, 테-」/「習」은 「xi, 씨」 등과 같이 점차 입성은 없어지고, 다른 三聲 중에 혼입해버려 明의 王世貞이 藝苑巵言에 「大江以北, 漸染胡語, 時時採入, 而沈約之四聲, 遂闕其一.」(註 : •大江 : 楊子江. •胡 : 몽고를 지칭. •沈約 : 宋・齊・梁의 문인. 字는 休文. 四聲의 창시자. •闕 : 없애다. 빼내다.)라고 한 바와 같이 드디어 소멸함에 이르렀다. 그러나 南京音에는 지금도 入聲이 남아 있다.

3. 평측(平仄)

四聲중 平聲의 문자는 昻低가 없이 평평하므로 이것을 平이라고 하고, 기타의 上・去・入 三聲에 속하는 문자는 혹은 頭音이 높기도 하고 혹은 尾韻이 올라가기도 하고 혹은 급박하기도 해서 그 음이 평정하지 않기 때문에 이것을 仄이라고 한다. 仄은 側으로 통하며 한쪽으로 기울어지다의 뜻이다. 어째서 平仄의 규칙이 설정되었는지 騷壇八略에 다음과 같이 말하고 있다.

> 「詩無聲調音節, 不足以爲詩, 而聲調音節以平仄總持, 無平仄, 是無聲調音節也. 故平仄之法, 不可以不講.」
>
> **【註】** •總持 : (佛)萬善의 덕을 갖추고 있다는 뜻으로 전부를 뜻함.
> •講은 피동의 뜻.

시는 원래 음악에 맞추어 노래한 것이기 때문에 音의 昻低緩急이 없다면 듣는 이로 하여금 厭惡의 정을 일으키게 된다. 따라서 문자의 樂的 성질을 연구하여 이것을 음률적으로 배열한 규칙이 곧 平仄法이다.

그런데 평측법은 매우 귀찮은 존재이다. 따라서 모처럼 시를 배우려는 뜻을 가졌던 사람도 이 난관에 봉착하여 용기를 잃는 일이 많다. 平仄·韻 같은 것을 아주 무시하자는 論者가 많아지는 이유도 여기에 있다. 그러나 이 그물을 뚫고 나가다 보면 詩情을 표현하는 묘미 또한 크다고 할 수 있다. 시도 뚜렷한 하나의 예술인 이상, 한 예술 작품을 창조하는 데 오직 安易함 만을 바란다는 것은 좀 생각이 부족하다고 아니할 수 없다. 推敲의 故事가 자주 문학 관계에 개입되는 이유도 여기에 있다고 본다. 蔽一言하고, 평측은 한시와 불가분의 관계에 있다는 사실을 무시해서는 안 되며 또 오랫동안 이 난관을 참아 넘기면 不知不識間에 익숙해져서 저절로 틀에 맞아 들어가게 된다. 그리고 辭書에서 四聲을 표시하는 방법은 字音 아래에 方形의 모서리에 四聲을 標識하고 있으므로 찾는 문자가 어떤 聲에 속하는가를 판별할 수 있다.

4. 운(韻)

시에 있어서 平仄과 함께 가장 필요한 것은 韻이다. 우리가 말을 하는데 다만 의사 표시하는 데 만족하지 않고 무엇인가 거기에서 諧調의 미를 바라는 것은 거의 본능적인 것이라고 생각한다. 반드시 시에 국한되는 것이 아니고 이야기하는 중에도「자나 깨나」「있든 없든」「오다가다」「오동포동」「코에 걸면 코걸이, 귀에 걸면 귀걸이」등과 같이 句尾에 同一語를 반복하여 諧를 취하는 것은 우리들이 종종 발견하는 바이다. 그것은 가락을 고르게 하여 기억하는데 편리하게 하는 힘이 매우 큰 까닭이다.

그러나 위의 예는 다만 동일어에 대한 반복에 불과하고 韻이라고는 볼 수 없다. 또 우리나라의 時調 같은 시가에는 韻이 발견되지 않고 있기 때문에 漢

詩와의 대조에 적지 않은 어려움이 있다. 저 유명한 朱子의 勸學詩를 살펴보면, 「少年易老學難成, 一寸光陰不可輕, 未覺池塘春草夢, 階前梧葉已秋聲.」에 「成」「輕」「聲」은 동일 尾韻의 반복이다. 이 同一 尾韻의 語를 句尾에 안배하는 것을 押韻(韻字를 달다)이라 하고 이들의 韻字를 韻脚 또는 韻礎라고 한다.

韻脚은 실로 시의 생명이며 이것이 있어야 비로소 시가 있게 되는 것이다. 때로는 古體와 같이 평측을 무시한 시는 있을 수 있지만 운이 없는 시는 절대로 없다. 아니 운이 없으면 벌써 이것은 시가 아니다. 이것이 시와 산문과의 현저한 차이점이다. 중국 古書에는 시뿐만 아니라 산문에도 운을 붙인 것이 적지 않다.

二人同心, 其利斷金.(易)
積善之家, 必有餘慶. 積不善之家, 必有餘殃.(易)
蓬生麻中, 不扶自直, 白沙在泥, 與之皆黑.(大戴禮)

과 같이 평측이 없는 문장이라도 거의 동일 字數마다 동일 韻의 글자를 안배하면 그 음절을 流暢諧美하게 하여 독자에게 쾌감을 준다. 더욱이 시는 一句의 글자 수가 정해있고 그 문자는 평측에 의하여 배열되어 있으므로 그것이 한층 더 효과적이란 것은 贅言을 不要하는 바이다.

5. 운학(韻學)의 변천

한자를 平・上・去・入의 四聲으로 구분하는 외에 또 다시 平聲을 上・下 30韻(각 15韻), 上聲을 29韻, 去聲을 30韻, 入聲을 17韻 합계 106韻으로 분류한다. 즉 모든 한자는 四聲 106韻에 포함되며 이것이 오늘날까지 詩學에 쓰이고 있는 소위 韻이라는 것이다. 다음에 106韻을 열거하면 다음과 같다.

[上平聲]

1.東 2.冬 3.江 4.支 5.微 6.魚 7.虞 8.齊 9.佳 10.灰 11.眞 12.文 13.元 14.寒 15.刪

[下平聲]

1.先 2.蕭 3.肴 4.豪 5.歌 6.麻 7.陽 8.庚 9.靑 10.蒸 11.尤 12.侵 13.覃 14.鹽 15.咸

[上聲]

1.董 2.腫 3.講 4.紙 5.尾 6.語 7.麌 8.薺 9.蟹 10.賄 11.軫 12.吻 13.阮 14.旱 15.潸 16.銑 17.篠 18.巧 19.晧 20.哿 21.馬 22.養 23.梗 24.迥 25.有 26.寢 27.感 28.琰 29.豏

[去聲]

1.送 2.宋 3.絳 4.寘 5.未 6.御 7.遇 8.霽 9.泰 10.卦 11.隊 12.震 13.問 14.願 15.翰 16.諫 17.霰 18.嘯 19.效 20.號 21.箇 22.禡 23.漾 24.敬 25.徑 26.宥 27.沁 28.勘 29.艶 30.陷

[入聲]

1.屋 2.沃 3.覺 4.質 5.物 6.月 7.曷 8.黠 9.屑 10.藥 11.陌 12.錫 13.職 14.緝 15.合 16.葉 17.洽

위의 東·冬·江 등은 그 部의 대표적 문자이며 이들에 속하는 글자는 최소 11자에서 최다 450자 이상이다. 作詩에 뜻을 둔 사람은 적어도 平聲 30韻의 호칭만은 반드시 암기해두지 않으면 안 된다.

음운도 시대에 따라서 변천이 불가피하다. 어떤 시대에는 上聲이 入聲이 되기도 하고 또 去聲으로 되기도 하고 平聲이 入聲으로 변하기도 하며, 음운의 수도 206韻, 160韻, 107韻의 변천을 거쳐, 元나라 陰時夫·陰時中 형제의 저서인 韻府群玉을 보면 지금 쓰이고 있는 106韻으로 확정되었다. 그리고 淸朝의 康熙帝가 翰林의 諸臣에 명하여 7년 세월 동안 만든 佩文韻府에도 역시 106韻으로 분류하고 있다.

제6장 절구(絶句)와 그 평측법(平仄法)

1. 시를 배우는 순서

시를 배우는 데 있어서 絕·律 중 어느 쪽부터 시작하느냐, 또는 古·新體 중 어느 쪽으로 들어가느냐는 古來 諸家의 의견이 구구하다. 隨園詩話(淸나라 袁枚 撰)에는「初學詩, 當先學古風, 次學近體, 則其勢易. 倘先學近體, 再學古體, 則其勢難. 猶學字者, 先學楷書, 後學行書. 亦是一定之法也.」라 했고, 劉昭禹는「余敎少年學詩者, 當自五律入手, 上可以攀古風, 下可以接七律.」라고 했다. 要는 위의 시인들은 평측법과 對偶法이 비교적 엄격하지 않은 古詩부터 시작해서 차츰 近體로 들어가는 것이 순서라고 주장했다. 그러나 古詩에는 難語, 人名, 地名 등이 많으므로 이해하기 더욱 곤란한 점도 없지 않다. 따라서 이 주장은 전적으로 타당하다고는 할 수 없다. 요컨대 漢籍에 소양이 있어 널리 古今의 書史에 通涉하고 세태인정에 밝고 가슴 속에 이미 많은 詩想을 품고 있어 그 범람을 억제하려해도 할 수 없는 사람에게는 처음부터 古體에 들어가는 것이 좋지만 아직 漢籍도 별로 읽지 않고 문자도 뜻대로 구사할 수 없으며 평측·운자 등에도 익숙하지 않은 사람은 역시 내용이 비교적 복잡하지 않고 형식도 규칙적인 간단한 絕句에서 출발하여 차츰 律로 들어가서, 점차 今體에 숙달된 뒤에 古體를 배우는 것이 오히려 적당하다고 본다. 한편 嚴羽(南宋의 詩論家, 滄浪詩話의 저자)는 「律詩難於古詩, 絕句難於八句, 七言律難於五言律, 五言絕句難於七言絕句.」라고 했다. 즉 가장 짧은 시가 가장 곤란하다는 것이다. 그러나 이 말은 일반적인 논법이요 초학자에 대한 이론은 아닌 듯하다.

2. 평측법(平仄法)

今體의 평측법은 5言에 있어서는 第二字가 仄이면 第四字가 平, 第二字가 平이면 第四字가 仄이 되는 식으로 배치한다. 이것을 二四不同이라고 한다. 그리고 일반적으로 「○」은 平, 「●」은 仄, 「◑」은 平 혹은 仄, 「◎」은 押韻의 부호로 쓰고 있다.

1 2 3 4 5
◑ ● ● ○ ◎ (仄起式 = 第二字가 仄에서 출발) 또는,
二四不同

1 2 3 4 5
◑ ○ ◑ ● ◎ (平起式 = 第二字가 平에서 출발)
二四不同

이것은 韻이 있는 句이지만 韻이 없는 경우 다음과 같이 된다.

◑ ● ○ ○ ● (仄起式) 또는 ◑ ○ ○ ● ● (平起式)

二四不同　　二四不同

그리고 七言句에 있어서는 二四不同 외에 다시 第二字가 平이면 第六字가 平, 第二字가 仄이면 第六字가 仄이 되어야 한다. 이것을 二六對라고 한다. 즉 7언 有韻句는

二六對　　二六對

1 2 3 4 5 6 7　　1 2 3 4 5 6 7

◑ ○ ◑ ● ● ○ ◎ (平起式) 또는 ◑ ● ◑ ○ ◑ ● ◎ (仄起式)

二四不同　　二四不同

과 같이 되고, 또 無韻句는

二六對　　二六對

1 2 3 4 5 6 7　　1 2 3 4 5 6 7

◑ ○ ◑ ● ○ ○ ● (平起式) 또는 ◑ ● ◑ ○ ○ ● ● (仄起式)

二四不同　　二四不同

으로 된다. 二四不同・二六對는 絕・律에 공통되는 철칙이며 絕・律을 짓는 이는 반드시 이것을 엄수하지 않으면 안 된다.

그리고 이 규칙으로 지은 4句를 모아서 다음과 같이 조직한 것이 絕句의 평측법이다. 절구의 평측법은 5言・7言 모두 두 가지가 있는데, 그 하나를 正格,

다른 하나를 偏格이라고 하며 그 중 第一句를 起句, 第二句를 承句, 第三句를 轉句, 第四句를 結句라고 한다. 起·承·轉·結의 표현방법은 起句는 한 편의 뜻을 끌어내고, 承句는 이것을 받아 주고, 轉句는 주의를 전환하고, 結句는 다시 이것을 收結한다. 그러므로 起句는 그 내용이 高遠해야 하고, 承句는 穩健해야 하고, 轉句는 奇警을 요하고, 結句는 여운이 嫋嫋하고 풍만하여야 한다.

五言仄起式(政格)　登鸛鵲(或作 雀)樓　王之渙

起句(第一句)	◑ ● ○ ○ ●	●●○○●	白日依山盡
承句(第二句)	◑ ○ ◑ ● ◎	○○●●◎	黃河入海流
轉句(第三句)	◑ ○ ○ ● ●	●○○●●	欲窮千里目
結句(第四句)	◑ ● ● ○ ◎	●●●○◎	更上一層樓

【註】•鸛雀樓 : 山西省 平陽府 蒲州城 北쪽에 있고, 風光이 아름답다. •王之渙 : 唐나라 井州人. •欲窮~ : 시선이 닿을 수 있는 한도까지의 경치를 보기 위하여. •一層樓 : 한 층 더 높은 樓. 四句 모두 對句를 형성하고 있으나 轉結은 流水對(兩句一意法)이므로 좀 알기 어려운 점이 있다.

五言平起式(偏格)　罷相作　李適之(唐의 天寶時 左相)

起句	◑ ○ ○ ● ●	●○○●●	避賢初罷相
承句	◑ ● ● ○ ◎	●●●○◎	樂聖且銜杯
轉句	◑ ● ○ ○ ●	●●○○●	爲問門前客
結句	◑ ○ ◑ ● ◎	○○●●◎	今朝幾箇來

【註】•避賢樂聖 : 政界를 떠나서 은퇴함을 말함.(史記 萬石傳의 故事에 의거) 또 「賢」은 濁酒에 비하고, 「聖」은 淸酒를 뜻하므로 淸酒나 마시고 산수를

즐긴다는 뜻도 겸하고 있다. (魏志 徐邈傳의 故事에 의거) 轉結은 翟公의 「一貴一賤, 交情乃見」의 뜻을 인용하여 인정의 輕薄을 한탄했음이다. •相이 丞相의 뜻일 때는 仄聲, 서로의 뜻일 때는 平聲이다. •銜杯 : 飮酒. •爲問 : 묻노니.

七言 平起式(正格) 淸明 杜牧(牧之)

起句	◑○◑●●○◎	○○○●●○◎ 淸明時節雨紛紛
承句	◑●◑○◑●◎	●●○○●●◎ 路上行人欲斷魂
轉句	◑●◑○○●●	●●●○○●● 借問酒家何處在(有)
結句	◑○◑●●○◎	●○○●●○◎ 牧童遙指杏花村

七言 仄起式(偏格) 楓橋夜泊 張繼

起句	◑●◑○◑●◎	●●○○○●◎ 月落烏啼霜滿天
承句	◑○◑●●○◎	○○○●●○◎ 江楓漁火對愁眠
轉句	◑●◑●○○●	○○○●○○● 姑蘇城外寒山寺
結句	◑●◑○◑●◎	●●○○●●◎ 夜半鍾聲到客船

【註】 •楓橋 : 蘇州府城 서쪽에 있는 다리 이름. •姑蘇城 : 지금의 蘇州府. •對愁眠 : 旅愁에 잠겨서 잠을 이루지 못하고 있는 배 안의 나그네를 비추고 있다.

위에 서술한 바에 의하여 발견한 규칙을 종합하면,

(1) 外則(第一句, 第四句)의 第二, 第四, 第六字는 平仄이 상호 일치한다.

(2) 內則(第二句, 第三句)의 第二, 第四, 第六字는 平仄이 상호 일치한다.

(3) 內則과 外則의 第二, 第四, 第六字는 平仄이 항상 상반된다.

그리고 초학자는 「一三五不論, 二四六分明」이 허용되고 있으므로 이상의 규칙과 「二四不同, 二六對」의 규칙을 기억하면 平仄式의 암기는 극히 쉽다고 볼 수 있다.

3. 작시상(作詩上) 중요 원칙 보완

① 一句의 五字째(五言이면 三字째)는 음절이 매우 중요하기 때문에 소위 「護腰」라고까지 불린다. 이에 대한 원칙은 「아래 운을 달지 않는 구의 경우에는 5字째(五言에는 3字째)에는 반드시 平聲의 문자를 쓰고, 운을 다는 구의 5字째(五言에는 3字째)는 반드시 仄聲의 문자를 쓴다.」 즉 「無韻之句, 腰字平. 有韻之句, 腰字仄.」이 또한 今體詩의 운율상 중요한 원칙이라는 것이다.

●○●●●○◎ ●●○○○●●
「少年易老學難成(有韻句)」「未覺池塘春草夢(無韻句)」과 같다.

그러나 이것을 준수하지 않는 경우도 없는 것은 아니다. 가령,

●○●●●○● ○●○○○●◎
「勸君更盡一杯酒(無韻句)」「西出陽關無故人(有韻句)」

과 같은 시는 위의 원칙을 무시한 것이다. 물론 이것은 拗體이다.

② **고평(孤平)·고측(孤仄)**: 「●○●」과 같이 仄聲과 仄聲 사이에 一平聲을 끼는 것을 孤平이라 하고, 「○●○」와 같이 平聲과 平聲 사이에 一仄聲이 끼는 것을 孤仄이라 하여 詩法上 금기로 되어 있다. 孤仄은 반드시 금기하는 것은 아니지만 「孤平」은 특히 五言에서는 第二字, 七言에서는 第四字의 孤平을 엄금하고 있다.

③ 挾聲格 : 五絕 平仄式 중 ◑○○ ●●(平起式 無韻句)을 ◑○●○●, 七絕 仄起式 중의 ◑●◑○○ ●●(仄起式 無韻句)을 ◑●◑○●○●과 같이 뒤의 3字의 평측을 변환하는 수가 있다. 이렇게 하면 二四不同, 二六對의 법칙을 범하고, 또 孤平에 빠지게 되는데, 이것은 挾聲格(夾平)이라고 하여 특히 허용되고 있다.

○○●○●
泉聲咽危石(王維, 過香積寺)

○○●○●
愁心視春草(王維, 雜詩).

○○●○●
僧舍在何許(眞山民, 行山間).

○●○○●○●
宮女如花滿春殿(李白, 越中懷古)

○●○○●○●
夜發淸溪向三峽(李白, 峨眉山月歌).

○●○○●○●
羌笛何須怨楊柳(王之渙, 凉州詞)

【註】 • 咽 : 목이 메어 울다. • 危石 : 위태롭게 서 있는 괴이한 돌. • 僧舍 : 절. • 何許 : 何處. • 淸溪 : 成都府 資州의 內江縣에 있는 溪名. • 三峽 : 廣溪峽, 峽巫, 四陵峽. 或云 巫山峽. 明月峽. 廣澤峽. • 羌笛 : 오랑캐의 부는 피리. • 須 : = 用. • 楊柳 : 折楊柳曲.

단 위의 경우에 주의해야 할 것은 五言에는 第一字, 七言에는 第三字에 반드시 平字를 써서 孤平에 빠지지 않도록 해야 한다는 것이다.(금기하는 孤平은 五言에는 第二字, 七言에는 第四字.)

④ 平仄相拯 : 五言 平起式 轉句의 第三字, 및 七言 仄起式 轉句의 第五字는 본래 平字가 되어야 하지만(無韻句 腰字平), 특히 仄字를 쓸 수 있도록 허용하고 있다. 그러나 만일 仄字를 쓸 경우에는 結句의 이것에 해당되는 자리

에 반드시 平字를 써서 이것을 救助해 두지 않으면 안 된다. 예시하면,

但見淚痕濕, 不知心恨誰 (李白, 怨情)

江碧鳥逾白, 山青花欲燃 (杜甫, 絕句)

百萬一時盡, 含情無片言 (儲光羲, 長安道)

惟有舊巢燕, 主人貧亦歸 (于濆, 感事)

勸君更盡一杯酒, 西出陽關無故人 (王維, 送元二使安西)

共君今夜不須睡, 未到曉鐘猶是春 (賈島, 三月晦日贈劉評事)

과 같다. 그러나 이것은 주의해야 한다.

⑤ **押韻** : 韻은 시의 생명이다. 韻字를 句尾에 붙이는 것을 압운이라 하며, 보통 「운을 달다」라고 한다. 今體에서 一首(마리)에 쓰이는 운은 반드시 同一韻이 아니면 안 된다. 즉 2종의 韻을 혼용하는 것은 허용되지 않는다. 가령 七絕의 起句(第一句)에 東韻 중의 雄字를 쓴다고 하면 承句(第二句), 結句(第四句)에도 같은 東韻 중의 空·風·功·宮·同·中 등의 글자를 써야 한다는 것이다. 물론 이것은 음절의 妙를 기하기 위함이다.

예 春夜洛城聞笛(李白)

誰家玉笛暗飛聲, 散入春風滿洛城. 此夜曲中聞折柳, 何人不起故園情.

【註】 • 聲·城·情은 同一韻의 庚韻이다. • 折柳 : 折楊柳의 曲. 이별 곡. • 故園 : 고향.

⑥ **五絕의 變則** : 五絕에서는 平起·仄起를 막론하고, 모두 起句에서 운자를 달지 않는 것이 正則이지만 韻을 다는 경우도 적지 않다. 이때 句 아래의

三字를 顚倒해서 平起式에는 ◑○○●●을 ◑○◑●◎으로 하고, 仄起式에는 ◑●○○●을 ◑●●○◎으로 한다.

예 汾上驚秋 (蘇頲)

● ○ ○ ● ◎ ◎ ◎
北風吹白雲, 萬里渡河汾, 心緖逢搖落, 秋聲不可聞.

【註】 • 河汾 : 汾河를 말함. 山西省 북방에 있는 하천 이름. 漢武帝가 秋風辭를 지은 곳. • 搖落 : 흔들려서 떨어지다, 가을의 感傷을 느끼다. • 心緖 : 마음이 흐트러지는 것. ※「鼓吹」의 「吹」는 仄聲.

예 關山月(儲光羲)

● ● ● ○ ◎ ◎ ◎
一鴈過連營, 繁霜覆古城, 胡笳在何處, 半夜起邊聲.

【註】 • 關山月 : 樂府 제목, 피리의 曲名. • 連營 : 죽 늘어져 있는 陣營. • 繁霜 : 서리가 많이 내린 것. • 胡笳 : 胡笛, 胡人의 부는 피리. • 邊聲 : 邊塞를 울리는 소리. 즉 胡人이 부는 피리 소리.

⑦ 落韻 : 五言絕句에서는 起句에 韻을 쓰지 않는 것이 正則임에 반해 七言絕句에서는 韻을 쓰는 것이 正則이다. 그러나 變則으로서 때로는 韻을 쓰지 않는 수가 있다. 이것을 落韻이라 한다.

즉, 平起式의 경우 ◑○◑●●○◎이 ◑○◑●○○●으로 변하고, 仄起式의 경우 ◑●◑○◑●◎이 ◑●◑○○●● 또는 ◑●○○●○●(平仄相拯)으로 변하게 된다. 落韻으로 할 때에는 다음과 같이 對句로 하는 것을 定則으로 한다는 설도 있지마는 반드시 그렇지도 않다.

[對句例]

夜上受降城聞笛(中唐 李益)

○ ● ○ ○ ○ ● ● ● ○ ○ ● ● ○ ◎
回樂峰前沙似雪, 受降城外月如霜. 不知何處吹蘆管, 一夜征人盡望鄕.

【註】 •受降城 : 漢 武帝 때 흉노에게 항복받기 위하여 구축한 성. •回樂峰 : 靈州大都府(혹운 大同府)에 있는 봉우리 이름. •蘆管 : 蘆葉(갈대 잎)을 말아서 만든 피리. 胡笳. •征人 : 出征한 군인.

石頭城(唐 劉禹錫)

○○●●○○● ○●○○●●◎
山圍故國周遭在, 潮打空城寂寞回, 淮水東邊舊時月, 夜深還過女牆來.

【註】 •石頭城 : 양자강 언덕에 있는 성. •故國 : 石頭城은 六朝의 舊都이므로 故國이라 함. •周遭 : 둘러싸다. •淮水 : 양자강으로 들어가는 하천. •女牆 : 성 위의 短牆.

[非對句例]

三月晦日贈劉評事(唐 賈島)

○●●○○●● ○○●●●○◎
三月正當三十日, 風光別我苦吟身. 共君今夜不須睡, 未到曉鐘猶是春.

【註】 •正當 : 꼭 ~ 해당된다. •風光 : 봄 경치. •苦吟 : 시를 짓는데 고심한다. •不須睡 : 잠잘 필요가 없다. 잠자서는 안 된다. •曉鐘 : 새벽을 알리는 종소리.

九日憶山東兄弟(唐 王維)

●●●○○●● ●○○●●○◎
獨在異鄕爲異客, 每逢佳節倍思親. 遙知兄弟登高處, 遍挿茱萸少一人.

【註】 •九日 : 九月九日, 重陽節을 말함. •異鄕 : 타향. •異客 : 타향에 있는 사람. •倍 : 더욱. 갑절. •遍 : 모두. •茱萸 : 약초 이름. 重陽節에 머리에 꽂고 노는 풍습이 있다. 이렇게 하면 惡氣를 제거한다는 전설이 있다.

⑧ 通韻 : 古詩를 짓는 경우에 通韻을 쓰는 수가 있다. 通韻이라 함은 음운이 극히 유사한 것을 서로 통용하는 것이다. 가령 東・冬・江의 三韻, 支・微・齊・佳・灰의 五韻, 眞・文・元・寒・刪・先의 六韻 등은 동일 운에 준해서 서로 통용하는 것이다. 絶句는 一韻만을 쓰고 二韻에 걸치는 것을

허용하지 않으나, 드물게는 통운을 쓰는 수도 있다. 그러나 이것은 어디까지나 古人의 예에서 찾아 볼 수 있는 정도에 그치고 남용해서는 안 된다.

예 秋思(唐 張籍)

洛陽城裏見秋風, 欲作家書意萬重. 復恐匆匆說不盡, 行人臨發又開封.

【註】 • 洛陽 : 唐의 수도, 지금의 河南省 洛陽城, 洛城이라고도 함. • 匆匆 : 바쁜 모양. • 家書 : 본 집에 보내는 편지.

예 子規(李中)

暮春滴血一聲聲, 花落年年不忍聽. 帶月莫啼江畔樹, 酒醒遊子在離亭.

【註】 • 子規 : 두견(杜鵑). • 遊子 : 旅人. • 離亭 : 이별 연을 베푸는 정자.

위의 예에 있어서 秋思 詩의 風字는 東韻이지만 重·封은 冬韻이며, 子規 詩의 聲字는 庚韻이지만 聽과 亭은 靑韻이다.

제7장 조구법(造句法)

1. 시(詩)의 구법(句法)

시는 산문과 달라 글자 수에 엄격한 제한이 있고(今體에는 五言, 七言) 따라서 造句에도 일정한 법칙이 있다. 이것을 깨트리면 시의 가락을 이루지 못한다. 여러 가지 종류가 있지만 주로 五言은 □-□, □-□-□와 같이 上 二字와 下 三字, 七言은 □-□-□-□, □-□-□와 같이 上 四字와 下 三字로 되는 것이 원칙이다.

예 白髮 三千丈，緣愁 似箇長.(李白，秋浦歌)

【註】•丈 : 十尺. •似箇 : 이와 같이.

丈夫 非無淚，不灑 離別間.(陸龜蒙，別離)

花開 蝶滿枝，花謝蝶還稀.(于濆，感事)

【註】•謝 : 시들다. 시들어 떨어지다.

鳳凰臺上 鳳凰游，鳳去臺空 江自流.(李白，登金陵鳳凰臺)

草色靑靑 柳色黃，桃花歷亂 李花香.(賈島，春思)

(註)•歷亂 : 꽃이 만발하다.

蝸牛角上 爭何事，石火光中 寄此身.(白居易，對酒)

(註)•蝸牛角上 : 달팽이의 촉각 위에，덧없는 세상을 비유함.

그러나 위에 기술한 造句형식은 가장 일반적인 것에 不過하고，이 외에 여러 가지 형태로 표현할 수 있다.

예 打起黃鶯兒，莫敎枝上啼.(金昌緖，春怨)

【註】•黃鶯兒 : 꾀꼬리，兒는 애칭. •敎 : = 使.

自移一榻西窗下，要近叢篁聽雨聲.(縱步至董氏園亭)

【註】•榻 : 침대. •叢篁 : 대숲.

2. 첩자법(疊字法)

造句法에서 疊字法(동일 문자 거듭 사용)은 금하고 있다. 즉 近體詩는 한 수 중 동일 문자를 2회 이상 사용해서는 안 되지만 단 뜻이 다른 경우는 무방하다.

예 飮湖上初晴後雨 (宋 蘇軾)

水光瀲灩晴方好，山色空濛雨亦奇. 若把西湖比西子，淡粧濃抹總相宜.

【註】•瀲灩 : 물이 가득 찬 모양. •方 : 정말. •空濛 : 희미하게 흐려져 있는 모양. •西湖 : 杭州 西쪽에 있는 호수. •西子 : = 西施. •濃抹(농말) : 진하게 화장하다. ※ 若把~의 「若」을 「欲」으로 한 것도 있다.

위의 시 중 西字가 거듭 쓰여 있으나, 西湖는 호수 이름이요 西子는 인명으로 그 뜻이 서로 다르기 때문에 疊字法에 걸리지는 않는다. 때로는 같은 뜻의 疊字를 써서 그 姿致(容姿, 趣致)를 더욱 아름답게 하는 경우도 있다. 즉

예 孟城坳 (唐 裵廸)

結廬古城下, 時上古城上. 古城非疇昔, 今人自來往.

【註】 • 孟城은 王維의 별장. • 坳(요) : 지형의 울퉁불퉁한 곳. • 疇昔 : 昔日. 前日.
※「時上」의「上」은 동사.「城上」의「上」은 명사이므로 疊用도 무방하다.

예 題長安主人壁 (唐 張謂)

世人結交須黃金, 黃金不多交不深. 縱令然諾暫相許, 終是悠悠行路心.

【註】 • 縱令 : 비록. • 行路心 : 行路의 마음. 상관없는 사람끼리의 마음. • 世人의 交誼의 경박함을 읊은 시.

예 雪梅 (方秋崖)

有梅無雪不精神, 有雪無詩俗了人. 薄暮詩成天又雪, 與梅倂作十分春.

【註】 • 精神 : 靈妙한 마음. • 俗了 : 凡俗하게 만들다. • 薄暮 : 해질 무렵.
• 十分春 : 완전한 봄.

鳳凰臺上鳳凰游, 鳳去臺空江自流.(唐 李白)

昔人已乘黃鶴去, 此地空餘黃鶴樓.(唐 崔顥)

淸明時節雨紛紛, 路上行人欲斷魂.(唐 杜牧)

草色靑靑柳色黃, 桃花歷亂李花香.(唐 賈島)

年年歲歲花相似, 歲歲年年人不同.(唐 劉廷芝)

【註】 • 紛紛 : 난잡한 모양. 여기서는 비가 구질구질하게 내리는 모양. • 斷魂 : 매우 마음을 아프게 한다. • 歷亂 : 꽃이 만발한 모양.

3. 쌍성(雙聲)과 첩운(疊韻)

시는 음률적 문학이므로 그 음절을 諧和優美하게 할 필요가 있음은 이미 반복 설명한 바와 같거니와 그 방법은 다만 平仄·韻脚 혹은 對偶에만 그치는 것이 아니고, 자세히 검토해 보면 一句를 구성하는 숙어 중에 이미 聲音의 미묘한 諧調를 발견할 수 있다. 시험 삼아 詩經(國風, 周南 關雎)을 살펴보면

參差荇菜를 左右流之로다 窈窕淑女를 寤寐求之로다

【註】 • 參差 : 고르지 않은 모양. • 荇菜 : 마름 풀. • 窈窕 : 아름답고 얌전하다. • 寤寐 : 자나 깨나.

낭송해 볼 때 조화의 미를 매우 느끼게 되는 것은 다만 對偶, 押韻 때문만이 아니라, 「參差(Ch'am ch'i, 참치)」와 같은 동일 初聲과 「窈窕(yo cho, 요조)」와 같은 동일 尾韻으로 된 숙어가 쓰였기 때문이다.

陟彼崔嵬나 我馬虺隤란대~ 陟彼高岡이나 我馬玄黃이란대~ (國風, 周南 卷耳)

【註】 • 崔嵬 : 土山이 돌을 이고 있는 것. • 虺隤 : 피로에 지쳐서 앓고 있다. • 玄黃 : 검은 말이 황색으로 변했다는 뜻인데, 병이 심하여 빛이 변하였다. 산에 올라서 보고 싶은 사람을 바라보고 싶으나 뜻대로 되지 않는다는 의미.

「崔嵬(ch'e we, 최외)」「虺隤(whe twe, 회퇴)」는 모두 동일 尾韻의 숙어이요, 「高岡(ko kang, 고강)」「玄黃(hyun whang, 현황)」은 어느 것이나 동일 初聲의 숙어들로 구성되어 한 층 더 쾌감을 주게 되는 것이다. 위에 열거한 바와 같이

參差, 高岡, 玄黃과 같은 동일 初聲의 二字로 구성된 숙어를 雙聲이라 하고, 窈窕, 崔嵬, 虺隤와 같은 동일 尾韻의 二字로 구성된 숙어를 疊韻이라 한다.

제8장 평측(平仄)의 식별(識別)과 양운(兩韻)

1. 평측(平仄) 식별법(識別法)

평측의 식별은 처음에는 매우 귀찮은 것 같으나 차츰 익혀 가면 오히려 흥미 있는 자료이기도 하다. 특히 우리말은 대부분 한자로 이미 長短(高低)으로 구별되어 있으므로 큰 난관은 없다. 또 하나 하나 평측에 관심을 가지고 기억하면 쉽사리 기억될 수 있다. 가령

① 숫자 중 平字는 다만 零·三·千의 3자뿐이다.

② ㄱ, ㄹ, ㅂ 받침의 음은 모두 平字이다.

③ 今體詩의 韻字는 모두 平字이다.

④ 二四不同, 二六對.

⑤ 大學 八條目중의 修身, 齊家, 治國, 平天下는 國·下 2자만 仄.

⑥ 七情의 喜·怒·哀·樂·愛·惡·欲은 哀자만 平.

⑦ 五常의 仁·義·禮·智·信은 仁자만 平.

⑧ 六藝의 禮·樂·射·禦·書·數는 書자만 平.

⑨ 戰國七雄의 秦·楚·燕·齊·韓·魏·趙는 楚·魏·趙 3자가 仄.

⑩ 漢 三傑의 張良·蕭何·韓信은 信자만 仄.

等式으로 기억하면 매우 빨리 기억된다.

2. 양운(兩韻)

모든 한자는 四聲으로 분류되어 반드시 평측 어느 것이나 속하지만 간혹 1자로서 평측 兩性을 가지고 있는 글자가 있다. 이것을 兩韻 또는 通高低의 字라 한다.

① 문법상 또는 뜻의 변화에 의하여 평측이 변하는 것

예 衣가 명사로서 「衣服」의 뜻인 때는 平字이지만 동사로서 「입다」의 뜻. 즉 「衣錦」과 같이 쓰일 때는 仄字가 되며, 「行 : 행」이 「가다」의 뜻인 경우에는 平字의 庚韻이지만 「行列 : 항렬」 「行伍 : 항오」 등과 같이 「줄」의 뜻인 경우에는 平聲이기는 하지만 陽韻이며, 또 「행하다」 「행실」등의 뜻으로 쓰일 때는 仄字가 된다.

② 같은 뜻으로서 통용되는 것

이것은 「看」 「聽」 등과 같이 평측 어느 쪽으로도 쓸 수 있다.

제9장 절구(絶句)의 작법(作法)

이상 각 장에서 絶句에 관한 필요한 규칙과 주의할 점은 대체로 설명했다. 시를 짓는 것은 마치 집을 짓는 것과 같아서 필요한 건축 재료가 구비되면 規矩準繩(콤파스, 삼각자, 수평기, 먹줄)로 이것을 교묘하게 안배하면 宏壯偉麗한 大廈高樓가 되기도 하고, 혹은 瀟灑雅澹한 간이주택이 되기도 하며, 또 청신해서 보는 이로 하여금 상쾌한 느낌을 주기도 하고, 혹은 奇古하여 幽趣를 맛볼 수 있도록 하는 등, 각각 그 희망에 적합한 것을 짓는 것은 건축가의 수완이다. 그러나 건축가가 자기의 창의에 의하여 설계를 해도 앞 사람의 설계도를 참고로 할 필요가 있는 것과 같이 시를 짓는 데 있어서도 前人의 작품을 연구할 필요가 있다. 이하 絕句의 作法에 대하여 살펴보기로 한다.

1. 기승전결(起承轉結)

絕句의 結構法으로는 起·承·轉·結이라는 常則이 있다. 즉 제1구는 詩題에 대해 붓을 일으키므로 起句, 제2구는 起句의 뜻을 계승하게 되므로 承句, 제3구는 방법을 一轉하여 제1, 제2구와는 아무 상관 없는 색다른 표현을 하므로 轉句, 제4구는 이상의 3구를 收結하여 하나의 작품으로 완성하게 되므로 結句라고 한다. 前人의 實例를 들어 그 내용을 확실히 파악해본다.

同洛陽李少府觀永樂公主入蕃 (唐 孫逖)

邊地鶯花少(起), 年來未覺新(承). 美人天上落(轉), 龍塞始應春(結).

【註】 •少府 : 縣의 尉官 즉 寶庫를 지키는 사람. •永樂公主 : 唐 玄宗의 외손녀 楊氏, 契丹(글안)의 수령 李矢活에 정략결혼 시키기 위하여 공주로 삼았다. •蕃 : 야만인. •邊地 : 北邊의 蕃地. •美人 : 永樂公主. •龍塞 : 邊地에 있는 요새.(일명 龍城) •應 : 推量辭. 아마 ~될 것이다.

중국의 歷朝가 북방 蠻族의 침략에 고민하여 때로는 金幣를 주기도 하고, 때로는 공주를 출가시켜서 회유정책을 쓰기도 했었다. 위의 시도 唐 玄宗 開元 4년에 永樂公主를 契丹의 수령 이시활에게 출가시켜 외교정책의 희생이 된 일례이다. 여기에서 공주로 가게 된 契丹(글안)은 극히 邊鄙한 곳으로 꾀꼬리 소리도 안 들리고, 꽃도 피지 않는 적막·황량한 지대임을 나타내서 起句를 삼았다. 그리고 曆書상으로 보면 비록 해가 가고 해가 올 계절이 바뀐다고 할 수 있으나, 실제로는 화창한 봄빛도 볼 수 없으므로 新舊를 구별할 수도 없다고 起句의 뜻을 받아 承句를 삼았다. 이 起·承 2구는 공주를 출가시키려는 蕃地의 광경을 서술한 데 불과하다.

그런데, 제3구는 돌연 180도로 전환하여 起·承과는 전연 관계가 없는 꽃과 같이 아름다운 공주가 홀연 하늘로부터 하강한 것처럼 그 殺風景의 胡地에 나타났다고 비로소 공주의 신상에 대하여 서술함에 이르렀다. (天上落으로 唐의 황실로부터 胡에 降嫁한 뜻을 표현한 것이 매우 기교적이다.) 이것이 곧 轉句이며, 全詩의 관건이 되는 곳이다. 그리고 제4구에 이르러서는 이런 꽃 같은 공주가 蕃地에 들어감으로써 그렇게도 황량하던 龍塞지방도 비로소 꽃 氣分이 들어 다 기뻐하게 될 것이라고 上句에 照應하여 전편을 완결지었다. 즉 이것을 結句를 삼았다.

類例 望湖樓醉書 (宋 蘇軾)

黑雲翻黑未遮山, 白雨跳珠亂入船. 捲地風來忽吹散, 望湖樓下水如天.

【註】 • 望湖樓 : 杭州의 西湖에 있는 樓. • (大意) 검은 먹구름이 몰려들어 아직 산도 채 덮지 못했다고 생각하는 동안에 벌써 소낙비가 쏟아져 왔다. 다시 대지를 휩쓰는 거센 바람이 한번 불어오니 호수의 수면이 거울처럼 맑아졌다는 뜻이다. 「轉句」의 표현에 유의.

類例 泊秦淮 (唐 杜牧)

煙籠寒水月籠沙, 夜泊秦淮近酒家, 商女不知亡國恨, 隔江猶唱後庭花.

【註】 • 秦淮 : 지금 南京에 있으며, 古來 번화지. • 籠 : 싸다(包). • 商女 : 妓女. • 後庭花 : 玉樹後庭之曲, 즉 亡國의 노래.

물론 起·承·轉·結도 고정불변의 법칙은 아니다. 오히려 이 법을 株守함으로써 천편일률에 빠져 변화의 妙를 얻을 수 없는 결점도 있다. 다음의 시들은 常則을 벗어난 것들이다.

예 登鸛雀樓 (唐 王之渙)

白日依山盡，黃河入海流. 欲窮千里目，更上一層樓.

轉句에 특별한 변화가 없다.

예 移州歌 (失名氏)

打起黃鶯兒，莫教枝上啼，啼時驚妾夢，不得到遼西.

【註】 • 轉句는 承句의 구실을 한다. • 黃鶯兒의 「兒」는 애칭. • 教 : = 使.
• 妾 : 부인의 自稱. • 遼西 : 遼河의 서쪽 지방. • 이 노래는 출정한 남편을 사모한 시이다.

예 四時 (東晋 陶淵明)

春水滿四澤，夏雲多奇峯. 秋月揚明輝，冬嶺秀孤松.

【註】 • 이 형식은 4구가 각각 독립되어 있다. 각 句의 頭字를 합하면 四時(春·夏·秋·冬)가 되는 기교, 정말 훌륭하다.

2. 표현법(表現法)

시를 가장 효과적·예술적으로 표현하기 위하여 다음과 같은 표현방법이 있다.

(1) 사상배열상(思想排列上) 분류

① 총제법(總提法)(두괄식)

예 宋 蘇軾의 春夜詩

(起)春宵一刻直千金. ~
- (承)花有淸香月有陰.
- (轉)歌管樓臺聲細細. (或作 寂寂)
- (結)鞦韆院落夜沈沈.

(承轉結句는 起句를 설명했다)

【註】 • 直(치) : 値, 가치가 있다. • 鞦韆 : 千秋, 그네. • 院落 : 中庭. • 沈沈 : 밤이 깊어 가는 모양.

② 총결법(總結法)(後括式)

예 唐 李白의 怨情詩

(起)美人捲珠簾.
(承)深坐嚬蛾眉. ｝~ (結)不知心恨誰.
(轉)但看淚痕濕.

(歸納式이요, 總結法이다.)

【註】 • 怨情 : 樂府 題目. 사랑을 잃은 궁녀의 정을 서술한 것이다. • 蛾眉 : 미인의 눈썹.

③ 층진법(層進法)(追步式) 一事를 提揭하고 한걸음 한걸음씩 전진 서술하는 방식.

예 山中 (唐 顧況)

野人自愛山中宿, 況是葛洪丹井西. 庭前有箇長松樹, 夜半子規來上啼.

【註】 • 葛洪 : 晋人, 신선술에 통달. 抱朴子의 저자. • 丹井 : 丹藥(仙藥)을 만드는 샘. • 箇 : 이와 같은, 「似箇」의 뜻. • 子規 : 杜鵑.

④ 사구(四句) 사의법(四意法)(散敍法)

예 四時 (東晋 陶淵明)

春水滿四澤, 夏雲多奇峯. 秋月揚明輝, 冬嶺秀孤松.

【註】 • 四句各獨立.

⑤ 양절법(兩折法)(前二句를 一折, 後二句를 一折로 하는 서술법)

예 滁州西澗

獨憐幽草澗邊生, 上有黃鸝深樹鳴. 春潮帶雨晩來急, 野渡無人舟自橫.

【註】 • 滁州(저주) : 지금의 安徽省 滁州治. • 野渡 : 들 나루터. ※ 起句는 君子在野에 비하고, 承句는 小人在位에 비하고, 轉句는 國家多難에 비하고, 結句는 江湖에 濟世의 인재가 있으나 등용되지 못함을 풍자했다. 「古人爲詩, 貴乎意在言外.(司馬光의 續詩話)」

⑥ 문답법(問答法)

예 尋隱者不遇 (唐 賈島)

松下問童子, 言師採藥去, 只在此山中, 雲深不知處.

【註】 • 前一句가 問答, 後二句가 당시의 情景을 나타낸다.

예 歸雁 (唐 錢起)

瀟湘何事等閑回, 水碧沙明兩岸苔, 二十五絃彈夜月, 不勝淸怨却飛來.

【註】 • 瀟湘 : 洞庭湖의 남쪽 언덕. • 等閑 : 무심히. • 二十五絃 : 二十五絃琴. 舜帝의 后 娥皇·女英이 타던 것. • 淸怨 : 餘音이 맑은 哀調의 曲. • 却 : 되각하다. • 飛來의 「來」는 助辭. 날아서 돌아다니다. 「돌아오다」의 뜻이 아님.

이 시는 前二句가 問이요, 後二句가 答이다. 즉 前二句에서 春鴈이 북으로 가는 것을 보고 水碧沙明兩岸苔의 좋은 瀟湘江의 경치를 버리고 왜 가느냐고 묻고 이어서 後二句에서 답하기를 舜帝의 后 娥皇·女英이 빠져죽은 이 瀟湘江에서 그들의 두 靈이 哀怨을 이기지 못하여 二十五絃琴을 타는 구슬픈 소리를 차마 들을 수가 없어서 돌아가겠다고 대답한 自問自答式이다.

예 淸明 (唐 杜牧)

淸明時節雨紛紛, 路上行人欲斷魂, 借問酒家何處在(或 有), 牧童遙指杏花村.

【註】 • 후반이 문답식.

예 磧中作 (唐 岑參)

走馬西來欲到天, 辭家見月兩回圓. 今夜不知何處宿, 平沙萬里絕人烟.

【註】 • 磧 : 원래는 水中沙나 여기서는 사막. • 欲到天 : 중국 서북 사막은 전방으로 갈수록 지반이 높아서 마치 하늘에 오르는 기분이 난다는 뜻. 이것은 轉結이 자문자답식이다.

이상은 思想的 排列의 양식에 대하여 주요한 것을 들었으나 단순히 외형상의 분류를 들면 다음과 같다.

(2) 외형상(外形上) 분류

① 전산구(全散句)

예 春曉 (唐 孟浩然)

春眠不覺曉, 處處聞啼鳥, 夜來風雨聲, 花落知多少.

【註】 • 夜來 : 밤사이. 「來」는 助語. 예, 「看來」, 「覺來」 등. • 多少 : 많다. 「少」는 무의미의 帶字.

② 전대격(前對格)

예 絕句 (唐 杜甫)

江碧鳥逾白, 山青花欲然. 今春看又過, 何日是歸年.

【註】 • 然 : = 燃. • 何日~ : 언제 고향에 돌아가겠는가?

③ 후대격(後對格)

예 寒食汜上作 (唐 王維)

廣陵城邊逢暮春, 汶陽歸客淚沾巾. 落花寂寂啼山鳥, 楊柳青青渡水人.

【註】 • 汜上 : 汜水上, 汜水는 河南省, 汜水縣에 있는 하천 이름. • 廣陵城 : 鄭州에 있는 성 이름. • 汶陽 : 兗州 奉符縣의 지명.

④ 전대격(全對格)

예 登鸛雀樓 (唐 王之渙)

白日依山盡, 黃河入海流, 欲窮千里目, 更上一層樓.

(3) 요체시(拗體詩)

위에 서술한 「二四不同, 二六對」의 규칙과 평측의 원칙을 벗어난 일종의 變體를 拗體라고 한다. 이것은 다음의 2종이 있다.

① 요구체(拗句體)

이것은 「二四不同, 二六對」의 원칙에는 맞으나, 혹은 平起式의 前半과 仄起式의 後半과 결합하고, 혹은 仄起式의 前半과 平起式의 後半과 결합하여 평기식에도 측기식에도 맞지 않는 것이다.

② 요자체(拗字體)

이것은 一句 中의 평측이 「二四不同, 二六對」의 규칙에 맞지 않는 것이다.

예 送元二使安西 (唐 王維)

● ○ ○ ● ● ○ ◎ ● ● ○ ○ ● ● ◎ ● ○ ● ● ● ○ ● ○ ● ○ ○ ○ ● ◎
渭城朝雨浥輕塵, 客舍靑靑柳色新, 勸君更盡一杯酒, 西出陽關無故人.

예 磧中作 (唐 岑參)

● ● ○ ○ ● ● ◎ ○ ○ ● ● ● ○ ◎ ○ ● ● ○ ○ ● ● ○ ○ ● ● ● ○ ◎
走馬西來欲到天, 辭家見月兩回圓. 今夜不知何處宿, 平沙萬里絶人烟.

전자는 전반도 평기식이며, 후반도 평기식이요, 후자는 전반도 측기식이며, 후반도 측기식이므로 모두 소위 拗句體이다.

예 山中問答 (唐 李白)

● ○ ○ ● ○ ● ◎ ● ○ ● ● ○ ● ○ ○ ○ ○ ● ● ○ ● ● ● ○ ● ○ ○ ◎
問余何意棲碧山, 笑而不答心自閑. 桃花流水窅然去, 別有天地非人間.

예 題長安主人壁 (唐 張謂)

● ○ ● ○ ○ ○ ◎　○ ○ ● ○ ○ ● ◎　● ○ ○ ● ● ○ ●　○ ● ○ ○ ○ ● ◎
世人結交須黃金, 黃金不多交不深, 縱令然諾暫相許, 終是悠悠行路心.

山中問答은 起句와 結句가 二四不同 二六對의 원칙에 맞지 않으며, 題長安主人壁은 후반은 平起式에 맞으나 전반이 맞지 않으므로 소위 拗字體이다. 이것들은 모두 일종의 古體라고 볼 수 있다.

제10장 율시(律詩)

1. 율시(律詩)의 결구(結構)

율시는 唐初에 일어난 일종의 新體詩이다. 율시의 律은 音律의 律, 法律의 律의 뜻으로서 一句 중의 평측의 배열, 一聯 중의 宮・商(五言의 일종, 宮은 中聲, 商은 金屬音)의 변화에 일정한 規矩가 있어 법도가 엄격하다. 이것은 梁(沈約・何遜), 陳(徐陵・陰鏗)에서 출발하여 唐初 저 유명한 王勃・楊炯・盧照隣・駱賓王 등 四傑이 배출되고, 이어서 沈佺期・宋之問에 이르러 비로소 소위 율시라는 新體詩式이 완성되었다.

율시에는 五言律詩(五字句, 八句로 구성)와 七言律詩(七字句, 八句로 구성)의 2종이 있으며, 第一句로부터 순서로 2句씩 합쳐서 1聯이라고 한다.

第一句
第二句 } 首聯(起聯・破題・起首・發端・發句・開句라고도 함)

第三句 第四句	頷聯(撼聯・前聯・胸句라고도 함)	합쳐서 中聯이라 함.
第五句 第六句	頸聯(後聯・末聯・腹聯・腰句라고도 함)	
第七句 第八句 第八句	尾聯(結聯・末聯・落句・結句라고도 함)	

頷聯과 頸聯에는 반드시 對句를 쓰지 않으면 안 된다. 또 起・承・轉・結(合)의 원칙을 율시에도 적용해서 首聯을 起・頷聯을 承・頸聯을 轉・尾聯을 結(合)이라고 하는 사람도 있으나 반드시 이에 구애될 필요는 없다.

이제 各聯에 대한 詩想의 표현방법을 약술하면

首聯의 표현방법은 눈앞의 경치에 대해서 혹은 興을, 혹은 比를, 혹은 賦를 가지고 시작해도 좋다.(詩의 六義 참조)

또는 故事를 인용하든지 시제에 대해서 시작하든지 상관없다. 要는 突兀高遠하고 광풍이 물결을 휘감고 하늘로 올라가는 듯한 기세가 있어야 한다.

頷聯의 표현방법은 뜻을 그리든가, 景을 그리든가, 情中에 景을 그리든지 아무렇게나 해도 좋다. 또 故事를 인용해도 상관없다. 단 이 聯은 破題 즉 首聯에 이어지는 것이 매우 필요하며 마치 驪龍이 여의주를 안고 빼앗기지 않겠다는 듯이 표현을 하는 것이 좋다고 古人들은 말하고 있다. 이 聯을 撼聯이라고 하는 이유도 天地・日月星辰을 뒤흔드는 듯한 기세가 있다는 뜻이 있기 때문이다.

頸聯의 着筆은 頷聯과 다를 바 없으나 다만 頷聯의 뜻과 상응해서 疾雷가 山을 깨뜨려 보는 이로 하여금 경악을 금치 못하게 하는 변화가 필요하다.

尾聯은 題에 대해서 결속을 해도 좋고, 또는 새로 한걸음 내딛어도 좋고, 혹은 上聯의 뜻을 묶어 줘도 좋고, 또는 故事를 인용해도 좋으나 말은 끝났다 하더라도 뜻은 다함이 없음을 요한다.

2. 대우법(對偶法)

五律, 七律을 막론하고 中聯 즉 頷聯과 頸聯은 반드시 對句로 하지 않으면 안 된다. 생각건대 율시의 생명은 바로 여기에 있고 그 精采를 발휘하는 것도 여기에 있으므로, 古來 시인은 대부분 심혈을 이 두 聯句에 傾注하고 있다.

對句에 대해서는 명칭도 매우 많고, 분류도 매우 복잡하나 그 중 가장 많이 사용하는 14종을 골라 간단히 설명해 보려 한다.

① 隔句對(扇對) : 제1구가 제3구에, 제2구가 제4구에 對하는 법. 주로 古體에 쓰인다.

예 去年何時君別妾, 南園綠草飛蝴蝶. 今歲何時妾憶君, 西山白雪暗秦雲. (李白)

【註】• 飛蝴蝶 : 胡蝶飛. / 暗秦雲 : 秦雲暗의 도치.

② 廻文對 : 1聯 중 首尾에 동일 문자를 배치하는 법.

예 莊周夢胡蝶, 胡蝶爲莊周. (李白)
今年花似去年好, 去年人到今年老. (岑參)

③ 聯綿對 : 一句 중 위의 글자를 받아서 곧 그 아래에 동일 문자를 쓰는 법.

예 待月月未出, 望江江自流. (李白)
一日日知添老病, 一年年覺惜重陽. (白居易)

이 외에 上句의 尾와 下句의 頭에 동일 문자를 쓰는 법도 있다. 이것을 頂針法이라 한다.

예 打起黃鶯兒, 莫敎枝上啼, 啼時驚妾夢, 不得到遼西.(金昌緖)

④ 流水對 : 二句 對偶의 형식은 취하고 있으나, 兩句가 一意를 완성하는 법.

예 如何靑草裡, 也有白頭翁.(李白)

【註】 • 也 : = 亦.

不辨風塵色, 安知天地心.(張巡)

【註】 • 安 : 어찌.

欲爲聖明除弊事, 肯將衰朽惜殘年.(韓愈)

【註】 • 肯 : 감히. 어찌 감히~하겠는가?의 반어형. • 聖明 : 聖世. • 弊事 : 폐해를 끼치는 일.(즉 迎佛骨事). 詩題는 「左遷至藍關示姪孫湘」이다.

⑤ 實字對 : 산천·초목과 같이 실체 있는 물건을 가지고 對하는 방법.

예 隔牖風驚竹, 開門雪滿山.(王維)

白鳥影從江樹沒, 淸猿聲入楚雲哀.(劉滄)

고유명사로 대하는 것은 특히 的名對(또는 正名對)라 한다.

예 靑楓江上秋天遠, 白帝城邊古木疎.(高適)

⑥ 虛字對 : 허자 즉 조동사·접속사·감탄사 등과 같이 일정한 뜻이 없는 글자로서 對하는 방법.

예 寬心應是酒, 遣興莫過詩.(杜甫)

匡廬便是逃名地, 司馬仍爲送老官.(白居易)

【註】 • 匡廬 : 廬山의 별명. • 司馬 : 州의 군사를 맡은 官名. 白樂天이 당시 江州司馬였다. • 仍 : 오히려 역시의 뜻.

※(주의) 虛實說은 虛字, 實字對와는 다른 것이니 구별하기 바란다. 즉 이것은 하나의 시 가운데 기후·風花·雪月·水樹 등의 物을 실사하는 것은 다 景(實)이고, 일체의 述懷敍事는 다 情(虛)이다. 시의 내용을 분석해 볼 때 長短의 차는 있지만 결국 情(虛)을 述하고, 景(實)을 寫하는 데 불과하다. 여기에는 周弼의 四實·四虛·前虛後實·前實後虛說 등이 있다. 즉 頷聯頸聯(合四句)의 對法에 있어서의 내용에 관한 구분이다.

⑦ **疊字對**(連珠對·重字對·雙字對) : 朝朝·夜夜·蕭蕭 등과 같이 동일문자로 된 것을 써서 對하는 방법.

예 樹樹皆秋色, 山山惟落暉.(王積)
穿花蛺深深見, 點水蜻蜓款款飛.(杜甫)

⑧ **雙聲對** : 蒹葭·蟋蟀과 같이 雙聲(동일 초성으로 된 말)의 숙어로 對하는 것.

예 宮闕通群帝, 乾坤到十洲.(杜甫)
【註】 •十洲 : 仙人이 사는 곳.
月明航笛參差起, 風定池蓮自在香.(宋 陸游)
【註】 •參差(참치 또는 침치) : 不齊貌. •自在 : 自由.

⑨ **疊韻對** : 窈窕·彷徨과 같이 동일 尾韻의 2字로 된 것을 써서 對하는 방법.

예 蒼茫遠山口, 豁達胡天開.(高適)
綠波淸迥玉爲砂, 靑雲離披錦爲霞.(劉庭芝)
【註】 •迥 : 멀다. •玉爲砂 : 砂爲玉의 도치, 모래가 옥 같이 아름답다. •錦爲霞 : 霞爲錦의 도치. 즉 노을은 비단처럼 아름답다. •離披 : 구름이 드문드문 떨어져 끼어 있다. 披는 열리다.

⑩ **數目對** : 상하의 句가 숫자로써 對를 한다. 單·孤·獨·隻이 一에 준하고, 兩·雙·再·重이 二에 준하는 외에 半·數·或·衆·多·群·滿도 이 안에 포함된다.

예 天淸一雁遠, 海濶孤帆遲.(李白)
三五夜中新月色, 二千里外故人心.(白樂天)

⑪ 色對 : 靑天으로써 白日에 對하고, 紅顔으로써 白髮에 對하는 따위.

예 宿夕靑雲志, 蹉跎白髮年.(張九齡)
【註】 • 宿夕 : 옛날. • 蹉跎 : 우물쭈물하다가. 원래 넘어지다는 뜻. 실패하다.
鳥下綠蕪秦苑夕, 蟬鳴黃葉漢宮秋.(許渾)

⑫ 倒裝對(錯綜對) : 도치법을 써서 對하는 것.

예 香稻啄殘鸚鵡粒, 碧梧棲老鳳凰枝.(杜甫)
【註】 • 第一句는 鸚鵡啄殘香稻粒의 도치, 第二句는 鳳凰棲老碧梧枝의 도치이다.

⑬ 句中對(就句對, 就對) : 一句 중에서 對를 하는 것이다.

예 孤雲獨鳥天光動, 萬井千山海色秋.(李嘉祐)

⑭ 三折對 : 一句를 세 가지 내용으로 표현하며 對하는 방법.

예 風急天高猿嘯哀, 渚淸沙白鳥飛廻.(杜甫)

율시의 梗槪는 이상 서술한 바와 같거니와, 요컨대 평측을 고르고 對偶를 엄격히 하며, 一篇 중 情을 펴고 景을 그리며, 혹은 情을 景에 붙여서 표현하고 혹은 景에 부딪쳐 情을 나타내면서 대체로 격조를 주로 하되, 意興을 經(날)으로 하고, 詞句를 緯(씨)로 한다. 七言은 五言에 비하면 한층 어렵게 여겨지고 있다. 단순히 五言에 2글자를 더하면 七言이 되고, 七言에서 두 글자를 빼면 五言이 된다고 생각해서는 안 된다. 뜻에 있어서나 詞句에 있어서나 한 글자도 증감할 수 없으며, 字字, 句句의 연결이 마치 連珠의 연속처럼 意脈이 관통될 때 비로소 그 묘를 얻었다고 할 수 있다.

3. 오언율평측법(五言律平仄法)

五言律의 평측법에는 絕句와 같이 平起式과 仄起式이 있고, 측기식은 오언절구의 측기식을 둘 연결하고, 평기식은 오언절구의 평기식을 둘 연결한 것에 불과하다. 그리고 그 第一句에 압운하는 特例가 있는 것과, 仄起를 正格으로 하고, 平起를 偏格으로 하는 것도 또한 오언절구와 다름이 없다.

① 오언율(五言律) 측기식(仄起式)(正格)

春望 杜甫

	┌── ●○◎	
首聯	◑●◑○●	●●○○● 國破山河在
	◑○◑●◎(韻)	○○●●◎ 城春草木深
	┌── ●○●	
頷聯	◑○○●●	●○○●● 感時花濺淚
	◑●●○◎(韻)	●●●○◎ 恨別鳥驚心
頸聯	◑●◑○●	○●○○● 烽火連三月
	◑○◑●◎(韻)	○○●●◎ 家書抵萬金
	┌── ●○●	
尾聯	◑○○●●	●○○●● 白頭搔更短
	◑●●○◎(韻)	○●●○◎ 渾欲不勝簪

② 오언율평기식(五言律平起式)(偏格)

送友人 李白

	┌── ●○● 또는 ●●◎	
首聯	◑○○●●	○○○●● 青山橫北郭
	◑●●○◎(韻)	●●●○◎ 白水遶東城

頷聯	◑●◑○●	●●●○● 此地一爲別
	◑○◑●◎(韻)	○○●●◎ 孤蓬萬里征
頸聯	┌──●○● ◑○○●●	○○○●● 浮雲遊子意
	◑●●○◎(韻)	●●●○◎ 落日故人情
尾聯	◑●◑○●	○●●○● 揮手自玆去
	◑○◑●◎(韻)	○○○●◎ 蕭蕭班馬鳴

【註】「送友人」은 一·二구를 對句로 하고, 三·四는 對로 하지 않았다. [借(偷)春對] •郭 : 도시를 둘러 싼 성벽. •蓬 : 정처 없이 떠돌아다니는 사람을 비유함. •遊子 : = 旅人. •蕭 : 쓸쓸히. •揮手 : 작별하다. •班馬 : 이별하는 말. 「班」은 떠나다. 이별하다. ※ 頸聯은 「遊子意如浮雲, 故人情如落日」의 도치로 강한 인상을 준다.

第一句의 押韻 例를 들면,

예 從軍行　唐 楊炯

○●●○◎　○○●●◎　○○○●●　●●●○◎

烽火照西京, 心中自不平. 牙璋辭鳳闕, 鐵騎遶龍城.

○●○○●　○○●●◎　○○●○●　●●●○◎

雪暗凋旗畫, 風多雜鼓聲. 寧爲百夫長, 勝作一書生.

【註】 •從軍行 : 樂府 題目. 「行」은 詩體의 일종. •西京 : 長安. •牙璋 : 군사를 상징하는 구슬. 從軍記章. •鳳闕 : = 宮城. •鐵騎 : 武裝한 말. 막강한 騎兵. •龍城 : 지형이 용과 같은 성인데, 甘肅省에 있는 흉노가 구축한 구역. •雪暗 : 눈이 자욱하게 내려서 깃발의 그림이 희미하게 보인다. •百夫長 : 百夫의 長, 지금의 중대장 같은 것. •勝作~ : 차라리 한 書生이 되는 것이 보다 더 낫다.

예 聞笛　唐 張巡

○○●●◎　●●●○◎　●●○○●　○○○●◎

岧嶢試一臨, 虜騎附城陰. 不辨風塵色, 安知天地心.

○○○●● ●●●○◎ ○●○○● ○○○●◎
門開邊月近, 戰苦陣雲深. 旦夕更樓上, 遙聞橫笛音.

【註】 • 岧嶢 : 높은 모양. • 虜騎 : 夷狄의 騎兵. • 城陰 : 성의 북쪽. • 邊月 : 변방을 비추는 달. • 陣雲 : 戰場의 하늘을 덮은 구름. • 更(경) : 교대해서 경비하다. 更樓는 番兵을 교대하여 적을 감시하는 樓.

4. 칠언율평측법(七言律平仄法)

칠언율시의 평측법도 오언율시와 같이 同格의 칠언절구의 평측식을 둘 연결하고, 第五句의 韻을 달지 않은 것과 같다. 그리고 평기식과 측기식의 두 樣式이 있는데 평기식을 正格이라 하고, 측기식을 偏格이라 하는 것도 또한 칠언절구와 같다.

① 칠언평기식(七言平起式)(正格)

左遷至藍關示姪孫湘 韓愈

首聯	(┌─ ○○●)	
	◑○◑●●○◎(韻)	●○○●●○◎ 一封朝秦九重天
	◑●◑○◑●◎(韻)	●●○○●●◎ 夕貶潮州路八千
頷聯	(┌─ ●○●)	
	◑●◑○○●●	●●●○○●● 欲爲聖明除弊事
	◑○◑●●○◎(韻)	●○○●●○◎ 肯將衰朽惜殘年
頸聯	◑○◑●◑○●	○○○●○○● 雲橫秦嶺家何在
	◑●◑○◑●◎(韻)	●●○○●●◎ 雪擁藍關馬不前
尾聯	(┌─ ●○●)	
	◑●◑○○●●	○●●○○●● 知汝遠來應有意
	◑○◑●●○◎(韻)	●○○●●○◎ 好收吾骨瘴江邊

【註】 • 姪孫 : 兄弟之孫. • 一封 : 論佛骨表, 즉 佛骨[부처의 뼈]을 맞이함을 간하는 상소. • 九重天 : 천자의 거처. • 潮州 : 廣東省의 潮州府. • 聖明 : 聖明之世. • 弊事 : 佛骨을 맞아들이는 일. • 秦嶺藍關 : 모두 潮州로 가는 도중의 지명. • 瘴江 : 瘴氣(惡氣)가 있는 강이기에 이런 이름이 붙었다. ※ 頷聯의 뜻 : 결국 태평성대를 위하여 해가 되는 일을 제거하려고 하는 것이었지, 어찌 감히 老衰한 몸을 가지고 여생을 아깝게 생각해서 한 일이겠는가?

② 칠언 측기법(七言仄起法)(偏格)

蜀相 杜甫

聯	平仄	詩
首聯	◑●◑○◑●◎ (└── ○●● 혹은 ●○●)	○●○○○●◎ 丞相祠堂何處尋
	◑○◑●●○◎	●○○●●○◎ 錦官城外柏森森
頷聯	◑○◑●◑○●	●○●●●○● 映堦碧草自春色
	◑●◑○◑●◎	●●○○○●◎ 隔葉黃鸝空好音
頸聯	◑●◑○○●● (└── ●○●)	○●○○○●● 三顧頻繁天下計
	◑○◑●●○◎	●○○●●○◎ 兩朝開濟老臣心
尾聯	◑○◑●◑○●	●○●●○○● 出師未捷身先死
	◑●◑○◑●◎	○●○○●●◎ 長使英雄淚滿襟

【註】 • 蜀相 : 蜀漢의 丞相 제갈량. • 錦官城 : 蜀의 수도. 지금의 成都. • 三顧 : 三顧草廬의 三顧. • 兩朝 : 昭烈皇帝. • 出師 : 군대를 출동시키다. • 未捷 : 미완성.

③ 편법(篇法)과 그 종류

칠언율시의 작법도 五言律과 별로 다를 바 없고 對句의 형성은 中二聯(第三,

四, 五, 六句)을 주로 하고 있으나 이 원칙을 벗어난 예도 많다. 그 형식의 대강으로 다음의 7종을 들 수 있다.

ㄱ. 기결부대격(起結不對格)

起聯, 結聯에는 對句를 쓰지 않고, 中二聯만 對句를 쓰는 방법이다. (일반적 형식)

예 日高睡足猶慵起, 小閣重衾不怕寒. 遺愛寺鐘欹枕聽, 香爐峰雪撥簾看. 匡廬便是逃名地, 司馬仍爲送老官. 心泰身寧是歸處, 故鄕何獨在長安.

(白樂天, 香爐峰下新卜山居詩)

【註】 • 慵 : 게으르다. • 重 : 겹으로 덮다. • 怕 : 겁내다. • 遺愛寺 : 廬山에 있는 절 이름. • 香爐峰 : 廬山의 봉우리. • 匡廬 : 廬山의 별명. • 司馬 : 官名. • 仍 : 오히려.

ㄴ. 기대결부대격(起對結不對格)

第七, 第八句만 對로 하지 않고, 나머지는 전부 對句로 하는 것. 이것을 雙起單結體라고도 한다.

예 老去悲秋强自寬, 興來今日盡君歡. 羞將短髮還吹帽, 笑倩傍人爲正冠. 藍水遠從千澗落, 玉山高竝兩峯寒. 明年此會知誰健, 醉把茱萸仔細看.

(杜甫, 九日藍田崔氏莊)

【註】 • 强自寬 : 슬픈 마음을 억제하고 너그러운 생각으로 위로한다. • 羞將~(頷聯) : 옛날 孟嘉는 술에 취하여 바람에 모자를 날렸는데, 이제 나는 갓을 떨어뜨리고 대머리를 남에게 보이는 것이 부끄러워 옆 사람의 힘을 빌려서 갓을 바르게 한다. 「倩」 : 傭. • 藍水 : 藍田山에 있는 내 이름. • 玉山 : 藍田山. 美玉이 산출되므로 이 이름이 붙었다. ※ 頷聯은 流水對(二句一意對)를 썼다.

ㄷ. 기부대결대격(起不對結對格)

第一, 第二句만 對로 하지 않고, 나머지는 전부 對句로 하는 방법. 이것을 單起雙收體라고도 한다.

예 劍外忽傳收薊北, 初聞涕淚滿衣襟. 却看妻子愁何在, 漫卷詩書喜欲狂.
白首放歌須縱酒, 青春作伴好還鄉. 卽從巴峽穿巫峽, 便下襄陽向洛陽.

(杜甫, 聞官軍收河南河北)

【註】 • 收 : 군대를 철수하는 것. • 薊 : 周나라 때 諸侯國 이름. 지금 京兆 大興縣 西南地方. • 涕淚 : (감격의) 눈물. • 巴峽 : 巴地의 협곡, 양자강 상류에 있음. • 巫峽 : 四川省 巫縣東에 있다. 湖北 巴東에 접함. • 襄陽 : 지금의 湖北省. • 洛陽 : 河南省 洛陽縣.

ㄹ. 기결쌍대격(起結雙對格)

起·中·結(首·中·尾)聯 모두 對句로 하는 것이다. 이것을 八句全對·八句總對라고도 한다.

예 風急天高猿嘯哀, 渚淸沙白鳥飛迴. 無邊落木蕭蕭下, 不盡長江滾滾來.
萬里悲秋常作客, 百年多病獨登臺. 艱難苦恨繁霜鬢, 潦倒新停濁酒杯.

(杜甫, 登高)

【註】 • 落木 : 낙엽. • 蕭蕭 : 쓸쓸하다. 楚辭에 「風颯颯兮, 木蕭蕭」라 있다. • 滾滾(곤곤) : 멈춤 없이 흐르는 모양. • 繁霜 : 백발이 많은 모습. • 潦倒 : 老衰零落貌. ※ 假借法에 의한 造句. 즉 反切(다른 두 글자의 음을 합하여 음을 얻는 방법, 「東」은 「德紅切」)의 법칙에 의하여 「潦倒 : 료도」가 「로」 즉 「老」로 된 것이다. • 潦倒~(第八句) : 너무 늙어서 막걸리 잔도 제대로 들 수가 없다. 이 詩는 總對格의 正宗이라고 불린다.

ㅁ. 기련대전련부대격(起聯對前聯不對格)

起聯(首聯) 二句를 對하고, 前聯(頷聯) 二句는 도리어 對를 하지 않는 형식. 이것을 偸春體라고도 한다. 梅花가 春色을 훔쳐서 겨울에 먼저 피기 때문에 붙은 이름이다. 그러나 이런 예는 매우 드물다.

(例文)은 李白의 「送友人」詩 참조.

ㅂ. 전반부대격(前半不對格)

首聯은 물론 對를 하지 않지만 頷聯(第三, 四句)도 對句로 하지 않는 방법. 이것을 蜂腰體라고도 한다. 首聯·頷聯에서 詩意가 거의 끊어졌다가 頸聯에서 다시 계속되기 때문에 蜂腰라는 명칭이 붙었다.

예 胡人吹玉笛, 一半是秦聲. 十月吳山曉, 梅花落敬亭.
愁聞出塞曲, 淚滿逐臣纓. 却望長安道, 空懷戀主情.
(李白, 觀胡人吹笛)

【註】•吳山 : 杭州府城의 西南隅에 있는 산. •出塞曲 : 曲名. 出塞入塞의 曲. 出塞는 변경의 堡壘를 떠나다. •逐臣 : 천자로부터 추방된 신하. •秦 : 여기서는 塞北 西域地方으로서 주로 漢代의 중국을 말함. 秦聲은 秦의 俗謠.

ㅅ. 총부대격(總不對格)

全首 對句를 쓰지 않고, 一意順下 하는 것.

예 昨夜巫山下, 猿聲夢裡長. 桃花飛綠水, 三月下瞿塘.
雨色風吹去, 南行拂楚王. 高丘懷宋玉, 訪古一霑裳.(李白, 宿巫山下)

【註】•巫山 : 四川省 巫山縣에 있는 산. 「上有十二峰, 下有神女廟.」 옛날 楚襄王이 꿈에 神女와 인연을 맺었다는 곳. •飛綠水 : 綠水에 날다. 「飛」는 타동

사가 아니다. •瞿塘：四川省 奉節縣에 있는 협곡. •楚王：楚襄王. •宋玉：전국시대의 楚나라 사람. 屈原流의 騷賦에 능하였고 「神女賦」「對楚王問」 등 작품이 있다.

요컨대 詩의 실제적 작법에 대해서 여러 가지 논설도 있고, 또 각자의 詩才에 따라 서로 다르지만 「絕句」에 있어서는 轉結을 먼저 만드는 것이 좋다. 왜냐 하면, 起承이 아무리 巧하다 하더라도 轉結이 拙하면 그 시는 보잘 것이 없으며, 반대로 轉結이 巧하면 起承이 다소 拙하다 하더라도 시 전체는 활기를 띠게 된다. 그리고 「律詩」는 먼저 中聯의 對句를 먼저 만들어 놓고, 起承句의 뜻을 부연하는 것, 즉 前聯과 後聯을 먼저 만들어 놓고 이것을 承句(第二句)와 轉句(第七句) 사이에 삽입하면 支離함을 면하고 혈맥 상통되는 한 편의 율시를 얻게 되는 가장 쉽고 빠른 방법이라고 할 수 있다.

제11장 작시(作詩)상의 일반적 요령

絕·律에 대한 작시 요령의 개요는 상술한 바 있거니와 전반에 걸친 몇 가지 요령을 소개하면,

1. 환골탈태(換骨奪胎)

뜻은 바꾸지 않고 말을 바꾸는 방법을 換骨法이라 하고, 뜻을 바꾸고 말을 모방하는 것을 奪胎法이라 한다.

예 「秦築長城比鐵牢, 蕃戎不敢逼臨洮. 焉知萬里連雲色, 不及堯階三尺高.」(唐 汪遵, 長城) 「祖舜宗堯自太平, 秦皇何事苦蒼生. 不知禍起蕭牆內, 虛築防胡萬里城.」(唐 胡曾)

【註】 • 臨洮 : 秦의 縣 이름. 秦始皇은 臨洮에서 일어나서 遼東까지 세력을 확장했다. • 堯階三尺 : '堯土階三尺, 茅茨不剪'(史記) 즉 검소한 생활. • 蒼生 : 백성. • 蕭牆 : 君臣會見所의 장벽, 내부의 뜻. '蕭牆之憂'라고 하면 內亂을 뜻함. 論語 季氏篇에서 유래.

汪·胡는 거의 동시대의 시인이므로 어느 쪽이 모방했는지는 알 수 없으나, 일종의 환골법인 것은 틀림없다. 「庭樹不知人去盡, 春來猶發舊時花.(岑參)」와 「商女不知亡國恨, 隔江猶唱後庭花.(杜牧)」와 같은 것 등 얼마든지 있다. 그러나 잘못 활용하면 剽竊의 혐의를 면치 못하게 된다.

2. 번안(飜案)

이것은 腐를 변하여 新으로 하는 수단, 즉 前人이 긍정했던 것을 부정하고, 부정했던 것을 긍정하는 따위를 말한다. 가령 「公道世間惟白髮, 貴人頭上不曾饒.」(唐 杜牧)를 翻意하여 「近來白髮無公道, 暗把黑髮饒貴人.」(宋 葉茵)으로 하는 따위이다.

【註】 • 饒 : 허용하다.

3. 부연(敷衍)

이것은 前人의 뜻을 다시 확충·演繹하는 방법이다. 가령 「殷勤竹林寺, 更得幾回過.」(朱放, 題竹林寺)를 「重來此地知何日, 欲別殷勤更上樓.」(張喬, 九華樓)로 바꾸는 따위이다.

【註】 •來 : 다시 오다.

4. 고사이용(故事利用)

자기의 句를 쓰는 것보다 古人의 成句를 쓰는 것이 오히려 기발할 경우가 있다. 즉 다음과 같이

「峨眉山月半輪秋, 影入平羌江水流, 謫仙此語誰解道, 請君見月時登樓.」(蘇東坡)

【註】 •峨眉山 : 四川省 嘉定府 峨眉縣에 있는 산. •半輪 : 반 조각의 달의 준말. 上弦 즉 음력 7, 8일경의 달. •平羌江 : 峨眉山 밑을 돌아서 叙州로 들어가는 강. •謫仙 : 謫仙人, 즉 하늘로부터 지상에 귀양 온 仙人이라는 뜻으로 李白을 말함. •解道 : 남의 말을 듣다. 「道」는 말하다. 詩語로서 「聞道」「知道」와 같다. 「聞道澄江淸如練」(李白)

이 있다.

위의 시의 第一, 第二句는 물론 李白의 峨眉山月歌의 前半(後半은「夜發淸溪向三峽, 思君不見下渝州」)이다.

5. 내용과 구조(句調)

시의 내용은 句調와 일치되는 것이 더욱 神妙性을 발휘한다. 즉 내용이 웅장하면 句調도 비례로 웅장해야 하고, 내용이 優婉하면 句調도 이에 비례해서 우완하도록 노력하여야 한다. 가령,

「北海陰風動地來, 明君祠上望龍堆. 髑髏盡是長城卒, 日暮沙場飛作灰.」(唐 常建, 塞下曲)

【註】 • 明君 : 明妃, 즉 王昭君. • 龍堆 : 흉노의 지명. • 髑髏 : 해골.
• 長城卒 : 만리장성을 쌓던 일꾼.

와 같은 것은 塞下의 음울한 풍경을 적절히 표현하였고

「君問歸期未有期, 巴山夜雨漲秋池. 何當共翦西牎燭, 却話巴山夜雨時.」
(李商隱, 夜雨寄北)

【註】 • 君 : 妻를 가리킴. • 巴山 : 蜀에 있는 산. • 何 : = 何時. • 翦 : 剪의 正字. 다하다. 剪燭 : 촛불을 다 태우다.(다 타도록 켜다)

와 같은 시도 내용이 매우 서정적이며 句調도 轉句에서의 굴곡이 풍부하다.

6. 곡절(曲折)

시는 원래 情意를 直敍하는 것보다 곡절이 있는 것이 묘미가 있다. 예시하면 王仔園의 「訪友」詩 「亂鳥棲定夜三更, 樓上銀燈一點明. 記得到門還不扣, 花陰悄聽讀書聲.」과 高靑邱의 「訪胡隱君」 詩 「渡水復渡水, 看花還看花, 春風江上路, 不覺到君家.」는 모두 굴곡의 妙가 있는 시들이다.

7. 여정(餘情)

시는 독자로 하여금 상상의 여지를 주는 것이 중요하다. 즉 너무 설명에 지나치면 情味가 없어진다. 다음 시를 감상해 보면, 「江上停舟問客蹤, 亂前相別亂餘逢, 暫時握手還分手, 暮雨南陵水寺鐘.」(明 高啓, 逢吳秀才復送歸江上)과 「猿啼客散暮江頭, 人自傷心水自流, 同作逐臣君更遠, 靑山萬里一孤舟.」(唐 劉長卿, 重送裴郎中貶吉州) 高詩는 서사에 敍景을 겸한 구로 시작했고, 劉詩는

서경에 서사를 겸한 구로 시작한 차이점이 있으나, 結句의 7자는 모두 명사의 疊用으로 한 글자의 虛字도 없는 점이 동일하며 매우 인상적이요 정취가 풍요하다.

8. 퇴고(推敲)

이것이 作詩와 作文에 있어서 얼마나 중요하다는 것은 贅言을 不要하는 바이다. 즉 賈島가「鳥宿溪邊樹, 僧敲月下門.」시를 완성하기 위하여「僧推」로 하느냐,「僧敲」로 하느냐에 대하여 얼마나 고민했다는 사실은 누구나 다 아는 바이다. 때문에 歐陽脩도 後山詩話에서「爲文有三多, 看多, 做多, 商量多.」를 주장했다.

9. 자안(字眼)

詩文 중의 가장 중요한 문자를 字眼이라 한다. 字眼은 한 편의 字眼도 있고, 한 구의 字眼도 있다. 한편 중의 주요한 곳을 특히 警策·關鍵·精神이라고 하나, 그것은 다 字眼이다. 어쨌든 한 문자의 巧拙에 의하여 한 편 혹은 한 구절이 죽기도 하고 살기도 하는 곳이다.

滄浪詩話에도「詩用工有三, 曰起結, 曰句法, 曰字眼.」이라고 되어 있다. 시인들의 笑話 일례를 들면, 옛날 蘇東坡가 그의 누이동생과 黃山谷 등 시인들과 회합하여,「和風」「細柳」「澹月」「梅花」에 넣을 腰字를 생각하고 있었는데, 먼저 소동파가「和風搖細柳, 澹月映梅花.」라고 했다. 그러나 동파의 누이는 웃기만 했다. 황산곡이 뒤를 이어서「和風舞細柳, 澹月隱梅花.」라고 했다. 그러나 그녀는 여전히 웃기만 했다. 동파는 그녀에게 너는 어떻게 하겠느냐고 물으니, 그녀가 말하기를 제 생각에는 「和風扶細柳, 澹月失梅花.」라 해서 滿座의 시인들을 놀라게 했다고 한다. 과연 세 시의 구절 등에서 세 번째의 것이 가장 기발한 시풍을 나타내고 있다. 扶字의 妙例는 歸去來辭에 「策扶老以流憩(지팡이로 老軀를 부축하여 여기 저기 배회하다)」가 있고, 또 陳簡齋의 「紅綠扶春上遠林」구의 청신한 용법도 있다. 그리고 失字는 杜子美의 「歸雲擁樹失山村」의 유명한 구가 있다.

10. 용어사용(用語使用)

용어는 될 수 있는 대로 진부한 것을 피하여야 한다. 가령 梅花詩에 「疎影橫斜」「暗香浮動」, 新年詩에 「瑞雲靉靆」, 送別詩에 「陽關」語 등만 늘어놓아서는 독자에게 청신한 감을 주지 못한다. 그러나 함부로 自家造語를 쓰는 것은 더욱 금물이다. 중요한 것은 優雅淸新한 용어를 사용하도록 항시 노력하지 않으면 안 된다. 물론 「惟眞惟新」의 원리도 있다. 즉 「진리는 천만년을 지나도 여전히 새 것이다.」 다시 말해서 舊語라고 하더라도 언제나 새로운 생명을 불어 넣는 「眞」의 용어도 있다는 것이다.

제12장 명시감상(名詩鑑賞)

시는 감정의 발로이므로 시를 올바로 감상하려면 독자의 감정이 작자의 경지에 도달하여야 한다. 즉 상상력을 가지고 진리를 보아야 한다. 따라서 시를 번역한다는 것은 지극히 어려운 일이며, 또한 위험한 일이라고도 할 수 있다. 이런 뜻에서 여기에서는 몇 편만 자세하게 해석을 하고 그 나머지는 摘解만 붙여서 독자의 풍부한 상상력에 맡기기로 한다. 그리고 한시에는 倒置와 생략이 많기 때문에 이것을 읽을 때 세심한 주의가 필요하다. 讀法에 있어서도 가급적 轉讀을 피한다.

제1절 중국편(中國篇)

1. 春望 — 杜甫

國破山河在하고 城春草木深이라 感時에 花濺淚요 恨別에 鳥驚心이라 烽火가 連三月하니 家書는 抵萬金이라 白頭는 搔更短하야 渾欲不勝簪이라

【摘解】 • 感時 : 時世의 어지러움을 한탄하다. • 烽火 : 적의 내습을 알리는 신호불. • 三月 : 여러 달. 「三」은 多의 뜻. • 家書 : 본가에서 오는 편지. • 抵 : 해당하다. • 渾 : 전혀, 거의.

【評釋】 平聲侵韻이다. 이 시는 작자가 唐 肅宗 때 安祿山의 반란으로 전란 중 장안에 체류할 때 지은 시이다. 詩意는 「나라는 반란군에 격파되었어도 山河만은 의연히 옛 모습을 바꾸지 아니하고 있으며, 城中의 人家는 대부분 폐허가 되었기 때문에 봄이 오니 초목만 무성할 뿐이다. 시세를 한탄하고 있는 몸이기에 아름다운 꽃을 봐도 눈물을 자아내고, 정답게 지저귀는 새 소리를 들어도 마음을 놀라게 한다. 봉화는 여러 달 동안 계속 되어 전란은 쉬지 않으며, 집에서 오는 편지는 만금의 가치에 해당될 만큼 귀중하게 생각이 든다. 희게 된 머리카락은 긁어서 더 한층 짧아져서 마치 簪을 꽂을 수도 없을 정도가

되었구나!」 이 시는 너무도 유명한 시이며, 가장 규범적인 것이므로 꼭 암송하기 바란다. 司馬光도 「續詩話」에서 다음과 같이 논평했다.

※「古人爲詩, 貴乎意在言外, 使人思而得之, 故言之者無罪, 聞之者足以戒. 近世詩人, 惟杜子美最得詩人之體. 如春望詩, 山河在, 明無餘物矣. 草木深, 明無人矣. 花鳥平時可娛之物, 見之而泣, 聞之而恐則時可知矣. 他皆類此, 不可徧擧.」

【註】 •爲詩의 「爲」는 「作」과 같다. •貴乎의 「乎」는 「을」과 같다. •徧擧 : 다 들다.

2. 山園小梅 — 林逋

衆芳搖落獨暄姸, 占盡風情向小園이라 疎影은 橫斜水淸淺이요 暗香浮動月黃昏이라 霜禽欲下先偸眼이요 粉蝶이 如知면 合斷魂이라 幸有微吟可相狎하니 不須檀板共金尊이라

【摘解】 •衆芳 : 많은 꽃다운 꽃. •搖落 : 흔들려 떨어지다. •暄姸 : 따뜻하고 곱다. •霜禽 : 서리를 띤 아침 새. •粉蝶 : 흰 나비. •如 : 만일. •合 : 응당 ~될(할) 것이다. •斷魂 : 혼을 끊다(잃다). 매우 놀라다. •檀板 : 박자를 치는 판목. 일종의 악기. •金尊 : 아름다운 술병, 「尊」은 樽의 약자.

【評釋】 平聲元韻, 林逋(和靖)은 北宋, 錢塘(杭州에 있는 현 이름) 사람으로 孤山에 매화나무 300그루를 심어 놓고, 학을 기르고 있었기 때문에 사람들은 그를 「妻梅子鶴」이라고 했다. 이 시의 前聯은 특히 유명하기 때문에 널리 인구에 회자되고 있다. 詩意는 「百花가 搖落한 겨울철에 매화만은 홀로 따뜻하고, 아름답게 주위의 풍정을 독점하고 小園을 향하여 피어 있다. 그 드문드문한 가지의 그늘은 비스듬하게 맑고 얕은 개천의 물 위에 비치고, 어딘지도 모르게 풍기는 은은한 향기는 황혼의 달 빛 속에 떠돌고 있다. 霜禽은 날아 내려오려고 하다가 정말 꽃인가, 아닌가가 의심스러워서, 곁눈으로 그것을 살펴

보고, 흰 나비가 만일 이 매화를 알았더라면 응당 혼을 잃을 정도로 놀랐을 것이다. 그러나 이 고결한 매화는 다행히도 내가 낮은 목소리로 시를 읊어서 가까이 할 수가 있으니, 특별히 아름다운 악기와 술병 등을 늘어놓고 마시며 노래 부를 필요는 없다. 매화는 진실로 고아한 꽃이라고 할 수 있다.」

3. 偶成 — 朱熹

少年易老學難成, 一寸光陰不可輕. 未覺池塘春草夢, 階前梧葉已秋聲.

【摘解】 •偶成 : 시제를 따로 정하지 않고 우연히 느낀 바를 읊은 시. 偶吟. •一寸 : 한 치의 길이. 짧음을 뜻함. •光陰 : 시간. •池塘 : 주위의 못 둑. •春草夢 : 봄풀에 관한 꿈. •梧葉 : 群芳譜의 「~梧桐一葉落, 天下盡知秋.」에서 가을 소식을 뜻함.

【評釋】 平聲庚韻. 시간은 빠르고 또 무정하니, 젊을 때 알뜰히 공부하여 후회가 없도록 하라는 경고이다. 학도는 마땅히 좌우명으로 삼아야 할 명시이다.

4. 秋日偶成 — 程顥

閑來無事不從容, 睡覺東窓日已紅. 萬物靜觀皆自得, 四時佳興與人同. 道通天地有形外, 思入風雲變態中. 富貴不淫貧賤樂, 男兒到此是豪雄.

【摘解】 •閑來 : 한가해져서. 「來」는 소위 虛字로서 별 뜻이 없다. 그러나 이것이 붙어서 格과 詩趣를 도와준다. 예) 看來, 晩來, 覺來 등. •有形 : 形而下를 말함. •風雲

: 여러 가지 뜻이 있으나 여기서는 시세의 변동, 변화, 헤아릴 수 없는 상태. •富貴不淫~ : 孟子 滕文公「富貴不能淫, 貧賤不能移, 威武不能屈, 此之謂大丈夫.」에 근거를 두고 있다.

【評釋】 平聲東韻이다. 속세에 구애되지 않고 대자연과 합일치한 대장부의 기상이 역력히 보인다.

5. 寄子 — 徐氏

家內平安報爾知, 田園歲入有餘資, 絲毫不用南中物, 好作淸官答聖時.

【摘解】 •餘資 : 남음이 있는 資財. •絲毫 : 극히 적은 분량. •南中物 : 남쪽 지방의 산물. 즉 아들 耿庭栢 任地의 산물. •聖時 : 태평성대.

【評釋】 平聲支韻. 집 안 걱정은 추호도 하지 말고, 청렴결백한 관리가 되도록 간곡히 부탁하는 현모의 衷情이 역력히 보인다.

6. 遊子吟 — 孟郊

慈母手中線, 遊子身上衣. 臨行密密縫, 意恐遲遲歸. 難將寸艸心, 報得三春暉.

【摘解】 •遊子 : 旅人. •線 : 실. •密密 : 단단하게. 튼튼하게. •寸艸(草) : 짧은 풀, 遊子의 짧은 마음에 비유. •三春暉 : 춘삼월의 포근한 기운. 부모의 두터운 애정을 말함.

【評釋】 平聲微韻이나 拗體이다. 즉 근체시 원칙은「律은 八句, 絶은 四句」로 되어

있으나 이 시는 전체 6구로 된 특수형이며, 또 第一句, 第三句, 第五句의 끝자(線, 縫, 心)는 仄聲이어야 하는데, 모두 平聲으로 되어 있다.
都門 遊學의 청소년이 이 시를 음송하면 愛日, 望雲之情(부모를 위하여 시간을 아끼고, 어버이 계신 곳을 바라보는 마음)을 금할 수 없을 것이며, 학업에 분투할 용기를 고취하기에 족할 것이다.

7. 貧交行 — 杜甫

翻手作雲覆手雨, 紛紛輕薄何須數. 君不見管鮑貧時交, 此道今人棄如土.

【摘解】 •行 : 詩體의 일종. •翻手 : 손바닥을 위로 향하게 한다. •覆手 : 손바닥을 아래로 향하게 하다. •何須數 : 어찌 다 헤아릴 수 있겠나? •雲雨 : 變態無常함에 비유함. •紛紛 : 시끄럽고, 어수선한 모양. •君 : 世人을 지칭함. •管鮑 : 春秋 齊의 管仲·鮑叔을 말함. 두 사람은 우정이 두텁기로 유명하다. 관중은 늘 말하기를「生我者, 父母, 知我者鮑子.」라고 했다.

【評釋】 上聲麌韻. 현세인의 交情의 경박함을 말하여 세속을 경고했다.

8. 秋思二首 — 劉禹錫

自古逢秋悲寂寥, 我言秋日勝春朝. 晴空一鶴排雲上, 便引詩情到碧霄.

【摘解】 •寂寥 : 쓸쓸하다. •碧霄 : = 靑天.

【評註】 平聲蕭韻. 일반적으로 가을은 쓸쓸한 계절이라 하지만 작자는 그렇게 보지 않는다. 그 이유가 곧 轉結句이다. 독자로 하여금 詩興을 자아낸다.

9. 除夜作 — 高適

旅館寒燈獨不眠, 客心何事轉凄然. 故鄕今夜思千里, 霜鬢明朝又一年.

【摘解】 •除夜 : 섣달 그믐날, 밤. •寒燈 : 가늘고 쓸쓸한 등불. •轉 : 더욱. •凄然 : 쓸쓸한 모양. •霜鬢 : 흰 귀밑머리(살쩍).

【評註】 平聲光韻. 起承 二句로 나그네 생활의 쓸쓸함을 나타내고, 「轉」字로써 轉結二句의 더욱 쓸쓸한 정을 표현했다. 唐나라 사람들의 시는 근엄하여 한 자라도 함부로 쓰지 않는 좋은 예라고 볼 수 있다. •故鄕~(轉結句) : 오늘 밤 고향 친척들은 천리 타향의 이 나그네를 생각하고 여러 가지 이야기를 하겠지만 내일 아침에는 또 한 해가 더하여 더욱 늙어지는구나! 생각할수록 쓸쓸하기 짝이 없다.

10. 望廬山瀑布 — 李白

日照香爐生紫煙, 遙看瀑布掛長川. 飛流直下三千尺, 疑是銀河落九天.

【摘解】 •廬山 : 江西省에 있는 명산. •香爐 : 廬山의 一峰인 香爐峰. •紫煙 : 山氣가 일광에 비치어서 紫色으로 보이는 것. 香爐와 연관시켜 썼음. •銀河 : 은하수. •九天

：天을 9방위로 나눈 명칭. 제일 높은 하늘을 가리킴.

【評註】 平聲先韻. 廬山瀑布의 장관을 직접 보는 것 같다. 香爐의 글자에서 煙字를 끌어 낸 기교 즉, 지명을 묘하게 이용한 점 배울 만하다.

11. 登金陵鳳凰臺 — 李白

鳳凰臺上鳳凰游, 鳳去臺空江自流. 吳宮花草埋幽徑, 晉代衣冠成古丘. 三山半落靑天外, 二水中分白鷺洲. 總爲浮雲能蔽日, 長安不見使人愁.

【摘解】 •金陵：지금 江蘇省의 南京. •吳宮：吳나라 孫權의 궁전. •晉代：司馬氏의 東晉. •衣冠：禮服과 冠인데, 문화의 유적을 말함. •三山：양자강에 임한 三峰의 산. 일명 護國山. •二水：秦淮가 金陵에 이르러 두 갈래로 나뉘어 一水는 성 안으로 들어가고, 一水는 성 밖을 돌아 함께 一州(白鷺)를 끼고 흐른다. •浮雲蔽日：본 뜻 이외에 陸賈의 新語에서 이른바 「邪臣蔽賢猶浮雲之障日月.」의 뜻도 겸하고 있다. 당시 唐 玄宗이 李白을 등용하려 하였으나 高力士가 楊貴妃를 이용하여 이를 저지했다.

【評註】 平聲尤韻, 拗體. 尾聯의 「意在言外」는 시에서 가장 귀한 표현방법이다.

12. 吉祥寺賞牡丹 — 蘇軾

人老簪花不自羞, 花應羞上老人頭. 醉歸扶路人應笑, 十里珠簾半上鉤.

【摘解】 •吉祥寺：杭州에 있는 牡丹의 명소. •簪花：꽃을 簪으로 해서 머리에 꽂다. •扶路：도로에서 사람의 부축을 받다. •珠簾：아름다운 발. •上鉤：발을 걷어 올려서 갈고랑이에 걸다.

【評註】 平聲尤韻. 술에 만취한 모습을 傍人들은 보고 웃겠지, 그러나 시와 술과 인생과의 불가분의 관계는 오직 아는 사람만이 이해할 줄 안다.

13. 咸陽城東樓 — 許渾

一上高城萬里愁，蒹葭楊柳似汀洲. 溪雲初起日沈閣，山雨欲來風滿樓. 鳥下綠蕪秦苑夕，蟬鳴黃葉漢宮秋. 行人莫問當年事，故國東來渭水流.

【摘解】 •咸陽：秦의 수도. •萬里愁：一望千里, 시선이 닿는 곳까지 우수에 잠겨 있다. •蒹葭：갈대. •汀洲：汀이나 洲나 모두 물 가운데 있는 흙더미(작은 섬). •渭水：甘肅省 渭源縣의 서북으로부터 흘러 나와서 황하로 들어가는 하천 이름. •東來：동쪽으로 흘러내리다. 「故國東來渭水流」는 「渭水東來流於故國.」의 도치. 「來」는 助字. 第八句의 뜻은 「故國은 모두 폐허가 되어 처량하기 짝이 없는데, 오직 변함이 없는 것은 渭水만이 묵묵히 동쪽으로 흘러내려 갈 뿐이다.」

【評註】 平聲尤韻. 회고의 정이 절실하며 中聯의 표현이 특히 훌륭하다.

14. 贈別 — 杜牧

多情却似總無情，唯覺尊前笑不成，蠟燭有心還惜別，替人垂淚到天明.

【摘解】 •却 : 도리어. •尊 : 樽과 같이 쓰임. 술통. •垂淚 : 蠟燭이 녹아 흐르는 것을 눈물에 비유했다.

【評註】 平聲庚韻. 「蠟燭有心」의 「心」은 「생각」의 뜻과 「촛불의 심지」의 뜻을 겸했고, 蠟이 흘러내리는 것을 석별의 눈물로 표현한 기교는 그야말로 명시 그대로이다.

15. 過鄭山人所居 — 劉長卿

寂寂孤鶯啼杏園, 寥寥一犬吠桃源. 落花芳草無尋處, 萬壑千峰獨閉門.

【摘解】 •寂寂 : 조용하고, 쓸쓸한 모양. •寥寥 : 쓸쓸한 모양. 寂寂과 거의 비슷하다. •桃源 : 武陵桃源을 말함. 仙境의 뜻.

【評註】 平聲元韻. 全對格, 起承二句는 鄭山人所居의 仙境과 같은 경치를 서술했고, 轉結二句도 景에 의하여 山人이 생각하고 있는 바를 서술했다. 즉 轉結二句는 落花芳草도 별로 찾아 볼만한 것이 없어서 홀로 문을 닫고 베개를 높이 베고 한가하게 누워 있을 것이라 하여 山人의 氷雪 같은 襟懷를 상상했다.

16. 折楊柳 — 楊巨源

水邊楊柳綠烟絲, 立馬煩君折一枝. 唯有春風最相惜, 慇懃更向手中吹.

【摘解】 •綠烟絲 : 버들가지가 처음 싹이 틀 때 자욱하게 낀 연기처럼 보이는 것을 말함. •君 : 楊柳를 지칭. 轉結二句의 뜻은 「내가 꺾어 든 이 버들가지를 봄바람은 매우 애석하게 생각한 모양이다. 그래서 은근히 내 손 가운데를 향하여 불어 주고 있다.」와 같다.

【評註】 平聲支韻. 특히 轉結二句의 표현이 훌륭하다. 朱子도 일찍이 이 시를 격찬했다고 한다.

17. 訪金山寺 — 蘇軾

潮隨暗浪雪山傾. 遠浦漁舟釣月明. 橋對寺門松逕小, 巷當泉脈石波清. 迢迢遠樹江天曉, 靄靄紅霞晩日晴. 遙望四山雲接水, 碧峯千點數鷗輕.(順讀)

輕鷗數點千峯碧, 水接雲山四望遙. 晴日晩霞紅靄靄, 曉天江樹遠迢迢. 清波石脈泉當巷, 小逕松門寺對橋. 明月釣舟漁浦遠, 傾山雪浪暗隨潮.(逆讀)

【註】 平聲蕭韻. •廻文詩는 順으로, 逆으로, 또는 縱으로, 橫으로 읽어도 平仄, 韻이 맞고 뜻을 이루는 시이다. 그 기원은 蘇惠 또는 道原의 作이라고 하나 확실하지는 않다. 여하튼 이와 같은 표현방법의 기교는 세계 어느 나라 문자로도 추종할 수 없는 특징이라 아니할 수 없다. •泉脈(衇) : 땅 속에 있는 샘 줄기. •迢迢 : 먼 모양. 또는 높은 모양. •靄靄 : 雲霞가 끼어 있는 모양.

비슷한 廻文詩의 예를 하나 더 들어 볼까 한다.

江村夏景 — 作者 未詳

樹陰濃綠四隣同, 四隣同住水聲中. 水聲中立觀漁叟, 觀漁叟畔夕陽紅.

夕陽紅裡黃鸝囀, 黃鸝囀處樹陰濃, 樹陰濃綠~ (原詩 復歸)

【註】平聲東韻. •漁叟 : 漁翁. •畔 : 부근. 주위. •黃鸝 : 黃鶯. 꾀꼬리.
※ 이 시는 句末의 3자씩 꼬리가 꼬리를 물고 도는 일종의 回轉詩(?)이다.

제2절 한국편(韓國篇)

18. 題伽倻山讀書堂 — 崔致遠

狂奔疊石吼重巒, 人語難分咫尺間. 常恐是非聲到耳, 故教流水盡籠山.

【摘解】 •吼重巒 : 겹겹의 산봉우리를 울리다. 이 때 重은 平聲 즉 짧은 소리. •咫尺間 : 매우 가까운 거리. 「咫」 : 八寸. •籠 : 채롱, 얽어 싸다. •故 : 짐짓, 일부러. •教 : = 使. ※ 籠은 或作聾. •題~ : ~을 두고 시를 썼다.

【評註】 平聲刪韻. 자연과 인생을 결부시킨 걸작이다.

19. 浮碧樓 — 李穡

昨過永明寺, 暫登浮碧樓. 城空月一片, 石老雲千秋. 麟馬去不返, 天孫何處遊. 長嘯倚風磴, 山青江自流.

【摘解】 •麟馬 : 麒麟窟의 麒麟馬. 浮碧樓 아래 기린 굴에서 동명왕이 기린마를 길렀다는 전설이 있음. •天孫 : 織女星. •磴 : 돌다리.

【評註】 平聲尤韻. 五言律詩. 許筠이 평한 바와 같이 「不調飾, 不探索, 偶然而合於宮商詠之神逸.」이다. 許穎陽이라는 중국 사람이 이 시를 보고 감탄하여 「你國亦有此作耶」라고 했다.

20. 大同江(送人) — 鄭知常

雨歇長堤草色多, 送君南浦動悲歌. 大同江水何時盡, 別淚年年添綠波.

【評註】 平聲歌韻. 시의 격조가 唐詩에 비해 손색이 없다. 申緯의 「東人論詩絶句」의 「長嘯牧翁倚風磴, 綠波添淚鄭知常. 雄豪艶逸難相下, 偉丈夫前窈窕娘.」을 보더라도 이것이 名詩임을 가히 짐작할 수 있다. 長嘯牧翁~(李穡 浮碧樓)

21. 春日城南卽事 — 權近

春風忽已近淸明, 細雨霏霏晩未晴. 屋角杏花開欲遍, 數枝含露向人傾.

【評註】 平聲庚韻. 당시의 풍경을 눈앞에서 보는 듯하다. 鄭道傳도 이 시를 평하여 「語奪造化」라 하였다. •卽事 : 卽吟과 같은 뜻으로 즉석에서 詩歌를 지음. •屋角 : 집 모퉁이(隅). •開欲遍 : 활짝 피려고 한다. •霏霏 : 비가 부슬부슬 내리는 모양.

22. 題學宮(有感) — 安珦

香燈處處皆祈佛, 絲①管家家②競祀神. ③惟有數間夫子廟, 滿庭秋草寂無人.

【評註】 平聲眞韻. 釋佛과 私神만을 숭상하고 공자의 떳떳한 길을 도외시하는 것을 개탄한 安珦선생의 衷情을 살필 수 있다. ①은 或作簫. ②는 或作盡. ③은 或作獨.

23. 題夷齊廟 — 成三問

當年叩馬敢言非, 大義堂堂日月輝. 草木亦霑周雨露, 愧君猶食首陽薇.

【摘解】 •夷齊 : 殷나라 충신 伯夷·叔齊. •首陽薇 : 伯夷·叔齊는 殷을 찬탈한 周의 곡식을 먹지 않겠다고 수양산에 들어가 고사리를 캐어 먹다가 드디어 餓死했다. •題夷·齊廟 : 伯夷·叔齊 祠堂을 두고 시를 썼다는 뜻.

【評註】 平聲微韻. 起承句에서는 夷·齊의 忠義를 극구찬양하고, 轉結句에서 그의 결점을 지적했다. 이 시를 夷·齊의 비석에 붙였더니 비석 등 쪽에서 땀이 흘렀다는 전설도 있다. 과연 萬古忠臣 성삼문선생의 시다운 시이다.

24. 乍晴乍雨 — 金時習

乍晴乍雨雨還晴, 天道猶然況世情. 譽我便應足毁我, 逃名却自爲求名. 花開花謝春何管, 雲去雲來山不爭. 寄語世人須記憶, 取歡無處得平生.

【摘解】 •還 : 또. 처음과 같이. •便(변) : 바로. 곧. •却 : 도리어. •花謝 : 花落. •春何管 : 봄이 어찌 상관하겠는가? 아무 관심이 없다. •寄語 : 부탁하노니. •須 : 모름지기 ~해야 한다. •取歡無處~ : 일평생 길이길이 이 기쁨을 간직하는 곳은 없다. ※「無處不~」의 부정의 부정형과 혼동해서는 안 된다. [비교] 春城無處不飛花.(唐, 韓翃) (~어느 곳이든지 飛花 없는 곳이 없다.)

【評註】 平聲庚韻. 天道無常을 들어 인심의 朝夕變의 당연성을 설파하고 또 변화무변의 현실 속에서 인생의 정착처를 찾도록 하는 훌륭한 교훈이다.

25. 釣魚 — 成聃壽

把竿終日坐江邊, 垂足滄浪困一眠. 夢與白鷗飛萬里, 覺來身在夕陽天.

【評註】 平聲先韻. 「覺來」의 「來」는 별 뜻은 없으나 詩格을 고상하게 하는 助字이다. 「開來」, 「興來」, 「醉來」, 「看來」 등으로 쓰인다.

26. 北征時作 — 南怡

白頭山石磨刀盡, 豆滿江流飮馬無. 男兒二十未平國, 後世誰稱大丈夫.

【評註】 平聲虞韻. 대장부의 진면목을 엿볼 수 있다. 간신 柳子光이 詩中의「未平國」을「未得國」으로 誣告하여 참살하게 했다. •豆滿江流의「流」를「水」로 전한 데도 있으나 평측상으로 봐서「流」가 좋을 듯하다.

27. 石蟹 — 李滉

負石穿沙自有家, 前行却走足偏多. 生涯一掬山泉裏, 不問江湖水幾何.

【摘解】 •石蟹 : 가재. •却走 : 退走. •偏 : 자못. •生涯 : 일생 동안. •一掬 : 한 움큼.

【評註】 平聲麻韻. 轉結二句는 사물에 의탁하여 사상을 표현한 훌륭한 시이며,「知足」「寡欲」을 귀히 여기는 도학자의 면모를 엿볼 수 있다. 이 시는 퇴계 선생 15세 때 지은 것이라고 한다.

28. 濯髮 — 宋時烈

濯髮淸川落未收, 一莖漂向海東流. 蓬萊仙子如相見, 應笑人間有白頭.

【摘解】 •蓬萊 : 신선이 살고 있다는 곳. •仙子 : 신선. •如 : 만일.

【評註】 平聲尤韻. 淸川에 떨어진 한 올 백발로 신선의 세계와 결부시킨 표현 정말 훌륭하다.

29. 在海鎭營中 — 李舜臣

水國秋光暮, 驚寒鴈陣高. 憂心輾轉夜, 殘月照弓刀.

【摘解】 •水國 : 湖沼河川이 많은 토지. 여기서는 바다를 뜻함. •鴈陣 : 기러기 떼. •輾轉 : 輾轉反側. 또는 輾轉不寐의 줄임. 이리 저리 뒤척거리며 잠을 이루지 못함. 輾은 半轉, 轉은 周轉. 詩「悠哉悠哉, 輾轉反側」•悠哉悠哉 : 생각하는 마음이 길고 다함이 없음을 말함. •殘月 : ①거의 다 져가는 달. ②날이 샐 녘까지 남아 있어 그 빛이 희미하게 된 달. 여기서는 後者를 말함.

【評註】 平聲豪韻. 국방의 대 임무를 두 어깨에 메고 있는 대장군의 憂國衷情이 엿보인다.

30. 退老 — 洪鍾應

一竿之釣短簑衣, 退老江干俗事稀. 酒茶巖屋携妻至, 鐘漏金門送子歸. 郭外青山田數頃, 花間流水竹雙扉. 騷客詩僧來起我, 廣陵明月滿空磯.

【摘解】 •簑衣 : 도롱이. 「簑」는 「蓑」의 俗字. •退老 : 늘그막에 시골로 돌아가서 쉬다. •江干 : 江畔. 강변. •巖屋 : 바위틈에 지은 작은 집. •鐘漏 : 鐘鳴漏盡을 말함이니

노쇠하여 餘年이 별로 없음을 말함. 삼국지에 「年過七十而居位, 譬猶鐘鳴漏盡而夜行不休, 是罪人也.」가 있다. 본뜻은 때를 알리는 鐘이 울리고, 물시계(漏)의 물이 다 떨어지다. •金門 : 金馬門을 이름인데 漢代의 未央宮의 문으로서 천자의 부르심을 받은 俊逸한 선비들이 詔書를 기다리는 곳. 그 문 앞에 銅製의 말이 있기 때문에 이렇게 부름. 여기서는 서울에 유학하는 아들을 보내고 밤늦게 돌아옴을 말함. •郭 : 도읍을 둘러싼 성벽. 內城, 外城. •頃 : 田 百畝를 말함. •騷客 : 시인, 文士. •廣陵 : 廣州의 옛 이름. 중국 隱者의 살던 곳. 晋나라 嵇康(죽림칠현 중 한 사람)이 隱者에게 배운 琴曲을 「廣陵散」이라고 함. •磯 : 낚시터.

【評註】 平聲微韻. 한 때의 부귀영화를 잊고 逍遙徜徉하는 모습이 독자로 하여금 한없이 부럽게 한다.

31. 望月 — 宋翼弼

未圓常恨就圓遲, 圓後如何易就虧. 三十夜中圓一夜, 百年心事總如斯.

【摘解】 •望月 : 보름달. •就虧 : 달이 기울어지다.

【評註】 平聲支韻. 형식상 능숙한 표현뿐만 아니라 내용도 哲理에 통달하다.

32. 咏笠 — 金炳淵(金笠)

浮浮我笠等虛舟, 一着平安四十秋. 牧竪行裝隨野犢, 漁翁本色伴沙鷗. 閑來脫掛看花樹, 興到携登咏月樓. 俗子衣冠皆外飾, 滿天風雨獨無愁.

【摘解】 •等 : 같다. •牧竪 : 牧童. •行裝 : 여행할 때 쓰는 裝具. •本色 : 본디의 행색. •閑來 : 한가할 때는, 한가해 지면. 「來」는 助字. •俗子 : 속세의 인간.

【評註】 平聲尤韻. 자연스러운 표현은 과연 한국의 李太白이다. 尾聯은 풍자적이다.

又自嘆 — 金炳淵(金笠)

嗟乎天地間男兒, 知我平生者有誰. 萍水三千里浪跡, 琴書四十年虛詞. 青雲難力致非願, 白髮惟公道不悲. 驚罷還鄉夢起坐, 三更越鳥聲南枝.

【摘解】 •萍水 : 부평초가 정처 없이 물 위에서 떠돌아다니는 것과 같이 정처 없는 방랑생활을 말함. •琴書 : 거문고와 책. 풍류생활. 「樂琴書而消憂」(陶淵明 歸去來辭). •青雲 : 벼슬. 높은 이상. •公道 : 私가 없는 길.(道理) •越鳥 : 南越의 새. 「胡馬依北風, 越鳥巢南枝.」는 고향을 그리워하는 것.

【評註】 平聲文韻. 七言詩의 일반적 造句法인 上四字(二字와 二字), 下三字形을 깨뜨린 특수체이다. 여기서 작자의 시재의 풍요함을 엿볼 수 있다.

33. 聞義兵將安重根報國讐事 — 金澤榮

平安壯士目雙張, 決殺邦讐似殺羊. 未死得聞消息好, 狂歌亂舞菊花傍.

【摘解】 •安重根 : 1909년 10월 26일 이토 히로부미[伊藤博文]를 하얼빈[哈爾濱] 驛에서 射殺. •邦讐 : 이토 히로부미[伊藤博文]를 지칭.

【評註】 平聲陽韻. 憂國衷情이 역력하다.

34. 偶吟 — 崔奎東

學步邯鄲步步遲, 老年遊子更何爲. 關山月白胡笳怨, 正是愁人腸斷時.

【摘解】 • 偶吟 : 일정한 詩題없이 그때그때 느낀 바를 읊는 것. • 邯鄲之步 : 燕나라 소년이 趙나라 수도 邯鄲에 가서 邯鄲 사람들의 걸음걸이를 흉내 내다가 충분히 숙련되지 못하고 자국에 돌아와서, 趙나라의 걸음걸이도 제대로 되지 않고 자국의 걸음걸이조차 잊어 버렸다는 故事. 무리하게 자기의 본분을 버리고 남의 행동을 본뜨는 것은 옳지 못함을 비유함.(莊子, 秋水) 여기서는 선생께서 강압적인 일본의 군국주의 교육이 못마땅함을 나타냄. 특히 이 무렵 일제는 소위 대동아전쟁을 완수하겠다는 어리석은 생각으로 이른바 禊祓(日語로 미소기바라이 : 냉수로 심신을 깨끗이 하는 행사)을 각급 지도자에 강요하고 있었다. 선생께서도 이 행사에 끌려 가셨다가 身病을 구실로 돌아오시는 길이었다. • 遊子 : 儒學者, 旅客. • 關山 : ① 국경선 및 요새지에 있는 산. ② 고향 경계선에 있는 산. 따라서 고향으로 轉用. 여기서는 연병장 부근의 남산일대. • 胡笳 : 胡人의 草笛. 중국지방 蠻人들이 갈대의 잎을 말아서 부는 草笛. 여기서는 日本 軍人들이 맹렬한 군사훈련을 마치고 示威 겸 시가행진할 때 불던 나팔 소리. • 正是 : 정히. 바로 그 때. 「是」는 助字. 「猶是」「半是」「疑是」 등으로 많이 쓰임.

【評註】 平聲支韻. 結句 「~腸斷時」를 或說에는 「~斷腸時」라고 하나 음율상으로 보아 전자가 좋을 것 같고, 또 「腸斷」이라고 해도 조금도 어색하지 않다. 「行宮見月傷心色, 夜雨聞鈴腸斷聲.(長恨歌, 白樂天)」「其母緣岸哀呼, 腹中腸皆寸寸斷(世說)」등의 좋은 예가 많다. 어쨌든 평측법으로 볼 때는 結句는 拗體이다. 위대한 교육자요 철저한 민족주의자이신 선생의 면모가 시중에 역력하다.

35. 蚌鷸之爭 — 작자 미상

海蚌親陽却怕寒, 野禽何事苦相關. 身依石窟朱胎散, 力盡砂場翠羽殘. 閉口豈料開口禍, 入頭方覺出頭難. 早知俱落漁人手, 雲水飛潛各自閒.

【摘解】 •蚌 : 큰 조개. •却 : 도리어. •野禽 : 鷸(황새)을 가리킴. •雲水飛潛 : = 飛潛雲水 = 飛雲潛水 = 飛於雲, 潛於水의 뜻.

【評註】 압운은 일종의 변칙인 「通韻」형이다. 즉 「寒, 殘, 難」은 寒韻(上平 제14)이요, 「關, 閒」은 刪韻(上平 제15)이다. 蚌鷸이 해변에서 싸움에 지쳐 있는 광경이 눈앞에 완연하다. 尾聯의 「진작 함께 漁父之利가 될 줄 알았더라면 각자 본분을 지키고 雲水에서 한가롭게 있었을 것을!」 하는 후회는 훌륭한 일종의 도덕적 교훈이다.

36. 題驛亭 — 작자 미상

衆鳥同枝宿, 天明各自飛. 人生亦如此, 何必淚霑衣.

【摘解】 •驛亭 : 驛站 : 역마를 바꿔 타는 곳. 여인숙. 「題驛亭」은 驛亭을 두고 시를 썼다는 뜻. •霑衣 : 옷깃을 적시다.

【評註】 平聲微韻. 인생을 달관한 시다.

37. 踰大關嶺望親庭 — 申師任堂

慈親鶴髮在臨瀛, 身向長安獨去情. 回首北坪時一望, 白雲飛下暮山青.

【摘解】 •鶴髮 : 백발. •臨瀛 : 강릉의 별명. •北坪 : 사임당 친정이 있는 마을. 「北村」으로 된 데도 있음. •時一望 : 때때로 바라보니. 한번만 바라본다는 뜻은 아님.

【評註】 平聲靑韻. 당시에는 出嫁한 여인이 친정에 한번 오기가 여간 어렵지 않다. 그립던 친정 어버이를 작별하고 못내 媤家로 돌아가는 여인의 심정이 역력히 보인다.

38. 稀又稀 — 張氏

人生七十古來稀, 七十加三稀又稀. 稀又稀中多男子, 稀又稀中稀又稀.

【評註】 平聲微韻中 稀의 沒韻이다. 내용보다 그 기교가 볼 만하다.

39. 贈雲江 — 玉峯 李氏

近來安否問如何, 月到紗窓妾恨多. 若使夢魂行有跡, 門前石路便成砂.

【摘解】 •紗窓 : 비단으로 장식한 창. 여자의 거처하는 방의 문을 말함. •妾 : 남편에 대한 부인의 자칭. •雲江 : 작자의 남편 趙瑗의 號. •便(변) : 바로, 곧.

【評註】 平聲歌韻. 轉結句의 표현은 사모의 정의 극치에 달했다.

40. 奉別巡相李公 — 桂月

流淚眼看流淚眼, 斷腸人對斷腸人. 曾從卷裡尋常見, 今日那知到妾身.

【摘解】 •從 : ~부터. •尋常 : 예사로. 범연히.

【評註】 平聲眞韻. 그야말로 斷腸의 이별이다.

해학시(諧謔詩)

諧謔(humour)문학이 세계적 연구주제로 등장하는 오늘날 해학성 한시를 감상 연구해 봄이 결코 무의미한 일이 아닌 듯하여 이에 그 편린을 소개한다. 평측면에 있어서는 다소 正規를 벗어나는 반면에 疊語 · 對句 · 沒韻 등의 기기묘묘한 기교는 독자로 하여금 정신을 황홀하게 할뿐 아니라 警世 · 修養의 도덕적 가치 또한 지대하다. 一, 二句의 吟詠으로 인생을 명랑하게 살 수 있는 자료가 아닐까도 한다. 지면관계로 보다 많이 소개하지 못함을 안타깝게 생각한다.

41. 蘇軾和子由 — 蘇軾

人生到處知何似, 應似飛鴻踏雪泥. 泥上偶然留指爪, 鴻飛那復計東西.

【摘解】 • 何似 : 어떠한가. = 何如 • 指爪 : 손톱. 鳥獸類에는 발톱, 여기서는 발톱자취. ※ 雪泥鴻爪(인생이 덧없고 세상에 났던 흔적이 없음을 비유)의 故事가 여기서 나왔다. • 子由 : 蘇轍의 字. 東坡의 弟.

【評註】 平聲齊韻. 韻字는 承結二句에만 붙었다.

42. 水墨鷺圖 — 成三問

雪作衣裳玉作趾, 窺魚蘆岸幾多時. 偶然飛過山陰縣, 誤落羲之洗硯池.

【摘解】 • 趾 : 발. 발꿈치. • 山陰縣 : 王羲之의 살던 곳.

【評註】 平聲支韻. 단「趾」는 上聲으로서 같은 韻이 아님. 즉 承結二句에만 押韻된 형. 표현의 훌륭함은 말할 것도 없고, 남의 장점을 칭찬하고 단점을 선의로 해석해주는 아름다운 마음씨가 보인다.

43. 受刑詩 — 成三門

擊鼓催人命, 回頭日欲斜. 黃泉無一店, 今夜宿誰家.

【摘解】 •日欲斜 : 해가 지려고 한다. •黃泉 : 저승. 冥道.

【評註】 平聲麻韻. 承結二句에만 押韻. 그야말로 사생을 초월한 해학시이다. 죽는 마당에서 무슨 숙소문제를 논할 여지가 있겠는가?

44. 赴京 — 宋時烈

綠水喧如怒, 靑山黙似嚬. 靜觀山水意, 嫌我向風塵.

【評註】 平聲眞韻. 承結押韻形. •嫌 : 싫어하다. •風塵 : 시끄러운 세상. ※ 轉結句가 일종의 寓言이며 훌륭한 해학이다.

45. 笑臥亭 — 柳義孫

笑臥亭中閒臥笑, 仰天大笑復長笑. 傍人莫笑主人笑, 顰有爲顰笑有笑.

【摘解】 •結句의 뜻 : 찌푸리는 것은 찌푸릴만한 이유가 있기 때문에 찌푸리는 것이요, 웃음은 웃을만한 이유가 있기 때문이다.

【評註】 去聲嘯通. 笑의 沒韻形이다. 每句마다 두 글자의 「笑」를 배열한 기교가 뛰어난 작품이다.

46. 開城人逐客 — 金炳淵

邑號開城何閉門, 山名松嶽豈無薪. 黃昏逐客非人事, 禮儀東方子獨秦.

【摘解】 •松嶽 : 開城 뒤에 있는 산 이름. •子 : 이인칭. 너, 자네. •秦 : 塞北, 서역지방으로서 주로 漢代의 秦을 말함인데, 예절에 어두운 곳을 뜻함.

【評註】 平聲通韻. 즉 「門」은 元韻, 「薪, 秦」은 眞韻이다. 그때그때의 자료(지명)를 이용하여 薄情을 攻駁하는 솜씨 과연 능란하다.

47. 無題 — 金炳淵

四脚松盤粥一器, 天光雲影共排徊. 主人莫道無顔色, 我愛青山倒水來.

【摘解】 •粥 : 죽. •排徊 : 천천한 걸음으로 이리저리 거닐음. 承一句는 「半畝方塘一鑑開, 天光雲影共徘徊. 問渠那得淸如許, 爲有源頭活水來.(朱熹, 觀書有感)」를 인용한 것이다. ※「如許」 : = 如此.

【評註】 平聲灰韻. 承結句押韻形. 天光雲影이 비칠 정도의 묽은 죽 한 그릇을 개다리소반 위에 받쳐 놓고 이런 시가 나온다면 인생은 마냥 즐겁기만 할 것이다.

48. 警世 — 金炳淵

富人困富貧困貧. 飢飽雖殊困則均. 貧富俱非吾所願, 願爲

不富不貧人.

【摘解】 • 起句의 뜻 : 부자는 재산 때문에 괴롭고, 빈자는 빈곤 때문에 괴롭다.

【評註】 平聲眞韻. 結句의 소원이 인류태반의 그것일 것이다.

49. 破字詩 — 金炳淵

仙是山人佛弗人, 鴻惟江鳥鷄奚鳥. 氷消一點還爲水, 木立雙株便作林.

【摘解】 • 破字詩는 詩意로써 한자의 字劃을 분합하여 뜻을 이루게 하는 일종의 娛樂詩. 또는 詩意로서 글자를 만들어서 다시 그 문자로서 일종의 語意를 나타내게 하는 방법.

【評註】 압운은 제대로 되지 않고 있다. 부득이하겠지.

50. 破字詩 — 작자 미상

太守所居兩廊頹. 八十老翁口在左. 十六兩上加一草. 太公反在阿衡下. 今日又盡明日盡. 孟子初見梁王■.

【摘解】 • 太守 : 郡守. • 太公 : 太公望, 呂尙. 周文王의 師. • 阿衡 : ① 殷時의 재상의 官名. ② 伊尹(殷나라 재상)의 號. 여기서는 後者. • 梁王 : 梁惠王. 원래는 魏侯 罃. 魏 당시 秦을 피하여 大梁으로 천도했기 때문에 梁이라 칭하고, 「惠」는 死後에 붙인 諡號이다. 시를 풀이하면 第一句는 太守의 官舍를 「衙」라고 한다. 兩廊(행랑채) 즉

> 亻·亍이 무너지게 되니 「吾」자가 될 것이요, 第二句는 八十老人(일설에는 六十)을 「耆」라고 한다. 「耆」의 볼 왼쪽에 입이 붙게 되니 「嗜」자가 될 것이다. 第三句는 一斤은 十六兩이요, 그 위에 艸(草 : ++)가 덧붙으니 「芹」자가 될 것이요, 第四句는 이해하기 좀 힘이 든다. 呂尙(太公)은 도리어 伊尹(阿衡)의 밑에 있게 되었다니, 문자 구성면으로 봐서 군자가 아닌가 생각이 들 것이다. 생각이 여기까지 이르면 「君」자로 결론지을 수 있다고 본다. 第五句는 今日도 다했으니 해가 져서 「夕」이 되었을 것이요, 明日도 역시 「夕」이 되어 결국은 「多」자로 되는 것을 깨닫게 된다. 그리고 마지막 第六句는 孟子 第一篇 第一章 맨 처음에 「孟子見梁惠王~」으로 되어 있으니 「惠」의 破字임을 쉽사리 이해할 수 있을 것이다. 따라서 위의 시는 결국 「吾嗜芹君多惠」(내가 미나리를 좋아하니 그대 좀 많이 보내 주게나)의 문장으로 변하고 만다.

이와 같은 詩歌를 주고받으며 연하고, 맛있는 미나리로 적을 부쳐 놓고 몇 잔의 약주로 갈증을 푼 뒤에 다음 시를 생각하는 그 순간이야말로 속세의 신선이 아니고 무엇이겠는가? 뿐만 아니라 이런 문학은 일종의 과학이요 철학이라 아니할 수 없다. 이러는 동안에 복잡한 문제를 해결해내는 두뇌의 힘을 길러내는 데도 적지 않은 도움이 될 줄 믿는다. 문학과 해학이 없는 세계는 인간의 사막지대이다.

패기에 가득 찬 청년학도 제군! 이처럼 변화무쌍하고 趣味津津한 한문학을 단지 약간 습득에 곤란하다는 이유로 헌신짝과 같이 버려야 한다고 주장하는 것은 좀 경솔한 태도가 아닌가? 특히 유구한 역사와 찬란한 문화를 가진 우리들이! 더구나 우리 祖先들이 땀 흘려 얻은 풍요한 수확을 정리조차 하지 못한다고 해서야 말이 되겠는가. 현대는 소위 우주과학 시대라 하여 마치 과학이 인류과업의 전부인 듯한 인상을 주고 있으나 우리의 행복을 물질과학만으로 해결할 수 없는 엄연한 사실을 망각해서는 안 된다고 나는 강조하고 싶다.

제13장 한시(漢詩)와 영시(英詩)와의 비교

한문의 문장 구성법이 영문과 비슷하다는 것은 앞에 서술한 바 있다. 시에 있어서도 이 양자는 서로 통하는 점이 많기 때문에 이것을 비교연구해 보기로 한다. 물론 저자는 어느 쪽이나 풍부한 전문지식이 있는 것이 아니요, 더욱이 後者에 있어서는 그 아는 바가 천박하기 짝이 없다. 그러나 대담하게도 이 양자의 비교에 착수하려는 의도는 현재 우리나라의 학생이나 지식인층들이 한문에 비해 영문에 더 많은 관심과 지식을 가지고 있기 때문에 이것을 비교연구하게 함으로써 한문습득에 취미를 갖고 또 좀 더 손쉽게 이해할 수 있도록 하며 나아가 동서 문화 유대를 맺어 보자는 데 그 목적을 두고 있다. 이 점에 있어서 저자는 먼저 독자(특히 영문학자)들의 양해를 구하는 바이며, 아울러 斯界 권위자들의 보다 훌륭한 연구의 발판이 되기를 바라는 바이다.

山園小梅(詠物詩) 林逋

衆芳搖落獨暄妍, 占盡風情向小園.
疎影橫斜水淸淺, 暗香浮動月黃昏.
霜禽欲下先偷眼, 粉蝶如知合斷魂.
幸有微吟可相狎, 不須檀板共金尊.

먼저 이 시를 음율 면으로 분석해 볼 때 「妍」「園」「昏」「魂」「尊(樽)」은 上平聲 「元」韻에 속하는 같은 계통의 韻이며, 음의 平仄을 강약으로 바꾸어 살펴보면,

　　　　● ○ ○ ● ● ○ ◎
第一句 强弱弱强强弱弱(仄平平仄仄平平)
　　　　● ● ○ ○ ● ● ◎
第二句 强强弱弱强强弱(仄仄平平仄仄平)
} 首聯

第三句	○●○○●○● 弱强弱弱强弱强(平仄平平仄平仄)	頷聯
第四句	●○○●●○◎ 强弱弱强强弱弱(仄平平仄仄平平)	
第五句	○○●●○○● 弱弱强强弱弱强(平平仄仄平平仄)	頸聯
第六句	○●○○●●◎ 弱强弱弱强强弱(平仄平平仄仄平)	
第七句	●●○○●○● 强强弱弱强弱强(仄仄平平仄平仄)	尾聯
第八句	●○○●●○◎ 强弱弱强强弱弱(仄平平仄仄平平)	

와 같이 된다. 물론 언어계통이 다른 英詩와 완전히 일치될 수는 없다. 그러나 압운과 强弱(혹은 弱强)調의 음운은 서로 통하는 점이 많다. 다음으로 시의 내용을 살펴보기로 하자.

이 시는 작자 林逋가 자기의 애인처럼 사랑하는 매화를 읊은 시이다.

「모든 꽃이 시들어 떨어진 겨울철에 오직 매화만이 따뜻한 볕을 쐬고 아름답게 피어서(第一句), 온갖 風情을 독차지하고 정원을 향하여 서 있으니(第二句), 엉성한 나무 가지의 그림자는 맑고, 얕은 물속에 비스듬히 비치고 있고(第三句), 은은히 풍기는 향기는 황혼의 달빛 아래 떠돌고 있다(第四句). 서리를 무릅쓴 겨울새는 아래로 날아 내려오려고 하다가 정말 그것이 꽃인지 아닌지가 의심스러워서 먼저 조심스럽게 주위를 살펴보고 있고(第五句), 흰 나비가 만일 이 매화가 피어 있다는 사실을 안다고 하면 그 향기 그윽한 아름다움에 놀라서 응당 혼비백산 될 것이다(第六句). 이 고결한 매화에 대하여 다행히도 이 몸은 시를 읊어서 매화와 서로 정답게 지낼 수 있으니(第七句), 저 속세의 부호층의 값비싼 악기와 사치스러운 술잔으로 풍류를 즐기는 따위의 저속한 놀이는 나와 거리가 멀다(第八句).」(시를 번역 혹은 풀이한다는 것은 지극히 무리한 작업이다. 大意를 알고 독자 자신이 시의 예술성에 접근하기 바란다.

William Wordsworth 'The Daffodils'(水仙花)

I wandered lonely as a cloud
That floats on high o'er vales and hills,
When all at once I saw a crowd,
A host of golden daffodils;
Beside the lake, beneath the trees,
Fluttering and dancing in the breeze.

Continuous as the stars that shine
And twinkle on the Milky Way,
They stretched in never-ending line
Along the margin of a bay:
Ten thousand saw I at a glance,
Tossing their heads in sprightly dance.

The waves beside them danced, but they
outdid the sparkling waves in glee:
A poet could not but be gay,
In such a jocund company:
I gazed—and gazed—but little thought
What wealth the show to me had brought:

For oft, when on my couch I lie
In vacant or in pensive mood,
They flash upon that inward eye
Which is the bliss of solitude;
And then my heart with pleasure fills,
And dances with the daffodils.

이 시는 'The Daffodils'라고 부르기도 하고 'I Wandered Lonely As a Cloud'라는 제목을 붙인 적도 있다. 이 시는 작자가 *Grasmere*에 살 때, 누이동생 Dorothy와 함께 경치 좋은 *Ulswater* 호수의 서쪽 기슭 물가에 수없이 많은 아름다운 수선화가 피어 있는 것을 보고 지은 것이라고 전해지고 있다.

우선 이 시를 읽고 이해하기에 도움이 되도록 주석을 붙여 보기로 한다.

1. 제1연(第一聯)

2행, That floats~의 'that'는 관계대명사. 선행사는 1행의 'a cloud'.

float on~의 'on'을 다음 보기에서 잘 살펴보자. 진행 혹은 계속되는 활동을 나타낼 때 쓰인다.

예 1. Come on! 2. They hurried on. 3. He's getting on in years.
4. How can you work on so long without a rest?

○ o'er : over 시에서는 두 음절어를 한 음절어로 줄여서 쓸 때 흔히 씀.

○ vales : valley. over가 o'er로 쓰이는 것과 같음.

3행, When all at once~의 'when'은 관계부사로써 부가적 용법으로 쓰인 것, and then의 뜻.

○ all at once : suddenly; on a sudden; all of a sudden의 뜻.

4행, A host of golden daffodils~ 의 'a host'는 3행 끝 'a crowd'와 동격.

5행, Beside the lake~trees는 부사구로써 6행의 全行을 꾸밈.

6행, Fluttering :「바람에 흔들리면서」의 뜻. 발음은 [flʌ́təriŋ]이나 둘째 음절의 모음 [-ə-]가 생략되어 3음절어가 2음절어로 바뀌어 쓰였음에 유의. 즉 [flʌ́triŋ].

2. 제2연(第二聯)

1행, Continuous는 형용사형이지만 여기는 부사로 쓰였으며, 3행의 'They stretched~line'을 수식함.

○ that shine/ and twinkle on the Milky Way는 관계대명사절로 'The stars'가 선행사.

○ the Milky Way : 은하수.

3행, in never-ending line : 「끊임없는 줄을 이루고」의 뜻.

4행, margin : shore, edge 즉 「변두리」의 뜻.

5행, Ten thousand saw I : I saw ten thousand의 倒置. 시에서는 韻 관계로 倒置가 허용된다. 漢詩에도 마찬가지다. 「勝敗兵家不可期, 包羞忍恥是男兒.(杜牧, 烏江廟)」에 있어서의 勝敗~ : 兵家不可期勝敗의 도치요, 「香稻啄殘鸚鵡粒, 碧梧棲老鳳凰枝.(杜甫)」는 「鸚鵡啄殘香稻粒, 鳳凰棲老碧梧枝.」의 도치이다. 'ten thousand'는 tens of thousands of daffodils의 뜻.

○ at a glance : 一見하여.

6행, Tossing their heads : 「머리를 아래위로 흔들다」의 뜻으로써 5행의 'ten thousand'를 수식.

○ in sprightly dance 「쾌활하게 춤추면서」의 뜻. 부사구로서 'tossing their heads'를 수식.

3. 제3연(第三聯)

2행, out-did : surpassed; excelled 「~보다 뛰어나다」의 뜻.

○ in glee : 「환희에 있어서는(수선화가 파도를 능가했다)」의 뜻.

3행, A poet could not but be gay : 「어느 누구든 시인이면 유쾌하지 않으려야 않을 수가 없을 것이다」의 뜻. 「cannot but+동사의 원형」은 cannot help~ing

4행, In such a jocund company : 「그와 같이 유쾌한 친구(수선화)와 함께 있으면」의 뜻으로서 3행을 수식.

5행, little thought : 「전혀 생각이 없었다」의 뜻으로, 'I gazed'의 'I'가 thought의 주어, 6행의 'what'이하가 목적절.

6행, What wealth the show to me had brought : What wealth the show had brought to me의 倒置. show는 sight의 뜻.

4. 제4연(第四聯)

1행, oft : often의 古語. over를 o'er로 쓴 것과 같음.

○ when on my couch I lie : when I lie on my couch의 倒置.

2행, In vacant or in pensive mood : in vacant mood or in pensive mood. in vacant mood는 「아무런 생각 없이 멍하니 있을 때」의 뜻. in pensive mood는 「사물을 생각하는 데 잠겨 있을 때」.

3행, They flash upon that inward eye에서 'They'는 daffodils를 가리킴. 'flash upon'은 「섬광(閃光)과 같이 문득~에 떠오르다.」 'inward eye'는 心眼 즉 마음, 상상을 말함.

4행, 'which'는 관계대명사, 선행사는 3행의 'that inward eye'.

○ bliss : 「희열(喜悅)」, 「다시없는 행복」의 뜻.

5행, my heart with pleasure fills : my heart is full of pleasure의 뜻.

이 시 전체의 내용은 두 가지의 중요한 situation(상황) 위에 구성되어 있다. 즉 I wandered lonely~and saw a host of golden daffodils~/Beside the lake: 이 그 하나이고, on my couch I lie/In pensive mood: 가 또 하나의 situation이다. 작자는 언젠가 호숫가를 거닐다가 수선화를 보았다는 이야기와 그것을 지금 조용히 생각에 잠겨 회상하는 순간 무한한 기쁨을 느낀다는 이야기이다. 그러므로 1연에서 3연까지는 동사의 시제가 과거 시제로 되어 있으나 4연에 와서는 현재 시제로 되어 있음에 유의할 필요가 있을 것이다. 그리고 작자가 호반을 거닐 때도 마치 하늘 높이 떠가는 구름처럼 외로웠고(lonely) 그것을 회상하는 지금의 순간에도 고독(solitude)의 분위기가 지배하고 있다. 그러나 그와 같은 고독한 분위기 가운데 다만 수선화만은 나부끼며 춤추고 있었고(Fluttering and dancing) 그것도 머리를 까딱이면서(Tossing their heads in sprightly dance), 마치 어여쁘고 순진하며 귀여운 소녀가 hopping step으로 푸른 초원을 뛰어 갈 때 그 머리채가 좌우로 흔들리는 율동미를 상상해 보라. 티 없는 즐거움을 말이다. 그것을 지금 회상하고 있는 작자의 마음도 그 수선화와 함께 그리고 수선화는 그 소녀의 풍성한 머리채처럼 또 밤하늘에 멀리 뻗어있는 은하수처럼 끝없이 호숫가에 뻗어 있다. (continuous as the stars that shine/and twinkle on the milky way./They stretched in a never ending line./along the margin of a bay:) 호수에서 반짝이는 물결도 즐겁게 춤추고 있었다. 그러나 제 3연 제2행의 'the sparkling waves'는 호수의 아름다움을 잘 묘사하고 있으나 그것은 수선화의 즐거움에 도저히 따르지 못하는 것이다.

이 구절을 보고 작자가 호반을 거닐면서 수선화를 보았던 때가 하늘에 별이 보일만큼 밤이 어두운 때가 아닌지 상상할 수도 있겠으나 오히려 작자가 회상에 잠겨있는 현재의 순간 눈앞에 보이는 광경이라 생각하는 편이 좋지 않을까? 그와 같은 두 개의 상황이 시에서는 자유로이 혼합할 수 있는 것이 오히려 자연스러울 것이다. 그런데 이 시가 절묘한 것은 위에서 말한 바와 같은 두 가지의 situation(상황)을 잘 엮어 놓은 시의 구성면이라든가 자연의 아름다움을 노래한 그 내용면 혹은 철학적인 면에만 있는 것이 아니고 이 시의 음악적인 면에도 있는 것이다.

우선 이 시를 읽으면서 발음상의 강약을 구별하여 표시해 보자. 강하게 발음되는 음절위에는 「′」표를 그리고 약하게 발음되는 음절에는 「×」표를 해 보면 제1연 제1행이 다음과 같이 된다.

```
×  ′  ×    ′  ×  ′ ×   ′
I wandered lonely as a cloud
```

강약이 번갈아 규칙적으로 나타나는 것을 알 수 있다. 그리고 약 음절 하나와 강 음절 하나를 합한 것을 하나의 단위로 하여 그와 같은 단위가 이 한 행 안에 네 개가 들어 있다는 것을 알게 된다.

이와 같은 강약의 한 단위를 「foot」라고 한다. foot의 형태는 시에 따라 다르며 반드시 강약의 형태만이 아니고 경우에 따라 强弱 혹은 弱弱强 혹은 强弱弱으로 될 때도 있다. 또 이와 같은 foot가 한 행에 몇 개 들어 있으며 그 foot의 형태가 어떻게 구성되어 있는가를 가리켜서 meter라 한다. 이 한 행을 점점 속도를 빨리 하면서 그와 같은 강약에 주의 하면서 되풀이해서 읽어 보라. 그러면 그것은 melody가 붙지 않은 음악임을 알 수 있다. 이와 같은 것을 제 1연 전부를 두고 해보면 매우 재미가 있다. 꼭 같은 형태로 나가다가 6행 맨 앞 'Fluttering'에 와서는 지금까지 弱强, 弱强으로 되던 것이 갑자기 强弱으로 바뀌고 그 뒤는 다시 그대로 弱强으로 된다. 그리고 'Fluttering'은 원래는 3음절어이지만 둘째 음절은 弱 음절로서 그 음절 자체를 생략하여 强弱의 2음절어로 바꾸어서 전후 관계를 맞출 수 있음에 주의하라. 이것은 단순히 규칙적인 것에서 오는 단조로움을 깨기 위한 파격적인 것이긴 하겠지만 수선화의 율동미를 좀 더 효과적으로 나타내기 위한 두 가지 목적이 서로 일치하고 있는 것이다. 그 뿐만 아니라 각 행의 맨 마지막 음절의 발음에 주의하면서 읽으면 cloud, crowd와 hills, daffodils 또 trees, breeze가 서로 발음이 같음을 알 수 있다. 이와 같이 발음이 같이 되는 경우를 rhyme(韻)이 맞는다고 한다. 그러면 지금까지의 이야기를 종합해서 圖解로서 표시하면 다음과 같다.

× / × / × / × /
I wan/dered lone/ly as /a cloud (a)
× / × / × / × /
That floats / on high / o'er vales / and hills, (b)

× / × / × / × /
When all / at once / I saw / a crowd, (a)
× / × / × / × /
A host / of gold/en daf/fodils; (b)
× / × / × / × /
Beside/ the lake,/ beneath/ the trees, (c)
/ × × / × / × /
Fluttering/ and danc/ing in/ the breeze. (c)

【註】 行末 ( )안에 표시한 기호는 같은 韻을 같은 기호로 표시한 것이다. 다음 韻에 대해 논할 때 詳述한다.

이상으로 'The Daffodils'의 첫 聯을 가지고 시의 음악적인 면을 분석해 보았다.

나머지 2연에서 4연까지도 제1연과 꼭 같은 방법으로 분석할 수 있는 것이다. 이와 같이 해서 이 시를 읽으면 읽을수록 시의 율동과 수선화의 율동이 서로 훌륭한 조화를 이루고 있음을 느끼게 된다. 위에서 분석해 본 바와 같은 일련의 규칙적인 질서가 숨어 있는 글을 운문(verse)이라고 한다. 그런데 여기서 저자가 주로 설명하고자 하는 바가 바로 漢詩와 英詩의 운문적인 요소이므로 지금까지 Wordsworth의 詩 'The Daffodils'에서 이야기한 바를 토대로 하여 좀 더 범위를 넓혀서 상세하게 설명하고자 한다.

제1절 리듬(Rhythm)

1. 리듬(Rhythm)과 강세(Accent)

Rhythm이란 일정한 시간적 간격을 두고 규칙적으로 나타나는 반복운동을 의미한다. 심장의 고동, 계절의 교체, 潮水의 干滿 등은 인간과 자연현상에서 볼 수 있는 Rhythm이다. 이와 같은 Rhythm은 음악뿐만 아니라 시의 바탕을 이루고 있다. 그것은 Rhythm을 모방하는 것이 예술의 중요한 기능으로 되어 있기 때문이다. 즉 음악과 시에서 규칙적 音形(sound pattern) -音과 휴식의 결합- 이 반복함으로써 이루어지는 것이다. 漢詩에서는 各字의 음을 四聲(平·上·去·入)으로 구분하여 106韻의 대표 운을 선정하여 이것으로써 押韻을 하고 平仄을 조절하여 교묘하게 조화시킨다. 그런데 英詩에서는 Rhythm의 기초가 음의 强·弱이 되어 있다. 즉 强 音節을 중심으로 弱 音節의 규칙적인 배열이 Rhythm을 형성하도록 되어 있다. 그리고 英詩를 읽을 때 어떤 음절을 强音節로 읽느냐 하는 것 다시 말하면 어떤 음절에 accent가 오느냐 하는 것은 다음의 세 가지 경우에 따라 결정된다.

① **어원적(語源的) accent(Etymological accent)**: 어떤 낱말이 두 개 이상의 음절로 구성되어 있을 때 그 중 한 음절 내지 두 음절에 accent가 오게 마련이다. 이것을 word-accent라고 하기도 한다. 즉 辭典에 표시된 낱말의

accent는 여기에 속한다고 할 수 있다.

② 수사적(修辭的)인 accent(Rhetorical accent): 어떤 낱말의 의미가 한 문장 안에서 중요한 구실을 할 때 그 낱말에 accent가 온다.

③ 운율(韻律)의 accent(Metrical accent): 위의 ①, ②의 경우와는 관계없이 다만 운율을 맞추기 위해서 어느 음절 또는 단음절로 된 낱말일 경우 그 單音節語에 accent가 오는 경우가 있다.

이상 세 가지의 accent의 보기를 들어보자. 다음 인용한 詩句는 William Wordsworth의 'The Daffodils'이다.

× / × / × / × /
I wandered lonely as a cloud
× / × / × / × /
That floats on high o'er vales and hills,

위 시에서 wandered와 lonely의 첫 음절에 각각 accent가 온 것은 語源的인 것이며 cloud, floats, high, vales, hills에 각각 accent가 있는 것은 修辭的인 것이며, as에 accent가 온 것은 韻律上의 이유인 것이다.

제2절 Foot의 종류

英詩에 있어서 한 개의 强 音節과 한 개 또는 두 개의 强 音節이 결합애서 규칙적으로 되풀이되는 최소의 Rhythm의 단위를 foot(詩脚, 韻脚, 韻步)라 한다. 음악에 비한다면 「마디」와 같은 것이다. 强 音節이 결합하는 형태에 따라 foot의 종류를 나눈다. 즉 强 音節의 위치와 弱 音節의 수에 따라 다음의 네

가지로 나눈다. 이것은 마치 漢詩에 있어서의 평측법과 비슷하다.

1. 弱强調(Iambus)
2. 强弱調(Trochee)
3. 弱弱强調(Anapaest)
4. 强弱弱調(Dactyl)

1. 약강조(弱强調)(Iambus)

영어는 그 언어 자체에 'hoping'처럼 强弱調의 낱말이 많다. 그러나 이런 낱말들 앞에는 accent가 오지 않은 단음절의 관사나 전치사 같은 것이 와서 弱强調로 시작되는 경우가 많다. 따라서 영어 문장은 Iambus가 기초가 되는 수가 많다. 예를 들면 'in hoping' 'for hoping' 'and hoping' 'this hoping' 'if hoping' 등이 된다. 따라서 영시에서도 弱强調인 Iambus는 운율상 가장 자연스럽기 때문에 劇詩, 敍事詩, 抒情詩에 보편적으로 쓰이며 존엄하고 우아한 감을 주며 은근한 정서를 표현하는 데 적합하다. 예를 들어 보자.

× ′ × ′ × ′ × ′ × ′
The curfew tolls the knell of parting day

이 시는 Thomas Gray의 "Elegy Written in a Country Churchyard"의 맨 첫 행인데 弱强調의 5개의 foot로 된 한 개의 행인 것이다.

2. 강약조(强弱調)(Trochee)

Iambus가 弱强調로 上昇調(rising rhythm)인 반면에 Trochee는 下降調

(falling rhythm)이다. 따라서 Iambus에 비하면 훨씬 경쾌한 감을 주는 rhythm 이다.

ˊ × ˊ × ˊ × ˊ ×
Should you ask me, whence these stories!
ˊ × ˊ × ˊ × ˊ ×
Whence these/ legends/ and tra/ ditions
ˊ × ˊ × ˊ × ˊ ×
With the/ odours/ of the/ forest,
ˊ × ˊ × ˊ × ˊ ×
With the/ dew and/ damp of/ meadows,
ˊ × ˊ × ˊ × ˊ ×
I should/ answer/ I should/ tell you.
(Longfellow: The song of Hiawatha)
(※[ˊ]은 强音節, [×]은 弱音節)

위의 시는 비교적 규칙적인 Trochaic이다. 그리고 세 번째 행은

× × ˊ × × × ˊ ×
With the odours/ of the forest,

와 같이 읽는 것이 자연스럽다. 규칙적인 Trochaic의 예는 원래가 드물지만 英詩에서는 언제나 foot가 꼭 규칙적이라고는 말 할 수 없다. 위에서 말한 Iambus와 Trochee 이외에도 spondee(ˊˊ)(强强調)와 pyrrhic(× ×)(弱弱調)이 있지만 기본적인 foot은 아니며 다만 詩行의 운율과 의미의 조정을 위해 代格으로 간혹 쓰인다.

3. 약약강조(弱弱强調)(Anapaest)

Anapaest는 먼저 약 음절 두 개가 오고 강 음절 하나가 뒤따르는 세 개의

음절로 구성된 foot이다. 그런데 영어는 다른 어느 나라 말 보다도 accent가 오는 음절이 많은 언어이다. 따라서 accent가 없는 약 음절 두 개가 잇달아 오는 경우가 비교적 흔하지 않으므로 anapaest는 amphimacer(′×′)라고 하는 즉 强弱强調의 foot로 되어 버리는 수가 많다. 예를 들면,

× × ′ × × ′ × × ′

Let me go/ anywhere/ I can find

와 같이 anapaest가 되지만 이것은 곧

′ × ′ ′ × ′ ′ × ′

Let me go/ anywhere/ I can go

처럼 amphimacer로 읽는 것이 더욱 자연스러운 때가 있다. anapaest는 가벼운 약 음절이 둘 오고 무거운 강음절이 뒤따르기 때문에 신속하고 민첩한 감을 주는 上昇調인 것이다.

4. 강약약조(强弱弱調)(Dactyl)

Iambus의 下降調가 Trochee가 되듯이 Anapaest의 下降調 rhythm이 Dactyl인 것이다. 따라서 Iambus와 Trochee를 또 Anapaest와 Dactyl을 서로 혼용하는 수가 있다.

′ × × ′ × ×

Cannon to/ right of them,

′ × × ′ × ×

Cannon to/ left of them

′ × × ′ × ×

Cannon in/ front of them

′ × × ′ ×
Volleyed and/ thundered;∧(∧표는 음절의 생략을 나타냄)
′ × × ′ × ×
Stormed at with/ shot and shell,
′ × × ′ × ×
Boldly they/ fought, and well……

(The Charge of the Light Brigade: Alfred Tennyson)

위의 시에서 맨 끝 두 행을 좀 더 자연스럽게 읽으려면,

′ × × ′ × ′
Stormed at with/ shot and shell,
′ × ′ × ×
Boldly they/ fought, and well……

로서 行末에 强弱强이 된다. 이와 같은 amphimacer외에도 3음절로 된 anapaest와 Dactyl에는 다른 변형이 있을 수도 있다.

예를 들면 antibacchius(′ ′ ×), bacchius(× ′ ′), tribrach(× × ×), molossus(′ ′ ′) 등이 있다. 이와 같은 변형이 생기는 것은 시란 내용과 형식 다시 말하면 의미와 음이 결합하여 서로 융합되어 이루어지는 것이기 때문이다.

Dactyl은 영어에서 전적으로 자연스러운 것은 아니며 anapaest도 마찬가지다. 따라서 이 두 가지는 長詩에서는 지나치게 단조로운 감을 주는 수가 있다. 그러나 짧은 서정시에 사용하면 利點이 있을 것이다.

제3절 Meter의 종류

이상 말한 foot가 시의 한 행에 몇 개 들어 있느냐에 따라 meter의 종류가 나뉜다. 원래 meter란 뜻은 측정한다는 의미이며 foot의 개수를 측정한다는 것

을 의미한다. 한 행이 한 개의 foot로 이루어지면 monometer, 두 개로 이루어지면 dimeter, 세 개면 trimeter, 네 개면 tetrameter, 다섯 개면 pentameter, 여섯 개면 hexameter, 일곱 개면 heptameter, 여덟 개면 octameter라 한다.

여기서 foot란 말과 meter란 말을 용어상으로 혼동하지 않도록 하기 위해서 좀 더 명확히 구별해 두고자 한다.

foot란 시의 rhythm의 가장 기초가 되는 최소의 단위에서 accent의 배열형태가 어떠한가를 말하는 것이고, meter란 그와 같은 accent의 배열의 단위인 foot가 시의 한 행에 몇 개가 들어 있느냐를 말할 때 foot의 개수를 일컬을 때 쓰는 말이다. 따라서 시의 형식은 foot의 형태와 meter의 수에 따라 결정되는 것이다. 즉 한 詩行에 있어서 弱强調의 foot가 다섯이면 弱强調 五步格(Iambic pentameter)이라 하고 强弱弱調(dactyl)의 foot가 여섯 개 즉 六步格(hexameter)으로 구성하면 强弱弱調 六步格(Dactylic hexameter)이 된다. 弱强調 五步格(Iambic pentameter)은 영시에서 가장 흔히 쓰이는 meter로서 가장 안정된 詩型이라고 볼 수 있다. 五步格 이하의 시형은 짧고 서정적인 시에 적합하며, 五步格 이상의 시형은 비교적 긴 시에 알맞지만 자칫하면 六步格은 三步格 두 개로 행 가운데 휴식(이것을 Caesura라고 한다)을 두고 분단되고 七步格은 四步格과 三步格 또 八步格은 四步格 두 개로 분단되는 경우가 생겨서 통일성을 상실할 염려가 있다. 그러면 Iambic meter만 가지고 여러 가지 meter의 형식을 좀 더 상세히 알아보기로 하자.

1. Monometer(一韻脚調 또는 一步格)

Iambic monometer의 詩型은 극히 드물다. Robert Herrick의 'Upon His Departure Hence'를 인용한다.

× ʹ
Thus I

× ʹ
Pass by

× ʹ
And die

× ʹ
As one

× ʹ
Unknown

× ʹ
And gone

2. Dimeter(二韻脚調 또는 二步格)

Emily Dickinson의 'A Word'를 예로 들어 보자.

× ʹ × ʹ
A Word/ is dead

× ʹ × ʹ
When it/ is said

× ʹ
Some say.

× ʹ × ʹ
I say/ it just

× ʹ × ʹ
Begins/ to live

× ʹ
That day

이 시는 제1연과 2연의 1, 2행은 Dimeter로 되어 있고 각각 3행이 monometer로 되어 있다.

3. Trimeter(三韻脚調 또는 三步格)

다음은 William Butter Yeats의 詩 'Those Images'의 첫 한 줄 聯을 소개한다.

× / × / × /
What if/ I bade/ you leave

× / × × × /
The cav/ern of/ the mind?

× / × / × /
There's bet/ter ex/ercise

/ × / × × /
In the/ sunlight/ and wind

1, 2, 3행은 Iambic trimeter로 되어 있고 끝 한 행은 trochic으로 시작하여 Iambic으로 끝났다. 그런데 2행의 두 번째 foot가 강세가 없는 약 음절 두 개로 되어 있다. 이것은 pyrrhic(弱弱調)이라고 하는데 영시에서는 시행의 운율과 의미를 조정하기 위해서 간혹 쓰이는 것이다.

4. Tetrameter(四韻脚調 또는 四步格)

다음은 William Blake의 'Day'라는 제목의 시이다. 1행은 Iambic Tetrameter로, 2, 3, 4행은 Trochic Tetrameter로, 5행은 Trochic Tetrameter에 Iambic한 foot가 끝에 첨가되어 Pentameter가 되어 있다.

× / × / × / × /
The sun/ aris/es in/ the East,

/ × / × / × /
Cloth'd in/ robes of/ blood and/ gold;∧

/ × / × / × /
Swords and/ spears and/ wrath in/creas'd∧

/ × / × / × /
All a/-round his/ bosom/ roll'd, ∧

/ × / × / × / × × /
Crown'd with/ warlike/ fires and/ raging/ desires.

5. Pentameter(五韻脚調 또는 五步格)

五步格은 앞서 서술한 바와 같이 가장 많이 쓰이는 것으로 특히 Iambic Pentameter(弱强調 五步格)는 敍事詩나 劇詩, 抒情詩등 영시 전반에 걸쳐 가장 많이 쓰인다. 또한 서사시에 많이 쓰이므로 한편 이것을 Heroic Verse라 부르기도 한다. 또 脚韻이 없고 일정한 聯(stanza)을 이루지 않고 연속되는 詩形을 Blank Verse라고 하는데 이와 같이 시형에 구속이 없고 자유로우므로 劇詩나 說話에 아주 적합하다. 다음에 Shakespeare의 'The Tragedy of Othello'중에서 Othello의 독백 한 구절을 소개한다.

× / × / × / ×
Behold/ I have/ a wea/pon: ∧

× / × / × / × / × /
A bet/ter ne/ver did/ itself/ sustain

× / × / × / × × / × /
Upon/ a sol/dier's thigh./ I have seen/ the day,

× / × / × / × / × /
That with/ this lit/tle arm,/ and this/ good sword,

× × / × / × / × / × /
I have made/ my way/ through more/ impe/diments

× / × / × /
Than twen/ty times/ your stop. ~

1행은 Iambic Tetrameter이고 2, 3, 4, 5행은 Iambic Pentameter이다. 3행과 5행의 'I have seen'은 Anapaest로 읽을 수 있으나 I have가 한 음절이 되어

서 Iambic이 될 수도 있다.

6. Hexameter(六韻脚調 또는 六步格)

다음은 Abraham Cowley의 詩 'To The Royal Society'에서 인용한 것이다.

His candid style like a clean stream does slide,
And his bright fancy all the way
Does, like the sunshine, in it play;
It does like Thames, the best of rivers, glide,
Where the god does not rudely overturn,
But gently pour, the crystal urn,
× / × / × / × × × / × /
And with/ judi/cious hand/ does the/ whole cur/rent guide.
'T has all the beauties Nature can impart,
× / × / × / × / × / × /
And all/ the come/ly dress,/ without/ the paint,/ of Art.

맨 끝 행과 끝에서 셋째 행이 Iambic Hexameter를 이루고 있다. 그런데 이와 같은 六步格은 三步格이 둘 합친 것과 마찬가지여서 중간에 pause(쉼, 休止)를 넣어서 읽게 된다. 이와 같은 Iambic Hexameter는 古典詩에서는 敍事詩에 많이 쓰였으며 이것을 alexandrine이라 부르기도 한다.

7. Heptameter(七韻脚調 또는 七步格)

W.B. Yeats의 'The Indian Upon God'를 보기로 든다.

× ´ ×´ × ´ × ´ ×´ × ´ × ´
I passed/ along/ the wat/er's edge/ below/ the hum/id trees,
× ´ × ´ × ´ × ´ × ´ × ´ × ´
My spir/it rocked/ in even/ing light,/ the rush/es round/ my kness,

이 시는 Iambic Heptameter로 되어 있다. 그리고 六步格이 두 개의 三步格으로 분단되는 것과 마찬가지로 七步格은 四步格과 三步格으로 분단될 수도 있다.

8. Octameter(八韻脚調 또는 八步格)

´ × ´ × ´ × ´ × ´ × ´ × ´ × ´ ×
Ah, dis/tinctly/ I rem/ember,/ it was/ in the/ bleak De/cember;
× ´ ´ × ´× ´ × ´ × ´ × ´ × ´
And each/ separate/ dying/ ember/ wrought its/ ghost u/pon the/ floor∧

이상은 A. A Poe의 "The Raven"이다. 그런데 八步格은 Iambic보다 trochaic이 더 애용되며 八步格은 四步格, 四步格으로 분단될 수도 있다.

제4절 운율(韻律)의 변칙(變則)

1. Meter의 변형

시에 있어서 운율은 반드시 규칙적인 것만은 아니다. 다만 지금까지 이야기한 시의 meter도 시 전체에 주류를 이루고 있는 pattern(模型)에 불과한 것이며 그 모형은 감정의 변화 혹은 단조로움을 깨뜨리기 위해 기본적인 모형에 파격變調(variation)가 있을 수 있는 것이다. 그리고 중요한 시인일수록 기본형을 발전시켜 여러 가지 변형을 만들어 낸다. Shakespeare는 그의 마지막 절정기에 다음과 같이 허술하지만 아주 자연스런 律讀法을 썼던 것이다.

A malady
× / × / × / / / × ×
Most in/cident/ to maids;/ bold oxlips and
The crown imperial; lilies of all kinds,
× / × × / ×× / × / /
The flow/er de-luce/ being one!/ O, these/ I lack……

(The Wintera Tale, W. Shakespeare)

제2행의 行末에 4음절로 된 foot는 아주 특이한 것이다. Spondee(强强)와 pyrrhic(弱弱)을 한 foot안에 같이 쓴 것 같다. 시를 올바로 감상하려면 그 시의 기본적인 meter를 파악한 다음 감정과 의미에 따른 rhythm의 변화를 잘 포착하여 읽어야 할 것이다. 그렇지 않으면 시는 매우 단조롭고 기계적이며 부자연스러운 것이 되고 말 것이다.

조금 전에 예를 든 Shakespeare의 강세 변화(accent variation)와 꼭 반대되는 것을 역시 Shakespeare의 14행시 한 행을 가지고 예를 들어보자.

× × / / / × × / × /
Of the wide world/ dreaming/ on things/ to come

(Sonnet C Ⅶ, W. Shakespeare)

또한 흔히 쓰이는 변형으로서 Iambic과 Anapaestic을 바꾸어 쓰는 경우가 있다. 다음은 오래된 ballad(민요)의 하나이다.

× / ×× / × / × × / ×
O Al/ison Gross,/ that lives/ in you tower

('Alison Gross', Old English Ballad)

이것과 순서가 정반대로 된 것을 소개하면 다음과 같이 된다.

× × / × / × × / × /
Where the chaf/finch sings/ on the or/chard bough……

('Home-Thoughts, from Abroad', Robert Browning)

영시에서는 운율상의 模型(metric pattern)에 적용할 수 있는 변형이 헤아릴 수 없이 많다. 또 Coleridge는 그의 詩 "Christabel"에서 行型(line pattern)이 일정한 수의 강음절로 구성되도록 하여 약음절의 수와 순서에는 관계없이 쓴 일이 있다.

× × / × × / × × / × /
'Tis the mid/dle of night/ by the cas/tle clock,
× × / × × / × × / × /
And the owls/ have awak/ened the crow/ing cock.
/ / / /
Tu/whit! Tu/whoo!
× / × / × / × /
And hark,/ again;/ the crow/ing cock
× / × / × /
How drow/sily/ it crew.

('Christable', Samuel Taylor Coleridge)

이 시는 첫 네 행의 네 개의 foot로 이루어져 있는데 각 foot마다 강음절이 하나씩 있을 뿐 약음절의 수와 위치는 일정하지가 않다. 특히 셋째 행은 강음절 하나가 한 foot를 이루고 있는 것이다. 넷째 행은 Iambus 네 개의 foot로 이루어져 있고 다섯째 행은 Iambus 3개의 foot로 이루어져 있다. Walter de la Mare의 유명한 詩 "The Listeners"에서 예를 하나 더 들어 보면,

× / × × / × × × / × ×
But on/ly a host/ of phantom listeners

× / × × / × /
That dwelt/ in the lone/ house then,

× / × × × × / × × × / ×
Stood lis/tening in the qui/et of the moonlight/

× × / × × / × /
To that voice/ from the world/ of men

이 시에서는 한 행에 강음절이 셋으로 되어 있는 것 외에는 약음절의 수가 전혀 일정하지 않다. 영시의 變調는 한시의 拗體와 비슷한 것이라고 볼 수 있다.

●○●●●○◎　●●○○●●◎
예 少年易老學難成, 一寸光陰不可輕.

●●○○○●●　○○○●●○◎
未覺池塘春草夢, 階前梧葉已秋聲. (朱熹, 正格)

●○●○○○◎　○○●○○●◎
예 世人結交須黃金, 黃金不多交不深.

●○○●●○●　○●○○○●◎
縱令然諾暫相許, 終是悠悠行路心. (張謂, 拗體)

※ ○은 平, ●은 仄, ◎은 韻을 표시함.

즉 拗體인 張謂 詩의 起承句는 今體詩에 있어서 가장 중요한 규칙인 「二四不同, 二六對」의 원칙마저 무시하고 있다.

제5절 Rhyme

Rhyme이란 말은 우리말로 「韻」이란 말인데 강세가 있는 두 개 이상의 낱말의 모음끼리 혹은 자음끼리 혹은 모음과 자음이 서로 발음이 같은 것을 말한다. ate, plate, mate, syncopate와 같이 밑줄 친 ~ate, 가 韻을 이루고 있는 것이다. 그러나 반드시 철자가 같다고 韻이 되는 것은 아니다. 비록 철자는 달라도 음이 같으면 되는 것이다.

ate, bait, straight, freight 등은 철자는 달라도 韻이 되고 있지만 cough, enough, plough, though, through 등은 철자는 같지만 韻을 이루지 못한다.

1. Alliteration(頭韻)

이것은 머리에 강음절의 같은 모음 또는 자음을 배치하여 운을 잡게 되어 있다. (漢詩에서는 이것이 없다.)

> 예 Low, low, breathe and blow
> Wind of the Western sea ('Sweet and Low', Alfred Tennyson)

우리 시에는 頭韻이 많다. 예를 들면 「가시리」이다.

> 가시리 가시리 잇고
> 바리고 가시리 잇고
> 날러는 어찌 살라하고
> 바리고 가시리 잇고

頭韻은 중세 이전의 영시에서 매우 중요한 구성요소이었으나 지금은 다 修辭的 요소로 남게 되었다. 頭韻은 강세어를 더욱 강조하여 낱말과 낱말끼리의 관계를 밀접하게 하여 독자의 주의를 끄는 데 매우 효과적이다.

2. End Rhyme

이것은 줄 맨 끝에 있는 음절의 모음 및 그것에 잇따르는 자음이 다른 줄의 맨 끝에 있는 음과 같게 발음되는 것을 말한다. 보통 Rhyme이라고 하면 이 脚韻을 두고 말할 때가 많다. 脚韻에는 다음과 같은 것이 있다.

① 줄 맨 끝에 있는 모음이 일치하는 것

예 Who has seen the wind?
Neither I nor you;⋯⋯ [uː]
But when the leaves hang trembling
The wind is passing through⋯⋯ [uː]

② 줄 끝에 있는 음절의 모음과 자음이 어울려서 같은 음을 이루는 것

예 Beside the lake, beneath the trees, [iːz]
Fluttering and dancing in the breeze [iːz]

③ Masculine Rhyme(男性韻)

줄 맨 끝에 있는 한 음절만이 서로 韻을 이루는 것으로 위의 A. B에서 표시된 Rhyme은 모두 이에 속한다. 이것을 Single Rhyme(單韻) 혹은 Male Rhyme(男性韻, 陽韻)이라고도 한다.

④ Feminine Rhyme(女性韻)

줄 맨 끝에 있는 두 음절이 서로 韻을 이루는 것으로 최후의 음절은 弱勢로 되어 있는 것이다. 이것을 Double Rhyme(二重韻, 複韻) 혹은 Female Rhyme(女性韻)이라고도 불린다. 다음에 H.W. Longfellow의 "A Psalm of Life"(인생의 찬가)의 一節을 예시한다.

Tell me not in mournful numbers, [ʌ́mbəz]
"Life is but an empty dream!" [iːm]
For the Soul is dead that slumbers [ʌ́mbəz]
And things are not what they seem. [iːm]
Life is real! Life is earnest! [ə́ːnist]
And the grave is not its goal. [oul]
"Dust thou art, to dust returnest," [ə́ːnist]
Was not spoken of the Soul. [oul]

이 시에서 본 바와 같이 numbers와 slumbers, earnest와 returnest는 각각 Feminine Rhyme(女性韻)을 이루고 있고, dream과 seem, goal과 Soul은 각각 위에서 설명한 B 즉 男性韻을 형성하고 있다.

⑤ End Rhyme의 표시법

Masculine Rhyme(男性韻)이나 Feminine Rhyme(女性韻)은 압운을 표시할 경우 a.b.c.d…와 같은 문자로 나타내는 것이 보통이며, 같은 운에는 같은 글자를 쓴다. 보기를 들면,

Twinkle, Twinkle, little star:	a
How I Wonder what you are	a
Up above the world so high	b
Like a diamond in the sky.	b
When the blazing sun is gone	c
When he nothing shines upon	c
Then you show your little light	d
Twinkle, Twinkle, all the night.	d

(Ann and Jane Taylor)

The year's at the spring. a
And the day's at the morn: b
Morning at seven: c
The hill side's dew-pearled; d
The lark's on the wing; a
The snail's on the thorn b
God's in His heaven c
All's right with the world! d

('Pippa's Song', R, Browning:)

(이 시에서는 a.b.d는 男性韻, c는 女性韻)

3. 모운(母韻)(Assonance)

두 개 이상의 낱말에서 강음절만 같고 앞뒤에 오는 자음을 서로 달리하는 것을 말한다. 예를 들면 baby와 lady, speech와 green 등이다.

I arise from dreams of thee
In the first sweet sleep of night.
When the Winds are breathing low
And the stars are shining bright

('The Indian Serenade', Shelley)

첫 행의 I와 arise, dreams와 thee, shining과 bright가 母韻을 이루고 있다. 둘째 행의 sweet와 sleep도 sweet가 강음절이 아니지만 의미상 중요한 낱말이므로 서로 母韻이 된다고 볼 수 있다. 이와 같이 모음이 되풀이되면서 아름다운 melody가 된다.

4. 자운(子韻)(Consonance)

이것은 자음이 서로 일치하는 것을 말하지만 語尾의 자음이 일치하는 경우를 말한다. 예를 들면 mill과 tale, red와 sound 등이다.

> Proud and unafraid he stood
> Nor said a word to those around

('The Ancient Mariner', Coleridge)

제6절 Stanza

시에 있어서 한 행을 verse라고 한다. 그것은 散文(prose)에 대해 韻文이란 의미로도 쓰이는데 foot가 시의 최소의 rhythm의 단위라고 한다면 몇 개의 foot가 모여서 된 詩行인 verse는 第二의 rhythm의 단위인 것이며 이와 같은 형태는 행의 길이라든가 meter의 종류 혹은 rhyme(脚韻)의 세 가지 요소로 구성된다고 볼 수 있다. 이와 같은 요소들이 엄격한 순서로 되어 있을 때도 있고 때로는 산문에 있어서 paragraph(節)에 해당하는 단순한 시의 구분으로 될 때도 있다. (漢詩에는 「律」에 한하여 聯句가 있으나, 이것과는 좀 성질이 다르다.)

1. The Couplet(二行聯)

이 중에서 제일 간단한 것이 二行詩(couplet)이다. 그런데 couplet란 말은 2행으로 된 stanza를 의미하기도 하고 2행으로 된 시 한 편을 뜻하기도 한다. 이것은 Triplet 혹은 Tercet(三行聯), Quatrain(四行聯) 등의 경우에도 마찬가지다. 2행시의 경우 rhyme은 다음의 경우와 마찬가지로

"Where are you going on, my pretty maid?" (a)
"I'm going a milking, sir." she said. (a)

(Mother Goose's Nursery Rhymes)

로 된다. 그러나 2행으로 독립해서 연을 구성하는 예는 Tennyson의 Locksley Hall과 같은 것이 있지만 매우 드물다. 연속된 2행시로서 Iambic pentameter (强弱調 五步格)를 heroic couplet라 부른다. 이것은 Dryden과 Pope가 즐겨 사용하는 형식이다.

Vice is a monster of so frightful mien (a)
As, to be hated, needs but to be seen; (a)
Yet seen too oft, familiar with her face, (b)
We first endure, then pity, then embrace (b)

('An Essay on Man', Alexander Pope)

2. 삼행연(三行聯)(Triplet or Tercet)

三行聯詩는 一行聯詩나 四行聯詩만큼 흔하지는 않다.

A still small voice spake unto me, a
"Life is so full of misery, a
Were it not better not to be?" a

('The Two Voices', Alfred Tennyson)

위 시의 脚韻은 a.a.a이지만 변형으로서 aab, aba, abb 등이 있다.

Make me thy lyre, even as the forest is: (a)

What if my leaves are falling like its own! (b)
The tumult of thy mighty harmonies (a)

Will take from both a deep autumnal tone, (b)
Sweet though in sadness, Be thou, Spirit fierce, (c)
My spirit! Be thou me, impetuous one! (b)

Drive my dead thoughts over the universe (c)
Like withered leaves to quicken a new birth! (d)
And, by the incantation of this verse, (c)

Scatter, as from an unextinguished heart (d)
Ashes and sparks, my words among mankind! (e)
Be through my lips to unawakened earth (d)

The trumpet of a prophecy! O wind, (e)
If Winter comes, can Spring be far behind? (e)

('Ode to the West Wind', Percy Bysse Shelley)

위 시에서는 각 연의 제1행이 그 다음 연의 제 1행, 3행과 서로 脚韻이 일치하고 있는데 이것을 Terza Rima라 부른다. 이것은 Dante가 그의 「神曲」에서 사용한 형식인데 Shelley가 이것을 모방한 것이다.

3. 사행연(四行聯)(Quatrain)

이것은 영시에서 가장 흔히 볼 수 있는 간단한 연의 형식인데 길지도 않아 안정감을 줌으로 서정시에 적합하다. Rhyme형식에 따라 다음과 같이 여러 가지 종류로 나눈다.

ㄱ. Ballad meter

이것은 원래 七步格 弱强調 一行詩形이었다. 그러나 첫 행과 3행이 rhyme이 맞지 않은 4행시로 분단되고 첫 행과 3행이 四步格이 되고 1행과 4행이 각각 脚韻하면서 三步格이 되었다.

As Robin Hood in the forest strayed, (a)
All under the green wood tree, (b)
He was aware of a brave young man, (c)
As fine as fine might be (b)

(Old English Ballad)

이것은 古民謠에 많이 쓰인 형식이기 때문에 이렇게 불리는 것이다. 그리고 脚韻은 abab와 같이 교체형도 있다.

ㄴ. In Memoriam Stanza

이것은 Tennyson이 "In Memoriam"이란 시에서 채용하여 성공한 시이기 때문에 이렇게 부르는 것이다, 또한 이것은 弱强調 四步格으로서 다음과 같이 脚韻된다.

Ring out old shapes of foul diease; (a)
Ring out the narrowing lust of gold; (b)
Ring out the thousand wars of old, (b)
Ring in thousand years of peace. (a)

(In Memoriam, Alfred Tennyson)

ㄷ. Omar Khayyam Stanza

이것은 11세기 Persia시인 Omar Khayyam의 四行詩(Rubaiyat)를 Edward Fitzgerald가 번역할 때 쓴 형식으로서 Iambic pentameter로 되어 있으며 脚韻 형식이 특이하다.(aaba)

The Moving Finger writes; and, having writ, (a)
Moves on: nor all your Piety nor wit (a)
Shall lure it back to cancel half a Line (b)
Nor all your Tears wash out a World of it (a)

4. 기타(其他)

① 오행연(五行聯)(Quintet or Cinquain)

5행으로 된 聯으로서 脚韻은 ababa, ababb, abccb 등이 있다. Shelley의 "To a Shylark"는 ababb의 유명한 예이다. 四行聯의 Ballad Meter의 제3행에다 한 행을 삽입하면 abccb가 되는데 Coleridge의 "The Ancient Mariner"가 좋은 예가 된다.

② 육행연(六行聯)(Sextet or Sestet)

脚韻은 aabbcc, ababcc, aabccb, 짝수 행만 압운하는 ×a×a×a 등 여러 가지가 있다.

③ 칠행연(七行聯)(Seven-line Stanza)

이것은 Scotland의 James Ⅰ세가 The Kinges Quhair에 사용한 형식이라고

해서 Rhyme Royal이란 명칭이 붙어 있는 데 후에 Chauce가 완성했기 때문에 Chaucerian Stanza라고도 한다. 脚韻은 ababbcc로 된다. 다음에 Georffrey Chauce의 'The Complaint to His Empty Purse'를 소개한다.

To you, my Purse, and to none other weight (a)
Complain I, for ye be my lady dear. (b)
I am full sorry, now that ye be light. (a)
For, certes, ye now make me heavy cheer. (b)
Me whereas liefy laid upon my bier. (b)
For which unto your mercy thus I cry. (c)
Be heavy again, or elles mote I did. (c)

④ **팔행연**(八行聯)(Octave)

八行聯에서 제일 유명한 것이 Octava Rima인데 이것은 원래 이탈리아 형식인데 많은 시인들이 영시에 도입했으며 交替韻을 이루는 六行聯에다 Couplet(二行聯)를 첨가한 형식이다. 이탈리아에서는 한 행을 11음절로 썼으나 영시에서는 弱强調 五步格을 사용하는 예가 많다.

⑤ **구행연**(九行聯)(Spenserian Stanza)

Edmund Spense가 처음 쓴 것인데 품위 있는 시에 많이 쓰인다. 弱强調 五步格 8행에다 Alexandrin(弱强調 六步格)한 행이 첨가되어 9행이 되며 脚韻은 aba bbc bcc이다. John Keats의 'The Eve of St. Agnes'는 유명한 것이다.

⑥ **십사행시**(十四行詩)(Sonnet)

이 시형은 원래 이탈리아의 Petrarch가 처음 쓴 것인데 이것이 영시에 도입

되어 Petrarchan Sonnet, Shakespearian Sonnet, Spenserian Sonnet의 세 가지로 나누어 졌다. 이것은 14개의 詩行의 배열과 脚韻으로 구별된다.

1. Petrarchan Sonnet
   배열 4행+4행+3행+3행
   脚韻, abba abba cde cde
   혹은 abba abba cdc cdc

2. Shakespearian Sonnet
   배열 4행+4행+4행+2행
   脚韻, abab cdcd efef gg

3. Spenserian Sonnet
   배열, 4행+4행+4행+2행
   脚韻, abab bcbc cdcd ee

위에서 말한 여러 가지 Stanza form 이외에도 여러 가지가 있겠으나 가장 기본적인 것은 Couplet, triplet, quatrian이며 그 이상 詩行이 많은 聯이라 하더라도 이 세 가지의 활용 및 변형으로 생각할 수 있다.

제3부

한시편 漢詩篇

Ⅰ. 문체론(文體論)

문장을 구성하는 데 있어서 문법만 알면 큰 불편은 없을 것이다. 그러나 문학이 발달할수록 문장의 체재는 차츰 화려해지고 또 복잡해지기 마련이다. 비록 문장을 구성하는 필수조건은 아니라 할지라도 보다 문학적인 문장을 구성하고, 또 문학작품을 이해하는 데 문체를 먼저 변별해 두는 것이 매우 유리하다고 생각한다. 그러나 한문학이 유구하고 화려한 역사를 지니고 있는 것만큼 문체의 종류도 매우 복잡하다. 따라서 그 분류방법도 학자에 따라 서로 다르다. 여기서는 몇몇 학자의 분류법에 따르기보다 한문학전반에 걸친 분류에 의하여 그 개략을 살펴보기로 한다.

1. 논설류(論說類)

論이란 여러 가지 사상을 분석하여 그 시비를 가려 바르게 함으로써 하나의 도리를 세우는 것이다. 李性學文式曰「論理貴反覆而盡其事情. 又曰論宜曲折深遠.」이라고 되어 있다. 說은 孔子의 說掛로부터 시작되어 後人이 문체의 하나로 만들었다. 사리를 해명한다는 뜻이다. 書經의 註를 '集說'이라고 하는 것도 集解의 뜻이다.

① 論 ② 說 ③ 辨(辯) ④ 解 ⑤ 原 등이 있으나 대동소이하다.

① 論은 論難, 攻擊, 是非, 曲直을 판명하는 것을 주로 함. 論語·孟子 등 문체가 이에 속하고, 荀子의 「天論·正論·禮論·樂論」과 賈誼의 「過秦論」 등이 論의 본색을 지닌 작품이라 하겠다. 이하 예문의 일부를 들어 참고에 供한다.

예 凡姦聲感人, 而逆氣應之. 逆氣成象, 而亂生焉. 正聲感人, 而順氣應之. 順氣成象, 而治生焉. 唱和有應, 善惡相象, 故君子愼其所去就也.(荀子, 樂論)

【註】 • 成象 : 형상으로 나타나다. 즉 歌舞로 나타나다. • 相象 : 서로 본뜨다(닮는다).

예 一夫作亂而七廟墮, 身死人手, 爲天下笑者, 何也. 仁義不施, 而攻守之勢, 異也. (賈誼, 過秦論)

【註】 • 一夫 : 陳勝을 지칭, 秦의 반란자. • 七廟 : 천자는 七廟를 두고 있다. • 爲天下笑 : 「爲」는 피동의 구실을 한다. • 仁義～ : 兵道에는 詐謀를 주로 한다고는 하지만 士兵을 포섭하고, 국가를 수호함은 역시 인의에 근본을 두고 있다고 볼 수 있다. • 攻守～ : 공격과 수비의 세력의 불균형.

② 說은 뜻을 밝혀서 시비를 가리는 것을 주로 한다.

예 師者所以傳道受業解惑也. 人非生而知之者, 孰能無惑, 惑而不從師, 其爲惑也終不解矣.(韓愈, 師說)

【註】 • 所以 : 때문. 까닭. • 受業 : 授業의 뜻. • 其爲惑也 : 「也」는 강조의 뜻을 나타냄. 爲는 피동.

③ 辨(辯)은 判別의 뜻으로서 疑似를 밝혀주는 것을 주로 한다. 柳子厚의 「桐葉封弟辨」, 韓退之의 「諱辨」 등이 이것이다.

예 吾意周公輔成王, 宜以道從容優樂, 要歸之大中而已. 必不逢其失而爲之辭, 又不當束縛之馳驟之, 使若牛馬然. 急則敗矣.(柳子厚, 桐葉封弟辨)

【註】 • 이 글은 「周의 成王이 농담 삼아 그의 아우 叔虞에게 오동잎을 珪(신하에

주는 예물)의 모양으로 만들어서 주고 이로써 너를 唐에 봉한다고 하였다. 그러나 周公은 이것을 듣고 아무리 어린 아우지마는 군왕으로써 거짓말을 해서는 안 된다고 하고 이것을 실천하도록 했다.」는 이야기에 대한 변론이다. •吾意의 「意」는 동사, 생각건대. •大中 : 훌륭한 中庸. 中庸之正道. •爲之辭 : 그 이유가 될 수 있는 말을 하다. •馳驟 : 말을 달리게 하다. 無理하게 하도록 하다. •宜以道~ 使若牛馬然 : 마땅히 正道로써 조용하고 즐거운 가운데서 그(成王)를 중용의 大道에 돌아가도록 할 따름이요, 반드시 그의 과실을 기다려서 억지로 탈을 잡아 말을 만들어서 강요하지는 않았을 것이요, 또 그를 속박한다든지 무리하게 편달하여 마치 牛馬처럼 다루지도 않았을 것이다. •急則敗矣 : 일은 급히 서두르면 실패하게 된다.

④ 解는 해석, 註解의 뜻과 같이 의문을 풀어 주는 것이다. 韓退之의 「獲麟解」와 「進學解」가 이에 속한다.

예 麟之所以爲麟者, 以德不以形, 若麟之出, 不待聖人, 則其謂之不祥也亦宜. (韓退之, 獲麟解)

[大意] 기린이 仁獸다운 까닭은 덕 때문이요 얼굴 때문이 아니니, 만일 성인이 세상에 존재하지 않을 때에 기린이 나돌아다닌다고 하면 그 사실은 상서롭지 못한 일이라고 해도 좋다.

⑤ 原은 本이다. 사물의 근본을 논하는 문장이라는 뜻이다. 이 體는 韓退之에서부터 비롯한 것이다. 「原道」 「原性」 「原毁」 「原人」 「原鬼」 등이 곧 이것이다.

예 古之君子, 其責已也重以周, 其待人也輕而約. 重以周, 故不怠. 輕而約, 故人樂爲善. (韓文公, 原毁)

【註】 •重以周 : 엄격하고, 면밀하다. •輕而約 : 가볍고 간략하다.

2. 서발류(序跋類)

이것은 사물의 次第를 순서 있게 서술하는 글이다. 그리고 작품을 낼 때는 이것을 한 편의 머리에 붙이기도 하고 또 뒤에 붙이기도 하는데, 前者를 「序」 「前序」라 하고, 後者를 「跋」 또는 「後序」라고 한다. 단, 「序」는 앞뒤에 붙일 수도 있지만 「跋」은 반드시 뒤에만 붙는 점이 서로 다르다.

① 序 ② 前序 ③ 後序 ④ 跋 ⑤ 書後 ⑥ 題詞 等.

類例 大學之書, 古之大學, 所以敎人之法也. 蓋自天降生民, 則旣莫不與之以仁義禮智之性矣. 然其氣質之稟, 或不能齊. 是以不能皆有以知其性之所有而全之也.(朱熹, 大學章句序)

【註】 • 稟 : 천부의 성품. 禀은 俗字. • 齊 : 같다. • 是以 : = 是故. • 是以不能~全之也 : 이러므로 모든 사람이 다 훌륭한 仁義禮智의 性을 가지고 있음을 알고, 그것을 온전하게 행하는 방법을 갖고 있지 못하게 된다.

類例 夫天地者, 萬物之逆旅, 光陰者百代之過客. 而浮生若夢, 爲歡幾何, 古人秉燭夜遊良有以也.(李白, 春夜宴桃李園序)

【註】 • 逆旅 : 여관. • 浮生 : 정처 없는 인생. • 秉燭夜遊 : 魏武帝 短歌行日 「生年不滿百, 常懷千歲憂, 晝短苦夜長, 何不秉燭夜遊.」에서 인용. 촛불을 들고 밤놀이를 한다. • 良 : 진실로. • 以 : 까닭.

跋例 右陶山十二曲者, 陶山老人之所作也. 老人之作此, 何爲也哉. 吾東方歌曲, 大抵多淫哇不足言, 如翰林別曲之類, 出於文人之口, 而矜豪放蕩, 兼以褻慢戱狎, 尤非君子所宜尙.(李滉, 陶山十二曲跋)

【註】 • 淫哇 : 음탕한 소리. • 翰林別曲 : 高麗 高宗時 翰林諸儒의 作. • 矜豪 : 뽐내고 방자하게 하다. • 褻慢 : 난잡하고 무례하다. • 戱狎 : 실없는 수작으로 서로 가까이하는 것. • 尙 : 숭상하다. 귀히 여기다.

3. 주의류(奏議類)

이것은 신하로서 임금에게 고하는 글이다. 文體明辨에는「奏疏者, 群臣論諫之總名也.」又「議者宜也, 周爰咨謀, 以審事宜也.」라 하였다.

① 奏 ② 議 ③ 表 ④ 疏 ⑤ 辭表 ⑥ 封事 ⑦ 諫 ⑧ 劄子 등이 있다.

奏例 臣聞得全者昌, 失全者亡. 舜無立錐之地也, 以有天下. 禹無十戶之聚, 以王諸侯, 湯武之土, 不過百里, 上不絕三光之明, 下不傷百姓之心者, 有王術也.(枚乘, 上書諫吳王)

【註】 •聚 : 聚落, 村落. •三光 : 日 · 月 · 星. •王術 : 王道의 방법 즉 德治의 방법.

議例 旌與誅, 莫得而並焉, 誅其可旌, 玆謂濫, 黷刑甚矣. 旌其可誅, 玆謂僭, 壞禮甚矣. 果以是示於天下, 傳於後世. 趨義者, 不知所向, 違害者不知所立, 以是爲典可乎.(柳宗元, 駁復讎議)

【註】 •旌 : 表彰하다. •誅 : 처벌하다. •濫 : 濫刑. •黷刑 : 형벌을 모독하다. •僭 : 僭濫, 제 분수를 지나서 방자스러움. •違害 : 해를 피하다. •典 : 법칙. = 典則.

奏例 願陛下矜憫愚誠, 聽臣微志, 庶劉僥倖, 保卒餘年, 臣生當隕首, 死當結草. 臣不勝怖懼之情, 謹拜表以聞.(李密, 陳情表)

【註】 •矜憫 : 불쌍히 여기다. •庶 : 원컨대. •劉 : 李密의 祖母劉氏. •隕首 : 머리를 떨어뜨리다. 죽다. 즉 죽음으로써 은혜를 갚다. •結草 : 結草報恩. •拜表 : 「再拜進表」의 뜻. •以聞 : 奏聞 즉 上聞에 달하다. 천자에 奏上하다.

實例로서 ④ 論皇子疏(歐陽脩) ⑤ 謝賜鞍馬表(李綱) ⑥ 言霍氏封事(張敞) ⑦ 臧哀伯諫桓公納鼎(左傳) ⑧ 擧蘇軾應科制劄子(歐陽脩) 등이 있다.

4. 서독류(書牘類)

書는 「舒」와 같은 뜻으로서 말을 펴서 簡牘에 진술하는 문장이다. 「書」의 용어는 尙書에서 처음 쓰였는데 친지간의 왕래는 춘추시대부터인 듯하다.

① 書 ② 上書 ③ 簡 ④ 狀 ⑤ 牋 ⑥ 札 ⑦ 牘 ⑧ 柬 등이 있다.

書例 愈白, 行官自南廻, 過吉州, 得吾兄二十四日手書, 數番忻悚兼至. 未審入秋來, 眠食何似. 伏惟萬福.(韓愈, 與孟簡尙書書)

【註】 • 行官 : 사방을 순찰하는 관리. • 自南廻 : 한유는 吉州(南方)로부터 袁州(당시 거주지, 北方)로 돌아오다. • 忻(欣)悚 : 欣喜와 悚懼. • 伏惟 : 삼가 생각하노니.

實例로서 ② 上張僕射書(韓愈) ③ 與蘇黃州簡(秦觀) ④ 論今年停擧選狀(韓愈) ⑤ 與魏文帝牋(繁欽) 등이 있다.

5. 증서류(贈序類)

「贈序」는 종래 「序跋」에 포함되었던 것인데 姚鼐의 辭類纂에서 비로소 갈리었다. 이의 특징은 詩歌集의 序文이란 점이다.

① 序 ② 引 ③ 壽序 등이 있다.

序例 溪雖莫利於世, 而善鑑萬類, 淸瑩秀徹, 鏘鳴金石, 能使愚者, 喜笑眷慕, 樂而不能去也. 余雖不合於俗, 亦頗以文墨自慰, 漱滌萬物, 牢籠百態, 而無所避之, 以愚辭歌愚溪則茫然而不違, 昏然而同歸. 超鴻蒙, 混希夷, 寂寥而莫我知也. 於是作八愚詩, 記於溪石上.(柳宗元, 愚溪詩序)

【註】 • 淸瑩 : 바닥이 보일 정도로 맑고 깨끗하다. • 秀徹 : 뛰어나고 밝다. • 鏘鳴金石 : 金石을 쨍쨍하게 울리다. • 眷慕 : 늘 마음속으로 생각하여

잊지 못하다. •漱滌 : 양치질하고 씻다. •牢籠 : 굳게 가두다. •無所避之 : 피할 바가 없다. 문필을 마음대로 휘둘러서 자유자재로 표현할 수 있다. •茫然而不違 : 아득한 境涯에서 나와 개울 사이가 서로 떨어질 수가 없다. •鴻蒙 : 천지자연의 元氣. 元氣未分之貌. •希夷 : 심오한 도리. 老子 「視之不見, 名曰希. 聽之不聞, 名曰夷.」 •莫我知也 : 莫知我也의 「我」의 강조형. 「子曰, 莫我知也夫. 子貢曰, 何爲莫知子也.」(論語 憲問)의 「我知」는 「我」를 강조하고 「知我」는 「知」를 강조한 표현이다.

② 引으로서 「送石昌言爲北使引」(蘇洵)의 實例 등이다.

6. 조령류(詔令類)

「詔令」은 윗사람이 아랫사람에게 고하는 글이다. 皇·帝·唐·虞 시대에는 「命」이라고 했고, 三代 때에는 「誥誓」라고 불렀고, 秦나라에 와서 비로소 「命」을 「制」라고 하고, 「令」을 「詔」라고 했다. 후세에는 「詔」는 왕의 말에 專屬시켰고 「令」은 상하 통용으로 했다.

① 誥 ② 誓 ③ 詔 ④ 令 ⑤ 敕(勅) ⑥ 命 등 그 종류가 많다.

예 嗚呼, 惟天生民有欲, 無主乃亂, 惟天生聰明時乂, 有夏昏德, 民墜塗炭, 天乃錫王勇智, 表正萬邦纘禹舊服, 玆率厥典, 奉若天命.(仲虺之誥, 尙書)

【註】 •有欲 : 욕망을 갖다. •時乂 : 이들을 다스리다. 時 : = 是. 乂 : = 治. •有夏 : 夏代. 「有」는 助字. 여기서는 하나라 임금의 뜻. •錫 : 주다. = 賜 •表正 : 儀表가 되어 잘 다스리다. •纘 : 잇다. •服 : 행동. •率 : 좇다. •厥 : 그것. •典 : 하늘의 법도. •若 : 좇다. 「奉若」은 받들고 따르다. •仲虺 : 湯王의 左相.

예 皇祖有訓, 民可近, 不可下, 民惟邦本, 本固邦寧.(甘誓, 五子之歌其一)

【註】 •皇 : 大. 皇祖는 禹王의 존칭. •民可近, 不可下 : 백성들은 친근하게 할지언정, 그들을 낮게 보아서는 안 된다. •本固邦寧 : 근본(民)이 튼튼해야 나라가 편안하다.

예 人之至親, 莫親於父子, 故父有天下, 傳歸於子, 子有天下, 尊歸於父, 此人道之極也.(劉邦, 上太公尊號詔)

예 夔, 命汝典樂, 教胄子, 直而溫, 寬而栗, 剛而無虐, 簡而無傲. 詩言志, 歌永言, 聲依永, 律和聲, 八音克諧, 無相奪倫, 神人以和.(尙書, 舜典)

【註】 •夔 : 舜임금의 신하. 典樂官. •胄子 : 천자에서 공경대부에 이르기까지의 嫡子. •栗 : 莊嚴. •克諧 : 잘 조화되다. •八音 : 金(鐘), 石(磬), 絲(琴瑟), 竹(簫笛), 匏(笙), 土(壎), 革(鼓), 木(柷敔) 등의 여덟 樂器의 음. •倫 : 순서, 次序. 질서.

7. 전장류(傳狀類)

이것은 사람의 事迹을 기록하여 후세에 전하는 문체이다. 「傳」은 史記 列傳을 본 뜬 것으로 褒貶(칭찬과 비난)을 겸하고 있으며 「狀」은 行狀을 뜻함인데 주로 嘉言·善行만을 기록한 점이 서로 다르다.

① 傳 ② 家傳 ③ 外傳 ④ 小傳 ⑤ 行狀 ⑥ 狀 등이 있다.

예 郭槖駝, 不知始何名. 病僂, 隆然伏行有類槖駝者. 故鄕人號曰駝, 駝聞之曰, 甚善, 名我固當. 因捨其名, 亦自謂槖駝云.(柳子厚, 種樹郭槖駝傳)

【註】 •槖駝 : 駱駝와 같음. 「槖」 : 전대, 자루의 뜻으로서 낙타의 등이 자루[袋]처럼 생겼기 때문에 이와 같은 이름이 붙었음. •僂 : 곱사등이. 瘻와 같음. •隆然 : 위로 우뚝 솟은 모양. •伏行 : 구부려서 가다. •種樹 : 種樹職, 種樹業者의 뜻.

예 先生不知何許人, 亦不詳其姓字, 宅邊有五柳樹, 因以爲號焉.(陶淵明, 五柳先生傳)

【註】 •何許人 : = 何處人.

예 公諱絳, 字希深, 其先陳郡陽夏人, 以試秘書省校書郎起家中進士甲科, 守太常寺奉禮郎, 七遷至尙書兵部外郎以卒.(王安石, 尙書兵部外郎 知制誥謝公行狀)

【註】 •諱 : 죽은 사람의 생전의 이름. •先 : 祖先. •守 : 맡아 보다. •知 : 맡아 다스리다. 知縣 : 縣知事 = 縣長官. 「知州事」 등으로 쓰인다. •尙書兵部外郎 : 병부에 속하는 관명. •制誥 : 詔勅. 制詔, 詔命. •謝 : 希深의 姓. •進士는 동사.

8. 비지류(碑誌類)

說文에 「碑竪石紀功德」이라 했다. 즉 이 문체는 石文이라 하여 사람의 공덕을 찬송하여 돌에 새기는 글이다. 城址, 宮室, 橋道 기타 기념을 목적으로 세워지기도 했다. 이것에는 앞에 「序文」이 붙고, 「銘」이 따르는 것이 본래의 방식이다.

① 碑 ② 誌 ③ 碣 ④ 銘 ⑤ 表 등이 있다.

예 匹夫而爲百世師, 一言而爲天下法, 是皆有以參天地之化, 關盛衰之運, 其生也有自來, 其逝也有所爲. 故申吕自嶽降, 傳說爲列星, 古今所傳不可誣也. (蘇東坡, 潮州韓文公廟碑)

【註】 •匹夫 : 庶人. 「庶人無妾媵, 一夫一婦相匹偶, 故云匹夫.」(左傳) •申吕 : 申伯과 呂侯. 周의 명신으로서 四獄의 신령에 의하여 降生하였다고 전함. 「維獄降神, 生甫及申.」(詩經, 大雅 雲漢). 「甫」 : 甫侯 = 呂侯. •傳說 : 殷의 賢相. 武丁을 도와서 천하를 차지했다. •列星 : 28수(宿)의 별. •誣 : 속이다. 「不可誣」는 속일 수 없다는 뜻이나 여기서는 「거짓이라고 생각할 필요는 없다.」의 뜻으로 보는 것이 좋겠다.

예 公與人寡言笑, 其語雖簡, 而能以理屈人, 默然終日, 無能窺其際, 及奏事上前, 群臣異同, 公徐一言以定. 銘曰 「烈烈魏公, 相我眞宗, 眞廟翼翼, 魏公配食, 公相眞宗, 不言以躬, 時有大事, 事有大疑, 匪卜匪筮, 公爲蓍龜 ~ 春秋從享, 萬祀無窮, 作爲詩歌, 以諗廟工.」(歐陽脩, 太尉文正王公神道碑銘)

【註】 •無能窺其際 : 그 중심을 알아 낼 수가 없었다.(깊고, 넓어서). •烈烈 : 功烈이 있는. •相 : 재상이 되어 眞宗을 도와 드리다. •翼翼 : 장엄한

모양. •配食 : 配享. 功臣으로 종묘에 신주를 모시다. •匪 : = 非. •卜 : 거북점. •筮 : 시초점. •蓍 : 蓍草. 筮竹(점할 때 괘를 계산하는 대가지). •諗 : 고하다. •廟工 : 廟의 樂工. 「以諗廟工」 : 廟의 악공에 고해서 神樂에 올리게 하다.

9. 잡기류(雜記類)

이것은 일이 있을 때 그것을 그대로 기록하는 것이다. 敍事 후에 약간의 이론을 첨가하고 결론을 맺는 것인데 분량이 너무 많아서는 안 된다.

① 記 ② 後記 ③ 笏記 ④ 志 ⑤ 紀 등이 있다.

예 行無所牽, 止無所柅, 耳目肺腸卷爲已有, 踽踽焉, 洋洋焉, 不知天壤之間, 復有何樂, 可以代此也. 因合而命之, 曰獨樂.(司馬光, 獨樂園記)

【註】 •柅 : 그치다. •卷爲已有 : 거두어서 자기의 것으로 만들다. •踽踽焉 : 獨行貌. •洋洋焉 : 盛大貌. 「踽踽焉, 洋洋焉」은 아무 거리낌 없이 홀로 돌아다니며, 또 마음이 편안하여 外物에 구애됨이 없을 만큼 자유스럽다. •不知는 「天壤~可以代此也」까지 걸린다. 「알지 못해라. ~가 있겠는가?」식으로 해석한다.

예 夏宜急雨, 有瀑布聲. 冬宜密雪, 有碎玉聲. 宜鼓琴, 琴調和暢. 宜詠詩, 詩韻淸絶. 宜圍碁, 子聲丁丁然. 宜投壺, 矢聲錚錚然. 皆竹樓之所助也.(王元之, 黃州竹樓記)

【註】 •圍碁 : 바둑을 두다. •子聲 : 바둑돌을 놓는 소리. •丁丁然 : 땅땅 울리다.(소리의 형용) •投壺 : 일종의 유희로서 연회석 같은 데서 壺(항아리)를 비치하고, 賓主가 함께 살[矢]을 던져 넣어 矢數의 多少로 승부를 결정하는 게임.

10. 잠명류(箴銘類)

이 문체는 옛 聖哲이 경계하며 풍자하는 글이다. 「箴」은 「鍼」과 같은 뜻으로 질병을 물리치는 鍼과 같다는 것이다. 「銘」은 돌에 새기는 글의 뜻으로서 碑·誌類에 속하기도 하고 箴·銘類에도 속한다. (箴·銘類는 돌에 새긴 예가 적다.)

① 箴 ② 銘 ③ 戒 ④ 訓 ⑤ 規 등이 있다.

예 心兮本虛, 應物無迹, 操之有要, 視爲之則. 蔽交於前, 其中則遷, 制之於外, 以安其內. 克己復禮, 久而誠矣.(程頤, 視箴)

【註】 • 操之有要 : 마음을 잡는 데는 簡要한 방법이 있다. • 視爲之則 : 눈으로 보는 것이 그 근거할 바 법칙이 된다. • 蔽 : 物欲之蔽(私). • 克己復禮 : 私欲을 이기고 예에 돌아간다.

예 山不在高, 有仙則名. 水不在深, 有龍則靈. 斯是陋室, 惟吾德馨.(劉禹錫, 陋室銘)

【註】 • 「斯」는 「是陋室」을 가리키고, 「是」는 「陋室」을 지칭함.

11. 송찬류(頌贊類)

詩經 六義에 「頌은 容」이라 하고 덕을 칭찬하고, 이를 형용해 나타내어서 그 성공을 고하는 것이라 하였다. 후세에는 산문을 사용하는 이도 있고, 운문의 頌에 산문의 序가 붙은 것도 있다.

① 頌 ② 贊 ③ 雅 등이 있다.

예 令月吉日, 王始加元服. 去王幼志, 服袞職. 欽若昊命, 六合是式, 率爾祖考, 永永無極.(周公, 成王冠頌, 禮記)

【註】 • 令月 : 좋은 달. • 元服 : 冠과 의복. 元 : = 首. 관을 쓰다는 뜻. • 袞職 : 천자의 職. • 欽 : 공경하다. • 若 : = 汝. • 昊命 : = 天命. • 六合 : 四方上下. • 式 : 본받다. • 率 : 따르다.

예 天寶十四年, 安祿山陷洛陽. 明年陷長安, 天子幸蜀, 太子卽位於靈武. 明年皇帝移軍鳳翔, 其年復兩京, 上皇還京師. 於戲前代帝王, 有盛德大業者, 必見於歌頌. 若令歌頌大業, 刻之金石, 非老於文學, 其誰宜爲, 頌曰「噫嘻前朝, 孼臣姦驕, 爲昏爲妖. 邊將騁兵, 毒亂國經, 群生失寧, 大駕南巡, 百寮竄身, 奉賊稱臣. ~」(唐 元次山, 大唐中興頌)

【註】 • 蜀 : 四川省의 成都. • 靈武 : 甘肅省에 있는 縣. • 鳳翔 : 陜西省의 縣. • 兩京 : 洛陽과 長安. • 於戲 : 아!, 嘆辭. • 盛德大業 : 왕성한 덕과 큰 업적. • 必見 : 「見」은 「나타내다」의 뜻. 음은 「현」. • 金石 : 鼎(솥)이나, 비석. • 老於文學의 「老」는 노련하다의 뜻. • 噫嘻 : 탄식하는 소리. 슬프다! • 孼臣 : 재앙을 저지르는 신하. • 邊將 : 국경수비를 맡은 장수. • 騁兵 : 驅兵. 騁 : 直馳. • 毒 : 安祿山의 亂을 가리킴. • 國經 : 國法. • 群生 : 국민. • 大駕 : 御駕. • 南巡 : 蜀은 長安에서 西南方에 해당하므로 玄宗이 蜀에 播遷함을 이름. • 百寮 : = 百官. • 竄 : 멀리 도망해 숨음. • 奉賊稱臣 : 역적 안녹산을 임금으로 받들고 신하 노릇을 하였다는 것. ※「天寶~其誰宜爲」는 序文.

예 有大人先生, 以天地爲一朝, 萬期爲須臾, 日月爲扃牖, 八荒爲庭衢. 行無轍跡, 居無室廬. 幕天席地, 縱意所如. 止則操卮執觚, 動則挈榼提壺, 惟酒是務. 焉知其餘.(晋 劉伶, 酒德頌, 古文眞寶)

【註】 • 須臾(수유) : 잠시. 순간. • 扃牖(경유) : 문과 창. • 八荒 : 八方. • 庭衢(정구) : 뜰과 네거리. • 如 : 가다. • 卮(치), 觚(고) : 모두 잔. • 挈榼(설합) : 술독을 끌어당기다. • 惟酒是務 : 오직 술 마시는 일만이 큰 임무이다. • 焉 : 어찌.

12. 사부류(辭賦類)

辭賦類는 休齋云「詩變而爲騷, 騷變而爲辭, 皆可歌也.」와 같이 원래 楚辭의 일체로서 일종의 歌詞였다. 屈原의 「漁父辭」, 陶淵明의 「歸去來辭」 등은 산문적인 變體이다.

① 辭 ② 賦 ③ 騷 ④ 連珠 ⑤ 偈 등이 있다.

예 思公子兮未敢言. 荒忽兮遠望. 觀流水兮潺湲.(湘夫人)
悲莫悲兮生別離, 樂莫樂兮新相知.(少司命)
子交手兮東行, 送美人兮南浦.(河伯)

【註】 •荒忽兮 : 정신이 팔려서 멍하게 서 있는 모양. 「兮」는 音調를 돕는 말. •潺湲 : 流水貌. 流涙貌. •湘夫人 : 堯女, 舜帝의 妃. 湘妃, 湘君 등으로도 부름. •司命 : 星名. •河伯 : 河神.

예 秋風起兮白雲飛, 艸木黃落兮鴈南歸. 蘭有秀兮菊有芳, 懷佳人兮不能忘.(漢武帝, 秋風辭)

【註】 •佳人: 미인. 여기서는 충신을 지칭.

예 僮僕歡迎, 稚子候門. 三逕就荒, 松菊猶存. 携幼入室, 有酒盈樽. 引壺觴以自酌, 眄庭柯以怡顏.(陶淵明, 歸去來辭)

【註】 •僮僕 : = 奴僕. •稚子 : = 童子. •候門 : 문에서 기다리다. •三逕 : 여러 설이 있으나 세 갈래의 작은 길. •庭柯 : 정원의 樹木. •怡顏 : 기쁜 얼굴을 짓다.

예 壬戌之秋七月旣望, 蘇子與客泛舟游於赤壁之下, 淸風徐來, 水波不興, 擧酒屬客, 誦明月之詩, 歌窈窕之章, 少焉月出於東山之上, 徘徊於斗牛之間.(蘇東坡, 前赤壁賦)

【註】 •旣望 : 음력 16일. •屬客 : 손님에게 술을 권하다. 가까이 가서 권하다는 뜻. •明月之詩 : 詩經 陳風의 月出篇을 가리킨 것이라고 하나 異說도 있다. 「窈窕之章」은 明月詩중의 一章. 즉 「月出皎兮, 佼人僚兮, 舒窈糾兮, 勞心悄兮.」(•皎 : 月光. •佼人 : 미인. •僚 : 미모. •窈 : 생각이 깊어 한이 없음. •糾 : 시름이 맺혀서 풀리지 않는 뜻. •悄 : 마음속으로 걱정하다. •大意 : 「달 밝은 밤에 미인의 모습이 더욱 뚜렷하게 머릿속에 떠오르는데, 이 戀情을 누르기 위하여 고민하고 있다.」 여기서 「窈糾」를 東坡가 미인의 말로 바꾸어 「窈窕」라고 했다 한다. 일설에는 詩經, 關雎篇의 「窈窕淑女, 君子好逑」를 지칭한 것이라고 한다.) •少焉 : 조금 있다가. •斗牛 : 北斗星과 牽牛星.

13. 애제류(哀祭類)

이것은 원래 哀悼文의 일종이나 天地·山川·社稷·宗廟 등 일체의 祭典에 쓰이고 있다. 따라서 哀悼, 祈禱의 뜻이 포함된 것은 모두 이에 속한다.

① 輓(祭)文 ② 吊文 ③ 誄文 ④ 哀詞 ⑤ 輓歌詩 ⑥ 告天文 ⑦ 告地文 ⑧ 告廟文 ⑨ 祝 ⑩ 上樑文 등이 있다.

예 嗚呼我公, 一世之師. 由初迄終, 名節無疵……孰堙於深, 孰鍥乎厚, 其傳其詳, 以法永久. 碩人今亡, 邦國之憂, 矧鄙不肖, 辱公知尤, 承凶萬里, 不往而留, 涕哭馳辭, 以贊醪羞.(王安石, 祭范潁州(仲淹)文)

【註】•堙 : 묻다. •鍥 : 새기다. •「孰堙於深～以法永久」: 누가 公을 깊이 땅 속에 묻어주고, 누가 두터운 돌에 새겨서 그 傳을 상세하게 써서 영구히 본뜰 만한 事蹟을 보여 주겠는가. •矧 : 하물며. •鄙 : 謙稱. 천한. •不肖 : 自己謙稱. •辱公知尤 : 公과 가장 친하게 되었다. 「辱」은 받다는 뜻. •承凶 : 凶報[訃告]를 접하다. •馳辭 : 吊辭를 急送하다. •贊 : 돕다. 즉 祭饌을 드리는 예를 돕다. •醪羞 : 술과 祭饌.

예 誼爲長沙王太傅, 旣以謫去, 意不自得, 及渡湘水, 爲賦以弔屈原, 屈原楚賢臣也. 被讒放逐, 作離騷賦, 其篇曰已矣哉, 國無人兮莫我知也. 遂自投汨羅而死. 誼追傷之, 因自喻, 其辭曰, 恭承嘉惠兮, 俟罪長沙. 仄聞屈原兮, 自湛汨羅, 造託湘流兮, 敬吊先生. 遭世罔極兮, 乃隕厥身.(賈生, 吊屈原文)

【註】•誼 : 賈誼. 前漢 洛陽人. 文帝 때 太中大夫가 되었다가, 曆·服色·법칙 등의 개혁에 관하여 疏를 올리다가 被讒하여 長沙王太傅로 좌천당했다. •謫 : 귀양살이하다. •離騷賦 : 굴원의 작품. 운문으로 楚辭의 기원이 됨. 「離騷」는 근심을 당했다는 뜻. •汨羅 : 지금 湖南省 湘陰縣에 있는 강 이름. 굴원이 투신한 곳으로 전함. •嘉惠 : 군주의 은혜를 뜻함. •仄聞 : 남이 전하는 말을 듣건대. •湛 : 빠지다. = 沈. •造託 : 師古는 湘流에 찾아와서 감회를 풀었다로 張銑은 湘水에 의하여 吊文을 寄流한다는 뜻으로 보고 있다. •先生 : 굴원. •罔極 : 바르지 못하다. 「極」: = 正. 또는 極은 中正之道로 보기도 한다. 물론 일반적으로는 「無窮」의 뜻도 있다. •隕 :

떨어뜨리다. 「隕身」 : 투신자살.

예 嗚呼魂兮, 其有知乎. 旣無知矣, 雖言奚爲, 旣有知矣. 吾又何辭, 嗚呼魂兮, 其至斯乎. 陳玆薄奠, 庶幾格思, 嗚呼奈何兮, 噫.(金敬直宰臣祭夫人文, 東文選)

【註】 • 庶幾 : 원하다. 바라다. • 格思 : 이르다, 「思」는 助字.

예 那將月姥訟冥司, 來世夫妻易地爲, 我死君生千里外, 使君知我此心悲.(金正喜, 配所輓妻喪)

【註】 • 月老 : 月下老. 媒神. • 冥司 : 염라대왕. • 配所 : 謫所, 귀양살이하는 곳. 이때 阮堂은 제주도에 유배 중이었음.

예 維歲次某年某月某月建朔某日某辰孝子某敢昭告于顯考(妣)某位, 諱日復臨, 追遠感時, 昊天罔極, 謹以淸酌庶羞, 恭伸奠獻, 尙饗.[先考(妣)忌祭祝, 四禮便覽]

【註】 • 維歲의 「維」는 발어사, 또는 「생각건대」의 뜻. • 月建 : 달의 干支. • 孝子 : 祭祀時 子의 자칭. • 顯考 : 돌아가신 아버지의 敬稱. • 顯妣 : 돌아가신 어머니의 敬稱. • 諱日 : 조상의 祭日. • 追遠 : 먼 조상을 추모함. • 罔極 : = 無窮. • 庶羞 : 여러 가지 祭物. • 尙饗 : 歆饗하시기를 바란다. 「尙」은 바라다의 뜻.

예 地財方長, 天澤久愆, 況當南火之辰, 遭此亢旱, 玆致北郊之告, 禱于明神. 惟冀靈威, 僉加聰享, 以一雨霈然之賜, 慰三農仰止之心.(金克己, 祈雨北郊祝)

【註】 • 財 : 생산물. • 愆 : 과오를 범하다. • 南火之辰 : 뜨거운 한여름. • 亢旱 : 大旱. • 聰享 : 총명한 흠향. • 霈然 : 비가 쏟아지는 모양. = 沛然. • 三農 : 平地, 山, 澤農. 모든 농사. • 仰止 : 높이 우러러보다. 「止」는 助字. 「高山仰止, 景行行止.」(詩 小雅)

예 周成王之營洛邑, 書稱敬其天休. 衛文公之作楚宮, 詩美得其時制. 惟昔然矣, 於今否乎. 切惟道之廢興, 皆關於數. 物之衰王, 亦係於時. 洪惟我朝. 增光奕葉. 緊魏闕之震地. 有漢家之離宮. 群峯屛衛乎其間. 衆水環廻乎其側. 山川形勝. 恍如海上之蓬萊. 殿闕深沉. 宛若壺中之天地. ~兒郎偉抛梁東. 修梁屹屹壯如虹. 蓬萊駕浪開仙闕. 四海欣瞻日月瞳. 兒郎偉抛梁西~. 兒

郞偉抛梁南～. 兒郞偉抛梁北～. 兒郞偉抛梁上～.(林宗庇, 延慶宮正殿上梁文)

【註】 •天休 : 하늘의 아름다움. 「休」는 美 또는 慶의 뜻. 「實萬世無彊之休.」(書經) •時制 : 시기에 알맞은 제도. •切惟 : 간절히 생각하건대. •衰王 : 衰旺, 盛衰. •洪惟 : 크게 생각하건대. 「洪惟我幼冲人」.(書經, 大誥) 「幼冲(沖)」 : 어리다. •奕葉 : 累代. •繄 : 嘆聲. •魏闕 : = 大闕. 「魏」 : 高. •震 : 동방. 계절로는 봄. •漢家 : 중국식 건축. •離宮 : 임금이 궁성 밖에서 임시로 거처하는 곳. •蓬萊 : 신선이 사는 곳. •兒郞偉 : 上樑(梁) 할 때 일꾼들의 부르는 소리. •中之天地 : 별천지. •梁 : = 樑. 마룻대. 「抛梁東」은 마룻대를 동으로 밀어라는 뜻. •修梁 : 긴 마룻대. 修 : = 長. 「修短無差」.(魏文帝) •駕浪 : 물결을 타고 오다. 물 위를 배로 건너다. •瞳 : 눈동자.

14. 시가류(詩歌類)

「詩」는 운문의 총칭이요, 「歌」는 歌劇의 총칭이다.

① 詩 ② 五言古詩 ③ 七言古詩 ④ 雜言古詩 ⑤ 近體律詩 ⑥ 排律 ⑦ 絕句 ⑧ 東詩 ⑨ 辭 ⑩ 樂府 ⑪ 歌 ⑫ 行 ⑬ 歌行 ⑭ 詠 ⑮ 謠 ⑯ 童謠 ⑰ 哀 ⑱ 別 ⑲ 引 ⑳ 謳 ㉑ 吟 ㉒ 怨 ㉓ 歎 ㉔ 詞 ㉕ 竹枝詞 ㉖ 柳枝詞 ㉗ 柘枝詞 ㉘ 曲 ㉙ 俗曲 ㉚ 佛曲 ㉛ 鼓詞 ㉜ 彈詞 ㉝ 散曲 ㉞ 劇曲 ㉟ 雜劇 ㊱ 院本 ㊲ 傳踏 ㊳ 操 ㊴ 附錄 등이 있다. [예문은 詩篇 참조.]

15. 소설류(小說類)

소설은 처음에는 稗官[小官], 委巷[僻村]의 傳聞에서 나왔다. 漢書 · 藝文志에서는 소설을 천시하였으나, 隋書 · 經籍志에 비로소 이것을 子部에 분류하였다. 魯迅은 「中國小說史略」에서 다음과 같이 분류하고 있다.

① 鬼神志恠 ② 傳奇 ③ 話本(說話, 諢詞小說) ④ 神魔 ⑤ 人情 ⑥ 諷刺 ⑦

才學 ⑧ 狹斜(花柳) ⑨ 俠義 及 公案 ⑩ 譴責

그러나 소설의 분류는 문체로 한 것이 아니고 내용으로 한 것이다. 문체는 古文에서 차츰 현대문으로 바뀌어 왔다. 즉 소설은 현대문학이요 대중문학이다. 이제 그 역사적 발달과정에서 槪察해 보면,

① 화본(話本)·잡극류(雜劇類)

주로 宋·元·明 시대의 소산으로 처음에는 승려의 說經, 講史와 巫覡(무당과 박수) 祭祀 때의 歌舞에 속하던 것이 차츰 소설화한 것이다. 「話本」은 「說話」를 筆錄한 底本을 말하고, 說話는 전설·신화를 말한다. 이것을 「諢詞小說」이라고 한다. 「大唐 三藏法師 取經記」(宋代, 作者未詳)·「董西廂記」(董解元)·「四大奇書」가 이에 속하며, 장편소설은 편의상 (ㄱ) 「演義小說」 (ㄴ) 「英雄小說」(ㄷ) 「神怪小說」 (ㄹ) 「寫實小說」로 분류할 수 있다.

(ㄱ) 「演義小說」은 史實을 근거로 하고, 稗官小說의 자료를 雜取하여 부연해서 글을 이룬 것인데, 「三國志演義」(羅貫中)·「隋唐志演義」(羅貫中) 등이 이것이다.

(ㄴ) 「英雄小說」은 역사상 한 인물을 택하여 이것을 영웅호걸화하고, 혹은 역사상 한 사건을 가공적으로 소설화하여 한 편의 武勇傳을 편성한 것인데, 明初에 거의 완성되었다. 「忠義水滸傳」(施耐庵)·「後水滸傳」(陳忱)·「結水滸傳」(俞萬春) 등이 이것이다.

(ㄷ) 「神怪小說」은 민간에서 전해오는 神變不可思議의 설화를 자료로 한 소설이며 明代에 들어서서 크게 발달했다. 「西遊記」(吳承恩)·「西洋記」(羅懋登) 등이 이것이다.

(ㄹ) 「寫實小說」은 超凡的 영웅 이야기도 아니고 가공적 神怪談도 아니며 犀

利한 眼光을 가지고 상세하게 人情의 기미를 파헤치고, 착실한 人事를 묘사한 것이다. 이것도 역시 明代의 특산물이다. 「金瓶梅」(笑笑生 혹은 王世貞 作)는 널리 알려진 걸작품이다. 明代의 단편소설로는 「剪燈新話」(瞿佑)가 유명하다.

② **희곡소설**(戲曲小說)

이것은 淸朝에서 발달한 것인데, 李漁·孔尙任·洪昇·蔣士銓 등이 희곡의 四大作家로 전해지고 있다. 「意中緣」「比目魚」外 十種曲(李笠翁)·「長生殿」(洪昇)·「桃花扇」(孔尙任)·「紅雪樓」外 九種曲(蔣士銓) 등은 유명하다. 이 외의 淸朝 문학으로 희곡장편소설은 편의상 (ㄱ)「人情小說」 (ㄴ)「俠義小說」 (ㄷ)「諷刺小說」 (ㄹ)「文言小說」 (ㅁ)「彈詞」 등으로 분류할 수 있으며

(ㄱ) 「人情小說」은 才子·佳人의 悲歡, 離合을 제재로 하고 오로지 인정을 서술한 대중적 소설이다. 「紅樓夢」(原名 石頭記, 前80회는 曹雪芹, 後40회는 高鶚 作)·「青樓夢」(兪達)·「花月痕」(魏秀仁) 등은 유명한 작품이다.

(ㄴ) 「俠義小說」은 三國志 같은 영웅전에 만족하지 않고 그 내용에 任俠, 義勇의 정신을 강하게 담은 것이다. 「龍圖公案」(作者 未詳)·「三俠五義」(原名 忠烈俠義傳, 石玉崑 作) 등이 이것이다.

(ㄷ) 「諷刺小說」은 넓게 일반사회를 묘사해서 時勢를 지적하고 혹은 그 裡面을 파헤쳐서 譏刺筆誅를 가하여 작자자신의 이상을 發揚함을 주지로 하는 것인데 淸朝 初에 발달했다. 「儒林外史」(吳敬梓)·「鏡花緣」(李汝珍)·「薛海花」(曾樸) 등이 이에 속한다.

(ㄹ) 「文言小說」 대부분의 소설은 현대문체이나 이것은 오로지 文語體로 쓴 소설이다. 「燕山外史」(陳球)·「聊齋志異」(作者 未詳) 등이 대표작이다.

(ㅁ)「彈詞」는 說唱의 형식에 통속소설의 내용을 담은 것인데, 가창과 대사를 겸한 것과 가창만 있는 것 등 2종이 있다. 이 점으로 봐서는 韻語體의 소설이며 일종의 講唱文學이라고 볼 수 있다. 이 작품으로서는 明代의「二十一史彈詞」(梁愼)와 淸代의「玉釧緣」「珍珠塔」「天雨花」「鳳凰山」(모두 作者未詳) 등이 널리 流傳되고 있다.

예 却說, 夏侯覇引軍至五丈原看時에 不見一人하고 急回報司馬懿曰蜀兵이 已盡退矣라 하니 懿跌足曰, 孔明이 眞死矣로다 可速追之라하니 夏侯覇曰, 都督은 不可輕追요 當令偏將先往하라 하니 懿曰此番엔 須吾自行하리라 하고 遂引兵同二子하여 一齊殺奔五丈原來하여 吶喊搖旗하며 殺入蜀寨時에 果無一人이라 懿顧二子曰, 汝急催兵趕來하라 吾先引軍前進하리라 하니 於是에 司馬師·司馬昭는 在後催軍하고 懿自引軍當先하여 追到山脚下하여 望見蜀兵不遠하고 乃奮力追趕할새 忽然山後一聲砲響에 喊聲이 大震하며 只見蜀兵이 俱回旗返鼓하고 樹影中飄出中軍大旗上에 書一行大字曰, 漢丞相武鄕侯諸葛亮이라 하고 懿大驚失色하여 定睛看時에 只見中軍數十員大將이 擁出一輛四輪車來하니 車上端坐孔明이 綸巾羽扇과 鶴氅皀絛라 懿大驚曰, 孔明이 尙在어늘 吾輕入重地하여 墜其許矣라하고 急勒回馬便走할새 背後姜維大叫, 賊將은 休走하라 你中了我丞相之計也로다하니 魏兵이 魂飛魄散하여 棄甲丟盔하며 抛戈撇戟하고 各逃性命할새 自相踐踏하니 死者無數러라 司馬懿奔走了五十餘里러니 背後에 兩員魏將이 趕上하여 扯住馬嚼環叫曰, 都督은 勿驚하소서하니 懿用手摸頭曰, 我有頭否아하니, 二將曰, 都督은 休怕하소서 蜀兵이 去遠了이다하니 懿喘息半晌이라가 神色方定하여 睜目視之하니 乃夏侯覇·夏侯惠也라 乃徐徐按轡하며 與二將, 尋小路, 奔歸本塞하여 使衆將引兵四散哨探이러니 過了兩日에 鄕民이 奔告曰, 蜀兵이 退入谷中之時에 哀聲震地하며 軍中에 揚起白旗하니 孔明이 果然死了오 止留姜維, 引一千兵斷後요 前日車上之孔明은 乃木人也라하니 懿嘆曰, 吾能料其生하고 不能料其死也라 하더라 因此, 蜀中人諺에 曰,「死諸葛이 能走生仲達이라 하니라」(三國志, 第104回, 見木像魏都督喪膽)

【註】 • 却說 : 말머리를 돌릴 때 첫 머리에 쓰는 말. 그리고. • 夏侯覇 : 魏 司馬懿의 揮下將軍. • 五丈原 : 지금 陜西省 岐山縣 남방에 있는 들판. 三國 때 蜀漢의 제갈량이 북벌군을 일으키고, 이곳에서 전사했다. • 司馬懿 : 字 仲達. 삼국시대 魏나라 사람. 曹操의 휘하 장군. • 跌足 : 발을 헛디디어 넘어지다. • 都督 : 한 방면의 군사를 통솔하는 무관. • 偏將 : 대장의 보좌관. 副將. • 殺奔(쇄분) : 몰려서 달려들다. • 咽喊 : 함성을 올리다. • 殺入(쇄입) : 몰려들다. • 寨 : 要塞. 本塞 : = 本陣. • 趕來 : 빨리 오다. 쫓아오다. 趕 : = 赶. • 當先 : 앞장서다. • 山脚 : 山麓. • 飄出 : 펄럭거리다. • 中軍 : 中堅의 군대. 대장 자신이 지휘하는 군대. • 武鄕侯 : 제갈량을 말함. 建興元年에 武鄕侯에 봉해졌기 때문에 이렇게 부름. • 定睛 : 눈동자를 똑바로 가지다. • 綸巾 : 비단으로 만든 두건. 隱者가 쓰는 것. • 羽扇 : 새의 깃으로 만든 부채. 隱者의 갖는 것. • 鶴氅 : 학의 날개로 만든 웃옷. 鶴氅衣의 준말. 빛이 희고 소매가 넓고 가를 흑색으로 꾸민 웃옷. • 皀(阜)條(조도) : 검은 실띠. • 便走(변주) : 곧 달아나다. • 急勒 : 고삐를 급히 당기다. 「勒」은 재갈 달린 고삐. • 姜維 : 三國 때 蜀漢의 충신. 제갈량의 휘하장군. • 中了 : 들어맞았다. 「了」는 완료의 뜻. 현대어에 많이 쓰임. • 丟盔(주회) : 투구를 버리다. • 撇戟 : 창을 버리다. 兩枝(갈래진)槍을 「戟」이라하고, 單枝槍을 「戈(과)」라 한다. • 逃性命 : 생명을 보전하기 위하여 도망치다. • 自相踐踏 : 제 편끼리 서로 짓밟다. • 趕上 : 뛰어 따라 부치다. 현대문에 쓰임. • 扯住(차주) : 잡아 당겨서 멈추다. 「扯」는 「撦」의 俗字. 주로 현대문에 쓰임. • 馬嚼環 : 말의 재갈. • 用手摸頭 : 손으로 머리를 더듬다. 「用」 : = 以. 「摸」 : 더듬다. • 休怕 : 걱정 말라. • 喘息 : 헐떡이다. 숨이 턱에 차다. • 半晌 : 반나절. 반시간. • 神色 : 마음과 얼굴빛. • 睜目 : 눈을 부릅뜨다. • 夏侯覇 · 夏侯惠 : 司馬懿의 휘하 장군. • 按轡 : 말고삐를 잡아 멈추다. • 哨探 : 정찰하다. • 鄕民 : 시골 백성. • 止留 : 다만~만 남게 하다. 「止」 : = 只. • 斷後 : 후방을 절단하여 방비하는 전법. • 仲達 : 司馬懿의 字.

Ⅱ. 한자로 된 우리 말 소리의 장단고(長短考)

우리말의 대부분이 한자에 기초를 두고 있다는 것은 우리가 다 잘 알고 있는 사실이다. 동양문화의 기원이 고대 중국이라는데 그 원인이 있다고 본다. 예컨대 衣服・糧食・居處・學校・教室・册床・鉛筆・白墨 등은 모두 한자에 기초를 둔 우리말이다. 순수한 우리말에도 장단의 구별이 필요하겠지만 특히 한자로 된 우리말에는 더욱 그 엄격한 구별이 요구된다. 그 까닭은 한자 자체의 장단 구별이 절대 필요하기 때문이다. 왜냐하면 그 음의 길고, 짧음이 뒤바뀜으로 그 뜻이 전연 달라지기 때문이다. 예를 들면 경비[經(∨)費(—) : (∨)는 짧은 소리 / (—)은 긴 소리 표]와 경비[警(—)備(—)], 광주[光(∨)州(∨)]와 광주[廣(—)州(—)], 진주[晋(—)州(∨)]와 진주[珍(∨)珠(∨)], 개성[個(—)性(—)]과 개성[開(∨)城(∨)] 등은 각각 한글로는 동일하게 표시되지마는 발음의 장단 여하에 따라 그 뜻이 전연 달라진다.

요즘「국어를 정화하자, 올바른 말을 쓰도록 하자」하고 주장은 하지만 실제 발음을 정확하게 하는 사람이 매우 적으며, 심지어 국문학자 중에도 이를 혼동하여 때로는 듣는 이로 하여금 실소를 금하지 못하게 하는 경우가 종종 있다. 그렇다고 그 책임이 말하는 사람에게만 있는 것은 아니다. 왜냐하면 지금까지 말의 장단 구별을 정확하게 안내할 만한 참고서적도 별로 없었고 또 이것을 직접 지도하는 이도 그리 많지 않았기 때문이다. 그러면 이것을 어떻게 구별하는가가 주요과제인데 그 要訣은 비교적 간단하다. 상술한 바와 같이 우리말은 대부분 한자에 기초를 두고 있기 때문에 이 문제 해결은 역시 한자의 四聲과 관련시켜 다루지 않으면 안 된다고 본다.

四聲운운하더라도 한자 고유의 四聲과 완전 일치되는 것은 아니다. 우리는 오랜 시간 중국문화와 접촉해 왔고 또 한 때는 그에 예속된 느낌까지 없지 않았으나 역시 우리는 우리대로 한문을 이용해 왔다고 본다. 따라서 한자고유의 四聲은 宋代이전은 平・上・去・入의 4종으로 나누어 각기 강약을 표시해 왔고, 그 이후는 平聲을 다시 둘로 나누어 上平・下平으로 나누게 되었으며, 그 대표적인 韻字로 106자를 선정하여, 上平聲 15자(東, 冬, 江, 支, 微, 魚, 虞, 齊, 佳, 灰, 眞, 文, 元, 寒, 刪), 下平聲 15자(先, 蕭, 肴, 豪, 歌, 麻, 陽, 庚, 靑, 蒸, 尤, 侵, 覃, 鹽, 咸), 上聲 29자(董, 腫, 講, 紙, 尾, 語, 麌, 薺, 蟹, 賄, 軫, 吻, 阮, 旱, 潸, 銑, 篠, 巧, 晧, 哿, 馬, 養, 梗, 迥, 有, 寢, 感, 琰, 豏), 去聲 30자(送, 宋, 絳, 寘, 未, 御, 遇, 霽, 泰, 卦, 隊, 震, 問, 願, 翰, 諫, 霰, 嘯, 效, 號, 箇, 禡, 漾, 敬, 徑, 宥, 沁, 勘, 艶, 陷), 入聲 17자(屋, 沃, 覺, 質, 物, 月, 曷, 黠, 屑, 藥, 陌, 錫, 職, 緝, 合, 葉, 洽)로 하였으며 시에 있어서 上・去・入聲을 합하여 「仄」이라고 불러 시의 字, 句 바른 편에 平은 「○」, 仄은 「●」표를 붙이기도 하고, 현대 중국어음에는 入聲은 없애고, 上平(一聲), 下平(二聲), 上聲(三聲), 去聲(四聲)으로 구별하는 등 상당히 복잡하지만 우리는 上平, 下平聲(平聲)을 합하여 「짧은 소리」로 하고, 上聲・去聲을 합하여 「긴 소리」로 하며 入聲을 「장단 구별 없는 소리」 즉 「중간 소리」로 취급해 왔다.

위에 서술한 법칙에 의거하여 한자음의 장단을 구별하면 곧 한자로 된 우리말의 장단 구별은 정확하게 된다. 좀 더 간요하게 설명하면 平聲(上平・下平), 入聲을 제외하면 (上聲・去聲) 모두 긴 소리요, 入聲은 결국 종성 즉 받침이 「ㄱ」「ㄹ」「ㅂ」으로 된 소리들임을 알 수 있으니(屋, 月, 合) 문제는 간단하게 되고 만다. 즉 받침이 「ㄱ」「ㄹ」「ㅂ」 소리는 장단 구별 없는 소리요, 平聲(上平・下

平)을 제외한 소리(上聲·去聲)는 모두 긴 소리라고 단정 지을 수 있다.

그러면 平聲의 대표 운 30자(上平聲 15자, 下平聲 15자)만 기억하면 한자음의 장단은 쉽사리 알아 낼 수 있다는 것이다. 重疊의 감이 없지 않으나 좀 더 이해를 쉽게 하기 위하여 다른 말로 바꾸어 보면, 玉篇[字典] 속에 있는 한자 끝에 平聲韻 30자 이외의 韻字(上·去·入聲韻)가 붙은 글자는 긴 소리 혹은 중간 소리라는 것을 쉽사리 알 수 있다는 것이다. 좀 더 상세하게 구체적인 예를 들어 설명하면, 대한민국(大韓民國)이란 말에 있어서 「大」자를 옥편에 찾아보면 「大」는 去聲 즉 平聲이 아닌 韻으로서 「긴소리」임을 알 수 있고, 「韓」자를 찾아보면 짧은 소리임을 알 수 있고, 「民」자을 찾아보면 짧은 소리임을 알 수 있고, 「國」자를 찾아보면 장단 구별 없는 소리임을 알 수 있다. 따라서 「大韓民國」은 대(—)한(∨)민(∨)국(×)[(×)표는 중간 소리]으로 발음해야 한다.

상당히 고통을 느끼는 것 같아 기회 있을 때마다 초학자에게 그 요령을 전달하여 우리말을 올바로 쓰도록 하게 하였으나, 충분한 시간이 없어 그 일부만을 소개할 수밖에 없음을 유감으로 생각하고 있던 차에 이제 지면상으로 나마 좀 더 상세하게 진술할 기회를 얻게 된 것을 매우 다행으로 생각하는 바이다. 원컨대 배움에 뜻을 두고 정확한 지식을 얻으려고 노력하는 學徒諸君은 모름지기 이 기회에 그 요령을 습득하여 정확하고 자신 있는 말을 할 수 있도록 해주기를 간절히 바라는 바이다. 「한(—)복(×)[韓服-올바른 발음은 「한(∨)복(×)」]」, 「가(—)로(∨)수(∨)[街路樹-올바른 발음은 「가(∨)로(—)수(—)」]」 등은 흔히 잘못 발음하는 말들이니 주의를 요한다.

Ⅲ. 중요 고사성어(故事成語)

ㄱ

家給人足(가급인족) – 집집마다 살기가 넉넉하고 사람마다 의식 부족함이 없음. 世運의 隆昌을 말함. (十八史略)

家貧思賢妻(가빈사현처) – 집이 가난하면 어진 아내를 맞아 내조를 받으려는 생각이 난다. (十八史略)

刻舟求劍(각주구검) – 배를 뚫고 칼을 구하다. 배를 타고 가다가 물속에 칼을 빠뜨렸는데 그 빠진 자리를 눈여겨 두고 그 자리를 뚫고 칼을 건지려고 했다는 故事. 사물에 얽매어서 變通性이 없음. (呂氏春秋)

干戈(간과) – 방패와 창, 전쟁을 가리킴.

間不容髮(간불용발) – 털 하나 들어갈 여유가 없을 만큼 사물의 추세가 매우 급함. 「間不容息」. (枚乘 · 諫吳王書)

甘泉先渴(감천선갈) – 맛있는 우물은 많이 길어 먹기 때문에 다른 우물보다 먼저 마른다. (文子)

蓋棺事定(개관사정) – 널 뚜껑을 덮은 뒤에야 일이 정하다. 즉 그 사람의 功過 등 모든 평은 죽은 뒤에야 정해진다는 말. (晋書, 劉毅傳)

居視其所親(거시기소친) – 평소에 친한 사람을 보면 그의 인간성을 알 수 있다. 知人하는 방법. (十八史略)

居安思危(거안사위) – 편안하게 살면서도 항시 위험할 때를 생각하여 경계함. = '居治而不忘亂'(易 繫辭)

擧一反三(거일반삼) – 한 가지를 들어서 세 가지를 돌이켜 알다. 한 일을 들어 보이면 스스로 반성하여 세 가지를 알다. '擧一隅而示之, 不以三隅反則不復也.' (論語, 述而)

居諸(거저) – 日月. '日居月諸, 東方自出.' (詩經)

隔靴搔癢(격화소양) – 신을 신고 그 위에서 가려운 곳을 긁다. 즉 일을 하면서 그 본뜻을 이해하지 못함. (無門關序)

見危致命(견위치명) – 국가의 위기에 처하여 목숨을 아끼지 않고 국가를 위하여 힘을 다함. '見危授命' (論語)

結草報恩(결초보은) – 죽어서까지라도 은혜를 잊지 않고 갚음. (左傳)

鷄肋(계륵) – 닭의 갈비는 매우 작고 고기도 적어서 먹잘 것이 없는데 그렇다고 버리기도 아깝다. 이와 같이 사물을 취하지도 못하고 버리지도 못하고 망설임에 하는 말. (蒙求)

鷄鳴狗盜(계명구도) – 닭의 소리를 내고 개 모양을 하여 도적질 하는 사람이니, 즉 작은 재주를 자랑하는 천한 사람을 말함. '鷄鳴狗吠' (史記 · 孟嘗君傳)

鼓腹擊壤(고복격양) – 천하의 태평을 즐기는 것. '有老人, 含哺鼓腹, 擊壤而歌'(十八史略)

古稀(고희) – 杜甫 詩 「人生七十古來稀」에서 나온 말로서 70세를 말함.

孔子穿珠(공자천주) – 공자가 아홉 굽이 굽은 구슬에 실을 꿰지 못하여 애를 쓴 것을 보고, 시골 부인이 개미의 허리에 실을 매어 그 구멍으로 내보내니 실이 저절로 꿰어졌다는 故事. 어리석은 사람에게도 배울 만한 좋은 지혜는 있다는 말. (祖庭事苑)

過猶不及(과유불급) – 모든 사물이 중용을 벗어나 지나치면 오히려 미치지 못한 것만도 못하다. (論語)

刮目相對(괄목상대) – 눈을 비비고 자상하게 보다. 사람의 덕업(德業)이 현저하게 진보하였음을 말함. 呂蒙傳에 '士別三日, 卽當刮目相待' (三國 吳誌)

曠日彌久(광일미구) – 헛되이 세월을 오래 보내다. 일을 길게 끌다. (史記, 刺客傳)

巧言令色(교언영색) – 교묘한 말과 애교 있는 낯빛으로 남의 기분을 사려고 함. (論語)

膠柱鼓瑟(교주고슬) – 거문고의 기둥[雁足]을 아교로 붙여놓고 거문고를 타는 것. 일정한 법칙에 얽매어서 사물을 활용할 줄 모르는 것의 비유. (十八史略)

舊雨之感(구우지감) – 옛 친구를 추모하는 정. 范成大 詩 '人情舊雨, 非今雨, 老境增年是減年' 「雨」는 「友」와 音 通.

救火投薪(구화투신) – 害를 없애고자 하면서 도리어 해를 증대시키다. (類語抱薪救火)

君子不器(군자불기) – 군자, 즉 학덕이 겸비한 훌륭한 사람은 어느 한 가지에만 능하지 않고 여러 가지 재주[衆技]를 다 겸한다는 뜻. (論語)

捲土重來(권토중래) – 한 번 패한 자가 다시 세력을 얻어가지고 初志貫徹에 노력함. (杜牧, 烏江詩)

圭角(규각) – 모난 구슬. 才氣의 예민한 것. 사람의 거동이 모가 나는 것. (朱熹, 孟子序說)

隙駒(극구) – 白駒가 달리는 것을 벽의 틈에서 내다보면 순식간에 지나가버리는 것과 같이 세월이 매우 빠름을 말함. '若白駒之過隙' (莊子, 知北遊)

金科玉條(금과옥조) – 금과 옥과 같이 귀중한 법규. 매우 중히 여김. (揚雄, 劇秦美新)

金蘭之契(금란지계) – 벗의 交情이 깊음을 이르는 말. '二人同心, 其利斷金. 同心之言, 其臭如蘭.'의 兩句에서 「金」과 「蘭」을 따서 합한 것. (易經)

琴瑟(금슬) – 거문고와 비파. 다 악기의 일종이다. 또 그 소리가 서로 和하여 응하므로 부부간을 말하여 琴瑟之樂이라고 한다. (詩經)

旣望(기망) – 음력 16일 또는 16일의 달. 蘇東坡의 赤壁賦에 '壬戌之秋, 七月旣望'이라 있음. (古文眞寶)

己所不欲勿施於人(기소불욕, 물시어인) – 내가 싫어하는 것은 남도 싫어하는 것이니 남에게 미치게 하지 말라. (論語)

杞憂(기우) – 쓸 데 없는 근심. 옛날 중국 杞나라 사람이 「하늘이 무너지면 어떻게 할까?」 하고 근심했다는 故事. (列子, 天瑞篇)

ㄴ

樂極哀生(낙극애생) – 즐거움이 극에 달하면 슬픔이 생긴다. (列女傳)

洛陽紙價高(낙양지가고) – 많은 사람이 그 문장을 애독하고 등사하기 때문에 종이 값[紙價]이 오른다는 말. 문장의 훌륭함을 이른다. (晉書, 左思傳)

落井下石(낙정하석) – 우물에 빠진 사람을 구해 주기는커녕 도리어 돌을 떨어뜨려서 해치다. 남의 患難에 더 해를 주다. (韓愈의 書)

亂臣賊子(난신적자) – 국가와 사회를 어지럽히는 무리. (孟子, 藤文公)

南柯一夢(남가일몽) – 南柯는 郡名. 淳于棼이 술에 취하여 울타리 안 槐樹 밑에서 잠을 잤는데 槐安國王이 자기를 불러 南柯郡을 다스리게 하였으므로 이에 20년을 다스리며 영화를 누리고 깨서 보니 꿈이었다는 故事. 인간 세상의 부귀와 영화가 다 한바탕의 꿈과 같다는 것. (異聞集)

囊中之錐(낭중지추) – 주머니 속에 든 송곳과 같이 賢者는 숨어 있으되 그 才氣는 반드시 鋒鋩을 나타낸다. (史記, 平原君傳)

魯魚之謬(노어지무) – 문자의 오류를 말함. 魯와 魚는 글자 모양이 비슷하므로 틀리기 쉽다는 말. '帝虎之訛' '焉馬虛虎之誤' (抱朴子) ※「謬」의 俗音은 류.

累卵之危(누란지위) – 달걀을 쌓아 놓은 것처럼 매우 위태함. (史記 · 司馬相如의 喩巴蜀樹)

凌雲之志(능운지지) – 뛰어난 志氣. 높은 뜻. (史記)

ㄷ

多多益善(다다익선) – 많으면 많을수록 좋다. (史記 · 淮陰侯傳)

斷金之交(단금지교) – 매우 交情이 깊은 벗. '二人同心, 其利斷金'에서 나온 말로 두 사람이 마음을 합하면 쇠같이 굳센 것도 능히 끊는다는 뜻. 金蘭之交. (易 繫辭)

斷機之誡(단기지계) – 맹자가 修學 도중 귀가하여 그 어머니가 짜던 베를 끊고, 학문

을 중도에 그만두는 것은 이와 같다고 훈계했다는 故事. (劉向 列女傳)

膽大心小(담대심소) – 도량은 한없이 넓고 크되 마음은 항시 주의 깊게 함. (明心寶鑑)

大器晩成(대기만성) – 大才는 조숙하지 않고 늦게 대성한다. 따라서 큰일은 조급히 해서는 안 된다. (三國 魏志 · 老子)

對牛彈琴(대우탄금) – 소를 대하고 거문고를 타다. 어리석은 자에게 도리를 설명해도 이해하지 못함에 비유한 말. (祖庭事苑)

大隱隱於市(대은은어시) – 보통 隱者는 산림 속에 처해 살지만 진정한 隱者 곧 군자는 시장과 같은 번화한 곳에 숨는다. 군자는 세속의 추세에 번민치 않고 어떠한 곳에 있든지 항시 마음이 綽綽하여 편하다. 王康琚 '小隱隱陵藪, 大隱隱朝市'

大義滅親(대의멸친) – 君臣간의 大義를 위해서는 父子간의 작은 의리를 돌보지 않음. 국가 대사를 위하여 私를 희생함. (左傳)

道聽塗說(도청도설) – 길에서 듣고 이내 길에서 말하다. 천박한 사람은 善言을 듣고도 이를 깊이 간직하지 못함. (論語)

同氣相求(동기상구) – 동기끼리 서로 구하다. 사상이 같은 사람은 자연히 서로 찾아 모인다. '同聲相應' (易 文言)

同病相憐(동병상련) – 艱苦를 같이 한 사람은 서로 가엾게 여기고 서로 돕는다. (吳越春秋 闔閭內傳)

同舟相救(동주상구) – 한 배에 탄 사람은 서로 돕는다. 主義와 사상, 利害와 목적을 같이한 사람은 우연히 만난 사람도 서로 돕게 된다. (孫子)

得隴復望蜀(득롱부망촉) – 사람의 욕심에는 한정이 없음. (十八史略)

登龍門(등용문) – 龍門은 황하 상류에 있는 급류로 鯉魚가 오르기만 하면 용이 된다고 한다. 사람이 출세할 수 있는 지위에 오름을 말함. (後漢書 註)

ㅁ

馬耳東風(마이동풍) － 남의 말을 들은 둥 만 둥함. 귀담아 듣지 아니함. 東風은 春風이니 사람은 春風을 상쾌하게 느끼지만 말의 귀에는 아무 느낌이 없다는 데서 생긴 말. '世人聞之皆掉頭, 如有東風射馬耳'(李白)

幕天席地(막천석지) － 하늘을 천막삼고 땅을 자리삼다. 곧 기상이 호방하고 거리낌이 없음을 비유함. (劉伶 酒德頌)

萬綠叢中紅一點(만록총중홍일점) － 많은 남자 사이에 한 사람의 藝妓가 있음. 후에 졸렬한 것 중에 단 하나의 우수한 것이 있음과 또 많은 남자 중에 한 사람의 여인이 있음을 말함. (壬齋詩話・王安石 柘榴咏 詩)

忘年交(망년교) － 交友함에 있어서 그 사람의 才德을 취하여야 하고 연령은 관계치 아니함. (南史 何遜傳)

亡羊之歎(망양지탄) － 염소를 잃은 탄식. 잃어버린 염소를 찾으러 쫓아 가다가 갈림길[岐路]이 많으므로 염소를 찾지 못했다는 故事. 학문의 도가 多岐多端하여 한 가지도 제대로 습득 성취하지 못함을 한탄하는 말. (列子 說符篇)

望雲(망운) － 唐의 狄仁傑이 타향에서 부모가 계신 고향을 바라봤다는 故事. 타향에서 집에 계신 부모를 생각함. '望雲之情' (舊唐書)

望塵(망진) － 집에 오실 손님을 기다리는 것. 손님은 수레를 타고 오므로 먼지가 일어난다는 뜻이다. (晋書)

麥秀之歎(맥수지탄) － 箕子가 殷나라 궁전의 유허를 지나다가 麥秀의 노래를 지어 슬퍼했다는 故事. 곧 고국의 황폐함을 한탄함. (史記)

面從後言(면종후언) － 앞에서는 복종하고 뒤돌아서서는 그 사람을 좋지 못하게 말함. '汝無面從退有後言' (書 益稷)

鳴鼓而攻之(명고이공지) － 북을 울리고 치다. 孔子의 門人 冉有가 季氏의 家臣이 되어 백성에게 聚斂을 많이 하므로 공자께서 冉有의 죄를 남에게 선포했다는 故事. 즉 남의 죄를 대중 앞에 드러내 보인다는 말. (論語)

墨守(묵수) － 자기 의견을 고수함. 墨子가 自說을 고수한 데서 생긴 말. '墨翟之守' (史

記 魯仲連傳)

無遺策(무유책) – 용의주도하여 빈틈이 없음. 呂覽不苟 '所言無遺策'

刎頸之交(문경지교) – 목을 찌르는 사귐. 생사를 같이 하기로 맹서하고 목을 찌르는 일이 있어도 뉘우치지 않을만한 깊은 友交. (史記)

蚊蚋負山(문예부산) – 모기가 산을 짊어지다. 곧 중책을 감당치 못 한다는 말. (莊子 秋水)

問鼎輕重(문정경중) – 솥의 경중을 묻다. 鼎은 국가 또는 제왕을 뜻하는 것으로 국가의 강약과 제왕의 우열을 물어서 천하를 취하고자 한다는 말. (左傳)

門庭若市(문정약시) – 사람이 많이 모여든다는 말. (戰國 齊策)

物不得其平則鳴(물부득기평즉명) – 모든 물건이 소리를 내는 것은 그 정상의 상태를 잃었기 때문이다. (古文眞寶 秋聲賦)

尾大不掉(미대부도) – 짐승의 꼬리가 크면 흔들 수가 없다. 이와 같이 윗사람이 약하고 아래 사람이 강하면 제어하기가 어렵다는 비유. (左傳)

未亡人(미망인) – 옛날에는 남편이 죽으면 따라서 죽는 것이 당연하지만 차마 죽지 못하고 세상에 남아 있다는 뜻에서 과부를 말함. (左傳)

尾生之信(미생지신) – 尾生이란 사람이 애인과 다리 밑에서 만나기로 약속하고 먼저 가보니 애인은 아직 오지 않았다. 때마침 갑자기 큰 비가 내려서 물이 불어나는데도 그 자리를 떠나지 않고 다리 기둥을 붙들고 있다가 마침내 떠내려가 죽었다는 故事. 융통성이 없이 고지식한 사람의 비유. '守柱之信' (史記 蘇秦傳)

未知鹿死誰手(미지녹사수수) – 사슴이 누구 손에 죽을지 모르다. 천하의 정권이 누구에게 돌아갈지 모르다. (晋書)

ㅂ

盤根錯節(반근착절) – 얽히고 서린 뿌리와 굽은 마디. 곧 世事의 艱難함. (後漢書)

反哺(반포) – 아들이 커서 부모를 봉양함. 「慈烏反哺」(禽經 · 本草綱目)

反汗(반한) – 한 번 내린 명령을 취소함은 마치 한번 나온 땀이 다시 들어가지 못하는 것과 같이 어렵다는 말.(漢書)

拔山蓋世(발산개세) – 용맹함이 천하에 으뜸가는 것. 項羽의「力拔山氣蓋世」. (史記)

百聞不如一見(백문불여일견) – 백 번 듣는 것이 한 번 직접 보는 것만 못함. (漢書)

白眉(백미) – 많은 것 중에 가장 뛰어난 것. 蜀의 馬氏 오형제 중 맏형인 馬良이 제일 걸출이었는데, 馬良의 눈썹에 흰 털이 섞여 있었다 한다. (蜀志 · 馬良傳)

伯兪泣杖(백유읍장) – 옛날 韓伯兪가 효성이 지극하여 매번 어머니에게 매를 맞아도 한 번도 울지 않더니, 한 번은 매를 맞고 울기 때문에 어머니가 그 까닭을 물으니 「이번에는 매가 아프지 않으니 어머니께서 이제는 늙으신 걸 생각하고 슬퍼 우나이다」 하였다. (說苑 建本篇)

百折不撓(백절불요) – 백번 쓰러져도 굽히지 않고 初志를 완수하기에 힘씀. (蔡邕, 橋太尉碑)

伯仲之間(백중지간) – 伯仲은 형제간이니 둘이 우열의 차이가 없다는 말. (近古史談)

百尺竿頭 進一步(백척간두진일보) – 백 척이나 되는 높은 장대 위에 다시 한 걸음 더 함이니, 많은 힘을 썼지만 좀 더 힘쓴다는 말. (傳燈錄)

繁文縟禮(번문욕례) – 번거롭게 꾸밈과 복잡한 의식. 곧 번거롭고 복잡한 조문(條文), 규칙 등을 말함.

病入膏肓(병입고황) – 치료할 길이 없는 중병. 膏는 심장 밑에 있는 지방, 肓은 횡격막 위에 있는 엷은 막으로서 이 두 군데에 병이 들면 낫기가 어렵다는 것이다. (左傳)

病從口入 禍從口出(병종구입 화종구출) – 질병은 음식에 기인하고, 화는 언어에 기인한 것이니 말을 조심해야 한다는 말. (太平御覽)

輔車相依(보거상의) – 輔는 수레의 덧방나무, 車는 바퀴로 서로 돕고 서로 의지한다는 말. (左傳)

覆水不返盆(복수불반분) — 한번 저지른 일을 다시 돌이키기 어렵다. 이별한 부부가 다시 결연키 어렵다. 太公望의 妻 馬氏가 그 빈천을 견디지 못하고 이별한 뒤 太公望이 富貴한 몸이 되매 와서 다시 부부되기를 청한즉 太公望이 盆에 물을 담아서 엎어버리고 「이 물을 처음과 같이 담아 놓으면 다시 結緣하겠다」고 하였다. (拾遺記)

覆轍之戒(복철지계) — 「前車之覆, 後車之戒」란 말을 줄인 것. 지나간 過誤[다른 사람의 過誤]를 경험삼아 뒷일을 조심해서 한다는 뜻. (漢書, 賈誼傳)

蓬生麻中不扶直(봉생마중불부직) — 쑥대가 삼대 속에 나면 자연히 반듯하게 자란다. 사람도 善人과 접하면 善人이 된다. (荀子)

負郭田(부곽전) — 성곽에 가까운 밭이니, 地味가 비옥하여 곡식이 잘 되고 수확이 많다. (史記) / 「使我有洛陽負郭田二頃, 吾豈能佩六國相印乎」. (十八史略)

負笈(부급) — 遊學의 뜻. 「負笈追師, 不遠千里」(漢書, 蘇章傳)

附驥尾(부기미) — 驥는 駿馬니 파리가 駿馬의 꼬리에 붙어서 千里를 달린다는 것. 후배가 선배[혹은 小人이 大人]의 힘을 입어서 큰일을 하고 이름을 내는 것의 비유. (史記, 伯夷傳 / 後漢書)

剖腹藏珠(부복장주) — 배를 가르고 구슬을 넣다. 즉 재물만 생각하고 목숨을 중히 여기지 않는다는 말. (唐書)

負薪入火(부신입화) — 섶을 지고 불에 들다. 즉 救災의 방법을 그르쳐서 도리어 재해가 커짐을 말함. 「抱薪而救火」(戰國策)와 같음.

釜中之魚(부중지어) — 솥 가운데 들어 있는 고기. 생명이 길지 않음을 말함. (通鑑, 漢順序紀)

附和雷同(부화뇌동) — 아무 비판 없이 타인의 설에 찬동함. (後漢書)

負荊(부형) — 자기의 죄를 사함. 廉頗가 가시 회초리를 짊어지고 藺相如에게 죄를 청했다는 故事. (十八史略)

北面(북면) — 신하의 자리. 君主는 南面. (禮記)

粉骨碎身(분골쇄신) — 뼈가 가루가 되고 몸이 부서지다. 희생적으로 노력함. (禪林類纂)

不拾遺(불습유) - 길에 떨어진 남의 물건을 주어서 자기 것으로 하지 않는다. (史記)

不以人廢言(불이인폐언) - 사람으로서 말을 폐하지 않는다. 사람이 졸렬하다고 해서 그 사람의 좋은 말까지 버리지 않는다는 뜻. (論語)

不挾長(불협장) - 남에게 자기의 장점을 과장하지 않는다는 말. (孟子)

匪躬之節(비궁지절) - 一身의 이해를 돌보지 않고 나라를 위하여 충절을 다함. 「蹇蹇匪躬」. (韓愚 諍臣論)

髀肉之歎(비육지탄) - 武人이 오래 전쟁에 나가지 않아 말을 타지 않았기 때문에 다리에 살이 토실토실함을 탄식함이니 功名을 세우지 못함을 한탄함. (三國志)

飛耳長目(비이장목) - 먼데 소리를 잘 듣고 먼데 것을 잘 보는 것. (管子)

氷炭不相容(빙탄불상용) - 얼음과 숯이 서로 용납하지 못하다. 즉 君子와 小人이 같이 한 곳에 있지 못함. (楚辭 東方朔傳)

思過半(사과반) - 깊이 생각하면 자연히 절반은 알게 됨. (易經)

四面楚歌(사면초가) - 楚의 항우가 垓下에서 漢軍에게 포위되었을 때 四面의 漢軍이 楚의 노래를 부르므로, 楚軍이 漢나라에 항복한 자가 많다고 잘못 알았다. 즉 전후좌우 적에게 둘러싸여 苦境에 있음을 말함. (史記)

駟不及舌(사불급설) - 사람의 언어란 것은 한번 입 밖에서 나가면, 四頭 馬車같이 빠른 것으로도 도저히 따라갈 수 없으니 다시 취소할 수 없다. (論語)

士爲知己者死(사위지기자사) - 선비는 자기를 아는 이를 위해서 죽다. 丈夫는 자기의 인격과 진가를 알아주는 이를 위해서는 목숨을 아끼지 않고 바치다. (史記)

死而後已(사이후이) - 죽은 뒤에야 그만두다. 죽도록 노력하여 마지않는다. (論語)

蛇足(사족) - 쓸데없는 물체 또는 쓸데없는 말. (戰國策)

社稷(사직) - 社는 토지의 신, 稷은 五穀의 신. 옛날의 爲政者[君主]는 이 두 신을 받들었다. 따라서 국가라는 뜻으로 쓰인다. (禮記)

山中無曆日(산중무역일) - 산중에서는 책력이 필요 없다. 한가히 세월을 보내고 자연과 더불어 四時와 때를 알기 때문이다.

三省吾身(삼성오신) — 매일 세 가지 것에 관하여 내 몸을 반성하다. 「曾子爲人謀而不忠乎, 與朋友交而不信乎. 傳不習乎」. (論語)

三遷之敎(삼천지교) — 세 번 옮기는 가르침. 맹자 어머니가 맹자의 교육을 위하여 세 번이나 住居를 옮겼다. 즉 어머니가 아들의 교육에 대하여 간절하고 주도함을 말한 것이다. (趙岐, 孟子題辭)

桑蓬之志(상봉지지) — 옛날 중국에서는 남자 아이를 낳았을 때 뽕나무로 활을 만들고 쑥대로 화살을 만들어서 사방에 쏜 풍속이 있었으니 즉 남아는 큰 뜻을 가지고 사방에 遠遊하고 활동하라는 뜻을 나타낸 것이다. (禮記)

上梓(상재) — 서책을 인쇄하는 것. 옛날은 版木을 梓로 만들었다. (康熙字典)

塞翁之馬(새옹지마) — 변방 늙은이의 말. 인생의 길흉화복, 幸·不幸은 서로 인과관계가 있어 행복은 불행의 원인이 되고, 불행은 행복의 원인이 되는 것이니, 幸·不幸을 예측하거나 속단할 수 없다는 것이다. 옛날 변방에 사는 한 노인이 말을 기르더니 하루는 말이 달아나 버렸다(禍). 그러더니 두어 달 뒤에 그 말이 다른 駿馬 한 필을 데리고 돌아왔다(福). 그의 아들이 준마를 타다가 떨어져서 다리가 부러졌다(禍). 그 뒤 전란이 일어나 청년들이 다 소집당하여 출전했는데 이 노인의 아들만은 戰死를 면했다(福). (淮南子)

生殺與奪(생살여탈) — 살리고, 죽이고, 뺏고, 주고 하는 것을 자의로 하는 절대적인 권력.

席不暇暖(석불가난) — 동서로 바쁘게 분주하여 한 자리에 安居함이 없음. 「孔席不暇暖」. (韓愚, 爭臣論)

雪泥鴻爪(설니홍조) — 인생이 무상하고 남은 흔적이 없음을 비유한 말. 「人生到處知何似, 應是飛鴻踏雪泥」(蘇軾)

勢利之交(세리지교) — 권세와 이익을 위한 사귐. 「市道之交」. (漢書)

燒眉之急(소미지급) — 몹시 급함. 절박한 急難. (五燈會元)

蕭牆之憂(소장지우) — 蕭牆은 門屛. 災禍는 외부에서 생기는 것이 아니고 내부에서 생긴다는 말. (論語)

續貂之譏(속초지기) — 善美한 것에 조악한 것을 붙인 비유. 有德한 사람이 없어 下賤

한 사람을 등용함을 비웃음. 貂의 꼬리와 蟬의 깃으로 꾸민 冠, 즉 「貂蟬」은 侍中의 冠이니 貂가 부족하면 狗尾로 잇는다고 하여 「狗尾續貂」라고도 함. 「貂不足, 狗尾續」(晋書)

手不釋卷(수불석권) – 손에서 책을 놓지 않음. 학문을 열심히 함. (十八史略)

修飾邊幅(수식변폭) – 변두리를 꾸밈이니 외모를 꾸민다는 뜻. (十八史略)

水魚之交(수어지교) – 交分이 매우 깊은 것. 군신간의 관계를 「君臣水魚」라고 함. (管子)

守株(수주) – 구습에 얽매여서 時流에 처할 줄을 모르는 것. 고지식하여 융통성이 없는 것. 宋人이 밭을 갈다가 밭 가운데 있는 나무 등걸에 걸려 죽은 토끼를 얻고서 그 뒤로는 늘 등걸을 지켰으나 토끼를 다시는 얻지 못하고 마침내 宋나라 사람들의 웃음거리가 되었다는 故事. (韓非子)

菽水之歡(숙수지환) – 빈궁한 생활 속에서 부모에게 효도하는 기쁨. 菽은 大豆니 콩죽과 물을 마시고 살다. 「孔子曰 啜菽飮水, 盡其歡, 斯之謂孝」(禮記)

脣亡齒寒(순망치한) – 입술이 없으면 이가 시리다. 즉 서로 돕고 의지해서 잘 되어 나가는 것. (左傳)

脣齒之國(순치지국) – 이해관계가 밀접한 두 나라. (十八史略)

市道之交(시도지교) – 이해관계로 맺어진 경박한 交友. (史記)

視民如傷(시민여상) – 위정자가 항시 백성을 가엾게 여기고 사랑하다. (孟子)

視死若歸(시사약귀) – 죽음을 자기 집에 돌아가는 것과 같이 태연하게 생각하는 마음. (大戴禮) 「視死如生」. (莊子)

尸位素餐(시위소찬) – 공이 없이 녹을 먹는 것. 尸位는 자리에 앉아서 아무 일도 안하는 것. 素餐은 하는 일 없이 먹는 것. 「尸祿」. (漢書)

食牛之氣(식우지기) – 나이가 어려서부터 기상이 뛰어난 것. 「呑牛之氣」. 尸子 「虎豹之駒未成文, 有食牛之氣」.

食前方丈(식전방장) – 식탁 앞에 놓여있는 요리가 사방 한 길이라는 뜻이니, 權貴한 사람의 호화로운 의식생활을 말함. (孟子)

心廣體胖(심광체반) — 덕이 높은 사람은 俯仰하여 천지에 부끄러움이 없어 심신이 다 같이 크고 悠長함. (大學)

仰不愧天 俯不怍人(앙불괴천 부부작인) — 우러러 하늘에 부끄럽지 않고, 엎드려 땅에 부끄러움이 없이 공명정대하여 심중에 一毫의 티가 없음을 말함. (孟子)

仰天而唾(앙천이타) — 하늘을 쳐다보고 침을 뱉으면 도로 자기에게로 떨어진다. 즉 남을 해치려다가 자기가 해를 입는다는 말. 「惡人欲害賢者, 仰天而唾, 唾不汚天, 還汚己面」(四十二章經)

愛日(애일) — 冬日을 이름. 또는 孝行. 이때 愛는 惜의 뜻. 「冬日可愛, 夏日可畏」(左傳)

羊頭狗肉(양두구육) — 그럴 듯하게 내세우나 속은 음흉한 딴 생각이 있음을 뜻함. 「懸羊頭賣馬脯」(後漢書)에서 나온 말.

養兵千日 用在一朝(양병천일 용재일조) — 평상시에 養兵에 힘씀은 國家有事의 一朝에 供하기 위하여서이다. (水滸傳)

梁上君子(양상군자) — 도적을 말함. 後漢 때 陳寔이 밤에 자기 집에 도적이 든 것을 알고 자제에게 훈계하기를 「사람은 본래 악인이 없다. 梁上君子도 스스로 힘쓰면 좋은 사람이 된다」고 하였더니 도적이 듣고 내려와서 사과하고 遷善했다는 故事. (後漢書)

羊質而虎皮(양질이호피) — 외견은 아름답고 속이 좋지 못함. (後漢書)

養虎遺患(양호유환) — 범을 길러 患을 입음이니, 스스로 초래하여 환을 입다. (史記)

漁父之利(어부지리) — 둘이 서로 다툼으로써 이권을 남에게 뺏기다. 鷸[도요새]과 蚌[금조개]이 서로 싸우고 있으므로 어부가 그 둘을 함께 잡았다는 우화. (戰國策)

偃武修文(언무수문) — 무기를 거두고 학문을 세워서 태평을 가져오게 함. (書武成)

如履薄氷(여리박빙) — 엷은 얼음을 밟듯 함. 매우 위험한 것. 「如臨深淵～」(詩經)

與日月爭光(여일월쟁광) — 일월로 더불어 빛을 다투다. 도덕사업이 훌륭한 것을 말함. (史記)

如坐春風之中(여좌춘풍지중) — 봄바람은 만물을 생육한다. 따라서 제자가 스승을 모

시고 그 가르침을 받는 것을 춘풍 속에 앉아있는 것 같다고 하였음. (故事瓊林)

如出一口(여출일구) — 한 입에서 나온 듯하다. 뭇사람들의 말이 한결같다. 「異口同聲」

易簀(역책) — 대자리를 바꾸다. 曾參이 임종 시에 大夫로부터 받은 簀을 걷고 다른 簀과 바꾸어 누운 뒤에 운명하였다. 임종의 뜻으로 쓰인다. (禮記)

緣木求魚(연목구어) — 나무에 인연하여 물고기를 구하다. 어떠한 사물을 구함에 있어서 그 길을 잘못 들면 아무리 힘써도 얻지 못한다는 뜻. (孟子)

燕石十襲(연석십습) — 燕石을 열 겹으로 싸다. 하찮은 것을 보배로 여기는 일을 말함이니 世人이 虛飾을 일삼는다는 뜻. (說苑).

※ 燕石은 옥과 같은 돌로 燕山에서 난다.

燕雀安知鴻鵠之志(연작안지홍곡지지) — 燕雀과 같은 작은 새가 어찌 鴻鵠과 같은 큰 새의 뜻을 알리오. 碌碌한 凡人이 어찌 大人의 큰 포부를 알리오. (史記)

鹽車之憾(염거지감) — 良馬라도 때를 얻지 못하면 駑馬와 같이 소금이나 싣는데 부린다는 뜻. 즉 불운한 환경에 놓여 있음을 탄식함. (賈誼, 弔屈原賦)

盈科而後進(영과이후진) — 흐르는 물은 반드시 웅덩이를 채운 뒤에 앞으로 흘러간다. 모든 학문을 서두르지 않고 순서 있게 해나감을 뜻함. (孟子)

惡濕居下(오습거하) — 젖는 것을 싫어하면서 처마 밑에 있다. 마음에 맞지 않은 곳을 피하고자 하는데 그 방법이 틀린다는 말. (孟子)

吳牛喘月(오우천월) — 오나라 소가 달을 보고 헐떡거리다. 吳는 본래 더운 지방이므로 그 나라 소는 더위를 무서워한다. 그러므로 달만 보고도 태양인 줄 알고 헐떡인다는 것이니 곧 두려워함이 심하다는 말. (世說言語篇)

吳下阿蒙(오하아몽) — 학문도 없고 소양도 없는 쓸모없는 사람을 말함. 또 학식의 진보가 없음을 말함. 三國志에 魯肅이 呂蒙의 학식이 매우 진보되었음을 칭찬하여 「非復吳下阿蒙」이라고 한 故事에서 나온 말.

玉不琢不成器(옥불탁불성기) — 옥도 갈지 않으면 아름다운 기물이 되지 않는다. 사람도 학문을 닦지 않으면 아무 쓸모가 없다는 말. (禮記)

屋下架屋(옥하가옥) – 집 밑에 집을 짓다. 즉 先人의 한 일을 흉내를 낼 뿐 아무런 창의가 없음을 말함. (顔氏家訓)

溫故而知新(온고이지신) – 옛 것을 연구하여 잘 익히고 나서 새로운 지식을 섭취하고 발명함. (論語)

蝸角之爭(와각지쟁) – 사소한 일을 가지고 서로 다투는 것. 莊子에 「달팽이의 두 뿔 위에 각각 국가가 있으니 왼쪽은 觸이요, 오른 쪽은 蠻이다. 이 두 나라는 서로 땅을 다투어 싸우다」라는 우화에서 나온 말. 「蝸牛角上爭何事, 石火光中寄此身」(白居易).

蛙鳴蟬噪(와명선조) – 개구리가 울고 매미가 떠들다. 하찮은 무리들이 쓸데없이 떠들어대다. (韓愈)

臥薪嘗膽(와신상담) – 섶에 누워 자고 쓴 쓸개를 맛보다. 원수를 갚기 위하여 갖은 고생을 다하다. 吳王 夫差, 越王 句踐의 故事에서 나온 말. (十八史略)

王侯將相 寧有種乎(왕후장상 영유종호) – 왕후나 장상되는 사람이 본래 종자가 따로 있는 것이 아니고 사람은 누구나 다 노력하면 훌륭하게 된다는 말. (史記)

遼東豕(요동시) – 다른 사람이 볼 때는 하잘 것 없는 것을 가지고 자랑함을 비유한 말. 요동에서 돼지가 頭白의 새끼를 낳았으므로 진기하게 여겨서 이를 진상코자 河東에 이르니 이곳 돼지들은 다 흰색이었다. (後漢書)

龍頭蛇尾(용두사미) – 처음에는 그럴듯하다가 끝에 가서는 흐지부지한 것. (通俗編)

雨不破塊(우불파괴) – 가는 비가 흙덩이를 부수지 못함. 조그마한 亂으로 천하의 태평을 깨뜨리지 못함. (鹽鐵論)

雲霓之望(운예지망) – 큰 가뭄에 비를 기다리듯 몹시 기다리다. (孟子)

雲泥(운니) – 구름과 진흙. 서로 차이가 현저함. 「雲泥之差」, 「雲泥萬里」. (後漢書)

威而不猛(위이불맹) – 위엄이 있으면서도 무섭지 않고 부드러움. (論語)

韋編三絶(위편삼절) – 독서에 힘쓰는 것. 옛날에는 竹簡에 글씨를 써서 가죽 끈으로 엮었는데 공자가 가죽으로 엮은 周易을 세 번이나 끊어지도록 읽었다고 한다. (十八史略)

遠交近攻(원교근공) – 먼 나라와 친하고 가까운 나라는 쳐서 점차로 영토를 넓히는 國策. (史記)

有名無實(유명무실) – 명목뿐이고 실질이 없다. (漢書)

柳眉(유미) – 버들잎 같은 눈썹이니 미인을 가리키는 말이다. 「柳葉眉」의 준말. 「湖上兒女柳葉眉」(楊維楨 詩)

維新(유신) – 만사를 다 새로 고치다. 「周雖舊邦其命維新」(詩經)

遺風餘烈(유풍여열) – 후세에 남긴 德風과 훌륭한 사업. (史記)

倚門之望(의문지망) – 어머니가 멀리 간 아들을 기다리는 정. 「王孫之母謂賈曰, 汝朝出而晩來, 吾則倚門而望, 暮出而不還, 吾則倚閭而望」(戰國策)

以管窺天(이관규천) – 대통 구멍으로 하늘을 보다. 즉 식견이 좁다는 말. (史記)

一簞食 一瓢飮(일단사 일표음) – 가난하고 소박한 생활에 만족함. 「賢哉回也, 一簞食一瓢飮, 在陋巷, 人不堪其憂, 回也不改其樂, 賢哉回也.」(論語)

一面如舊(일면여구) – 단 한번 만나서 사귀고 옛 친구처럼 친해진다. (晉書)

日薄西山(일박서산) – 해가 서산에 걸리다. 늙고 병들어 死境에 가깝다. (李密, 陳情表)

一葉落 知天下秋(일엽낙 지천하추) – 오동잎 하나 떨어지는 것으로 천하의 가을을 알 수 있는 것처럼 사물의 一端을 보고 대세를 미루어 알다. (唐詩)

臨機應變(임기응변) – 때와 장소에 따라 그때그때 알맞은 수단과 방법을 사용함. (唐書)

自家撞着(자가당착) – 자기 스스로 하는 말이나 일이 모순이 많아서 앞뒤가 이치에 맞지 아니함. (禪林類聚, 看經門)

自彊不息(자강불식) – 스스로 힘쓰고 쉬지 아니함. (易經)

自繩自縛(자승자박) – 자기의 줄로 자기를 묶다. 자기가 자기를 망치게 하다. 自業自得. (正法念經)

自暴自棄(자포자기) – 자기 자신을 버리고 돌아보지 아니함. 스스로 자기를 내버려두는 것. (孟子)

輾轉反側(전전반측) – 누워서 이리 뒹굴 저리 뒹굴 잠자지 못하고 생각함. (詩經)

絶類離倫(절류이륜) – 倫은 類와 같음. 衆人보다 뛰어나다. 인류를 초월하다.

點滴穿石(점적천석) – 한 방울 두 방울씩 떨어지는 물방울도 돌을 뚫는다. 작은 힘도 쌓이고 쌓이면 능히 강대한 힘이 된다. 「泰山之霤穿石」(漢書 枚乘傳). 「小水穿石」(遺敎經)

拈華微笑(염화미소) – 拈華示衆. 以心傳心의 妙法으로 진리를 깨닫게 됨을 비유하는 말. (佛書, 五燈會元)

糟糠之妻(조강지처) – 가난한 때에 겨와 찌꺼기를 같이 먹으며 고생하고 남편을 내조한 처. (後漢書)

朝令暮改(조령모개) – 아침에 令을 내리고 저녁에 고침이니 즉 법령을 자주 고친다는 것. (論語)

朝名市利(조명시리) – 명성을 원하는 자는 朝廷[정치]에 놀고, 이익을 원하는 자는 시장에 놀다. (戰國策)

朝不謀夕(조불모석) – 아침에 저녁 일을 꾀하지 못함. 사물을 도모할 틈이 없을 정도로 일이 급박함. 또 군색하여 조석의 끼니를 꾀하지 못함. 「朝不及夕」. (左傳)

朝三暮四(조삼모사) – 宋人이 원숭이에게 밤[栗]을 주는데 아침에는 세 개, 저녁에는 네 개를 준다고 했더니 원숭이들이 화를 내므로 그러면 아침에는 네 개 저녁에는 세 개를 준다고 했더니 원숭이들은 좋아했다는 故事로서 詐術을 가지고 어리석은 사람을 농락함을 뜻한 말이다. (列子)

造詣(조예) – 학문 기예가 깊이 들어갔음을 뜻함. (晉書)

朝虀暮鹽(조제모염) – 아침에는 냉이를 먹고 저녁에는 소금을 씹다. 즉 곤궁한 생활을 말함이다. (韓愈)

酒池肉林(주지육림) – 호화를 극한 酒宴을 말함이며 호화로운 생활을 뜻함. (史記)

樽俎折衝(준조절충) – 宴席에 술동이와 고기안주를 베풀어 놓고 외국 사신과 杯酒談笑한 가운데 유리하게 국가의 일을 해결함. 국제간의 담판에서 國威를 보이는 것. (晏子春秋)

中原之鹿(중원지록) – 中原의 사슴. 中原은 중국이니 곧 천하를 지칭함이오, 鹿은 天

子의 位를 말함이니 곧 중국의 天子를 말한다. 후세에 권세·패권을 얻고자 하여 서로 다투는 것을 「逐鹿」이라 한다. (晉書)

櫛風沐雨(즐풍목우) – 바람으로 머리를 빗고 빗물로 목욕을 하다. 野天에서 風雨를 무릅쓰고 勞苦를 하다. (晉書)

懲羹吹虀(징갱취제) – 더운 국에 놀라 김칫국도 불어 마신다. 어떠한 일에 실패한 것을 징계 삼아 다른 일에 극히 조심함. (楚辭)

曾參殺人(증삼살인) – 讒言도 거듭하면 사람을 현혹하게 한다는 비유. (戰國策)

池魚之災(지어지재) – 아무 까닭 없이 화를 당하는 것. 연못물을 길어다가 성문의 불을 끄고 나니 연못물이 말라 그 안의 물고기가 다 죽었다. (杜弼 檄梁文)

智者樂水 仁者樂山(지자요수 인자요산) – 智者는 사리에 통달하여 막히는 것이 없음이 물과 같으므로 물을 좋아하고, 仁者는 의리에 밝고 중후하여 변치 않음이 산과 같음으로 산을 좋아한다.(論語)

知足者富(지족자부) – 족함을 알고 분외의 욕망이 없는 사람은 부를 가진 것과 같다. (老子)

知足不辱(지족불욕) – 족한 줄을 알면 욕되지 않는다. 모든 일에 분수를 알고 만족하게 생각하면 모욕을 받지 않는다.(老子)

直情徑行(직정경행) – 자기의 뜻대로 곧 행한다는 말.(禮記)

進退維谷(진퇴유곡) – 이렇게도 할 수 없고 저렇게도 할 수 없는 窮境에 빠져 있는 것. 進退兩難. (詩經)

桎梏(질곡) – 桎은 차꼬, 梏은 수갑. 속박. (孟子)

疾風知勁草(질풍지경초) – 빠른 바람이 분 뒤에야 굳세고 강한 풀인 것을 알다. 危難의 경지를 겪고 나서야 비로소 절조의 특이함을 알다. (後漢書)

執牛耳(집우이) – 동맹의 주인공. 列國이 동맹을 맺을 때에는 소의 귀를 베서 그 피를 마셨다. (左傳)

ㅊ

參差(참치) − 높낮이가 같지 아니함. 서로 섞여서 고르지 아니함. (詩經)

責人則明(책인즉명) − 남의 잘못을 꾸짖을 때는 누구나 다 현명하고 도리에 밝다. 「人雖至愚, 責人則明, 雖有聰明, 怒己則昏」(名臣言行錄)

跖犬吠堯(척견폐요) − 盜跖의 개가 堯를 보고 짖다. 사람이 그 섬기는 주인에게 충성을 다함을 비유한 말. (史記)

千金之裘 非一狐之皮(천금지구 비일호지피) − 천금 값어치 되는 좋은 갖옷은 한 마리 여우의 가죽으로 된 것이 아니다. 즉 나라를 다스리는데 있어서는 많은 賢人이 힘을 합해야 된다는 비유. (史記)

天步艱難(천보간난) − 步는 運을 말함이니 天運이 아직 오지 않아서 국가의 일이 어려워진다는 말. (詩經)

千羊之皮 不如一狐腋(천양지피 불여일호액) − 천 마리 양의 가죽이 한 마리 여우의 겨드랑털만 못하다. 즉 愚人이 많아도 賢人 한 사람을 당하지 못함의 비유. (史記)

天眞爛漫(천진난만) − 하늘에서 내려주신 성질 그대로의 순결한 마음. 아무 가식이 없는 언어와 행동. (蘇東坡詩)

轍鮒之急(철부지급) − 수레바퀴 자국에 고인 물속의 붕어처럼 생명이 매우 위급함을 말함. (莊子)

靑山可埋骨(청산가매골) − 死地는 반드시 고향의 산천이 아니라도 좋다. 靑山이 있는 곳이라면 어디라도 뼈를 묻을 수가 있다. (蘇軾)

靑雲之志(청운지지) − 靑雲의 뜻. (史記)

(1) 지조의 고결함.

(2) 功을 나타내고 德을 세움.

(3) 高位 高官에 오름.

(4) 世外에 초연함.

靑出於藍而碧於藍(청출어람이벽어람) − 청색이 본래 쪽[藍]에서 나왔지만 쪽 보다 푸

르다. 즉 제자가 스승보다도 훌륭하다. (荀子)

蜀犬吠日(촉견폐일) – 蜀中은 운무가 많아서 해를 볼 수 있는 날이 드물다. 그러므로 이곳 개들은 해를 보면 신기해서 짖는다. 이와 같이 성현의 언행이 凡人에게는 괴이하게 보인다. (韓愈)

寸善尺魔(촌선척마) – 세상사는 좋고 순조로운 일보다 좋지 못하고 방해되는 일이 더 많다. (諫草)

寸鐵殺人(촌철살인) – 寸刀로 사람을 죽인다. 짧은 警句·警言으로 능히 사람의 심장을 충동시킨다. (鶴林玉露)

推敲(퇴고) – 시문의 자구를 고치는 것. 賈島가 「僧敲月下門」의 「敲」를 「推」로 할까 「敲」로 할까 하고 苦慮했다는 故事. (唐書)

推輓(추만) – 앞에서 끌고 뒤에서 밀다. 사람을 좋은 자리에 추천하다. (左傳)

逐鹿者不見山(축록자불견산) – 사슴을 쫓는 자는 산을 보지 못한다. 利慾에 눈이 어두운 사람은 도덕과 의리를 모른다. (虛堂錄)

出乎爾者 反乎爾(출호이자 반호이) – 네게서 나온 것은 네게로 돌아가다. 善惡慶殃이 다 자기로 말미암아 되다. (孟子)

醉生夢死(취생몽사) – 취한 듯 살다가 꿈인 양 죽다. 덧없이 살다가 덧없이 죽음이니 인생은 허무하다는 말. (程子語錄)

癡人說夢(치인설몽) – 어리석은 사람이 꿈 이야기를 한다. 말한 바가 조금도 조리에 맞지 않는다는 말. (冷齊夜話)

七顚八倒(칠전팔도) – 몇 번이고 엎어지고 넘어지는 것. 매우 심한 괴로움을 겪는 것. (朱子語錄)

針小棒大(침소봉대) – 사물을 과장해서 말하는 것.

ㅌ

他山之石(타산지석) – 他山은 산의 이름. 他山에서 나온 돌은 질이 좋지 못하고 보기에도 흉하다. 그러나 그 돌에다가 옥을 갈면 아름답게 된다는 것. 「他山之石, 可以攻玉」 이와 같이 착하지 못한 惡人도 그를 거울삼아 자기의 수양에 도움이 된다는 것에 비유한 말. (詩經)

泰山北斗(태산북두) – 泰山은 山東省에 있는 高山, 北斗는 북두칠성. 모든 사람에게 우러러 보이는 사람의 비유. (唐書)

泰山不讓土壤(태산불양토양) – 大人은 도량이 넓어서 衆人을 다 포용한다는 것의 비유 「河海不擇細流」. (戰國策)

澤及枯骨(택급고골) – 恩澤이 死者에까지 미치다. 「文玉賢矣, 澤及枯骨, 又況於人乎」 (呂氏春秋)

吐哺握髮(토포악발) – 손님이 오면 밥을 먹다가 입에 든 밥을 뱉고, 머리를 감을 때엔 머리를 움켜쥐고 나가서 영접했다는 周公의 故事. 즉 賢人을 환영하기에 힘쓴다는 말. 「我一沐三握髮, 一飯三吐哺, 起以待士, 猶恐失天下之賢人」(史記)

ㅍ

爬羅剔抉(파라척결) – 爬는 搔요 羅는 網羅다. 剔은 살을 발라냄이요, 抉은 뼈를 긁어냄이다. 널리 인재를 탐색하여 등용하는 것. (韓愈)

破天荒(파천황) – 天荒을 깨뜨리다. 즉 先人이 하지 못한 일을 이루어 놓은 것을 말함. (事類全書)

八面玲瓏(팔면영롱) – 사방이 다 희고 아름다움. 또 무슨 일이든지 교묘하게 빨리 처리함. 「八面玲瓏得月多」(馬熙 詩)

抱關擊柝(포관격탁) – 抱關은 門番, 擊柝은 拍子木을 치면서 夜巡함. 즉 지위와 신분이 천한 일에 종사함을 말함. (孟子)

蒲柳之質(포류지질) – 蒲柳의 바탕. 극히 약한 체질을 말함. (晋書)

抱玉哭(포옥곡) – 옥을 안고 울다. 즉 큰 포부를 지니고 있으나 세상 사람이 알아주지 않는 것을 이르는 말(和氏璧).(劉向 新序)

暴虎馮河(포호빙하) – 범을 맨주먹으로 치고, 큰 냇물을 그냥 건너는 것이니 즉 무모한 용기를 말함. (論語)

豹死留皮 人死留名(표사유피 인사유명) – 짐승인 豹도 죽어서 좋은 가죽을 남기니 사람은 더욱 사후에 美名을 남겨야 한다는 것. (五代史 王彥章傳)

風聲鶴唳(풍성학려) – 敗軍이 바람 소리와 학의 울음소리만 들어도 적의 追兵이 오지 않나 하고 놀랬다는 말. 소심한 자는 아무것도 아닌 것에 놀란다는 것을 비유함. (晋書)

風樹之悲(풍수지비) – 부모가 돌아가신 뒤에는 아무리 봉양코자 해도 할 수 없으니 살아 계실 때 효성을 다해야 한다는 말. 「樹欲靜而風不止, 子欲養而親不待」(韓詩外傳). 「風不之悲」라고도 함.

風雨對牀(풍우대상) – 형제가 相會함. 「寧知風雨夜, 復此對牀眠」(韋應物의 詩)

風雲之會(풍운지회) – 구름과 용이 서로 만나고, 바람과 범이 서로 따르는 것과 같이 明君과 賢臣이 서로 만남을 말함. 용이 風雲을 얻어 天上으로 오름과 같이 英傑도 시기를 얻으면 큰 功業을 이룩한다는 뜻. (易經)

風餐露宿(풍찬노숙) – 야외에서 바람과 이슬을 피하지 아니하고 기거함. 의지할 곳 없는 괴로운 생활. (陸游)

皮相之士(피상지사) – 겉만 알고 속은 알지 못한 사람. (韓詩外傳)

皮肉之見(피육지견) – 가죽과 같이 살이 보이다. 깨달아 앎이 극히 천박한 것을 말함. (傳燈錄)

匹夫之勇(필부지용) – 혈기에 따르는 小勇을 말함. (孟子, 梁惠王)

ㅎ

下帷(하유) - 독서할 때는 포장을 치는 것으로 私塾을 베풀어 글을 가르침을 말함. (漢書)

河漢其言(하한기언) - 언론의 意旨가 심원하여 쉽게 測知하기 어려움. (莊子)

涸轍之魚(학철지어) - 물이 말라가는 수레바퀴 자국의 고기. 위기가 눈앞에 닥쳐옴을 말함. (莊子)

邯鄲之夢(한단지몽) - 인간의 榮枯盛衰은 한바탕의 꿈과 같다는 말. 盧生이란 소년이 邯鄲이란 곳에서 呂翁이란 仙人한테서 베개를 빌려 잠을 잤는데, 일생의 영화를 누린 꿈을 꾸고 깨보니 아직 솥에 든 黃粱이 익지 않았다는 故事. 「邯鄲之枕. 盧生之夢. 黃粱一炊. 一炊夢. 南柯一夢.」(李泌 枕中記)

邯鄲之步(한단지보) - 자아를 잊어버리고 맹목적으로 남을 본뜨려고 하는 것은 彼我를 다 잃게 된다는 말. 邯鄲은 趙의 도읍이며 이곳 사람들은 步行의 맵시가 뛰어나다. 燕나라 소년이 이 걸음걸이를 배우려다가 자기의 본래 걸음걸이조차도 잊어버리고 말았다는 故事. (漢書)

割鷄焉用牛刀(할계언용우도) - 닭을 잡는데 어찌 소 잡는 칼을 쓰랴. 작은 일을 처리하는데 구태여 大人을 필요로 하랴. (論語)

咳唾成珠(해타성주) - 咳唾가 구슬을 이루다. 주옥같은 시문에 능한 사람을 찬하는 말. (晉書)

見頭角(현두각) - 두각을 나타내다. 뭇 사람 가운데 뛰어나다. (韓愈)

形影相弔(형영상조) - 형체와 그림자가 서로 위로하다. 즉 의롭게 살아가다. (李密, 陳情表)

狐假虎威(호가호위) - 여우가 범의 위세를 빌려서 다른 맹수들에게 示威했다는 우화로 소인이 세력가의 힘을 빌려서 뽐내는 것의 비유. (戰國策)

號令如汗(호령여한) - 호령이 땀과 같다. 한 번 내린 명령은 취소하기 어렵다. (漢書)

虎視眈眈(호시탐탐) - 범이 눈을 부릅뜨고 위엄을 부리는 것. 다른 사람의 틈을 엿보고 노리고 있는 것. (易經)

壺中之天(호중지천) — 옛날 壺公이란 약 상인이 店頭에 병을 걸어놓고 있다가 해가 지면 그 병속으로 들어가곤 하였다. 어느 날 費長房이란 사람이 뒤를 따라 들어가 봤더니 그 속에 큰 殿堂이 있고 좋은 음식으로 후대를 받았다는 故事로서 별천지를 뜻함. 「壺裏乾坤」. (漢書)

昏定晨省(혼정신성) — 밤이 되면 부모에게 이부자리를 정해 드리고 새벽에는 밤사이의 안부를 살피다. 즉 부모를 섬기는 도리를 극진히 한다는 말. (禮記)

和光同塵(화광동진) — 和光은 지식이 깊숙이 들어 있어 나타나지 아니하고 은은함. 同塵은 속세와 동화되는 것. 「和其光, 同其塵」(老子)

畫龍點睛(화룡점정) — 金陵 安樂寺 벽에 용을 그려놓고 마지막으로 눈동자를 찍었더니 용이 살아서 하늘로 올라갔다는 張僧繇의 故事로서 詩文等의 一字一句를 잘 놓음으로 해서 생동함을 말함이니 문장의 핵심구를 말함. 또 사물의 가장 핵심이 되는 것을 말함. (水衡記)

畫餠(화병) — 그려놓은 떡. 즉 모양은 좋으나 실지 쓸모가 되지 못함을 말함. 「畫中之餠」. (魏志)

畫蛇添足(화사첨족) — 뱀을 그리는 데 발을 붙이다. 즉 쓸데없는 일을 하다. (戰國策)

華而不實(화이불실) — 꽃뿐이오 열매가 없음. 즉 말과 행동이 한결같지 못함. (左傳)

禍自微而成(화자미이성) — 화는 작은 것으로부터 생긴다. 「禍生自纖纖」.

畫脂鏤氷(화지누빙) — 기름에 그리고 얼음에다 새기다. 즉 실질이 없는 것을 겉만 꾸미는 것은 아무런 功效가 없고 헛수고만 한다는 말. (鹽鐵論)

換骨奪胎(환골탈태) — 古人의 詩文・意趣를 一轉시켜 이를 밑받침하여 새로 연구함. 사람의 얼굴이 전보다 훨씬 아름다워진 것. (捫蝨新話)

鰥寡孤獨(환과고독) — 의지할 바가 없는 사람. 鰥은 처가 없는 사람, 寡는 남편이 없는 사람, 孤는 부모가 없는 어린이, 獨은 자식이 없는 노인. (孟子)

懷璧有罪(회벽유죄) — 구슬을 품은 것이 죄가 되다. 즉 귀한 것을 가졌기 때문에 화를 초래하게 되다. (左傳)

膾炙人口(회자인구) — 膾는 肉膾, 炙는 구이, 다 맛이 좋은 것으로 사람이 즐기는 음

식. 따라서 詩文 等이 사람들에게 많이 불리는 것. (孟子)

懷春(회춘) – 옛날에는 仲春에 혼인을 정했으므로 청년남녀가 혼인을 생각함을 뜻함. 「有女懷春, 吉士誘之」(詩經)

後生可畏(후생가외) – 後生이 가히 두렵다. 後生은 소년을 가리킴이니 소년은 年富力强해서 장래성이 요원하므로 자칫하면 그들에게 뒤떨어짐을 두려워서다. (論語)

鷸蚌之爭(휼방지쟁) – 「漁父之利」. (戰國策) 「蚌鷸之爭」이라고도 함.

Ⅳ. 잘못 읽기 쉬운 한자음

※ (　)은 잘못 읽은 음

ㄱ

恪別 각별(격별)
間歇 간헐(간흘)
戡定 감정(심정)
甘蔗 감자(감서)
改悛 개전(개준)
坑夫 갱부(항부)
醵出 갹출(거출)
愆過 건과(연과)
乾涸 건학(건고)
黔炭 검탄(금탄)
怯懦 겁나(겁유)
更張 경장(갱장)
更迭 경질(갱질)
驚蟄 경칩(경첩)
股肱 고굉(고공)
降下 강하(항하)
胯衣 고의(과의)
滑稽 골계(활계)
誇張 과장(오장)
款識 관지(관식)
斛量 곡량(두량)
敎唆 교사(교준)
攪亂 교란(각란)
狡獪 교쾌(교회)
交驩 교환(교관)
口腔 구강(구공)
龜裂 균열(구열)
詭辯 궤변(위변)
句讀 구두(구독)
龜鑑 귀감(구감)
旗幟 기치(기식)
喫煙 끽연(계연)
膏肓 고황(고망)
口碑 구비(구패)
句節 구절(구절)
契丹 글안(계단)

ㄴ

難澁 난삽(난습)
懦弱 나약(단약)
拿捕 나포(합포)
捺印 날인(내인)
捏造 날조
內帑 내탕(내노)
鹿皮 녹비(녹피)
鹿茸 녹용(녹이)
磊落 뇌락
漏洩 누설(누예)
凜然 늠연(품연)
儺禮 나례(난례)

ㄷ

團欒 단란(단락)
曇天 담천
茶店 다점(차점)
撞着 당착(동착)
陶冶 도야(도치)
獨擅 독천(독단)
臀腫 둔종(전종)
鈍濁 둔탁(돈탁)
遁走 둔주
登攀 등반
道場 도량[佛]·도장
荼毒 도독(다독)

ㅁ

滿腔 만강(만공)
萬朶 만타(만내)
罵詈 매리
驀進 맥진
萌芽 맹아(붕아)
明澄 명징(명등)
牡牛 모우(목우)
拇印 무인(모인)
巫覡 무격(무현)
木瓜 모과
魅惑 매혹(미혹)
明晳 명석(명철)

ㅂ

撲殺 박살(복살)
博奕 박혁(박역)
剝奪 박탈
頒布 반포(분포)
蟠桃 반도(번도)
反駁 반박
潑剌 발랄

拔萃 발췌(발취)
幇助 방조(봉조)
發穗 발수
妨礙 방애
勃興 발흥
沸騰 비등(불등)
菩提樹 보리수(보제수)
般若 반야
跋扈 발호
便秘 변비(편비)
兵站 병참(병첨)
不得已 부득이(불득이)
否塞 비색
不辜 불고
妃嬪 비빈(기빈)
布施 보시(포시)
反脣 번순(반순)

ㅅ

詐欺 사기
簑笠 사립(쇠립)
使嗾 사수 · 사주
獅子吼 사자후
猜忌 시기(청기)
査櫛 사즐(사절)
撒布 살포(산포)
相殺 상쇄(상살)
省略 생략(성략)
閃光 섬광
洗滌 세척(세조)
甦生 소생(갱생)
遡及 소급(삭급)
馴致 순치
豺狼 시랑(재랑)
猜疑 시의
商賈 상고(상가)
索漠 삭막(색막)
鑠金 삭금(낙금)
賽錢 새전
殺到 쇄도(살도)
數數 삭삭(수수)
哂笑 신소
十方 시방(십방)
柴糧 시량
說客 세객(설객)
水刺 수라(수자)
先塋 선영(선형)
示唆 시사(시준)

ㅇ

齷齪 악착(악족)

斡旋 알선(간선)

謁見 알현(알견)

軋轢 알력(알륵)

隘路 애로(익로)

濾過 여과(노파)

涅槃 열반

恬然 염연(활연)

嗚咽 오열(오인)

兀然 올연

猥褻 외설

窯業 요업

誤謬 오류(古音 오무)

歪曲 왜곡(의곡)

凹凸 요철(요돌)

雨雹 우박(우포)

軟膏 연고(난고)

碾鉢 연발(전본)

熨斗 울두(위두)

誘拐 유괴

銳敏 예민

遊說 유세(유설)

惡辱 오욕(악욕)

緩和 완화(난화)

聳動 용동(종동)

衄血 육혈

凝結 응결(의결)

移徙 이사(이도)

湮滅 인멸(연멸)

剩餘 잉여

人質 인지(인질)

一切 일체, 일절

義捐 의연(의손)

弛緩 이완(치완)

貽憂 이우(태우)

怡悅 이열(태열)

罹病 이병(나병)

一括 일괄(일활)

孕胎 잉태

ㅈ

孜孜 자자(고고)

藉藉 자자(적적)

自刎 자문

繳銷 작초(격초)

綽綽 작작(탁탁)

孱孑 잔혈

箴言 잠언

塡充 전충(진충)

截斷 절단
接吻 접문(접물)
奠幣 전폐(존폐)
點睛 점정(점청)
摺尺 접척(습척)
稠密 조밀(주밀)
朱螺 주라(주루)
嗾囑 주촉(족촉)
駐劄 주차(주탑)
蠢動 준동(춘동)
桎梏 질곡(지고)
執拗 집요(집유)
櫛比 즐비(절비)
什物 집물(십물)
沮止 저지(조지)
眞摯 진지(진집)

ㅊ

捉來 착래(촉래)
差使 채사(차사)
僭濫 참람(참섬)
懺悔 참회(섬회)
躑躅 척촉(정촉)
闡明 천명(단명)
喘息 천식(단식)
掣肘 철주(제주)
尖端 첨단
諦念 체념(제념)
剿滅 초멸(소멸)
忖度 촌탁(촌도)
醋炒 초초(작초)
葱蒜 총산
沖積 충적
麤談 추담(녹담)
贅言 췌언(제언)
膵臟 췌장(취장)
揣摩 췌마(단마)
翠嵐 취람
熾熱 치열(식열)
砧杵 침저(첨오)
沈漬 침지(침적)
參差 참치(참차)
闖入 침입(마입)
秤板 칭판(평판)
刺殺 척살(자살)
數罟 촉고(수고)
涕泣 체읍
剔抉 척결(양쾌)

ㅌ

唾罵 타매(수매)
彈劾 탄핵(탄효)
榻本 탑본
綻露 탄로(정로)
帑藏 탕장
宕巾 탕건
幀畵 탱화(정화)
胎屎 태시
攄得 터득(여득)
撐天 탱천(장천)
洞察 통찰(동찰)
堆積 퇴적(추적)
偸閒 투한(유한)
妬妻 투처
慝惡 특악(익악)
耽溺 탐닉
統轄 통할(통활)
卓犖 탁락(탁뢰)

ㅍ

破綻 파탄(파정)
敗北 패배(배북)
辨得 판득(변득)
覇權 패권(파권)
貶下 폄하
褒賞 포상(보상)
標識 표지(표식)
風靡 풍미
捕捉 포착(포촉)
分錢 푼전(분전)
繃帶 팽대(古)・붕대

ㅎ

瑕累 하루(가루)
涸轍 학철(고철)
肛門 항문(홍문)
咳嗽 해수(해소)
降服 항복(강복)
解弛 해이(해치)
諧謔 해학
嚆矢 효시(고시)
覈辨 핵변
絢爛 현란(순란)
行列 항렬(행렬)
奕奕 혁혁(역역)
花蕊 화예(화심)
哄笑 홍소(공조)
廓清 확청(곽청)
宦官 환관

滑走 활주(골주)
豁達 활달
黃疸 황달(황단)
灰燼 회신(회진)
膾炙 회자
嗅覺 후각(취각)
橫暴 횡포(횡폭)
麾下 휘하
萱堂 훤당(헌당)
彙報 휘보
諱談 휘담(위담)
恤兵 휼병(혈병)
詰責 힐책
欣快 흔쾌(흠쾌)
屹然 흘연(걸연)
恰似 흡사(합사)
翕然 흡연(합연)
酗酒 후주(흉주)
曉天 효천(요천)
見謁 현알(견알)

V. 잘못 쓰기 쉬운 한자

間간 間隔 … 閒한 閒暇 … 問문 問答
看간 看護 … 着착 着陸
甲갑 甲子 … 申신 申告
改개 改善 … 攻공 攻擊
客객 賓客 … 容용 容貌
坑갱 坑夫 … 抗항 抗拒 … 杭항 杭州
檢검 檢查 … 險험 危險 … 儉검 朴儉
擊격 擊退 … 繫계 繫累
堅견 堅固 … 竪수 竪毛
警경 警戒 … 驚경 驚愕
輕경 輕重 … 經경 經書 … 徑경 捷徑
頃경 萬頃 … 項항 項目
階계 階段 … 偕해 偕老
桂계 桂樹 … 掛괘 掛圖 … 柱주 柱支
計계 會計 … 訃부 訃告 … 詐사 詐欺
戒계 訓戒 … 戎융 戎馬
孤고 孤獨 … 弧호 弧弓 … 狐호 狐狼

苦고 苦行 … 苫점 苫屋
傀괴 傀儡 … 愧괴 慙愧
壞괴 破壞 … 壤양 土壤
郡군 郡市 … 群군 群衆
宮궁 宮中 … 官관 官吏
几궤 几案 … 凡범 凡衆
貴귀 富貴 … 責책 責善
今금 古今 … 令령 命令
錦금 錦繡 … 綿면 綿絲
棄기 棄權 … 葉엽 枝葉
氣기 氣象 … 氛분 氛妖
紀기 紀元 … 記기 記錄
期기 時期 … 斯사 斯文 … 欺기 欺瞞
己기 自己 … 已이 已往 … 巳사 己巳
納납 納入 … 訥눌 語訥
臘납 臘享 … 獵렵 狩獵
怒노 忿怒 … 恕서 容恕

旦단 元旦 … 且차 況且
當당 當然 … 嘗상 嘗膽
大대 大小 … 太태 太平 … 犬견 犬馬
代대 代身 … 伐벌 討伐
刀도 劍刀 … 力력 努力
禱도 祈禱 … 濤도 波濤
徒도 徒輩 … 徙사 移徙 … 從종 服從
桃도 桃花 … 挑도 挑戰
獨독 孤獨 … 燭촉 華燭 … 濁탁 濁流
童동 兒童 … 重중 輕重
枓주, 두 枅枓 … 科과 科學 … 料료 料金
羅라 羅列 … 罹리 罹病
郎랑 郎子 … 朗랑 明朗
兩량 兩者 … 雨우 風雨
良량 善良 … 艮간 艮坐
慮려 思慮 … 盧로 盧子
歷력 歷史 … 曆력 冊曆
綠록 綠陰 … 錄록 記錄 … 祿록 俸祿
論론 論理 … 倫륜 倫理 … 淪륜 淪沒
樓루 樓閣 … 摟루 摟挽 … 棲서 棲息
流류 流水 … 琉류 琉璃 … 梳소 素髮

類류 種類 … 頹퇴 頹廢
律률 法律 … 津진 津津
隣린 隣接 … 憐련 可憐
馬마 軍馬 … 焉언 焉用
幕막 天幕 … 暮모 日暮 … 募모 募集
埋매 埋沒 … 理리 理致
買매 買受 … 賣매 賣渡
免면 免除 … 兎토 兎月
滅멸 滅亡 … 減감 加減
鳴명 共鳴 … 嗚오 嗚呼
皿명 皿枰 … 血혈 血液
母모 父母 … 毋무 毋論
沒몰 浸沒 … 歿몰 歿死
戊무 戊辰 … 戍수 戍樓 … 戌술 戌時
味미 味覺 … 昧매 曖昧
微미 微小 … 徵징 徵收
未미 未知 … 末말 終末
蜜밀 蜂蜜 … 密밀 密接
反반 反對 … 友우 明友
俳배 俳優 … 徘배 徘徊 … 排배 排除
璧벽 完璧 … 壁벽 壁墻

變변 變化 … **燮**섭 燮和

複복 複雜 … **復**복 復古

封봉 封書 … **卦**괘 占卦

峰봉 峻峰 … **蜂**봉 蜜蜂 … **鋒**봉 先鋒

傅부 傅母 … **傳**전 遺傳

賦부 詩賦 … **賊**적 盜賊

佛불 佛敎 … **拂**불 拂拭 … **沸**비 沸騰

比비 比較 … **北**북 南北 … **此**차 彼此

貧빈 貧賤 … **貪**탐 貪慾

氷빙 氷炭 … **永**영 永久

師사 師表 … **帥**수 將帥

社사 社會 … **杜**두 杜門

舍사 田舍 … **含**함 含蓄

査사 調査 … **杳**묘 杳然

西서 東西 … **酉**유 酉時

瑞서 瑞光 … **端**단 端緖 … **喘**천 喘息

石석 金石 … **右**우 左右

說설 說明 … **悅**열 喜悅 … **脫**탈 脫皮

姓성 姓名 … **性**성 性質

贖속 贖罪 … **讀**독 讀書

俗속 風俗 … **浴**욕 沐浴

睡수 睡眠 … **唾**타 咳唾

遂수 完遂 … **逐**축 驅逐

秀수 優秀 … **季**계 季節

熟숙 早熟 … **熱**열 熱心

濕습 乾濕 … **隰**습 隰草

僧승 僧侶 … **憎**증 憎惡 … **增**증 增加

勝승 勝利 … **媵**잉 媵妾 … **騰**등 騰降

丞승 丞相 … **烝**증 烝民

侍시 侍湯 … **待**대 期待

施시 布施 … **旋**선 斡旋 … **旅**려 旅行

失실 失望 … **矢**시 弓矢

氏씨 氏族 … **民**민 民族

仰앙 俯仰 … **抑**억 抑揚

哀애 悲哀 … **衷**충 衷心

液액 液體 … **掖**액 掖門 … **腋**액 兩腋

若약 萬若 … **苦**고 苦心

揚양 抑揚 … **楊**양 楊柳 … **場**장 場所

與여 與黨 … **興**흥 興亡

旅여 旅行 … **族**족 族屬

域역 地域 … **城**성 城壁

延연 延期 … **廷**정 朝廷

榮영 榮華 … 營영 經營
倭왜 倭寇 … 矮왜 矮小
胃위 胃腸 … 胄주 胄子
位위 地位 … 泣읍 涕泣
庾유 庾廩 … 廋수 廋辭 … 瘦수 瘦瘠
遺유 遺志 … 遣견 派遣
孺유 孺孩 … 儒유 儒敎
恩은 恩惠 … 思사 思想
宜의 宜當 … 宣선 宣傳
義의 義理 … 羲희 羲和
因인 因果 … 困곤 困難 … 囚수 罪囚
日일 日月 … 曰왈 曰可
壬임 壬方 … 王왕 王位 … 玉옥 寶玉
任임 責任 … 仕사 奉仕
自자 自己 … 目목 耳目
紫자 紫色 … 柴시 柴扉
子자 子孫 … 孑혈 孑遺
作작 造作 … 怍작 怍愧
丈장 丈夫 … 大대 大小
再재 再拜 … 冉염 冉冉
赤적 赤字 … 亦역 亦是

切절 切斷 … 功공 功名
齊제 一齊 … 齋재 書齋
祖조 先祖 … 租조 租稅
鳥조 鳥類 … 烏오 慈烏 … 島도 島嶼
早조 早晩 … 旱한 旱害
住주 住居 … 往왕 往來
酒주 酒色 … 洒쇄 洒落
晝주 晝夜 … 畫화 書畫 … 盡진 盡力
衆중 衆人 … 象상 象徵
止지 停止 … 正정 正直
之지 何之 … 乏핍 乏困
借차 借用 … 惜석 可惜 … 措조 措置
娼창 娼女 … 倡창 倡俳
天천 天地 … 夭요 夭逝
晴청 晴天 … 睛정 點睛 … 淸청 淸濁
冢총 冢子 … 家가 家族
促촉 促進 … 捉착 捕捉
寸촌 寸尺 … 才재 天才
推추 推量 … 椎추 椎擊 … 堆퇴 堆積
春춘 春秋 … 舂용 舂炊
衝충 衝突 … 衡형 均衡

側측 左側 … 測측 測量

治치 政治 … 冶야 陶冶

侵침 侵略 … 浸침 浸沒

彈탄 彈力 … 撣탄 撣撣 … 憚탄 憚惡

泰태 泰平 … 秦진 秦皇 … 奏주 演奏

擇택 選擇 … 譯역 飜譯 … 釋석 解釋

土토 土地 … 士사 紳士

特특 特別 … 持지 持論 … 時시 時節

判판 判明 … 刊간 刊行

稗패 稗官 … 裨비 補裨

便편 便利 … 使사 使童

捕포 捕虜 … 補보 補充

泡포 泡沫 … 抱포 抱負 … 胞포 同胞

下하 上下 … 卞변 卞急

幸행 幸福 … 辛신 辛酸

鄕향 故鄕 … 卿경 卿相

賢현 賢命 … 腎신 腎臟

戶호 家戶 … 尸시 尸位

豪호 豪傑 … 毫호 揮毫

忽홀 忽然 … 怱총 怱怱

幻환 幻滅 … 幼유 幼稚

歡환 歡迎 … 勸권 勸誘 … 勤근 勤勉

悔회 後悔 … 侮모 侮辱

孝효 孝子 … 考고 考古 … 老로 老人

侯후 諸侯 … 候후 氣候

休휴 休養 … 沐목 沐浴

權重求(1914~1977)

慶北 安東. 雅號 愛汕.
幼少時 家庭에서 漢文修學.
嶠南學校 中東學校를 거쳐 普成專門學校 商科 卒業.
三中井木材工業株式會社 經理部長
서울大學校 商科大學敎授助務
中東高等學校 敎師
大昌中學校 校監 歷任.
東亞日報社 主催 第3回 全朝鮮 男女學生作品展覽會에서 書藝部 一等 當選.

한문대강 漢文大綱

2011년 5월 30일 초판 1쇄 펴냄

지은이 권중구
복간 편집인 이명학
펴낸이 김흥국
펴낸곳 도서출판 보고사

책임편집 이경민
표지디자인 윤인희

등록 1990년 12월 13일 제6-0429호
주소 서울특별시 성북구 보문동7가 11번지 2층
전화 922-5120~1(편집), 922-2246(영업)
팩스 922-6990
메일 kanapub3@chol.com
http://www.bogosabooks.co.kr

ISBN 978-89-8433-885-2 93700

정가 30,000원